懸吐新譯 附 按說 中庸集註

中庸集註

附 按說

成百曉 著

한국인문고전연구소

차례

간행사 --------------------------------------- 006

추천사 --------------------------------------- 008

이 책을 내면서 ------------------------------- 010

中庸章句

中庸章句序 -------------------------------- 020

讀中庸法 ---------------------------------- 034

中庸章句 ---------------------------------- 039

1章 --------------------------------------- 042

2章 --------------------------------------- 076

3章 --------------------------------------- 081

4章 --------------------------------------- 084

5章 --------------------------------------- 087

6章 --------------------------------------- 089

7章 --------------------------------------- 091

8章 --------------------------------------- 093

9章 --------------------------------------- 094

10章 -------------------------------------- 095

11章 -------------------------------------- 101

12章 -------------------------------------- 108

13章 -------------------------------------- 115

14章 -------------------------------------- 124

15章 -------------------------------------- 129

16章 -------------------------------------- 131

17章 -------------------------------------- 139

18章 -------------------------------------- 144

19章 -------------------------------------- 148

20章 -------------------------------------- 156

21章 -------------------------------------- 188

22章 -------------------------------------- 190

23章 -------------------------------------- 193

24章 -------------------------------------- 195

25章 -------------------------------------- 198

26章 -------------------------------------- 202

27章 -------------------------------------- 209

28章 -------------------------------------- 219

29章 -------------------------------------- 225

30章 -------------------------------------- 232

31章 -------------------------------------- 236

32章 -------------------------------------- 240

33章 -------------------------------------- 243

附錄

性理學 理論의 展開 ------------------------ 060

聖學輯要 統說第一 ------------------------ 066

中庸自箴 1章 ------------------------ 068

中庸首章分釋之圖 ------------------------ 075

中庸達道達德之圖 ------------------------ 166

中庸總圖 ------------------------ 254

中庸章句의 體系 ------------------------ 255

栗谷 中庸諺解 ------------------------ 256

艮齋 中庸諺解 ------------------------ 289

跋文 ------------------------ 316

편집후기 ------------------------ 318

"이 책은 《附按說 大學・中庸集註》를 大學과 中庸으로 分册하였으므로 일부 내용이 大學・中庸을 함께 언급한 부분이 있는바, 독자들의 이해를 바란다."

간행사

　《大學》과《中庸》은《禮記》의 각각 한 편이면서도 내용이 東洋의 核心 思想을 담고 있으며 이에 대한 集註는 性理學이 총 집합되어 있어 中國은 물론이요, 우리나라의 陽村과 退溪 등 先賢들이 모두 중요시한 책이다.

　本人은 지난 번《附按說 論語集註》에서도 밝힌바 있지만 뒤늦게 先祖들의 思想과 文化에 관심을 갖고《論語》를 처음 공부하다가 成百曉 선생을 알게 되어 先生에게 四書를 배우고 지금은 同學들과 함께《周易傳義》를 공부한 지도 벌써 3년이 되어간다.《周易》을 공부하면서 孔孟과 程朱의 思想이 서로 관련되어 一致함을 실감하게 되었다. 이것이 東洋哲學의 高貴한 眞理임을 다시 한 번 깨닫게 한다.

　成百曉 선생의 思惟가 담긴 附按說 四書集註 를 내기 위해 뜻있는 분들과 함께 (社)海東經史硏究所를 설립하였다. 이에 따라 成先生께서는 새로운 四書集註를 執筆한지 어언 10여년,《論語》와《孟子》그리고 이《大學》·《中庸》을 끝으로 일단 四書가 마무리하게 되었다.

　成百曉선생은 健康이 좋지 않으시면서도 誓願인 이 作業의 結實을 보기 위해 오랫동안 作業을 계속하였다. 實力이 부족하여 도와드리지 못하는 자신의 心情 참으로 안타깝기 그지없었다. 本人은 四書와《周易》등을 배우면서 人生의 새로운 삶을 다시 얻은 기분이다. 내가 만일 이 공부를 하지 않았다면 俗人들과 하등 다를 것이 없는 사람이 되어 그야말로 般樂怠敖에 빠져 자신을 돌아보지 못하고 醉生夢死하였을 것이다. 이제는 東洋古典을 읽으면 참다운 맛을 어느 정도 알듯하다.

　이 高貴한 眞理가 西歐의 文化에 유린되고 物質萬能主義에 매몰되어 世人의 管心

밖에 있는 것이 참으로 寒心하다. 옛날 先賢의 말씀에 千秋必返은 理之常也라 하였다. 꽁꽁 얼어붙은 지금의 차가운 大地에 언젠가 따사로운 햇빛이 비출 날이 있으리라. 그때 선생의 苦心作인 이 附按說 四書集註도 빛을 보게 될 것이다.

　우리 研究所는 先生이 더 老衰하기 전에《禮記集說大全》,《春秋左氏傳》의 譯註 그리고《古文眞寶後集》의 대폭적인 補完을 계획하고 있다. 모두 容易하지 않은 作業이다. 또한 先生의 육성으로 四書의 강의와 聲讀을 錄取하고자 한다. 經濟的인 어려움이 있겠지만 有志者事竟成이라 하였다. 이 소망이 이루어지기를 讀者 여러분과 함께 고대해 마지않는다.

2016년 5월
(사)해동경사연구소 이사장
權 五 春

추천사

성백효(成百曉) 선생의 《부안설 대학·중용집주(附按說 大學·中庸集註)》 출간을 진심으로 축하합니다. 이로써 선생께서는 《논어집주》와 《맹자집주》에 이어 동양의 고전 중의 고전인 사서(四書) 집주를 완간하게 되었습니다.

《대학》과 《중용》은 유교 경전에서 공자의 가르침을 정통으로 나타내는 경서(經書) 중의 경서입니다. 《예기(禮記)》의 각각 한 편이면서도 내용이 유가(儒家)의 주요 핵심 사상을 담고 있고, 이에 대한 집주는 정주학(程朱學)의 사상이 총 집결되어 있어 예로부터 중국은 물론 우리 선현들이 매우 중요시했던 책입니다.

이와 같이 《대학》과 《중용》이 동양철학의 기본 원리를 담고 있는 매우 귀한 책임에도 일반 대중들이 정독하는 것이 쉽지는 않습니다. 그런 의미에서 《대학》과 《중용》, 그리고 이에 대한 주자(朱子)의 장구(章句)를 해석하고, 필자 본인의 견해를 안설의 형태로 추가한 고전강독서 《대학·중용집주》의 출간은 특별한 의미를 가집니다.

선생은 1980년대 초반에 서울대학교 국사학과에서 한문강독을 시작하면서 10여 년간 서울대학교와의 인연을 이어오셨습니다. 학생들에게 《논어》·《맹자》, 《통감》·《고문진보》·《시경》·《서경》 등을 강독하시며, 당시 자욱한 최루탄 연기 속에서 대학의 자유가 제대로 보장되지 않았던 상황에서 서울대학교 학생들에게 동양적 지혜에 기초한 지적 토대를 제공해주셨습니다.

2014년에는 저의 서울대학교 총장 취임을 축하하면서 '양사보국(養士報國)'이란 소중한 휘호를 써주셨습니다. 이는 '훌륭한 선비를 길러 국가에 보답해 달라'는 뜻입니다. 이에 더하여 '대학은 선(善)을 앞장서서 솔선하는 곳이고, 나라의 원기(元氣)인 선비들이 올바르면 나라가 안정되고 번창할 수 있다'라고 부연 설명하였습니다.

저는 수년 전 권오춘 이사장의 권유로 선생의 《논어집주》 출간기념회에 참가하면서 인연을 맺게 되었습니다. 그 이후부터 선생과 저는 같은 창녕 성씨 단일본관의 종인(宗人)이라 더욱 친밀감을 가지게 되었습니다. 같은 종인이지만 저는 관향인 창녕 출신이고 선생은 충청도 출신이라서 그간 교유 기회를 가지지 못하였던 터였습니다. 종친의 한 분이 이렇게 우리나라를 대표하는 한학자라는 사실이 매우 자랑스럽기만 합니다.

지금 우리는 앞을 내다보기 어려운 불확실한 미래로 인해 모두가 고민을 하고 있습니다. 우리에게 가장 필요한 것은 물질적 성과지상주의나 현란한 임기응변보다는 순수한 초심과 선의지(善意志, guter Wille)의 확립입니다. 그리고 이러한 선의지는 우리 모두의 의지와 실천에서 시작됩니다.

이러한 노력은 밝은 영혼이 깃든 '선(善)한 인재'를 길러내는 것으로부터 시작해야 합니다. 선의지가 우리의 의지작용 전체를 관통하고 생활의 근본을 구성하도록 돕는 것은 서울대학교에 부여된 도덕적 사명이기도 합니다. 이러한 지혜와 철학을 보다 쉽게 풀어낸 책이 바로 《부안설 대학·중용집주》이기도 합니다.

선생은 '신학문'을 배우지 않고 오로지 선친과 서당에서 옛날식 한학교육을 받은, 어쩌면 이 시대의 마지막 한학자입니다. 그의 아호(雅號)인 한송(寒松)의 뜻 역시 "날씨가 추워진 뒤에야 소나무와 측백나무가 시듦을 안다"라는 공자의 말씀과 같이 추위 속에서도 늘 꿋꿋한 소나무가 되려는 자기암시이기도 합니다.

평생을 한학을 공부하고 연구해온 성백효 선생의 《부안설 대학·중용집주》는 《대학》과 《중용》을 합본하여 원 뜻에 충실한 번역과 본문과 집주에 현토(懸吐)하여 완역한 책입니다. 오늘을 살아가는 우리 모두가 인간 본연의 심성을 되찾아 줄 수 있는 고전강독서인 이 책의 정독을 권하고 싶습니다.

감사합니다.

2016년 5월
서울대학교 총장
成樂寅

이 책을 내면서

　《附按說 大學·中庸集註》는 《大學》과 《中庸》, 그리고 이에 대한 朱子(朱熹, 1130-1200)의 章句를 해석하고, 본인의 견해를 '按說'의 형태로 추가한 古典講讀書이다. 《大學》과 《中庸》은 원래 《禮記》 안에 들어 있었는바, 《大學》은 42번, 《中庸》은 31번에 들어 있었다. 이 두 편은 儒教의 重要經典으로 인식된 결과, 일찍부터 단행본으로 만들어지기 시작하였다. 특히 《中庸》은 漢代부터 중시되어, 司馬遷의 《史記》〈孔子世家〉에는 이를 孔子의 孫인 子思의 所作이라 하였으며, 《漢書》〈藝文志〉에는 《中庸說》 2卷이 소개되고 있다. 《大學》에 관해서는 宋代에 司馬光이 《大學廣義》를 지은 데 이어 程明道·程伊川이 이를 表章함으로써 儒家正統의 經典으로 위치를 굳히게 되었다.

　이들 두 책의 注解로는 《禮記》에 들어있는 鄭玄의 注와 孔穎達의 疏가 가장 오래된 것이다. 이밖에도 程伊川의 《中庸解》가 있으며, 그 門人들의 注解가 많은데, 朱子는 諸家의 說을 종합, 절충하여 《大學章句》와 《中庸章句》를 짓고, 《大學》과 《中庸》을 《論語》와 《孟子》와 함께 四書로 竝稱하여 儒教經典의 代表로 推崇하였다. 특히, 宋代의 性理學은 이 두 책을 근본으로 했다고 말해도 지나치지 않을 정도이다. 따라서 程朱學을 國教로 삼은 朝鮮朝에서 士者의 必讀書가 되었음은 말할 필요가 없겠다.

　四書集註에 들어있는 《大學章句》와 《中庸章句》는 集註와 章句라는 명칭에 큰 차이가 없다. 壺山(朴文鎬)는 《大學章句詳說》에서 "朱先生(朱子)이 이미 章을 나누고 또 句를 해석하고는 이어서 註說을 그 아래에 쓰고 '章句'라 했다." 하였으며, 또 "《章句》는 《大學》, 《中庸》 註의 이름이니, 《論語》와 《孟子》의 註를 《集註》라고 이름한 것과 똑같다. 이 한 篇에 나아가서 그 章을 나누고 그 句를 해석하고서 그 사이에 註를 달고 이어서 章句

라는 이름으로써 이 註(集註)를 이름했다." 하였다. 사실 章句와 集註는 큰 차이가 없으나 이미 《大學章句》, 《中庸章句》라고 이름하였으므로 내용에 있어서는 《章句》라고 통일하되, 冊表題에 있어서는 《附按說 論語集註》, 《附按說 孟子集註》를 따라 《附按說 大學·中庸集註》로 통일하였다. 그리고 《附按說 孟子集註》의 例를 따라 각 章에 이름을 붙이고 章과 節을 표시하였다. 朱子는 "《大學》을 經文과 傳文으로 나누고, 經文 1章은 孔子의 말씀을 曾子가 記述한 것이며, 傳文 10章은 曾子의 뜻을 그 門人들이 기록한 것이다." 하였다. 그리고 "曾子의 門人中에는 子思가 道統을 傳했다." 하여, 子思가 《大學》의 대부분을 記述하였을 것이라고 추측하였다. 程子(明道와 伊川) 역시 "《大學》은 孔氏의 遺書이다." 하였는데, 이 또한 그러한 脈絡에서 말씀한 것이다.

더욱이 朱子는 "《大學》은 옛날 太學에서 사람을 가르치던 法이다." 하여, 明明德, 新民, 止於至善을 三綱領이라 하고, 格物, 致知, 誠意, 正心, 修身, 齊家, 治國, 平天下를 八條目이라 하여, 君上의 修己治人之術을 밝힌 政治書로 중시하였다. 또한 古本大學은 篇次가 뒤바뀌고 빠진 부분이 있다는 程子의 말씀에 근거하여, 그 篇次를 다시 정하고, 새로이 格物致知章을 지어 넣기도 하였다.

《中庸》에 대해서는 《論語》〈堯曰〉의 '允執其中'과 《書經》〈大禹謨〉의 '人心惟危 道心惟微 惟精惟一 允執厥中'을 《中庸》의 由來로 보고, 이를 子思가 堯舜 이래로 전해 온 道統의 淵源을 밝힌 글이라 하였다.

明代에 이르러 王陽明(王守仁)이 古本大學의 正統性을 강조하였고, 淸代의 考證學者들이 이를 수용하여, '朱子가 聖經을 어지럽혔다.'는 批判을 가하였다. 우리나라의 茶山(丁若鏞)도 《大學公議》를 지어 古本大學의 타당성을 주장하였다. 《中庸》의 경우에도 朱子가 道統의 心法이라고 引據한 〈大禹謨〉의 내용이 僞古文尙書의 것이어서 信憑性이 없다는 說이 유행하기도 하였다.

그러나 우리나라에서는 대부분의 學者들이 朱子의 四書集註를 절대 信奉하였으며, 이것이 朝鮮朝 性理學의 근간을 이루고 있음은 그 누구도 부인하지 못할 것이다. 뿐만 아니라 《大學》의 三綱領, 八條目은 學問과 政治의 필수적 主題가 되었으며, 《中庸》의 道統說 역시 우리의 思想에 깊이 뿌리박고 있음을 쉽게 찾아볼 수 있다.

《大學》과 《中庸》 두 책을 읽는 방법을 大全本에는 특별히 朱子의 말씀을 채록해서 〈讀大學法〉과 〈讀中庸法〉을 만들어 설명하였는바, 우선 〈讀大學法〉을 살펴보면

《大學》은 학문을 하는 綱目이니, 먼저 《大學》을 읽어서 綱領을 세우면 다른 책은 모두 이것저것 말하여 이 속에 들어 있다. 《大學》을 통달하고 다른 經書를 보아야 비로소 이 것이 格物·致知의 일이며 이것이 誠意·正心의 일이며 이것이 修身의 일이며 이것이 齊家·治國·平天下의 일임을 보게 될 것이다.〔大學 是爲學綱目 先讀大學 立定綱領 他書皆 雜說在裏許 通得大學了 去看他經 方見得此是格物致知事 此是誠意正心事 此是修身事 此是齊家治國平天下事〕

《論語》와 《孟子》는 일에 따라 問答하여 要領을 보기가 어렵지만 오직 《大學》은 孔子께서 옛 사람들이 學問하던 큰 방법을 말씀하신 것을 曾子가 記述하였고, 門人들이 또 傳述하여 그 뜻을 밝혔다. 그리하여 앞뒤가 서로 因하고 體統(條理)이 모두 갖추어졌으니, 이 책을 玩味하여 옛 사람이 學問함에 지향했던 바를 알고 《論語》와 《孟子》를 읽으면 곧 들어가기가 쉬우니, 後面에 해야 할 工夫가 비록 많으나 大體는 이미 서게 된다.〔語孟 隨事問答 難見要領 惟大學 是曾子述孔子說古人爲學之大方 而門人又傳述以明其旨 前後相因 體統都具 翫(玩)味此書 知得古人爲學所向 却讀語孟 便易入 後面工夫雖多 而大體已立矣〕

라 하였고, 〈讀中庸法〉을 살펴보면,

讀書의 순서는 모름지기 우선 힘을 붙여(써서) 《大學》을 보고 또 힘을 붙여 《論語》를 보고 또 힘을 붙여 《孟子》를 보아 이 세 책을 보고 나면 이 《中庸》은 반절을 모두 마치게 된다. 남에게 물을 필요 없이 다만 대강 보고 지나가야 할 것이요, 쉬운 것을 놓아두고 먼저 어려운 것을 다스려서는 안된다. 《中庸》은 形影이 없는 것을 많이 말하여 下學(人事)을 설명한 부분이 적고 上達(天理)을 말한 부분이 많으니, 우선 글뜻을 理會한다면 可할 것이다.〔讀書之序 須是且著力去看大學 又著力去看論語 又著力去看孟子 看得三書了 這中庸半截都了 不用問人 只略略恁看過 不可掉了易底 却先去攻那難底 中庸多說無形影 說下學處少 說上達處多 若且理會文義 則可矣〕

책을 읽을 때에는 먼저 모름지기 大綱을 보고, 또 間架가 얼마인가를 보아야 한다. 예를 들면 '하늘이 命한 것을 性이라 하고 性을 따름을 道라 하고 道를 조목조목 品節해 놓은 것을 敎라 한다.'는 것이 바로 大綱이요, '夫婦가 아는 바와 능한 바와 聖人도 알지 못하고 능하지 못한' 부분이 바로 間架이다. 비유하면 사람이 집을 볼 때에 먼저 대강을 보고 다음에 몇 칸인가와 칸 안에 또 작은 칸이 있음을 보아야 하는 것과 같으니, 이렇게 한 뒤에야 바야흐로 貫通하게 된다.〔讀書 先須看大綱 又看幾多間架 如天命之謂性 率性之謂道 修道之謂敎 此是大綱 夫婦所知所能 與聖人不知不能處 此類是間架 譬人看屋 先看他大綱 次看幾多間 間內又有小間 然後方得貫通〕

라 하였다. 또 朱子는

《大學》은 學問의 처음과 끝을 통틀어 말하였고, 《中庸》은 이 本原의 지극한 부분을 가리켜 보여 주었다.〔大學 是通言學之初終 中庸 是指本原極致處〕

라 하였다.
栗谷은 《擊蒙要訣》讀書章에서 讀書하는 순서와 방법을 다음과 같이 말씀하였다.

먼저 《小學》을 읽고……다음으로 《大學》과 《大學或問》을 읽어, 이치를 궁구하고 마음을 바르게 하며 자기 몸을 닦고 남을 다스리는 도리에 대해 일일이 참되게 알아서 진실하게 실천해야 할 것이다.〔先讀小學……次讀大學及或問 於窮理正心修己治人之道 一一眞知而實踐之〕

다음으로 《論語》와 《孟子》를 읽고……다음으로 《中庸》을 읽어, 성정의 올바른 뜻과 미루어 지극히 하는 공부와 천지가 제 자리를 얻고 만물이 생육되는 미묘한 이치에 대해 일일이 깊이 음미하고 탐색하여 터득함이 있도록 해야 할 것이다.〔次讀論語孟子……次讀中庸 於性情之德 推致之功 位育之妙 一一玩索而有得焉〕

《附按說 大學中庸》의 특징

이 책의 특징은 이미 출간한《附按說 論語集註》(2013)와《附按說 孟子集註》(2014) 와 크게 다르지 않다. 다만, 《大學》과《中庸》은《論語》·《孟子》와 달리《禮記》의 한 편 이다보니, 참고할 만한 서적이 적다. 예를 들면《論語》와《孟子》는 楊伯峻의 譯註가 있 지만《大學》과《中庸》은 없으며, 우리나라에서 나온 주석서도 상대적으로 적은 형편이 다. 또한 茶山의《大學公議》가 있지만 朱子는 古本大學의 순서가 잘못되었다 하여 編 次를 바꾼 반면, 茶山은 古本大學을 따라 주석을 가하여 그 설을 按說의 형태로 소개 할 수가 없어 별도 부록으로 축약하여 붙였으며, 朱子의 集註와 관점이 다른《中庸》의 性·道·敎에 대한 주석 역시 一章 뒤에 별도로 소개하였다. 체재는《附按說 論語集註》 와《附按說 孟子集註》를 그대로 따랐으나《中庸》에는 '章句按說'을 붙인 것이 조금 다 르다. 그리고《附按說 孟子集註》와 마찬가지로 각 章에 章名을 붙여 주었다. 딴 文獻에 《大學》의〈誠意章〉, 《中庸》의〈鬼神章〉이라고 인용하였을 경우, 讀者들이 참고하기 쉽도 록 하기 위해서이다.

《大學》과《中庸》은 性理書의 基本書로서 艮齋(田愚)의《大學記疑》와《中庸記疑》, 壺 山(朴文鎬)의《四書集註詳說》의 내용을 보다 풍부하게 소개하였다. 특히 壺山의《四書 集註詳說》은 우리나라의 선현인 退溪와 栗谷, 尤菴과 農巖, 南塘 韓元震 등과《四書大 全》에 실려 있는 中國 先儒들의 說까지 폭넓게 인용하였는바, 이것들을 소개할 적에는 되도록《詳說》을 표기하여 出典을 밝혔다. 이는 감히 先人의 事功을 자신의 것으로 攫 取할 수가 없어서였다. 또한 栗谷의《大學諺解》와《中庸諺解》및 艮齋의《中庸諺解》를 별도로 작성하였는바, 이 역시 影印하여 뒤에 붙였고, 陽村(權近)의〈大學圖〉와 退溪 의《聖學十圖》중〈大學圖〉와 기타〈中庸圖〉등을 실어 참고하게 하였다. 다만, 여러 설 들이 저마다 타당한 논리를 갖추고 있어 되도록 많이 싣다보니, 내용이 중첩되어 체제가 정비되지 못하였다. 독자들의 양해를 구한다.

정치를 제대로 하려면 修身 齊家부터 먼저 해야 한다. 그리고 修身 齊家를 잘하려면 먼저 格物 致知를 하고 誠意 正心을 하여야 한다. 지식이 부족하고 本原(마음)이 바르 지 못하고서 훌륭한 정치를 이룩할 수는 없는 것이다.《大學》에 "도리에 맞지 않게 나가는 말은 들어오는 말도 도리에 어긋나고, 도리에 맞지 않게 들어온 재물은 나갈 때에도 도리에 맞지 않게 나간다.〔言悖而出者 亦悖而入 貨悖而入者 亦悖而出〕"하였다. 이에 따라 우리 속담에도 "가는 말이 고와야 오늘 말이 곱다."하였다. 이쪽에서 가는 말이 거칠면 상대방으로부터 돌아오는 말은 더욱 거칠고, 부정한 방법으로 모은 재물은 나갈 때에도 순리대로 나가지 못한다. 이것이 천고의 진리이다. 그런데 왜 우리 인간들은 모두 당장의 이익에 현혹되어 前車之覆을 後車之鑑으로 삼지 못하는 것일까. 정치하는 분들이 《大學》을 일독하기를 바라마지 않는다.

그리고 《中庸》에는 한쪽에 편벽되지 않고 지나치지 않은 中庸의 道를 말하고 和而不流와 中立不倚를 강조하였다. 또 끝부분에는 不顯之德을 강조하였다. 드러나지 않는 겸손이 최고의 미덕이다. 자신을 지나치게 포장하고 선전하는 오늘의 세태와는 맞지 않는 말씀이다. 하지만 이것이 진리이다. 《大學》에도 "군자는 大道가 있으니 반드시 忠信으로써 얻고 驕泰으로써 잃는다.〔君子有大道 必忠信以得之 驕泰以失之〕"하였다. 모르면서도 아는 체하며 비양심적이면서도 양심적인 것처럼 위장하는 오늘의 세태에 경종이 아닐 수 없다.

본인은 매번 本書를 譯刊할 때마다 특별한 感懷를 느끼곤 한다. 일찍이 가정에서 四書와 詩·書를 섭렵하고, 18세 때인 1962년 봄 益山에 가서 月谷 黃璟淵先生의 문하에서 수학하게 되었다. 이때 先生은 躐等의 病弊를 深懲하여 《大學》을 2년 가까이 再讀시켰으며, 《中庸》을 敎誨하시던 중 宿患으로 별세하시어, 애석하게도 《中庸》을 끝마치지 못하고 말았다. 그러나 본인은 이 시절의 修學을 계기로 체계화된 性理學의 대강을 다소나마 눈뜨게 되었으며, 本書를 譯刊하는 즈음 지나온 자취를 회상함에 그 감회가 더욱 애절하다. 오로지 漢學者를 만들어 우리의 傳統文化를 계승시키겠다는 일념으로 世人의 嘲笑와 挽留를 不顧하고 負笈從師시키신 先親과 才誠이 不足한 본인을 정성껏 인도해 주신 先師의 深恩에 다시 한 번 옷깃여며 敬意를 표한다.

이제 '附按說 四書集註'가 마무리 되면서 (社)海東經史硏究所를 처음 만들 때의 목표가 일부 완성이 되었다고 할 수 있을 것이다. 이 작업이 마무리되기까지 힘을 보태준 여러분의 노고를 치하하며, 한편으로는 鹵莽滅裂한 식견으로 번역과 설명이 미흡한 부분이 있을까 마음이 더욱 무거워지는 것도 사실이다. 이미 출간된 《附按說 論語集註》와 《附按說 孟子集註》에 보내주신 先·後輩 諸賢의 성원에 다시 한 번 감사드리며 잘못된 부분이 있으면 과감히 지적해 주시기를 바라마지 않는다.

또한 이 책이 완성되기까지 지원과 격려를 아끼지 않은 權五春 理事長과 申正澤 理事님을 비롯한 海東經史研究所의 理事 및 監事 여러분께 감사의 마음을 표한다. 더하여 원고의 정리와 교정을 맡아준 金炯奭, 申相厚, 尹銀淑, 李常娥 네 분과 猶子인 昌勳 군의 노고를 치하한다. 특히 性理學의 體系에 맞추어 諸家의 說을 조리있게 정리해 준 申相厚씨에게 고마움을 표하며, 이번에도 출간을 맡아준 한국인문고전연구소의 權熙俊 사장에게 감사드리는 바이다.

2016년 丙申年 初春에 海東經史研究所에서

昌山 成百曉는 쓰다.

凡 例

1. 本書는 한문문리습득을 위한 자습서나 강독교재로 활용할 수 있도록 만든 책으로, 이를 위하여 모든 원문에 懸吐하고 原義에 충실하게 번역하였다. 또 按說과 각주에 역자의 설명을 첨가하여 《大學章句》와 《中庸章句》를 이해하고 연구하는 데 도움이 되도록 하였다.

2. 本書는 內閣本(學民文化社 影印本 2003)을 國譯底本으로 하고, 中國 中華書局의 《四書章句集注》와 日本의 漢文大系本 등을 교감에 참고하였다.

3. 모든 원문에 懸吐하되, 經文의 吐는 官本諺解를 위주로 하고 栗谷의 四書諺解를 참고하였다. 다만 필요에 따라 調整하였는데, 이에 대한 설명을 按說에 실었다. 章句의 吐는 艮齋(田愚)의 懸吐를 따랐으나 句法이 맞지 않는 것은 역주자가 새로이 현토하였다.

4. 번역은 原義에 충실하게 하여 문리습득과 원전강독에 도움이 되도록 하였으며, 필요한 경우 원문에 없는 내용을 〈 〉 안에 보충하였다.

5. 음이 두 개 이상인 글자와 음이 어려운 글자는 ( ) 안에 한글로 음을 표기하였다.

6. 원문의 글자 중 난해한 것은 字義와 음을 하단에 실었다.

7. 각 章에 제목을 붙여 내용을 알기 쉽게 하였는바, 제목은 《朱子語類》와 壺山 朴文鎬의 《大學章句詳說》과 《中庸章句詳說》을 참고하였으며, 章과 節에 일련번호를 달아 讀者들의 편리를 도모하였다.

8. 章句는 각 節마다 맨 앞에 章句│라고 표기하여 구분하였으며, 章下註는 別行하고 그 앞에 章下註│라고 표기하여 구분하였다.

9. 章句에서 程明道(程顥)와 程伊川(程頤)를 구분하지 않고 程子曰이라고 표기하였는데, 臺灣 學生書局의 《朱子四書集註典據考》에 의거하고 《大學章句詳說》과 《中庸章句詳說》을 참고하여 ( ) 안에 號(明道/伊川)를 써주었다. 그 외 尹氏, 謝氏 등 성씨만 밝힌 경우에도 ( ) 안에 이름을 써주었다.

10. 經文의 내용을 해설하거나 經文 해석의 異說을 소개하고자 할 때에는 經文의 밑에 按說로 실었으며, 章句에 대한 해설이나 出典 등은 각주에 자세하게 실었다.

11. 經文의 번역은 章句를 따랐으며, 經文과 章句를 번역하고 해설함에 있어 《朱子大全》, 《四書或問》, 《朱子語類》, 《四書集註大全》 및 艮齋(田愚)의 《大學記疑》·《中庸記疑》, 壺山(朴文鎬)의 《大學章句詳說》·《中庸章句詳說》, 官本諺解 및 栗谷諺解 등을 참고하였다. 그 외에 鄭玄·孔穎達의 《禮記正義》, 茶山(丁若鏞)의 《大學公議》·《中庸自箴》 등의 해석을 章句와 비교하고 소개하였다.

12. 人名은 성씨나 字號로 표기되어 있는 경우, ( ) 안에 이름을 써주었다. 다만 茶山, 艮齋, 壺山은 자주 언급되므로 이름을 병기하지 않았다.

13. 書名은 完稱을 기본으로 하되, 몇 가지는 略稱으로 표기하였는바, 다음과 같다.

    《朱子語類》→《語類》　　　《四書或問》→《或問》》
    《四書集註大全》→《大全》　　《大學公議》→《公議》
    《中庸自箴》→《自箴》

14. 艮齋의 《大學記疑》·《中庸記疑》와 壺山의 《大學章句詳說》·《中庸章句詳說》은 책명을 일일이 표기하지 않고 《記疑》·《詳說》이라고 표기하였는바, 《大學》과 《中庸》에 따라 나누어 보아야 하며, 茶山의 《大學公議》와 《中庸自箴》에는 간혹 '鏞案'이 보이는바, 이는 '若鏞案'의 줄임말로 茶山 자신의 按說이다. 壺山이 인용한 《朱子大全》, 《四書或問》, 《朱子語類》, 《四書集註大全》의 내용을 재인용한 경우 《詳說》로 書名을 기재하였다.

15. 本書에 사용된 부호는 다음과 같다.

    《 》: 書名　　　　〈 〉: 篇章節名, 작품명, 원문 보충자, 보충역
    〔 〕: 원문 병기　　( ): 한자의 음, 통용자, 간단한 주석, 衍文
    【 】原註(誤字)〔正字〕: 교감표기

中庸集註

附 按說

中庸章句序

1. 中庸은何爲而作也¹오子思子²憂道學之失其傳而作也³시니라⁴

1　〔詳說〕中庸何爲而作也 : 가설하여 질문하는 말로 만들어서 丁寧한 뜻을 보인 것이다.〔設爲問辭 以示丁寧之意〕

2　〔詳說〕子思子 : 두번째 '子'자는 또한 스승을 높이는 칭호이다.〔下子字 亦宗師之稱〕

3　〔自箴〕子思子憂道學之失其傳而作也 : 唐나라 陸德明의《經典釋文》에 "《中庸》은 孔子의 손자인 子思가 지은 것이니, 할아버지(孔子)의 德을 밝힌 것이다.〔中庸 孔子之孫子思作 以昭明祖德〕" 하였다.
　　〔詳說〕雲峰胡氏(胡炳文)가 말하였다. "唐(堯)·虞(舜)와 三代(夏·殷·周)의 융성했을 때에는 이 道가 해가 중천에 떠 있는 것과 같아서 《中庸》을 짓지 않아도 괜찮은데, 子思 때에 이르러서는 異端이 그 학설을 함부로 퍼트려서 道學이 그 전함을 얻지 못함을 근심하였다.〔唐虞三代之隆 斯道如日中天 中庸可無作 至子思時 憂異端肆其說 道學不得其傳也〕"
　　〔記疑〕《孔叢子》에 "子思가 나이 17세에【備旨〕에는 16세로 되어 있는데 잘못이다] 宋나라에서 곤궁하게 되자, 말씀하시기를 '文王은 羑里에 갇혀 《周易》을 연찬하고 尼父(孔子)는 陳나라와 蔡나라에서 곤욕을 당하자 《春秋》를 지으셨다.'라고 하고서 바로 《中庸》책 49篇을 편찬하였다."라고 실려 있다. 周秉中은 《四書辨正》에서 "子思가 비록 大賢이기는 하나, 17세 때에는 바로 집에 있고 出仕하지 않을 때이니, 어떻게 급급히 저술하였겠는가."라고 하였다.《孔叢子》는 본래 僞書이므로 신빙할 수 없고, 周秉中의 說은《四書合纂大成》에 자세히 보인다.〔孔叢子載子思年十七【備旨作十六 誤〕困於宋曰 文王囚於羑里 演周易 尼父屈於陳蔡 作春秋 乃撰中庸之書四十九篇 周秉中四書辨正 言子思雖大賢 然十七 正內而不出之時 豈汲汲於著述哉 孔叢子本僞書 不可信 周說詳見四書合纂大成〕

4　〔詳說〕이상은 제1節이다. 大意를 총괄하였으니, 또한 〈大學章句序〉의 머릿절¹⁾과 같고 그 글의 짧은 것도 서로 같다. 다만《大學》을 지은 사람은 옛날에 분명한 증거가 없었으므로 序文의 첫머리에 표출하지 않았고,《中庸》을 지은 것은 역사에 분명한 글이 있으므로 序文의 첫머리에 특별히 쓴 것이니,《史記》〈孔子世家〉에 "子思가 宋나라에서 곤궁하실 적에《中庸》을 지었다."라고 하였다.〔右第一節 總括大意 亦如大學序首節 其文之短 又相同 但大學撰人 古無明據 故序首不爲表出 中庸之作 史有明文 故序首特書之 史記孔子世家云 子思困於宋 作中庸〕
　　譯註 1. 〈大學章句序〉의 머릿절 : "《大學》의 책은 옛날 太學에서 사람을 가르치던 법이다.〔大學之書 古之大(太)學 所以敎人之法也〕"라고 한 부분이다. 〈中庸章句序〉의 分節은 〈大學章句序〉와 마찬가지로 壺山의《詳說》을 모두 따랐음을 밝혀 둔다.

···　庸 떳떳할용　憂 근심우

《中庸》은 어찌하여 지었는가? 子思子가 道學의 傳함을 잃을까 걱정하여 지으신 것이다.

2-1. 蓋自上古聖神繼天立極으로 而道統之傳이 有自來矣[5]라 其見(현)於經은 則允執厥中者는 堯之所以授舜也[6]요 人心惟危 道心[7]惟微 惟精惟一[8] 允執厥中者는

---

5 〔譯註〕蓋自上古聖神……有自來矣 : '上古聖神'은 上古時代의 聖人(聖君)인 伏羲·神農·黃帝를 이른다. 孟子는 人品의 등급을 말씀하면서 "大人이면서 저절로 변화한 것을 聖人이라 하고, 聖스러워 측량할 수 없는 것을 神人이라 한다." 하였는데,(《孟子》〈盡心下〉25章) 朱子는 "聖人 위에 따로 神人이 있는 것이 아니요, 聖人의 德이 神妙하여 측량해 알 수 없으므로 이렇게 칭한 것이다." 하였다. '繼天立極'은 聖人이 하늘의 뜻을 이어받아 人極(사람이 마땅히 행해야 할 표준)을 세운 것으로 聖人의 가르침을 이른다.
〔詳說〕〈大學章句序〉는 性을 논하였기 때문에 生民의 시초를 근원하여 말하였고, 이 〈中庸章句序〉는 道統을 논하였기 때문에 '上古의 聖神'으로부터 잘라 말하였다.〔學序論性 故推原生民之始 言之 此序論道統 故截自上古聖神 言之〕○ 六經이 아직 나오지 않았을 때에는 道가 聖人에게 있었다. 그러므로 그 道統이 전함이 있었던 것이다.〔六經未興之時 道在聖人 故其統有傳〕《大全》에 말하였다. "'道統' 두 글자는 이 序文의 綱領이니, 뒷면에 여러 번 제기하여 조응하였다.〔道統二字 爲此序綱領 後面屢提撥照應〕○ '道學'과 '道統'의 두 '道'자는 中庸의 道를 가리킨 것이다. 그러므로 이 아래에 마침내 '中'자로 이어받은 것이다.〔二道字 蓋指中庸之道 故此下遂以中字承之〕

6 〔詳說〕允執厥中者 堯之所以授舜也 : 이 내용은 《書經》〈大禹謨〉와 《論語》〈堯曰〉[1]에 보인다.〔見書大禹謨及論語堯曰〕
〔譯註 1.〕《書經》〈大禹謨〉와 《論語》〈堯曰〉: 《論語》〈堯曰〉1章에 "堯임금이 말씀하셨다. '아! 너 舜아, 하늘의 曆數가 너의 몸에 있으니, 진실로 그 中道를 잡아라. 四海가 곤궁하면 하늘의 祿이 영원히 끊길 것이다.'〔堯曰 咨爾舜 天之曆數 在爾躬 允執其中 四海困窮 天祿永終〕"라고 보이고, 《書經》〈大禹謨〉에 舜임금이 禹임금에게 전수한 말씀으로 "人心은 위태롭고 道心은 은미하니, 精하게 하고 한결같이 하여야 진실로 그 中道를 잡을 것이다.〔人心惟危 道心惟微 惟精惟一 允執厥中〕"라고 보인다. 《書經集傳》에 "堯임금이 舜임금에게 고할 적엔 다만 '允執其中'이라고 말씀하였는데, 이제 舜임금이 禹임금에게 명할 적엔 또 그 所以를 미루어 자세히 말씀하였다.〔堯之告舜 但曰 允執其中 今舜命禹 又推其所以而詳言之〕"라고 하였다.
〔記疑〕'中을 잡는다', '性을 다한다', '법칙을 넘지 않는다', '仁을 떠나지 않는다' 등의 말은 비록 동일하지 않으나 귀일점은 모두 理를 따른다는 뜻이다.〔執中, 盡性, 不踰矩, 不違仁 語雖不同 而歸則皆循理之義也〕○ 執中은 動을 위주하면서도 靜을 포괄한다. 中은 바로 매우 좋은(꼭 들어맞는) 도리이니, 靜할 때인들 매우 좋은 도리가 없겠는가.〔執中 主動而包靜 蓋中是恰好道理 靜時無恰好道理乎〕

7 〔記疑〕道心 : 道心은 알고 생각하고 절제하는 능력이 있는 것이니, 理義에 합한다고 하면 괜찮지만, 道心이 곧바로 理라고 한다면 理가 有爲의 물건이 된단 말인가.〔道心 是有知思節制之能者 謂之合於理義 則可 謂道心卽是理 則理爲有爲之物乎〕○ 華西(李恒老)는 道心을 理라 하였다. 그러나 道心은 靈覺이 性에 근본하여 그 妙用이 되는 것이다. 그러므로 人心의 嗜慾과 安逸의 따위에 능히 주재할 수 있고 절제할 수 있는 것이니, 만일 이것(道心)이 理라면 어떻게 이러한 작용이 있겠는가. 明德이 本心이라는 설도 그러하다.〔華西謂道心爲理 然道心是靈覺本於性而爲之妙用者 故於人心嗜慾安逸之類 能有以主以宰之 節以制之 若是理 則如何有此作用歟 明德本心之說亦然〕

8 〔記疑〕惟一 : 惟一은 마땅히 動과 靜을 관통해야 한다. 約禮·固執·誠身·篤行과 같은 것이 모두 惟一

··· 自 부터 자 極 표준 극 見 나타날 현 允 진실로 윤 厥 그 궐 授 줄 수 微 작을 미

舜之所以授禹也[9]니 堯之一言이 至矣盡矣어시늘 而舜이 復(부)益之以三言者는 則
所以明夫堯之一言을 必如是而後에 可庶幾也[10]라

上古時代에 聖神이 하늘의 뜻을 이어 極(인간의 표준)을 세움으로부터 道統의 전함이 由
來가 있게 되었다. 經書에 나타난 것으로는 '진실로 그 中(中道)을 잡으라(지키라).'는 것
은 堯임금이 舜임금에게 전수해 주신 것이요, '人心은 위태롭고 道心은 隱微하니, 精히 하

을 말하는 것이니 어떻게 단지 動하는 측면의 공부로만 보겠는가.〔惟一 當通貫動靜 如約禮 固執 誠身
篤行 皆惟一之謂也 如何只作動上工夫〕

9 〔詳說〕人心惟危……舜之所以授禹也:이 내용은 《書經》〈大禹謨〉에 보인다.〔見書大禹謨〕○ 新安陳氏
(陳櫟)가 말하였다. "이 네 句를 인용하여 中庸의 宗祖를 나타내어 道統의 淵源을 접하였다.〔引此四句
以見中庸之宗祖 以接道統之淵源〕○ '中'을 말하여 '庸'을 포함하였다.〔言中以該庸〕
〔記疑〕黃式三[1]은 《論語後案》에서 말하기를, "지금의 〈大禹謨〉는 僞書이다. 危와 微, 精과 一의 여러
말은, 《荀子》〈解蔽篇〉에서 《道經》의 말을 인용한 것으로 僞書를 만든 자가 《書經》에 채록해 편입시킨
것이다. 程子와 朱子 두 선생이 이것을 믿고 執中의 뜻을 천명하고 발명하였다."라고 하였다. 〈大禹謨〉를
僞書라 한 것은 이전 사람이 대부분 말하였으니, 黃氏만 그러한 것이 아니다. 그러나 苟菴(申應朝)의 말
씀에 元나라 王充耘이 '舜임금과 禹임금이 마음을 전했다는 것은 후인들이 附會한 것이다.'라고 말한 것
을 거론하면서 《古文尚書》가 疑·信의 사이에 있은 지가 오래이나 이것을 僞書라 할 수 없으니……正
學이 이미 멸망하고 邪說이 充塞하자, 반드시 人欲을 제멋대로 행하고 天理를 없애고자 한 것이다. 마치
周나라가 쇠하자 제후들이 자기들에게 방해됨을 싫어하여 先王의 典籍을 제거한 것과 같다. 요즈음 선
비들은 그 檢制를 꺼려 마침내 危와 微, 精과 一의 가르침을 없애 버리려고 하니, 아! 괴이할 만하다."라
고 하였다. 苟翁의 이 설은 지극히 엄정하다. 後學은 이것을 받들어 잣대(법도)로 삼는 것이 옳을 것이
다.〔黃式三論語後案言 今大禹謨僞書也 危微精一數語 本荀子解蔽篇 引道經語 作僞書者采入之 程朱
二子信此 以闡發執中之義 以大禹謨爲僞書 前人多言之 非獨黃氏爲然 然苟菴說證擧元王充耘云 舜禹
傳心 爲後人附會而曰 古文之在疑信久矣 而其不可謂僞者云云 正學旣亡 邪說充塞 必欲肆人欲而滅
天理 如周之衰 諸侯惡其害己 而去先王之籍 今之爲士者 惡其檢制也 而遂將危微精一之訓 滅棄之 吁
其可異也哉 苟翁此說 極嚴正 後學於此 奉爲丈尺可也〕
譯註 1. 黃式三:淸나라 學者로 《論語後案》 30권을 지었다.

10 〔詳說〕堯之一言……可庶幾也:〈如是'는 '人心惟危 道心惟微 惟精惟一'의〉세 말씀을 가리킨 것이
다.〔指三言〕○ 朱子가 말씀하였다. "堯임금은 舜임금에게 한 句를 고해줌에 이미 깨달았는데, 舜임금은
禹王이 아직 깨닫지 못할까 염려하였으므로 또다시 세 句를 더하신 것이다. 이는 '진실로 中을 잡기〔允
執厥中〕' 이전의 일로 禹王에게 工夫하는 곳을 가르쳐 주신 것이다.〔堯告舜以一句 已曉得 舜怕(파)禹尚
未曉得 故又添三句 是允執厥中以前事 敎禹做工夫處〕○ 雲峰胡氏(胡炳文)가 말하였다. "舜임금이 禹
王에게 전수할 적에 반드시 精一을 말미암은 뒤에 中을 잡게 하셨으니, 曾子가 門人에게 고할 적에 반드
시 忠恕를 따라 一貫[1]함에 도달하게 함과 같다.〔舜授禹 必由精一而後執中 猶曾子告門人 必由忠恕而達
於一貫〕"
譯註 1. 曾子가……一貫:一貫은 '一以貫之'의 줄임말로, 《論語》〈里仁〉 15장에 "孔子께서 말씀하시기
를 '參(삼)아! 나의 道는 한 가지 理가 만 가지 일을 꿰뚫고 있다.' 하시니, 曾子가 '예.' 하고 대답하셨
다. 孔子께서 나가시자, 門人들이 '무슨 말씀입니까?' 하고 물으니, 曾子가 대답하셨다. '夫子의 道는
忠과 恕일 뿐이다.'〔子曰 參乎 吾道一以貫之 曾子曰 唯 子出 門人問曰 何謂也 曾子曰 夫子之道 忠恕
而已矣〕"라고 보인다.

고 한결같이 하여야 진실로 그 中을 잡을 수 있다.'는 것은 舜임금이 禹임금에게 전수해 주신 것이니, 堯의 한 말씀이 지극하고 다하였는데 舜이 다시 세 말씀을 더한 것은 堯의 한 말씀을 반드시 이와 같이 한 뒤에야 거의 中道를 지킬 수 있음을 밝힌 것이다.

2-2. 蓋嘗論之컨대 心之虛靈知覺은 一而已矣[11]어늘 而以爲有人心道心之異者는 則以其或生於形氣之私[12]하고 或原於性命之正[13]하여 而所以爲知覺者 不同[14]이라

11　譯註 心之虛靈知覺 一而已矣：《大全》에 勿齋程氏(程若庸)는 "虛靈은 마음의 體이고, '知覺'은 마음의 用이다.〔虛靈心之體 知覺心之用〕" 하였고, 格菴趙氏(趙順孫)는 "'知'는 그 당연한 바를 아는 것이고, '覺'은 그 所以然을 깨닫는 것이다.〔知是識其所當然 覺是悟其所以然〕" 하였으나, 艮齋는 《記疑》에서 "虛靈知覺은 體와 用으로 구분할 수 없고, 知覺도 識과 悟로 구분할 수 없다.〔虛靈知覺不可分體用 知覺亦不可以識悟分〕"라고 비판하였다.
　　〔詳說〕農巖(金昌協)이 말씀하였다. "知覺을 범연히 말하면 識察과 辨別 같은 것도 知覺이라고 할 수 있으니, 이것을 가지고 智에 소속시키더라도 진실로 불가할 것이 없으나, 올바른 訓으로 말하면 모름지기 神妙와 靈明을 말해야 하니, 이는 끝내 智의 用으로 간주하여 말할 수 없는 것이다.〔知覺若汎言 則如識察辨別 亦可謂知覺 以此而屬之智 固無不可 而若其正訓 須以神妙靈明者爲言 此則終不可作智之用說矣〕○ 南塘(韓元震)이 말씀하였다. "心이 아니면 깨달을 수 없고 理가 아니면 깨달을 대상이 없으니, 이 知覺은 이미 心의 用이 되고 또 智의 用이 되는 것이다. 朱子가 말씀하시기를 '知覺은 心의 用이고 智의 일이다.'라고 하셨다.〔非心則不能覺 非理則無所覺 此知覺所以旣爲心之用 而又爲智之用也 朱子曰 知覺心之用而智之事也〕○ 勿齋程氏가 말하였다. "사람이 태어나 靜할 때에는 단지 心을 말할 뿐이요, 물건에 감응하여 동해야 비로소 人心과 道心의 분별이 있는 것이다.〔人生而靜 但謂之心而已 感物而動 始有人心道心之分〕○ 雲峰胡氏(胡炳文)가 말하였다. 《大學》 가운데에는 '性'자를 말하지 않았기 때문에 序文에서 性을 말함이 자세하고, 《中庸》 가운데에는 '心'자를 말하지 않았기 때문에 序文에서 心을 말함이 자세하다.〔大學中不出性字 故序言性詳焉 中庸中不出心字 故序言心詳焉〕"

12　〔詳說〕形氣之私：朱子가 말씀하였다. "굶주림과 배부름, 추움과 따뜻함의 따위는 나의 血氣와 形體에서 생겨나 他人은 관여됨이 없으니, 이른바 '私'라는 것이다. 〈이 私〉 또한 곧바로 나쁜 것이 아니나 다만 한결같이 따라서는 안 될 뿐이다.〔飢飽寒燠之類 生於吾之血氣形體 而他人無與焉 所謂私也 亦未便是不好 但不可一向徇之耳〕"

13　〔詳說〕或原於性命之正：原은 本과 같고 命은 理와 같다.〔原猶本也 命猶理也〕○ 東陽許氏(許謙)가 말하였다. "人心은 氣에서 발하여 善할 수도 있고 惡할 수도 있으며, 道心은 理에서 발하여 온전히 善하고 惡함이 없다. 心은 다만 하나인데 '心' 위에 '人'자와 '道'자를 더하고서 보면 똑같지 않음을 볼 수 있으니, 만약 단지 '人心', '道心'이란 글자를 순히 읽으면 두 마음이 있는 것처럼 보인다.〔人心發於氣 可善可惡 道心發於理 全善無惡 心只是一箇 心上加人字道字看 便見不同 若只順讀人心道心字 却似有二心矣〕○ 살펴보건대 世儒는 혹 이 句를 인하여 마침내 心本性의 말을 제창하였으니,[1] 이것을 道心이라고 이르겠는가? 아니면 人心이라고 이르겠는가?〔按世儒或因此句 而遂倡爲心本性之說 則此謂道心乎 抑謂人心乎〕
　　譯註 1. 世儒는……제창하였으니：心本性은 '心이 性에 근본해야 한다.'는 뜻으로 당시 艮齋가 주장한 학설이다. 艮齋는 이외에도 '性師心弟'라 하여 性이 스승이 되고 心이 제자가 되어야 한다고 주장하였는바, 壺山이 말한 '世儒'는 바로 艮齋를 가리킨 것이다.

… 虛 빌 허 靈 신령 령 原 근본 원

是以로 或危殆而不安¹⁵하고 或微妙而難見耳¹⁶라 然이나 人莫不有是形¹⁷이라 故로 雖上智나 不能無人心¹⁸하고 亦莫不有是性¹⁹이라 故로 雖下愚²⁰나 不能無道心²¹하니 二者雜於方寸之間하여 而不知所以治之²²면 則危者愈危하고 微者愈微²³하여 而天理之公이 卒無以勝夫人欲之私矣²⁴리라 精은 則察夫二者之間而不雜也²⁵요 一은 則守其本心之正²⁶而不離也²⁷니 從事於斯하여 無少間斷하여 必使道心常爲一

---

14 〔詳說〕而所以爲知覺者 不同:'所以爲'는 所從爲란 말과 같다.〔所以爲 猶言所從爲〕○ 朱子가 말씀하였다. "知覺이 耳目을 따라가면 바로 人心이고, 知覺이 義理를 따라가면 바로 道心이다.〔知覺從耳目上去 便是人心 知覺從義理上去 便是道心〕"

15 〔詳說〕或危殆而不安:朱子가 말씀하였다. "떨어질 듯하지만 아직 떨어지지 않은 사이에 있는 것이다.〔在欲墮未墮之間〕"

16 〔詳說〕或微妙而難見耳:朱子가 말씀하였다. "때로는 발현되어 스스로 이것을 보게 하기도 하고 때로는 또 보이지 않기도 한다.〔有時發見 使自家見得 有時又不見了〕"○ 위아래의 네 '或'자는 상대하여 비교한 말이다.〔上下四或字 是對較之辭〕

17 〔詳說〕人莫不有是形:올바로 태어난 형체(사람)는 모두 똑같다.〔正生之形皆同〕

18 〔詳說〕雖上智 不能無人心:朱子가 말씀하였다. "人心은 배고프면 먹고 목마르면 마시는 따위이다.〔飢食渴飮之類〕"○ 栗谷(李珥)이 말씀하였다. "聖人은 人心이 바로 道心이다.〔聖人人心卽是道心〕"

19 〔詳說〕亦莫不有是性:五常을 온전히 간직한 性은 모두 똑같다.〔五常全具之性 皆同〕

20 〔詳說〕下愚:'上智'와 '下愚'는《論語》〈陽貨〉¹⁾에 나온다.〔上智下愚出論語陽貨〕
　　譯註 1.《論語》〈陽貨〉:3章에 "오직 上智(지극히 지혜로운 자)와 下愚(가장 어리석은 자)는 변화되지 않는다.〔唯上知(智)與下愚 不移〕"라고 보인다.

21 〔詳說〕雖下愚 不能無道心:朱子가 말씀하였다. "道心은 惻隱之心과 같은 것이 이것이다.〔如惻隱之心是〕"

22 〔詳說〕不知所以治之:新安陳氏(陳櫟)가 말하였다. "精·一의 이치로 다스릴 줄을 알지 못하는 것이다.〔不知以精一之理治之〕"

23 〔詳說〕則危者愈危 微者愈微:《大全》에 말하였다. "더욱 위태로워지면 惡으로 흐르고, 더욱 은미해지면 없는 데에 가깝게 된다.〔愈危流於惡 愈微幾於無〕"○ 이는 위태로움과 은미함으로부터 또 아래 한 층으로 빠진 것이다.〔此則自危微 而又陷於下一層〕

24 〔詳說〕而天理之公 卒無以勝夫人欲之私矣:이는 人心이 주장이 되는 것이다.〔此則人心爲主〕○ 雲峰胡氏(胡炳文)가 말하였다. "人心은 바로 人欲이 아니고, 다스릴 줄을 모름에 이르러야 비로소 人欲이라고 말할 수 있다. 윗글의 '形氣의 私'는 '性命의 正'과 상대하여 말하였으니 '私'자는 나쁜 것이 되지 않고, 여기에서 말한 '人欲의 私'는 '天理의 公'과 상대하여 말하였으니 '私'자는 비로소 좋지 않은 것이다.〔人心未便是人欲 到不知治之 方說得人欲 上文形氣之私 與性命之正對言 私字未爲不好 此云人欲之私 與天理之公對言 私字方是不好〕"

25 〔詳說〕精 則察夫二者之間而不雜也:方寸에 뒤섞여 있는 것과는 相反된다.〔與雜於方寸相反〕

26 〔詳說〕本心之正:雲峰胡氏가 말하였다. "本心의 바름은 바로 性命의 올바름에서 근원한 것이다.〔本心之正 卽原於性命之正者〕"○ 南塘(韓元震)이 말씀하였다. "本心의 올바름은 人心과 道心을 모두 포함하여 말한 것이다.〔本心之正 並包人心道心而言〕"

••• 殆 위태로울 태 雜 섞일 잡 愈 더욱 유 卒 병사 졸, 마칠 졸 離 떠날 리

身之主하고 而人心每聽命焉[28]이면 則危者安하고 微者著[29]하여 而動靜云爲[30] 自無
過不及之差矣[31]리라

일찍이 논하건대, 心의 虛靈과 知覺은 하나일 뿐인데 人心과 道心의 다름이 있다고 한 것
은 혹(人心)은 形氣의 私에서 나오고 혹(道心)은 性命의 올바름에서 근원하여 知覺으로
삼은 것(所從來)이 똑같지 않기 때문이다. 이 때문에 혹은 위태로워 편안하지 못하고 혹은
微妙하여 보기가 어렵다. 그러나 사람은 이 형체를 가지고 있지 않은 이가 없으므로 비록
上智라도 人心이 없지 못하고, 또한 이 性을 가지고 있지 않은 이가 없으므로 비록 下愚라
도 道心이 없지 못하니, 〈人心과 道心〉이 두 가지가 方寸(마음)의 사이에 뒤섞여 있어서
다스릴 바를 알지 못하면 위태로운 것(人心)은 더욱 위태로워지고 은미한 것(道心)은 더욱
은미해져서 天理의 공변됨이 끝내 人慾의 사사로움을 이길 수가 없을 것이다.

精은 〈人心과 道心〉 두 가지의 사이를 살펴 뒤섞이지 않게 하는 것이고 一은 本心의 올바
름을 지켜 떠나지 않게 하는 것이니, 이(精·一)에 從事하여 조금도 間斷함이 없어 반드시
道心으로 하여금 항상 一身의 주장이 되게 하고 人心으로 하여금 매양 〈道心의〉 命令을
듣게 하면 위태로운 것(人心)이 편안하게 되고 은미한 것(道心)이 드러나게 되어 動·靜과
말하고 행하는 것이 저절로 過·不及의 잘못이 없게 될 것이다.

---

27 〔詳說〕精……則守其本心之正而不離也：朱子가 말씀하였다. "'精'은 정밀하게 살펴 分明한 것이고 '一'
은 지켜 떠나지 않는 것이다.〔精是精察分明 一是守得不離〕○ '다스릴 줄 모르는 것〔不知治之〕'과 상반
된다.〔與不知治之相反〕

28 〔詳說〕人心每聽命焉：朱子가 말씀하였다. "人心이 모두 道心이다.〔人心皆道心也〕"

29 〔詳說〕則危者安 微者著：이는 위태롭고 은미함으로부터 또다시 한 층 위로 나아간 것이다.〔此則自危微
而又進於上一層〕

30 〔詳說〕云爲：'云爲'는 言行(말과 행실)이란 말과 같다.〔云爲猶云言行〕

31 〔詳說〕自無過不及之差矣：朱子가 말씀하였다. "자연히 中하지 않음이 없는 것이다.〔自然無不中〕" ○ 이
는 道心이 주장이 된 것이다.〔此則道心爲主〕○ 雲峰胡氏가 말하였다. "다만 精·一이 바로 中을 잡는
공부이니, 이 때문에 여기에서 다시 '執'자를 해석하지 않은 것이다. 그러나 '守其本心'의 한 '守'자는 곧
잡는 工夫를 볼 수 있으니, 먼저 함은 惟精에 있고 중점은 惟一에 있다.〔只精一便是執之工夫 所以於
此不復釋執字 然守其本心之一守字 便見得執之之功 先在惟精 而重在惟一〕○ '蓋嘗' 이하로 여기까
지는 범연히 논하여 《書經》의 네 句의 뜻을 해석하였고, 이 아래에는 또다시 堯·舜·禹의 身上으로 돌
아와 論斷하였다.〔蓋嘗以下至此 是汎論 以釋書四句之義 此下又說還堯舜禹身上 而論斷之〕

••• 著 드러날 저　差 어긋날 차

2-3. 夫堯舜禹는 天下之大聖也요 以天下相傳은 天下之大事也니 以天下之大聖
으로 行天下之大事하사되 而其授受之際에 丁寧告戒 不過如此[32]하시니 則天下之理
豈有以加於此哉리오[33]

堯·舜·禹는 天下의 큰 聖人이시고 天下로써 서로 전함은 天下의 큰 일이니, 천하의 큰
聖人으로서 천하의 큰 일을 행하시되 주고 받을 때에 丁寧(간곡)히 말씀해 주신 것이 이와
같음에 지나지 않으셨으니, 그렇다면 천하의 이치가 어찌 이보다 더한 것이 있겠는가.

3-1. 自是以來로 聖聖相承하시니 若成湯文武之爲君과 皐陶(고요)[34]伊傅周召之爲
臣이 旣皆以此而接夫道統之傳[35]하시고 若吾夫子는 則雖不得其位[36]하시나 而所以
繼往聖,開來學은 其功이 反有賢於堯舜者[37]라

이로부터 이후로 聖人과 聖人이 서로 傳承하셨으니, 成湯과 文王·武王과 같은 군주들과

---

32 〔詳說〕 不過如此:이는〈人心惟危 이하의〉네 句를 가리킨 것이다.〔指四句〕

33 〔詳說〕 이상은 제2節이다.《中庸》이 나온 바의 근본을 논하였으니, 또한〈大學章句序〉의 2節과 같고 그
글의 길이도 서로 같다.〔右第二節 論中庸所出之本 亦如學序之二節 其文之長又相同〕

34 〔記疑〕 皐陶:유독 皐陶만을 거론하고 稷과 契을 언급하지 않은 것은, 舜임금은 천하를 禹임금에게 주
고 禹임금은 皐陶에게 사양하였기 때문이다. 孟子도 말씀하시기를 "舜임금은 禹임금과 皐陶를 얻지 못
함을 근심하였다."라 하셨다. 그러므로 序文이 이와 같은 것이다.〔獨擧皐陶而不及稷契者 舜以天下與禹
禹讓皐陶 孟子亦曰 舜以不得禹皐陶爲憂 故序文如此〕
〔詳說〕 夔와 契은 가르치는 관원이었으나 여기에 참예되지 않은 것은 唐·虞의 여러 신하 중에 유독 皐
陶가 禹王보다 뒤에 별세하였으니, 여기에서 '聖人과 聖人이 서로 전승했다.〔聖聖相承〕'고 말한 것은 모
두 禹王 이후를 가리킨 것이다. 더구나《孟子》의 끝에도 홀로 皐陶를 말함에 있어서랴.〔夔契教官而此不
與者 蓋唐虞諸臣 獨皐陶後禹卒 而其云聖聖相承 皆指禹以後耳 況孟子之末 亦獨言皐陶者耶〕

35 〔詳說〕 旣皆以此而接夫道統之傳:新安陳氏(陳櫟)가 말하였다. "此자는 세 聖人이 전수하고 받은 말을
가리킨 것이니, 다시 '道統' 두 글자를 제시하여 앞과 서로 조응된다.〔此字指三聖授受之說 再提道統二
字 與前相照應〕" ○ 여러 聖人을 간략히 말하여 堯·舜으로부터 孔子에 이르는 階梯(사다리)를 만들었
다.〔諸聖略說過 以作自堯舜至孔子之階梯〕

36 〔詳說〕 不得其位:〈其位'는〉人君과 정승의 지위이다.〔君相之位〕

37 〔詳說〕 其功 反有賢於堯舜者:윗글에 조응된다. '照上節' ○ '賢於堯舜'은《孟子》〈公孫丑〉에 나온다.〔賢
於堯舜 出孟子公孫丑〕 ○ 雲峰胡氏(胡炳文)가 말하였다. "六經의 功은 논할 것이 없고, 단지《論語》끝
부분의 '執中'과 같은 한 마디 말씀에 알 수 있다.〔未論六經之功 只如論語之終執中一語 可知矣〕" ○ 堯
임금과 舜임금은 다만 '中'을 말씀하였는데, 孔子는 또다시 겸하여 '庸'을 말씀하셨다.[1]〔堯舜只言中 而孔
子又兼言庸〕
　譯註 1. 孔子는……말씀하셨다:《論語》〈雍也〉27章에 '中庸之爲德也'라고 보이며 아래 3章에도 '中
　庸其至矣乎'라고 보이므로 말한 것이다.

··· 際 사이제 豈 어찌기 皐 언덕고 陶 즐거울요 伊 저이 傅 스승부 賢 나을현

皐陶 · 伊尹 · 傅說(부열) · 周公 · 召公과 같은 신하들이 이미 모두 이것으로 道統의 전함을 이으셨고, 우리 夫子(孔子)로 말하면 비록 그 지위를 얻지 못하셨으나 가신(옛) 聖人을 잇고 오는 後學들을 열어 주신 것은 그 功이 도리어 堯 · 舜보다 더함이 있으시다.

3-2. 然이나 當是時하여 見而知之[38]者는 惟顏氏曾氏之傳이 得其宗[39]이러시니 及曾氏之再傳[40]하여 而復得夫子之孫子思하여는 則去聖遠[41]而異端起矣[42]라 子思懼夫愈久而愈失其眞也[43]하사 於是에 推本堯舜以來相傳之意[44]하시고 質以平日所聞父師之言[45]하사 更(경)互演繹[46]하여 作爲此書하여 以詔後之學者하시니 蓋其憂之也深[47]이라 故로 其言之也切하고 其慮之也遠이라 故로 其說之也詳[48]하니 其曰天命率

---

38 **譯註** 見而知之:《孟子》〈盡心下〉38章에 "堯 · 舜으로부터 湯王에 이르기까지가 5백여 년이니, 禹王과 皐陶는 직접 보고서 알았고 湯王은 들어서 아셨다.〔由堯舜至於湯 五百有餘歲 若禹皐陶則見而知之 若湯則聞而知之〕"라고 보인다.

39 〔詳說〕 惟顏氏曾氏之傳 得其宗:新安陳氏가 말하였다. "顏子의 博文은 精이고 約禮는 一이며, 曾子의 格致는 精이고 誠正은 一이다.〔顏子博文 精也 約禮 一也 曾子格致 精也 誠正 一也〕 ○《大學》은 曾氏의 일이므로 〈大學章句序〉에는 顏氏를 언급하지 않았고,《中庸》은 子思의 일이므로 序文에 顏氏와 曾氏를 언급하였으니, 傳하여 가르친 것은 曾氏이고 가려서 지킨 것은 顏氏이다.〔大學曾氏之事 故學序不及顏氏 中庸子思之事 故序並及顏曾 蓋傳而詔者 曾氏也 擇而守者 顏氏也〕

40 〔詳說〕 及曾氏之再傳:위의 傳자를 아울러 再傳이 된다.〔並上傳字而爲再傳〕

41 〔詳說〕 去聖遠:堯 · 舜 이하를 함께 가리킨 것이다.〔並指堯舜以下〕

42 〔詳說〕 異端起矣:'異端'은 楊朱와 墨翟의 무리이다.〔楊墨之徒〕

43 〔詳說〕 子思懼夫愈久而愈失其眞也:《大全》에 말하였다. "첫머리 두 句(中庸何爲而作也 子思子憂道學之失其傳而作也)의 뜻을 발명하였다.〔發首二句意〕"

44 〔詳說〕 推本堯舜以來相傳之意:윗절과 조응된다.〔照上節〕

45 〔詳說〕 質以平日所聞父師之言:'質'은 주장함이다.〔質 主也〕 ○ 이 책 가운데 인용한 仲尼의 말씀은 아마도 모두 曾子가 孔子에게 들은 바를 子思에게 告한 것인 듯하다. 그러므로 '民鮮'이란 말을 제외하고는 딴 經傳에는 보이지 않는 것이다.[1]〔此書中所引仲尼之言 蓋皆曾子所聞以詔子思者 故除民鮮一語外 不見於他經〕

    譯註 1. 民鮮이란……것이다:아래 3章에 '中庸其至矣乎 民鮮能久矣'라고 보이는데,《論語》〈雍也〉에도 '中庸之爲德也 其至矣乎 民鮮久矣'라고 비슷한 내용이 한 번 보이므로 말한 것이다.

46 〔詳說〕 演繹:그 말을 敷演하고 그 뜻을 紬繹(실마리를 끌어내어 찾아냄)한 것이다.〔敷演其言 紬繹其意〕

47 〔詳說〕 蓋其憂之也深:序文 첫 머리의 '憂'자와 조응된다.〔照序首憂字〕

48 〔詳說〕 蓋其憂之也深……其說之也詳:처음에는 '懼'를 말씀하고 중간에는 '憂'를 말씀하고 또다시 '慮'를 말씀하였으니, 聖人이 이 한 가지 일에 있어서 깊이 그 뜻을 다한 것이니, 朱子는 참으로 子思의 마음

··· 顏 얼굴 안 曾 일찍 증 端 끝 단, 단서 단 懼 두려울 구 質 바탕 질, 질정할 질 更 번갈아 경 演 넓힐 연
繹 이을 역 詔 가르칠 조 慮 생각할 려 率 따를 솔

性은 則道心之謂也⁴⁹요 其曰擇善固執은 則精一之謂也⁵⁰요 其曰君子時中은 則執中之謂也⁵¹니 世之相後 千有餘年⁵²이로되 而其言之不異 如合符節⁵³하니 歷選⁵⁴前聖之書컨대 所以提挈(제설)綱維하여 開示蘊奧 未有若是之明且盡⁵⁵者也라⁵⁶

그러나 이 때를 당하여 보고 안 자는 오직 顔氏와 曾氏의 傳함이 그 宗統을 얻으셨는데, 曾氏가 두 번째 전하여 다시 夫子의 손자 子思를 얻음에 이르러서는 聖人과의 거리가 멀어짐에 異端이 일어났다. 子思는 더욱 오래되면 더욱 그 眞(道)을 잃을까 두려워하셔서, 이에 堯·舜 이래로 서로 전해 온 뜻을 미루어 근본하시고 平日(평소)에 父師에게 들은 말씀을 주장(바탕)으로 삼으시어, 번갈아 서로 演繹해서 이 책을 지어 後世의 배우는 자들을 가르치셨다.

을 아셨다.〔始言懼 中言憂 又言慮 聖人於此一事 蓋深致意焉 朱子眞知子思之心哉〕

49 〔詳說〕其曰天命率性 則道心之謂也:新安陳氏가 말하였다. "윗글에 '道心은 性命의 바름에서 근원했다.'라고 하였다.〔上文云 道心原於性命之正〕○ 道心이 바로 性이라고 말한 것이 아니니, 이 마음이 性에 근원하여 純善함을 말한 것이다.〔非謂道心卽是性也 蓋言此心原於性而純善也〕

50 〔詳說〕其曰擇善固執 則精一之謂也:朱子가 말씀하였다. "擇善은 바로 惟精이고, 固執은 바로 惟一이다.〔擇善卽惟精 固執卽惟一〕"

51 〔詳說〕其曰天命率性……則執中之謂也:세 개의 '其曰'은 또 《書經》 가운데의 文句로 堯·舜의 세 마디 말씀[1]과 부합시킨 것이다.〔三其曰 又以書中句語 合之於堯舜之三言〕
譯註 1. 세 마디 말씀:道心惟危·惟精惟一·允執厥中을 가리킨다.

52 〔詳說〕世之相後 千有餘年:아래의 '如合符節'과 함께 《孟子》〈離婁下〉[1]에 나온다.〔並下如合符節 出孟子離婁〕
譯註 1.《孟子》〈離婁下〉:1章에 "지역이 서로 떨어져 있음이 천여 리나 되며 世代가 서로 차이남이 천여 년이나 되지만, 뜻을 얻어 〈道를〉 中國에 행함에 있어서는 符節을 합한 듯이 똑같았다.〔地之相去也 千有餘里 世之相後也 千有餘歲 得志 行乎中國 若合符節〕"라고 보인다.

53 〔詳說〕而其言之不異 如合符節:윗절과 함께 하나로 만들었다.[1]〔與上節打成一片〕
譯註 1. 하나로 만들었다:'打成一片'은 한 덩어리로 이루어진다는 뜻으로 원래 禪家의 용어인데, 彼·我, 主·客, 善·惡, 好·惡 등 모든 상대적 대립 관념을 타파하여 차별이 없는 평등의 세계로 조화시킴을 말한다. 《朱子大全》에 "本原을 涵養하는 공부를 하다 보면 참으로 中途에 끊어지기가 쉽지만, 中途에 끊어졌다는 것을 자각하기만 하면 곧바로 이어갈 수가 있는 것이다. 따라서 항상 스스로 각성해서 조금씩 꾸준히 그 공을 쌓아 가야 하니, 이렇게 오래 지속하다 보면 자연히 공부가 이어져서 打成一片의 경지를 이루게 될 것이다.〔涵養本原之功 誠易間斷 然纔覺得間斷 便是相續處 只要常自提撕 分寸積累將去 久之自然接續 打成一片耳〕"라고 보인다.《朱子大全 卷2 學二》

54 〔詳說〕歷選:'歷選'은 '廣擇'이란 말과 같다.〔猶言廣擇〕

55 〔詳說〕明且盡:'明', '盡' 두 글자는 위의 '切', '詳' 두 글자와 조응된다.〔明盡二字照上切詳二字〕

56 〔詳說〕이상은 제3節이다. 바로 子思가 仲尼의 말씀과 德을 전술하여 《中庸》을 지은 본래의 일을 말씀하였으니, 또한 〈大學章句序〉의 3節과 같다. 이에 序文 머리 두 句(中庸何爲而作也 子思憂道學之失其傳而作也)의 뜻이 이미 완전하게 충족되었다.〔右第三節 正說子思述仲尼之言與德 以作中庸之本事 亦如學序之三節 於是乎序首二句之意 已完足矣〕

··· 符 병부 부 提 들 제 挈 끌 설 維 벼리 유 蘊 쌓일 온 奧 깊을 오

그 걱정하심이 깊기 때문에 말씀하심이 간절하고, 염려하심이 멀기 때문에 설명하심이 자세하니, 그 天命·率性이라고 말씀하신 것은 道心을 이름이요, 擇善·固執이라고 말씀하신 것은 精·一을 이름이요, 君子時中이라고 말씀하신 것은 執中을 이름이니, 세대가 서로 떨어짐이 千餘年이 되지만 그 말씀의 다르지 않음이 符節을 합한 것과 같다. 옛 聖人들의 책을 하나하나 뽑아 보건대 綱維를 제시하고 깊은 내용을 열어 보여 주신 것이 이《中庸》처럼 분명하고 다한 것은 있지 않다.

4. 自是而又再傳하여 以得孟氏하여 爲能推明是書[57]하여 以承先聖之統[58]이러시니 及其沒而遂失其傳焉[59]하니 則吾道之所寄는 不越乎言語文字之間이요 而異端之說이 日新月盛하여 以至於老佛之徒出[60]하여는 則彌近理而大亂眞矣[61]라[62]

57　〔詳說〕以得孟氏 爲能推明是書:《孟子》7篇 가운데에 '中庸' 두 글자를 논한 것이 있지 않다. 그러므로 다만 '미루어 밝혔다'고 말한 것이다.〔孟子七篇中 未有論中庸二字 故只以推明言之〕○ 格菴趙氏(趙順孫)가 말하였다. "《孟子》의 '思誠章[1]' 한 章은 모두 《中庸》에서 근본하였으니, 淵源이 유래한 바를 충분히 볼 수 있다.〔孟子思誠一章 悉本於中庸 足以見淵源之所自〕
　　譯註 1. 思誠章:《孟子》〈離婁上〉12章에 "〈자연스럽게〉 성실히 함은 하늘의 道요, 성실히 할 것을 생각함은 사람의 道이다.〔誠者 天之道也 思誠者 人之道也〕"라고 보이는바, 이는《中庸》20章에 "誠者 天之道也 誠之者 人之道也"라고 보이므로 말한 것이다.
58　〔詳說〕以承先聖之統:《大全》에 말하였다. "'統'은 道統을 가리킨 것이다.〔指道統〕"
59　〔詳說〕及其沒而遂失其傳焉:子思가 걱정하신 것은 아마도 이것을 염려하셨을 것이다.〔子思之憂之 蓋慮此耳〕
60　〔詳說〕以至於老佛之徒出:老子는 孟子보다 앞 시대의 사람인데, 여기에서 '이른다'고 말한 것은 아마도 老子의 학문이 莊子, 列子에 이른 뒤에야 비로소 나뉘어 異端이 되었기 때문에 老子의 무리로 말한 듯하고, 佛家의 무리는 바로 처음 中國에 들여온 자를 가리킨 것이다.〔老氏先於孟子 而此以至言之者 蓋老氏之學 至莊列然後 始判爲異端 故以老之徒言之 佛之徒 則是指其始入中國者耳〕
61　〔詳說〕則彌近理而大亂眞矣:陳氏(陳淳)가 말하였다. "매우 서로 유사하나 전혀 다른 것이다.〔甚相似而絶不同也〕"○ 이치에 가깝기 때문에 眞을 어지럽히는 것이니, 가라지(피)가 곡식과 비슷하기 때문에 벼싹을 어지럽힐 수 있는 것[1]과 같다. 이 '眞'자는 바로 윗글의 '失其眞'의 '眞'자이다.〔惟其近理 所以亂眞 如莠似穀 故能亂苗耳 此眞字 卽上文失其眞之眞字〕
　　譯註 1.:가라지(피)가……것:《孟子》〈盡心下〉37章에 "孔子께서 말씀하시기를 '같으면서 아닌 것〔似而非〕을 미워하노니, 가라지(피)를 미워함은 벼싹을 어지럽힐까 두려워해서요……鄕原을 미워함은 德을 어지럽힐까 두려워해서이다.' 하셨다.〔孔子曰 惡似而非者 惡莠 恐其亂苗也……惡鄕原 恐其亂德也〕"라고 보인다.
62　〔詳說〕이상은 제4節이다. 孟子가 별세하고서 道統이 전함을 잃음을 논하였으니, 또한 〈大學章句序〉의 4節[1]과 같다.〔右第四節 論孟子沒而道統失傳 亦如學序之四節〕
　　譯註 1. 〈大學章句序〉의 4節: "이로부터 이후로 俗儒들의 記誦(기억하고 외움)과 詞章(文章)의 익힘

···　沒 죽을 몰 寄 붙일 기 越 넘을 월 彌 더할 미

이로부터 또다시 전하여 孟氏를 얻어서 능히 이 책을 미루어 밝혀서 先聖의 道統을 이으셨는데 그 別世함에 미쳐 마침내 그 전함을 잃으니, 우리 道가 붙어 있는 것은 言語와 文字의 사이에 지나지 않고, 異端의 말은 날로 새로워지고 달로 성하여 老子와 佛家의 무리가 나옴에 이르러서는 더욱 이치에 가까워 眞을 크게 어지럽혔다.

5. 然而尙幸此書之不泯이라 故로 程夫子兄弟者出[63]하사 得有所考하여 以續夫千載不傳之緒[64]하시고 得有所據[65]하여 以斥夫二家似是之非하시니 蓋子思之功이 於是爲大요 而微程夫子면 則亦莫能因其語而得其心也[66]리라 惜乎라 其所以爲說者不傳[67]이요 而凡石氏之所輯錄[68]은 僅出於其門人之所記[69]라 是以로 大義雖明이

이 그 공부가 小學보다 배가 되었으나 쓸모가 없었고……小人(백성)으로 하여금 불행히도 至治의 혜택을 얻어 입지 못하게 하여, 晦盲하고 否塞하며 反覆하고 沈痼하여 五季의 쇠함에 이르러 무너지고 혼란함이 지극하였다.〔自是以來 俗儒記誦詞章之習 其功倍於小學而無用……其小人不幸而不得蒙 至治之澤 晦盲否塞 反覆沈痼 以及五季之衰而壞亂極矣〕라고 한 부분이다.

63 〔詳說〕然而尙幸此書之不泯……程夫子兄弟者出: 가르치고 배우는 법은 시대마다 있지 않은 적이 없었으므로 〈大學章句序〉에는 '宋나라 德의 융성함'을 말한 것이요,[1] 道統의 전함은 후세의 中等의 군주가 참여할 수 있는 것이 아니므로 이 序文에는 宋나라 德을 언급하지 않은 것이다.〔教學之法 無代無之 故 學序言宋德之隆 道統之傳 非後世中主所能與 故此序不及宋德〕
   譯註 1. 〈大學章句序〉에는……것이요: "天運이 循環하여 가면 돌아오지 않음이 없기에 宋나라의 德이 융성하여 정치와 교육이 아름답고 밝았다. 이에 河南程氏 두 夫子(明道·伊川)가 나오시어 孟氏의 전통을 접함이 있었다.〔天運循環 無往不復 宋德隆盛 治教休明 於是河南程氏兩夫子出 而有以接乎孟氏之傳〕"라고 보인다.

64 〔詳說〕以續夫千載不傳之緒: 《大全》에 말하였다. "'緒'는 이 道의 統緒이다.〔斯道之統緒〕" ○ 子思가 근심하신 것이 처음으로 功이 있게 되었다.〔子思之憂之也 始爲有功〕

65 〔詳說〕得有所據: 이 책을 의거하여 重함으로 삼은 것이다.〔依其書 以爲重〕

66 〔詳說〕而微程夫子 則亦莫能因其語得其心也: 程子의 功이 子思의 아래에 있지 않은 것이다.〔功不在子思下〕

67 〔詳說〕其所以爲說者不傳: 朱子가 말씀하였다. "明道는 미처 책을 만들지 못하였고, 伊川은 이미 책을 만들었으나 스스로 뜻에 불만족하게 여겨 불태우셨다.〔明道不及爲書 伊川已成書 自以不滿意而火之〕"

68 〔詳說〕石氏之所輯錄: 〈石氏는〉 이름이 墩(돈)이고, 字가 子重이고 會稽 사람이니, 朱子와 동시대 사람이다. 石氏가 일찍이 周濂溪·程子(明道와 伊川)·張子(橫渠)·呂大臨·謝良佐·游酢·楊時·侯仲良 등 아홉 명 大家의 說을 모아서 《中庸集解》2권을 지었는데 朱子가 序文을 쓰셨으니, 여기에서 이리이리 말씀한 것은 이 가운데 程子의 說을 가리켜 말씀한 것이다.〔名墩 字子重 會稽人 與朱子同時 石氏嘗集周程張呂謝游楊侯九家之說 著中庸集解二卷 而朱子序之 此所云云 蓋指其中程子說而言之〕

69 〔詳說〕僅出於其門人之所記: 尤菴(宋時烈)이 말씀하였다. "〈門人은〉 程子의 門人이다.〔程子門人〕" ○ 이 가운데 程子의 說은 바로 그 門人들이 기록한 것이니, 이는 語錄이다.〔其中程子說 乃其門人所記 蓋語錄也〕

··· 泯 없어질 민 考 상고할 고 續 이을 속 載 해 재 緒 실마리 서 據 근거할 거 斥 배척할 척 微 없을 미
惜 아낄 석 輯 모을 집 僅 겨우 근

나 而微言未析하고 至其門人所自爲說[70]하여는 則雖頗[71]詳盡而多所發明이나 然倍
(背)其師說而淫於老佛者 亦有之矣라[72]

그러나 다행히 이 책이 없어지지 않았다. 그러므로 程夫子 兄弟(程顥·程頤)께서 나오시
어 상고할 바가 있어 千載(千年) 동안 전해지지 않던 傳統을 이으셨고, 근거할 바가 있어
二家(老·佛)의 옳은 것 같은 그름을 배척할 수 있었으니, 子思의 功이 이에 크게 되었고
程夫子가 없었다면 또한 그(子思) 말씀을 인하여 그 마음을 얻지 못하였을 것이다. 哀惜하
다. 그(程子) 해설하신 것이 전해지지 않고, 무릇 石氏(石墩)가 모아 기록한 것은 겨우 그
(程子) 門人들이 기록한 바에서 나왔다. 이 때문에 大義가 비록 밝으나 은미한 말씀이 분
석되지 못하였고, 그 門人들이 각자 말한 것에 이르러서는 비록 자못 상세하고 다하여 發明
한 바가 많으나 스승의 말씀을 저버리고 老·佛에 빠진 자도 있었다.

6. 熹自蚤(早)歲로 卽嘗受讀而竊疑之[73]하여 沈潛反復이 蓋亦有年이러니 一旦에 恍
然似有得其要領[74]者라 然後에 乃敢會衆說而折其衷하여 旣爲定著章句一篇하여
以俟後之君子하고 而一二同志[75]로 復取石氏書하여 刪其繁亂하여 名以輯略[76]하고
且記所嘗論辨取舍之意하여 別爲或問[77]하여 以附其後하니 然後에 此書之旨 支分

---

70 〔詳說〕至其門人所自爲說:謝氏·游氏·楊氏·侯氏의 여러 說을 가리킨 것이다.〔指謝游楊侯諸說〕

71 〔詳說〕頗:'頗'자는 극진히 善하지는 못한 말이다.〔頗字 未盡善之辭〕

72 〔詳說〕이상은 제5節이다. 程子가 나와서 道統을 접하였음을 논하였으니, 또한 〈大學章句序〉의 5節[1]과
같다.〔右第五節 論程子出而接道統 亦如學序之五節〕
   譯註 1. 〈大學章句序〉의 5節:"天運이 循環하여 가면 돌아오지 않음이 없기에 宋나라의 德이 융성하
   여 정치와 교육이 아름답고 밝았다……비록 나(熹)의 不敏함으로도 또한 다행히 私淑하여 참여해
   서 들음이 있었노라.〔天運循環 無往不復 宋德隆盛 治敎休明……雖以熹之不敏 亦幸私淑而與有聞
   焉〕"라고 한 부분이다.

73 〔詳說〕受讀而竊疑之:바로 은미한 말씀으로 아직 분석하지 못한 것과 老莊과 佛家에 빠진 것이다. 비
   록 石氏의 책이 미완성된 때라도 諸家의 설을 읽을 수 있었던 것이다.〔卽微言未析者 及淫於老佛者也 蓋
   雖石書未成之日 而諸家之說 可得而讀也〕

74 〔詳說〕要領:東陽許氏(許謙)가 말하였다. "치마의 허리와 옷의 목은 모두 總合한 곳이다.〔裳之要 衣之
   領 皆是總會處〕"

75 〔詳說〕一二同志:一자 위에 與자와 使자의 뜻이 있다.〔一字上有與字使字意〕

76 〔詳說〕輯略:《中庸輯略》2권이다.

77 〔詳說〕或問:《或問》3권이다.

••• 頗 자못 파 淫 빠질 음 熹 밝을 희 蚤 일찍 조(早通) 竊 몰래 절, 훔칠 절 沈 잠길 침 潛 잠길 잠 旦 아침 단
   恍 황홀할 황 折 꺾을 절 俟 기다릴 사 刪 깎을 산 繁 번성할 번 支 가지 지(枝通)

節解[78]하여 脈絡貫通하며 詳略相因하고 巨細畢擧하여 而凡諸說之同異得失이 亦得以曲暢旁通[79]하여 而各極其趣하니 雖於道統之傳에 不敢妄議[80]어니와 然이나 初學之士 或有取焉[81]이면 則亦庶乎行遠升高之一助云爾[82]니라[83]

淳熙己酉春三月戊申에 新安朱熹는 序하노라

나(熹)는 젊었을 때부터 일찍이 이 책을 받아 읽고 속으로 의심하여 沈潛하고 反復한 것이 또한 여러 해였는데, 하루 아침에 恍然히 그 要領을 터득함이 있는 듯하였다. 그런 뒤에 마침내 감히 여러 사람의 말을 모아 折衷해서 이미 《章句》한 책을 정하여 만들어 後世의 君

---

78 〔詳說〕此書之旨 支分節解:東陽許氏(許謙)가 말하였다. "《章句》·《中庸輯略》·《或問》세 책이 이미 구비된 뒤에야 《中庸》의 책이 四肢와 몸통이 나누어지고 뼈와 마디가 풀린 것처럼 될 수 있는 것이다.〔章句輯略 或問三書旣備然後 中庸之書 如支體之分, 骨節之解〕

79 〔詳說〕曲暢旁通:곡진하여 통하지 않음이 없고 사방으로 통하지 않음이 없는 것이다.〔無曲不暢 無旁不通〕

80 〔詳說〕雖於道統之傳 不敢妄議:윗글의 '道統'을 거두었다.〔收上文道統〕○《大全》에 말하였다. "朱子가 비록 감히 道統의 전함에 참예할 수 없다고 겸사로 말씀하였으나 실로 그 책임을 辭避할 수 없는 것이다.〔雖謙言不敢與道統之傳 實有不容辭其責者〕

81 〔詳說〕初學之士 或有取焉:살펴보건대 朱子가 일찍이 말씀하시기를 "《中庸》은 처음 배우는 자가 깨달아 이해하지 못한다."고 하셨는데, 여기에서 비로소 가깝고 낮음으로 스스로 겸손하게 말씀하였다. 그러므로 '처음 배우는 선비가 취함이 있다.'고 말씀한 것이다.〔按朱子嘗曰 中庸 初學者未當領會 而於此方以邇卑自謙 故云初學之士有取也〕

82 〔詳說〕則亦庶乎行遠升高之一助云爾:《大全》에 말하였다. "'먼 곳에 가려면 가까운 데로부터 하며〔行遠自邇〕', '높은 곳에 오르려면 낮은 데로부터 한다.〔升高自卑〕'는 《中庸》의 말[1]을 인용하여 〈中庸章句序〉를 끝마쳤으니, 더욱 간절하다.〔行遠自邇, 升高自卑 引中庸語 以結中庸序 尤切〕
  譯註 1. 《中庸》의 말:15章에 "君子의 道는 비유하면 먼 곳에 가려면 반드시 가까운 데로부터 하며, 높은 곳에 오르려면 반드시 낮은 데로부터 함과 같다.〔君子之道 辟(譬)如行遠必自邇 辟如登高必自卑〕"라고 보인다.

83 〔詳說〕이상은 제6節이다. 《章句》를 지은 본래의 일을 바로 말씀하였으니, 또한 〈大學章句序〉의 끝절[1]과 같다. 여기 序文에 2개의 '也'자, 2개의 '矣'자, 1개의 '哉'자, 1개의 '爾'자는[2] 또 節을 나눈 한계의 字眼[3]이다.〔右第六節 正說著章句之本事 亦如學序之末節 而此序之二也字, 二矣字, 一哉字, 一爾字 又其分節界限之字眼云〕
  譯註 1. 〈大學章句序〉의 끝절:제6節이니 "다만 그 책이 아직도 佚失됨이 많기 때문에……배우는 자들의 몸을 닦고 남을 다스리는 방법에 있어서는 다소의 도움이 없지 않을 것이다.〔顧其爲書 猶頗放失……學者修己治人之方 則未必無小補云〕"라고 한 부분이다.
  譯註 2. 2개의……'爾'자는:두 '也'자는 1節의 '憂道學之失其傳而作也'와 3節의 '未有若是之明且盡者也'를 가리키고, 두 '矣'자는 4節의 '彌近理而大亂眞矣'와 5節의 '淫於老佛者亦有之矣'를 가리키고, 한 '哉'자는 2節의 '豈有以加於此哉'를 가리키고, 한 '爾'자는 6節의 '行遠升高之一助云爾'를 가리킨다.
  譯註 3. 字眼:글 중에서 가장 要緊하게 쓴 글자나 또는 詩文 가운데서 안목이 되는 가장 주요한 글자이다. 《滄浪詩話》에 "시를 짓는데 있어 힘을 기울여야 할 것이 세 가지이니, 起結·句法·字眼이다." 하였다.

··· 脈 맥락 맥 絡 이을 락 貫 꿸 관 巨 클 거 畢 마칠 필 曲 자세할 곡 暢 통할 창 旁 곁 방(方通) 趣 뜻 취
  妄 망령될 망

子를 기다리고, 한두 명의 同志들과 함께 다시 石氏의 글(책)을 취하여 번잡하고 혼란함을 刪削하여 《輯略》이라 이름하고, 또 일찍이 論辨하여 取捨한 뜻을 모아 별도로 《或問》을 만들어 그 뒤에 붙이니, 그러한 뒤에야 이 책의 뜻이 가지마다 나누어지고 마디마다 풀려서 脈絡이 貫通하며 상세함과 간략함이 서로 因하고 큰 것과 가는(작은) 것이 모두 들려져서 모든 學說의 同異과 得失이 또한 곡진히 통하고 사방으로 통하여 각각 그 旨趣를 다하게 되었다. 내 비록 道統의 전함에 있어 감히 망령되이 의논할 수 없으나 처음 배우는 선비가 혹 취함이 있으면 또한 먼 곳에 가고 높은 곳에 오르는 데에 얼마간의 도움이 될 것이다.

淳熙 己酉年(1189) 春三月 戊申日에 新安 朱熹는 序하다.

讀中庸法[84]

朱子曰 中庸一篇을 某妄以己意로 分其章句하니 是書豈可以章句求哉리오 然이나 學者之於經에 未有不得於辭而能通其意者니라

朱子가 말씀하였다.

《中庸》한 책을 내가 망령되이 내 뜻으로 章句를 나누었으니, 이 책이 어찌 章句로써 찾을 수 있겠는가. 그러나 배우는 자가 經書에 대하여 말(글)을 알지 못하면서 그 뜻을 통달하는 자는 있지 않다.

又曰 中庸은 初學者未當理會니라
○中庸之書難看하니 中間에 說鬼說神하여 都無理會하니 學者須是見得箇道理了라야 方可看此書將來印證[85]이니라

또 말씀하였다.

《中庸》은 처음 배우는 자가 理會할 수 없다.

○《中庸》이란 책은 보기 어려우니, 中間에 鬼를 말하고 神을 말하여 도무지 理會할 수 없다. 배우는 자가 모름지기 이 道理(眞理)를 見得하여야만 비로소 이 책을 봄에 印證(證明)할 수 있을 것이다.

○讀書之序는 須是且著(착)力去看大學하고 又著力去看論語하고 又著力去看孟子

---

84 〔詳說〕讀中庸法:《中庸》을 읽는 방법은 또한 반드시 《大學》의 〈讀法〉과 같으나 여기에는 또 小註가 있는 것이 다를 뿐이다.〔讀法亦必與大學同 而此則又有小註者爲異耳〕

85 〔詳說〕將來印證:이 책을 가지고서 道理를 징험함을 말한 것이다.〔言將此書來 以符驗箇道理〕

··· 看볼간 都모두도 會알회 印도장인 著붙일착

하여 看得三書了하면 這中庸은 半截都了⁸⁶라 不用問人하고 只略略恁看過⁸⁷요 不可掉了易底하고 却先去攻那難底⁸⁸니라 中庸은 多說無形影하여 說下學處少하고 說上達處多하니 若且理會文義하면 則可矣니라

○讀書의 순서는 모름지기 우선 힘을 붙여(써서)《大學》을 보고 또 힘을 붙여《論語》를 보고 또 힘을 붙여《孟子》를 보아 이 세 책을 보고 나면 이《中庸》은 반절을 모두 마치게 된다. 남에게 물을 필요 없이 다만 대강 보고 지나가야 할 것이요, 쉬운 것을 놓아두고 먼저 어려운 것을 다스려서는 안 된다.《中庸》은 形影이 없는 것을 많이 말하여 下學(人事)을 설명한 부분이 적고 上達(天理)을 말한 부분이 많으니, 우선 글 뜻을 理會한다면 可할 것이다.

讀書에 先須看大綱하고 又看幾多間架니 如天命之謂性, 率性之謂道, 修道之謂敎는 此是大綱이요 夫婦所知所能과 與聖人不知不能處는 此類是間架라 譬人看屋에 先看他大綱하고 次看幾多間하고 間內又有小間이니 然後에 方得貫通이니라

책을 읽을 적에는 먼저 모름지기 大綱을 보고, 또 間架가 얼마인가를 보아야 한다. 예를 들면 '하늘이 命한 것을 性이라 하고 性을 따름을 道라 하고 道를 品節한 것(조목지어 놓은 것)을 敎라 한다.'는 것이 바로 大綱이요, '夫婦가 아는 바와 능한 바와 聖人도 알지 못하고 능하지 못한' 부분의 이러한 종류가 바로 間架이다. 비유하면 사람이 집을 볼 때에 먼저 대

---

86 〔詳說〕看得三書了……半截都了:이 세 책을 다 읽고 나면 이《中庸》은 그 절반이 이미 세 책에 포함되어 있음을 말한 것이다.〔言讀三書畢 則此中庸之書 其半部已該於三書矣〕

87 〔記疑〕不用問人 只略略恁看過:《中庸》은 半截(절반)을 모두 이해하면 남에게 물을 필요가 없다.〔中庸半截都了 不用問人'의 人자 아래에서 마땅히 句를 떼어야 한다. 그런데 尹鳳瑞는 "問'자에서 句를 떼고 '人'자는 아래 문장에 속하니, 사람들이《大學》과《論語》·《孟子》세 책을 힘써 보지 않고 다만 대강 훑어보는 것을 말한다."라고 하였으니, 이것은 한 說로 구비할 만하다.〔中庸半截都了 不用問人 人下當句 尹鳳瑞曰 問字句 人屬下文 謂人不著力看三書 而只略略看過 此可備一說〕
    〔詳說〕'대강 보고 지나가야 한다.〔恁看過〕'의 '임(恁)'은 이와 같음이니, 또한 힘을 써서 봄을 말한 것이다.〔恁看過恁 如此也 言亦著力看過也〕

88 譯註 不可掉了易底 却先去攻那難底:壺山은 "그 깨닫기 쉬운 것을 진실로 放過해서는 안 되고, 더욱 마땅히 먼저 그 깨닫기 어려운 것을 다스려야 함을 말한 것이다. 혹자는 말하기를 ''不可' 두 글자를 '難底'에서 해석해야 하니, 쉬운 것으로부터 어려운 것에 이르는 뜻이다.'라고 하는바, 자세히 살펴보아야 할 것이다.〔言其易曉者 固不可放過 而尤當先治其難曉者耳 或曰 不可二字 釋於難底 蓋自易至難之意也 更詳之〕"하였다. 本人은 혹자의 說을 따랐음을 밝혀 둔다. 그 이유는 朱子가 위에서《中庸》은 보기가 어렵다.' 하고,《中庸》을 四書의 맨 뒤에 읽어야 함을 밝혔기 때문이다.

··· 截 끊을 절 恁 이것 임 掉 흔들 도 那 저것 나 影 그림자 영 架 시렁 가 譬 비유할 비 屋 집 옥

강을 보고 다음에 몇 칸인가와 칸 안에 또 작은 칸이 있음을 보아야 하는 것과 같으니, 이렇게 한 뒤에야 비로소 貫通하게 된다.

又曰 中庸은 自首章以下로 多對說將來하여 直是整齊라 某舊讀中庸에 以爲子思做러니 又時復有箇子曰字라 讀得熟後에 方見得是子思參夫子之說하여 著爲此書로라 自是로 沈潛反覆하여 遂漸得其旨趣하니 定得今章句擺布得來에 直恁麽細密[89]이로라

○近看中庸하여 於章句文義間에 窺見聖賢述作傳授之意 極有條理하여 如繩貫棋局之不可亂이로라

또 말씀하였다.

《中庸》은 首章으로부터 이하는 相對하여 말한 것이 많아 참으로 整齊하다. 내가 옛날 《中庸》을 읽을 적에 子思가 지으신 것이라고 여겼었는데, 또 때로 다시 '子曰'이라는 글자가 있었다. 읽기를 익숙히 한 뒤에야 비로소 子思가 夫子의 말씀을 참고하여 이 책을 저술하였음을 발견하였노라. 이로부터 沈潛하고 反復하여 마침내 점점 그 旨趣를 알았으니, 이제 章句를 정하여 펼쳐 놓음에 참으로 이처럼 세밀히 하게 되었노라.

○近間에 《中庸》을 보고서 章句의 글 뜻 사이에서 聖賢들이 述作하고 傳授한 뜻이 지극히 條理가 있어 먹줄이 바둑판을 꿰뚫음과 같아 어지럽힐 수 없음을 엿보았노라.

中庸은 當作六大節看[90]이니 首章이 是一節이니 說中和하고 自君子中庸以下十章이

---

89 〔詳說〕擺布得來 直恁麽細密:註를 말한 것이 아니요 바로 經文을 가리킨 것이니, 또한 繩棊(승기)[1]의 설이다.〔非謂註也 乃指經文也 亦繩棊之說也〕
　　譯註 1. 繩棊:먹줄로 바둑판을 그어 놓은 것처럼 질서 정연한 것으로, 《東坡全集》〈故龍圖閣學士滕公墓誌銘〉에 "上이 工部郎中 王古를 보내어 살펴보게 하셨는데, 집과 도로와 골목이 먹줄을 가지고 바둑판을 그어 놓은 것처럼 숙연하여 마치 진영과 같았다.〔上遣工部郎中王古按視之 廬舍道巷 引繩棊布 肅然如營陣〕"라고 보인다.

90 〔記疑〕當作六大節看:尤菴(宋時烈)이 말씀하시기를 "《中庸》을 크게 구분하면 네 節이 되고, 세밀하게 구분하면 여섯 節이 된다. 이 두 가지를 겸하여 두고서 아울러 보는 것이 좋으니, 어찌 그 사이에서 취사선택할 필요가 있겠는가?"라고 하셨다. 尤菴의 說은 비록 이와 같더라도 내 생각건대 아마도 마땅히

··· 整 가지런할정 齊 가지런할제 做 지을주 參 참고할참 漸 점차점 擺 열파 恁 생각할임 麽 어조사마
　　繩 노끈승 棋 바둑기

是一節이니 說中庸하고 君子之道費而隱以下八章이 是一節이니 說費隱하고 哀公問政以下七章이 是一節이니 說誠하고 大哉聖人之道以下六章이 是一節이니 說大德小德하고 末章이 是一節이니 復申首章之義하니라

《中庸》은 마땅히 여섯 개의 큰 節로 나누어 보아야 한다. 首章이 한 節이니 中·和를 말하였고, '君子中庸'으로부터 이하 열 章이 한 節이니 中庸을 말하였고, '君子之道費而隱'이하 여덟 章이 한 節이니 費·隱을 말하였고, '哀公問政' 이하 일곱 章이 한 節이니 誠을 말하였고, '大哉聖人之道' 이하 여섯 章이 한 節이니 大德·小德을 말하였고, 끝 章이 한 節이니 다시 首章의 뜻을 거듭 말하였다.

問中庸大學之別한대 曰 如讀中庸求義理는 只是致知功夫요 如謹獨修省은 亦只是誠意니라 問 只是中庸은 直說到聖而不可知處로소이다 曰 如大學裡에 也有如前王不忘은 便是篤恭而天下平底事[91]니라

혹자가 《中庸》과 《大學》의 차이를 묻자, 朱子가 말씀하였다. "예를 들면 《中庸》을 읽어 義

《章句》에서 정한 네 가지 큰 支節을 正義로 삼아야 할 듯하며, 讀法에 실려 있는 것도 따로 한 說이 된다.〔尤菴曰 大分之則爲四節 細分之則爲六節 兼存而並觀可矣 何必取舍於其間耶 竊疑尤翁說雖如此 恐當以章句所定四大支 爲正義 而讀法所載 自爲一說〕

〔詳說〕'六大節' 운운은 살펴보건대, 小註에 있는 王氏의 四大節의 說[1]이 더욱 《章句》의 뜻에 부합한다. 이것을 마땅히 따라야 하니, 이 六大節의 말은 그 한 뜻을 구비했을 뿐이다.〔六大節云云 按小註王氏四大節之說 尤合於章句之意 當從之 而此六大節之說 蓋備其一義耳〕

　　譯註 1. 王氏의 四大節의 說:《大全》에 王氏가 말하였다. "이 편은 나누어 네 개의 큰 支節로 삼아야 한다. 第1支의 首章은 子思가 글을 쓰신 것이고 아래 열 章은 夫子의 말씀을 인용하여 이 장의 뜻을 마쳤으며, 第2支는, 12章은 子思의 말씀이고 아래 여덟 章은 夫子의 말씀을 인용하여 밝혔으며, 第3支는, 21章은 子思가 윗장 夫子의 天道와 人道를 이어서 말씀하였고 아래 열한 章은 子思가 이 章의 뜻을 미루어 밝혔으며, 第4支는 33章으로, 子思가 앞 章 極致의 말씀을 인하여 그 근본을 돌이켜 찾아서 다시 下學이 마음을 세우는 시초로부터 戒懼·愼獨의 일을 미루어 말씀해서 그 極에 서서히 이르는 내용이다.〔是篇分爲四大支 第一支首章 子思立言 下十(一)章 引夫子之言 以終此章之義 第二支 十二章 子思之言 下八章 引夫子之言以明之 第三支 二十一章 子思承上章夫子天道人道以立言 下十(二)(一)章 子思推明此章之義 第四支 三十三章 子思因前章極致之言 反求其本 復自下學立心之始 推言戒懼愼獨之事 以馴致其極〕" 즉 1節은 1章부터 11章까지이고, 2節은 12章부터 20章까지이고, 3節은 21章부터 32章까지이고, 4節은 마지막 章인 33章이다.

91 〔詳說〕問中庸大學之別……便是篤恭而天下平底事:마지막 조항은, 물은 자가 《中庸》과 《大學》에 분별이 있다고 하였으나 朱子가 대답하신 말씀에는 매번 합하여 하나로 만드셨으니, 이 때문에 表裏의 책이 되는 것이다.〔末條問者 以庸學爲有別 而朱子答語 每合而一之 此所以爲表裏之書也〕

··· 費 넓을 비 裡 속 리 底 어조사 저

理를 찾는 것은 바로 《大學》의〉致知工夫이고, 홀로를 삼가며 닦고 살핌은 또한 바로 《大學》의〉誠意工夫이다."

혹자가 "오직 《中庸》에는 聖스러워 알 수 없는 부분(神)을 곧바로 말씀하였습니다." 하고 묻자, 朱子가 말씀하였다. "예컨대 《大學》 속에도 '前王을 잊을 수 없다.'고 한 것은 바로 《中庸》의 '공손함을 지극히 하면 天下가 평해진다.'는 일이다."

中庸章句

章句 | 中者는 不偏不倚無過不及之名이요 庸은 平常也[92]라

'中'은 편벽되지 않고 치우치지 않고 過와 不及이 없음의 이름이요, '庸'은 平常함이다.

章句按說 | 이 '章句'는 中庸이란 冊名의 뜻을 풀이한 것이다. 여기에서는 특히 中을 '不偏 不倚'와 '無過不及'의 두 가지로 풀이한 것에 주목하여야 하는바, 아래 章句의 程子 說에 中을 '不偏'이라고 풀이한 것과 대조하면 그 차이가 분명하다. 朱子가 中을 不偏不倚로만 풀이하지 않고 無過不及과 병렬한 것은, 中庸의 中이 未發의 中과 已發의 中을 모두 포함한다고 보았기 때문이다. '不偏不倚'는 마음의 體로써 말한 것으로 喜怒哀樂이 未發했을 때에 마음이 散亂하거나 昏昧하지 아니하여 天命之性을 보존한 상태이고, '無過不及'은 마음의 用으로써 말한 것으로 喜怒哀樂이 이미 發했을 때에 감정이나 일이 모두 節度에 맞아 지나치거나 미치지 못함이 없는 것으로 이것이 時中이다. 《中庸》 1장에서 말한 中和의 中은 已發의 中인 和와 對待하는 개념이므로 未發의 의미만 있지만, 中庸의 中은 未發과 已發을 모두 포함한다. 이를 표로 나타내면 다음과 같다.

---

92 〔詳說〕中者……平常也: 이 〈中者不偏不倚無過不及之名 庸平常也〉 16자는 본래 책 이름 아래의 註인데, 《大全》을 만들 적에 이곳에 옮겨 놓았으니, 지금 따르며 또 아래에 'ㅇ'를 더하여 구별하였다.〔此十六字 本書名下註 而大全時移置于此 今從之 且加圈于下而別之〕

··· 偏 치우칠 편 倚 기댈 의, 의지할 의

未發의 中	已發의 中
不偏不倚	無過不及(時中)
心之體의 中	心之用의 中
中(大本)	和(達道)

朱子는 中庸의 中이 未發의 中과 已發의 中을 포함한 것임을 이렇게 말씀하였다.

篇을 이름한 것은 본래 '時中'⁹³의 '中'을 취하였으나 능히 時中할 수 있는 까닭은 저 未發
의 中이 있어서이니, 이 때문에 먼저 未發의 中을 말한 뒤에 君子의 時中을 말한 것이다.〔名
篇 本是取時中之中 然所以能時中者 蓋有那未發之中在 所以先說未發之中 然後說
君子之時中〕《詳說》

未發의 中을 먼저 말했다는 것은 《中庸》 1章에 "喜怒哀樂之未發 謂之中"이라고 한 것을
가리킨다. 이러한 朱子의 中 해석에 대하여 北溪陳氏(陳淳)는

'中和'의 '中'은 오로지 未發을 위주하여 말하였고, '中庸'의 '中'은 두 뜻을 포함하여 마음
에 있는 中이 있고 사물에 있는 中이 있으니, 이 때문에 朱文公(朱子)이 반드시 內·外를
합하여 말씀해서 '不偏不倚, 無過不及'이라고 하신 것이니, 확고하고 극진하다고 이를 만
하다.〔中和之中 專主未發而言 中庸之中 含二義 有在心之中 有在事物之中 所以文公
必合內外而言 謂不偏不倚, 無過不及 可謂確而盡矣〕《詳說》

하였고, 新安陳氏(陳櫟)는

'不偏不倚'는 未發의 中으로 마음으로써 논한 것이니 中의 體이고, '無過不及'은 時中의
中으로 일로써 논한 것이니 中의 用이다.〔不偏不倚 未發之中 以心論者也 中之體也 無
過不及 時中之中 以事論者也 中之用也〕《詳說》

하였다. 그렇다면 中을 '不偏'이라고만 풀이한 程子의 說은 구비되지 못한 것인가? 이에 대

---

93 **譯註** 時中 : 《中庸》 2章에 "君子가 中庸을 함은 君子이면서 때에 맞게 中을 하기 때문이요, 小人이 中庸에
반대로 함은 小人이면서 忌憚이 없기 때문이다.〔君子之中庸也 君子而時中 小人之〈反〉中庸也 小人而無忌
憚也〕"라고 보인다.

해 東陽許氏(許謙)는

程子가 편벽되지 않음을 中이라고 말씀한 것은 動(已發)과 靜(未發)을 겸하여 든 것이고,
朱子가 말씀한 '不偏不倚'는 오로지 未發을 가리킨 것이다.〔程子謂不偏之謂中 兼擧動
靜 朱子不偏不倚 則專指未發者〕《詳說》

하여 程子의 說 역시 구비된 것이라고 해명하였다. 그 理由는 未發했을 때에 마음이 편벽
되지 아니하여 中을 보존한 상태도 不偏이고, 已發했을 때에 감정이나 일이 모두 節度에
맞아 過·不及이 없는 것 또한 不偏이라고 할 수 있기 때문이다.

章句 | 子程子曰 不偏之謂中이요 不易之謂庸이니 中者는 天下之正道요 庸者는 天
下之定理라 此篇은 乃孔門傳授心法이니 子思恐其久而差也라 故로 筆之於書하여
以授孟子하시니 其書始言一理하고 中散爲萬事하고 末復(부)合爲一理[94]하여 放之則
彌六合[95]하고 卷之則退藏於密[96]하여 其味無窮하니 皆實學也라 善讀者 玩索而有

---

94 〔詳說〕其書始言一理……末復合爲一理 : 朱子가 말씀하였다. "'처음에 한 이치를 말씀했다.'는 것은 '하
늘이 명한 것을 性이라 함'을 가리키고, '끝에 다시 합하여 한 이치가 되었다.'는 것은 '上天의 일'을 가리
키니, 처음에 합하였다가 열 때에는 그 엶이 漸進함이 있고, 끝에 열었다가 합할 때에도 그 합함이 또한
漸進함이 있다. '중간에 흩어져 만사가 되었다.'는 것은 바로 《中庸》에서 말한 허다한 일이니, 중간에 조
그마한 틈도 없어서 句句마다 진실하다.〔始言一理 指天命爲性 末復合爲一理 指上天之載 始合而開 其
開也有漸 末開而合 其合也亦有漸 中散爲萬事 是中庸所說許多事 中間無些子罅隙 句句是實〕○ 살펴
보건대 두 개의 '理'자는 이 책머리와 끝에 있는 '天'자[1]를 가리켰으니, 天은 理가 부터 나온 곳이니, 바
로 만물과 만사의 이치가 한 근원으로 총합한 곳이다. 天은 理로 말한 경우가 있으니 여기의 두 '天'자
의 따위가 이것이고, 또 氣로 말한 경우가 있으니 '昭昭한 하늘', 浩浩한 하늘[2]'과 같은 따위가 이것이
다.〔按二理字 指此書首末兩天字 天者 理之所從出 是萬物萬事之理 一原總會處也 天有以理言者 此兩天
字之類是也 又有以氣言者 如昭昭之天, 浩浩之天之類是也〕
　　譯註 1. 책머리와 끝에 있는 '天'자 : 1章의 '天命之謂性'과 33章의 '上天之載 無聲無臭'의 '天'자를 가
　　리킨다.
　　譯註 2. 昭昭한 하늘, 浩浩한 하늘 : 26章의 '今夫天 斯昭昭之多'와 32章의 '肫肫其仁 淵淵其淵 浩浩
　　其天'을 가리킨다.

95 〔詳說〕六合 : 天地와 四方이다.

96 譯註 退藏於密 : 《周易》〈繫辭傳〉에 보이는 말로, '密'은 은밀하여 볼 수도 없고 들을 수도 없는 것으로
마음의 本體를 가리킨다. 〈繫辭傳上〉 11章에 "蓍草의 德은 둥글어 神妙하고 卦의 德은 네모져 지혜로
우며, 六爻의 뜻은 變易하여 吉凶을 알려준다. 聖人이 이로써 마음을 깨끗이 씻어 은밀함에 물러가 감춘
다.〔蓍之德 圓而神 卦之德 方以知(智) 六爻之義 易以貢 聖人以此洗心 退藏於密〕"라고 보인다.
　　〔記疑〕伊川은 "密은 用의 근원이고 聖人의 오묘한 곳이다."라고 하였고, 朱子는 "密은 아직 用에 드러나
지 않은 것 뿐이니, 이른바 '조용하여 움직이지 않는다.'는 것이다."라고 하였다.〔伊川謂密是用之源 聖人
之妙處 朱子謂密只是未見於用 所謂寂然不動也〕

… 筆 기록할필 散 흩어질산 放 놓을방 彌 뻗칠미 卷 거둘권 藏 감출장 密 빽빽할밀 玩 구경할완
　索 찾을색

得焉이면 則終身用之라도 有不能盡者矣[97]리라

子程子가 말씀하였다. "편벽되지 않음을 中이라 이르고 변치 않음을 庸이라 이르니, 中은 천하의 正道요 庸은 천하의 定理이다. 이 책은 바로 孔門에서 傳授해 온 心法이니, 子思께서 오래됨에 잘못됨이 있을까 두려워하셨다. 그러므로 이것을 책에 써서 孟子에게 주신 것이다. 이 책은 처음에는 한 이치를 말하고, 중간에는 흩어져 萬事가 되고, 끝에는 다시 합하여 한 이치가 되어서 이것을 풀어놓으면 六合(宇宙)에 가득하고 거두어들이면 물러가 은밀한 데 감추어져서 그 맛이 무궁하니, 모두 진실한 學問이다. 잘 읽는 자가 玩索하여 얻음이 있으면 종신토록 쓰더라도 다하지 않음이 있을 것이다.

| 性道敎章 |

1-1. 天命之謂性이요 率性之謂道요 修道之謂敎니라

하늘이 命하신 것을 性이라 이르고, 性을 따름을 道라 이르고, 道를 品節(하나하나 조목 지음)해 놓음을 敎라 이른다.

按說 |《中庸》한 책을 대표하는 말을 찾는다면 이 세 句를 들 수 있을 것이다. 三山陳氏(陳孔碩)는

────────

〔詳說〕 雲峰胡氏가 말하였다. "《中庸》은 全體와 大用의 책이니, '처음에는 한 이치를 말하고 중간에 흩어져 만사가 됨'은 體의 하나(동일)를 말미암아 用의 다름에 도달한 것이고, '끝에 다시 합하여 한 이치가 됨'은 用의 다름을 말미암아 體의 하나로 돌아간 것이다. '풀어놓으면 六合에 가득함'은 감동하여 마침내 천하의 연고를 통하는 것으로 마음의 用이고, '거두어들이면 물러가 은밀한 데 감추어짐'은 조용하여 움직이지 않는 것으로 마음의 體이니, 이는 바로 孔門 문하에서 전수한 心法이다. 그러므로 마음의 體와 用에 대하여 구비한 것이다.〔中庸 全體大用之書 首言一理 中散爲萬事 是由體之一而達於用之殊 末復合爲一理 是由用之殊而歸於體之一 放之則彌六合 感而遂通天下之故 心之用也 卷之則退藏於密 寂然不動 心之體也 此乃孔門傳授心法 故於心之體用備焉"

97 〔記疑〕 子程子曰……有不能盡者矣 : '不偏之謂中 不易之謂庸'까지는 明道의 말씀이고, '中者天下之正道 庸者天下之定理'까지는 伊川의 말씀이며, '此篇乃孔門傳授心法……故筆之於書以授孟子'까지는 伊川의 말씀이고, '其書始言一理……卷之則退藏於密'까지는 明道의 말씀이며 '其味無窮……有不能盡者矣'까지는 伊川의 말씀이다.〔不偏止謂庸 明道 中者止定理 伊川 此篇止孟子 伊川 其書止於密 明道 其味止者矣 伊川〕

··· 率 따를 솔

이 章은 바로 《中庸》의 綱領이고, 이 세 句는 또 한 章의 綱領이다.〔此章 乃中庸之綱領 此三句 又一章之綱領〕《詳說》

하였다. 이 세 句가 핵심이 되는 이유는, 여기에 나오는 개념들인 天·性·道·敎의 중요성 때문이다. 王氏는 이 넷의 體用 관계를 설명하여

이 책은 모두 道의 體와 用을 말하였으니, 첫 번째 句는 하늘이 體이고 性이 用이며, 두 번째 句는 性이 體이고 道가 用이며, 세 번째 句는 道가 體이고 敎가 用이다.〔此書皆言道之體用 第一句 天是體 性是用 第二句 性是體 道是用 第三句 道是體 敎是用〕《詳說》

하였다. 그렇다면 이 개념들 중에 歸重點은 어디일까? 雙峰饒氏(饒魯)는

"性·道·敎에 '道'자가 중하다. 《中庸》 한 책은 대체로 道를 말하였으니, 이 때문에 아랫글에 곧바로 '道也者'라고 말한 것이며, '君子의 道', '聖人의 道'와 같은 것에 모두 '道'자를 제기하여 말하였으니, 이로써 중요함이 '道'자에 있음을 알 수 있다.〔性道敎 道字重 中庸一書 大抵說道 所以下文便說道也者 如君子之道 聖人之道 皆提起道字說 以此見重在道字〕《詳說》

하였고, 壺山은

살펴보건대 비단 다음 節(2節)에서 '道'자를 摘出하여 다시 말하였을 뿐만 아니라, 아랫절 (4節)에 또 특별히 '達道'를 말하였고 20章에 이르러서 또 '修道'[98] 두 글자를 제시하였으니, 이 세 가지(天命之謂性 率性之謂道 修道之謂敎) 가운데에 착수하여 힘을 쓰는 곳은 修道에 있다. 그러므로 위하여 중점을 돌린 것이니, 이는 子思께서 긴요하게 사람을 위한 뜻이다.〔按非惟次節摘出道字再言而已 下節又特言達道 至二十章 又提修道二字 蓋此三者之中 其下手用力處 在乎修道 故爲之歸其重 此子思喫緊爲人之意〕

하였고, 新安陳氏(陳櫟)는

'道'자는 위로 '性'자를 포함하고 아래로 '敎'자를 포함한다.〔道字上包性字 下包敎字〕《詳說》

---

98 **譯註** 20章에……修道:20章에 "정사를 함이 사람에게 달려 있으니, 사람을 취하되 몸으로써 하고, 몸을 닦되 道로써 하고, 道를 品節하되 仁으로써 해야 한다〔爲政在人 取人以身 修身以道 修道以仁〕"라고 보인다.

하였으니, 이는 모두 '道'자에 중점을 둔 것이다.

艮齋는

> '率性'에 대하여 官本諺解에 풀이한 것[99]은 栗谷의 해석만 못한 듯하다. 【栗谷諺解에 "性을 率흔 거슬"이라고 하였다.】〔率性 官本諺解所釋 似未若栗解也【栗解曰 性을 率흔 거슬】〕

하였다.

茶山은 《論語》와 《孟子》에서와 똑같이 性을 好善·惡惡의 嗜好로 보았는바, 이 章의 해석이 성리학적 풀이와 그 맥락이 매우 달라 여기에서 함께 소개할 수 없으므로 그의 《中庸自箴》과 《中庸講義補》를 1章 뒤에 별도로 附記하였다.

章句ㅣ 命은 猶令也요 性은 卽理也[100]라 天以陰陽五行[101]으로 化生萬物에 氣以成形而理亦賦焉하니 猶命令也라 於是에 人物之生이 因各得其所賦之理하여 以爲健順五常之德[102]하니 所謂性也라 率은 循也요 道는 猶路也[103]라 人物이 各循其性之自然이면 則其日用事物之間에 莫不各有當行之路하니 是則所謂道也[104]라 修는 品節

---

99 譯註 官本諺解에……것 : 官本諺解에 "性을 率홀 쓸"로 되어 있는바, 무슨 뜻인지 확실하지 않다.

100 〔詳說〕 性 卽理也 : 朱子가 말씀하였다. "마음에 있으면 性이라고 부르고 일에 있으면 理라고 부른다.〔在心喚做性 在事喚做理〕○ 北溪陳氏(陳淳)가 말하였다. "'理'는 천지 사이에 사람과 물건의 公共한 理를 널리 말한 것이고, '性'은 바로 나에게 있는 理이니 하늘에게 받아서 나의 소유가 된 것이다. 그러므로 '天命之謂性'의 性을 理라 하지 않고 性이라 이른 것이다.〔理是汎言天地間人物公共之理 性是在我之理 受於天而爲我所有 故謂之性〕○ 살펴보건대 公共한 理는 바로 이른바 一原이라는 것이다. 하늘에 있으면 이것을 '理'라 이르고, 물건에 있으면 '性'이라 이르고, 일에 있으면 다시 원래 이름으로 명명하여 '理'라 한다.〔按公共之理 卽所謂一原也 在天謂之理 在物謂之性 在事還以原名命之曰理〕

101 〔記疑〕 陰陽五行 : 陰·陽과 五行에도 진실로 理가 이 속에 들어있으나, 여기에서는 우선 단순히 氣로만 보아야 한다.〔陰陽五行 固亦有理在其中 此處且單做氣看〕

102 譯註 健順五常之德 : 德은 理를 가리킨 것으로 健은 陽의 德이고 順은 陰의 德이며, 五常은 仁·義·禮·智·信의 德을 가리킨다.

103 〔詳說〕 道 猶路也 : 《大全》에 말하였다. "《孟子》에 '道는 大路와 같다.'[1] 하였으니, 이에 근본하여 '道'자를 해석하였다.〔孟子曰 道若大路然 本此以釋道字〕"
　　譯註 1. 孟子에……같다 : 〈告子下〉 2章에 "道는 大路와 같으니, 어찌 알기 어렵겠는가.〔夫道若大路然 豈難知哉〕"라고 보인다.

104 〔聖學輯要〕 人物……是則所謂道也 : 朱子가 말씀하였다. "率性은 사람이 억지로 道를 따르는 것이 아니요, 다만 자신의 本然의 性을 따르기만 하면 자연 허다한 도리가 있다는 것이다. 혹 率性을 두고 性命의 理를 따르는 것이라 하니, 그렇다면 이는 道가 사람으로 인하여 비로소 생겨나는 것이 된다.〔率性 非人率之也 只是循吾本然之性 便自有許多道理 或以率性爲順性命之理 則却是道因人方有也〕"

··· 賦 줄 부 循 따를 순

之也라 性道雖同이나 而氣稟[105]或異라 故로 不能無過不及之差하니 聖人이 因人物之所當行者而品節之하사 以爲法於天下하시니 則謂之敎니 若禮樂刑政之屬이 是也라 蓋人이 知己之有性而不知其出於天하고 知事之有道而不知其由於性하고 知聖人之有敎而不知其因吾之所固有者裁之也라 故로 子思於此에 首發明之하시니 而董子所謂道之大原出於天이 亦此意也[106]니라

'命'은 令과 같고 '性'은 바로 理이다. 하늘이 陰陽과 五行으로 萬物을 化生할 적에 氣로써 형체를 이루고 理 또한 賦與하니, 命令함과 같다. 이에 사람과 물건이 태어남에 각각 부여받은 바의 理를 얻음으로 인하여 健順과 五常의 德(理)을 삼으니, 이른바 性이라는 것이다. '率'은 따름이고 '道'는 路와 같다. 사람과 물건이 각각 그 性의 自然을 따르면 일상생활하는 사이에 각각 마땅히 행하여야 할 길이 있지 않음이 없으니, 이것이 이른바 道라는 것이다. '修'는 品節함(品數를 구별하고 절차를 정함)이다. 性과 道가 비록 같으나 氣稟이 혹 다르기 때문에 過하고 不及한 차이가 없지 못하다. 그러므로 聖人이 사람과 물건이 마땅히 행하여야 할 것을 인하여 品節해서 天下의 法으로 삼으셨으니 이것을 일러 敎라 하니, 禮樂과 刑政 같은 등속이 이것이다.

사람들이 자기 몸에 性이 있음은 알지만 하늘에서 나온 것은 알지 못하고, 일에 道가 있음은 알지만 性에서 말미암음은 알지 못하고, 聖人의 가르침이 있음은 알지만 나(자신)의 固

---

105 〔詳說〕氣稟 : 氣質의 性이다.

106 〔詳說〕蓋人……亦此意也 : 新安陳氏(陳櫟)가 말하였다. "朱子의 이 총괄하여 결단한 말씀이 元本에는 '사람이 사람이 된 所以와 道가 道가 된 所以와 聖人이 가르침을 하신 所以가 부터 나온 바를 근원해 보면 한 가지도 하늘에서 근본하고 나에게 갖추어지지 않은 것이 없으니, 배우는 자가 이것을 알면 그 학문함에 힘쓸 바를 알아서 저절로 그치지 못할 것이다. 그러므로 子思가 여기에서 첫 번째로 발명하셨으니, 독자가 마땅히 깊이 체행하여 묵묵히 알아야 할 것이다.'라고 되어 있다. 다른 본[1]에는 대부분 元本을 따랐고 오직 祝氏(祝洙)의 附錄은 定本을 따랐다. 定本은 子思의 뜻을 발명하여 다시 餘蘊(미진함)이 없다. 그러므로 지금 한결같이 定本을 따르는 것이다.〔朱子此總斷之語 元本云 蓋人之所以爲人 道之所以爲道 聖人之所以爲敎 原其所自 無一不本於天而備於我 學者知之 則其於學 知所用力 而自不能已矣 故子思於此首發明之 讀者所宜深體而默識之 他本多依元本 惟祝氏附錄 從定本耳 定本發子思之意 無復餘蘊 故今一遵定本云〕"

　　譯註 1. 다른 본 : 趙順孫(宋)의 《中庸纂疏》, 胡炳文(元)의 《中庸通》, 眞德秀의 《大學衍義》, 衛湜(宋)의 《禮記集說》 등을 가리킨 것이다.

　　〔詳說〕《大全》에 말하였다. "董仲舒의 對策 가운데 보이는 이 말의 大意는 또한 道의 근원을 알았다고 이를 수 있다. 그러므로 인용하여 증명하였다.〔董仲舒中此語大意 亦可謂知道之原 故引以爲證〕○ 바로 萬理가 똑같이 한 근원에서 나왔다는 뜻이니, 이것을 인용하여 性이 하늘에서 나왔음을 증명하였다.〔卽萬理同出一原之意也 引以證性出於天〕

··· 稟 받을품 屬 무리속 裁 마름질할재 董 성동

有한 것(性)을 인하여 만들었음은 알지 못한다. 그러므로 子思께서 여기에 첫 번째로 이것을 發明하셨으니, 董子(董仲舒)의 이른바 '道의 큰 근원이 하늘에서 나왔다.'는 것도 또한 이러한 뜻이다.

章句按說 | "天以陰陽五行 化生萬物 氣以成形而理亦賦焉"이라는 말은 자칫하면 氣先理後의 의미로 받아들일 수 있는바, 栗谷은 이를 경계하여 다음과 같이 말씀하였다.

理와 氣는 원래 서로 떨어져 있지 않은 것이니, 氣에 나아가면 理가 이 가운데에 들어있다. 이는 陰陽으로 만물이 化生한다는 말을 이어서 말하였으므로 "氣로써 형체를 이루고 理 또한 부여했다."고 한 것이니, 氣가 있은 뒤에 理가 있다고 한 것은 아니다. 말로써 뜻을 해치지 않는 것이 좋을 것이다.〔理氣元不相離 卽氣而理在其中 此承陰陽化生之言 故曰氣以成形 理亦賦焉 非謂有氣而後有理也 不以辭害意可也〕《聖學輯要》

이 《章句》의 내용은 人性과 物性이 같음을 주장한 洛論의 입론 근거가 되었는바, 그 대강을 1장의 말미에 서술하였다.

1-2. 道也者는 不可須臾離也니 可離면 非道也라 是故로 君子는 戒愼乎其所不睹하며 恐懼乎其所不聞이니라

道란 것은 須臾(잠시)도 떠날 수 없는 것이니, 떠날 수 있으면 道가 아니다. 이러므로 君子는 그 보지 않는 바에도 戒愼하며 그 듣지 않는 바에도 恐懼하는 것이다.

按說 | 여기에서 제시된 戒愼恐懼의 공부는 크게 보면 動·靜을 관통하는 것이지만, 아랫절의 愼獨과 對待할 때에는 戒懼는 未發 공부에 속하고 愼獨은 已發 공부에 속한다. 이에 대하여 朱子는

'戒懼'는 너무 중하게 말해서는 안 되고 다만 간략히 수습하여서 마음이 여기에 있게 해야하니, 伊川의 이른바 '敬자를 말했다.'는 것이니, 크게 得力할 수가 없다. '보지 않고 듣지 않는 바'라는 것은 귀를 닫고 눈을 감고 있는 때가 아니요, 다만 만사가 모두 싹트기 전에 자신이 곧바로 먼저 戒懼하여 未然에 막는 것이니, 이로써 그 未發을 기르는 것이다.〔戒懼 不

··· 須 잠깐수 臾 잠깐유 睹 볼도

可說得太重 只是略略收拾來 便在這裏 伊川所謂道箇敬字也 不大段用得力 所不睹

不聞 不是閉耳合眼時 只是萬事皆未萌芽 自家便先戒懼 防於未然 所以養其未發〕

《詳說》

하였다. 艮齋는

諺解는 마땅히 "不睹ᄒᆞᄂᆞᆫ바에도", "不聞ᄒᆞᄂᆞᆫ바에도"라고 해야 한다.[107] 이와 같이 해석한다

면 보고 듣는 것까지 이 가운데 포함하게 된다.〔諺解當云 不睹ᄒᆞᄂᆞᆫ바에도 不聞ᄒᆞᄂᆞᆫ바에도

如此 則包睹聞在其中〕

하였는데, 이는 戒愼恐懼를 動·靜을 관통하는 공부로 본 것으로, 아래 章句에 "雖不見聞
亦不敢忽"이라고 한 것과 조응하는바, 道는 잠시도 떠날 수 없는 것이기에 戒懼가 動·靜을
관통하는 공부가 되는 것이다. 말하자면 戒愼恐懼는 動·靜을 관통하는 공부인데 그 중점
은 靜時에 있다고 할 수 있다.

壺山은

살펴보건대 '不睹 不聞'은 보이는 것이 없고 들리는 것이 없다.〔無睹無聞〕'라고 말한 것과

같다. 諺解의 해석에는 '보지 못하고 듣지 못하는' 뜻으로 삼았으니, 마땅히 다시 살펴보아

야 할 듯하다.〔按不睹不聞 猶言無睹無聞 諺釋作不能睹, 不能聞之意 恐合更詳〕

하였다. 官本諺解에서 '보디 몯ᄒᆞᄂᆞᆫ 바에'와 '듣디 몯ᄒᆞᄂᆞᆫ 바에'로 해석한 것은 뜻을 알기 어
렵다. '不睹 不聞'은 아직 사물을 접하지 않고 思念하는 바가 없어서 보지도 듣지도 않는
때(靜時)를 이른다.

章句ㅣ道者는 日用事物當行之理니 皆性之德而具於心[108]하여 無物不有[109]하고 無
時不然[110]하니 所以不可須臾離也[111]라 若其可離[112]면 則豈率性之謂哉아 是以로

107　譯註 諺解는……한다:官本諺解에는 "그 보디 몯ᄒᆞᄂᆞᆫ 바에, 그 듣디 몯ᄒᆞᄂᆞᆫ 바에"로 栗谷諺解에는 "그
　　보디 아닌 바의, 그 듣디 아닌 바의"로 되어 있다.

108　〔詳說〕日用事物當行之理 皆性之德而具於心:《大全》에 말하였다. "윗구는 道의 用을 말하였고, 아랫구
　　는 道의 體를 말하였다.〔上句言道之用 下句言道之體〕"

109　〔詳說〕無物不有:《大全》에 말하였다. "道의 큼을 말하였으니 橫(공간)으로 말한 것이다.〔言道之大 橫說〕"

110　〔詳說〕無時不然:《大全》에 말하였다. "道의 오램을 말하였으니, 直(縱, 시간)으로 말한 것이다.〔言道之
　　久 直說〕"

君子之心이 常存敬畏[113]하여 雖不見聞이라도 亦不敢忽하니 所以存天理之本然[114]하여 而不使離於須臾之頃也[115]니라

道는 日用事物(일상생활하는 사이)에 마땅히 행하여야 할 理이니, 모두 性의 德으로서 마음에 갖추어져 있어서 사물마다 있지 않음이 없고 때마다 그렇지 않음이 없으니, 이 때문에 잠시도 떠날 수 없는 것이다. 만일 떠날 수 있다면 어찌 率性이라고 말할 수 있겠는가. 이러므로 君子의 마음이 항상 공경함과 두려워함을 보존하여 자신이 비록 보고 듣지 않더라도 또한 감히 소홀히 하지 않으니, 이 때문에 天理의 本然을 보존하여 잠시 동안이라도 〈道를〉 떠나지 않게 하는 것이다.

1-3. 莫見(현)乎隱이며 莫顯乎微니 故로 君子는 愼其獨也니라

隱(숨겨진 곳)보다 드러남이 없으며 微(드러나지 않은 작은 일)보다 나타남이 없으니, 그러므로 君子는 그 홀로를 삼가는 것이다.

按說 | '其所不睹 其所不聞'에 대하여, 朱子는 위의 節(2節)을 靜할 때에 戒愼恐懼하는

---

111 〔詳說〕所以不可須臾離也:이 '可'자는 사람을 위주하여 말한 것이다.〔此可字 主人而言〕

112 〔詳說〕若其可離:여기에서의 '可'자는 道를 위주하여 말하였으니, 더욱 마땅히 깊이 음미하여야 한다. 盜跖과 莊蹻(장각)이 비록 악하였으나 그 性善의 이치는 일찍이 그 몸을 떠나지 않았으니, 비록 頃刻이라도 떠나고자 하여도 떠날 수 없는 것이다.〔此可字 主道而言 尤當深味之 蓋跖蹻雖惡 其性善之理 則常不離其身 雖欲頃刻離之 而不可得矣〕

113 〔詳說〕常存敬畏:《大全》에 말하였다. "'敬'은 戒愼을 이르고, '畏'는 恐懼를 이른다.〔敬謂戒愼 畏謂恐懼〕"

114 〔詳說〕所以存天理之本然:北溪陳氏(陳淳)가 말하였다. "물건에 감동되지 않았을 때에는 온전히 이 天理이다.〔未感物時 渾是天理〕"

115 〔詳說〕不使離於須臾之頃也:雙峰饒氏(饒魯)가 말하였다. "'不睹 不聞'은 바로 事物이 이미 지나가고 思慮가 아직 싹트지 않은 두 가지 사이에 있으니, 윗글의 '道는 須臾라도 떠날 수 없다.〔道不可須臾離〕'는 것을 보면 이 '不睹 不聞'은 사물이 이미 지나간 뒤에 있고, 아랫글의 '喜怒哀樂이 未發'한 것을 보면 이 '不睹 不聞'은 또 思慮가 싹트기 전에 있는 것이다. 그러므로 모름지기 이 두 句를 보아야 비로소 위아래의 글 뜻이 관통함을 말할 수 있는 것이다. 긴요함은 '須臾之頃' 네 글자에 있으니, 여기에서 子思가 '須臾' 두 글자의 뜻을 발명한 것을 볼 수 있다."〔不睹不聞 正在事物旣往 思慮未萌二者之間 看上文道不可須臾離 則此不睹不聞 在事物旣往之後 看下文喜怒哀樂未發 則此不睹不聞 又在思慮未萌之前 故須看此二句 方說得上下文意貫串 緊要在須臾之頃四字 於此見得子思所以發須臾兩字之意〕

••• 忽 갑자기홀 頃 잠깐경 見 드러날현 隱 숨을은 顯 나타날현 微 작을미

것으로 보아 자신이 보지 않고 자신이 듣지 않는 것으로 해석하고, 이 節(3節)은 思慮가 動할 때에 愼獨하는 것으로 보았다. 그래서 上節은 存天理, 이 節은 遏人欲으로 나누고 存天理는 致中, 遏人欲은 致和의 工夫로 兩分하였다. 아래는 이에 대한 朱子의 설명이다.

'道를 떠날 수 없다'는 것은 存養하지 않으면 안 됨을 말한 것이고, '是故' 이하는 사람들에게 存養 공부를 하도록 한 것이며, '莫見'과 '莫顯'은 省察하지 않으면 안 됨을 말한 것이요, '故' 이하는 사람들이 사사로운 뜻이 일어나는 곳을 성찰하여 막도록 한 것이니, 다만 두 개의 '故'자를 보면 이것을 알 수 있다.〔道不可離 是說不可不存養 是故以下 是教人做 存養工夫 莫見莫顯 是說不可不省察 故以下 是教人察私意起處防之 只看兩故字可 見〕《詳說》

存養은 靜工夫이고 省察은 動工夫이다.〔存養是靜工夫 省察是動工夫〕《詳說》

'戒愼', '恐懼' 두 句는 윗글의 '須臾도 떠날 수 없다'는 뜻을 맺은 것이고, 아랫글에서는 또 다시 제기하여 '戒愼 恐懼하지 않음이 없는 가운데 은미한 사이에 생각이 싹트는 것을 더욱 소홀히 할 수 없음'을 말하였다. 그러므로 또 그 홀로를 삼가고자 하여 또다시 윗글의 은미한 뜻을 맺었으니, 앞 단락과 뒷 단락을 두 節의 공부로 나누면 '致中'과 '致和'가 바야흐로 각각 붙을 곳이 있고, '天地位'와 '萬物育' 또한 각각 돌아갈 곳이 있게 된다.〔戒懼兩句 是 結上文不可須臾離之意 下文又提起說無不戒懼之中 隱微之間 念慮之萌 尤不可忽 故又欲於其獨而謹之 又結上文隱微意 前後段 分兩節工夫 則致中致和方各有著落 而天地位 萬物育亦各有歸著〕《詳說》

'戒懼'는 未發의 전에 涵養하여서 그 體를 온전히 하는 것이고, '謹獨'은 이미 발한 때에 省察하여서 그 기미를 살피는 것이다.〔戒懼 所以涵養於未發之前 以全其體 謹獨 所以 省察於已發之時 以審其幾〕《詳說》

이를 표로 나타내면 다음과 같다.

未發(靜時)의 공부	已發(動時)의 공부
戒愼恐懼(戒懼)	愼獨
存天理	遏人欲
致中	致和
存養(靜存)	省察(動察)

이러한 설명은 모두 戒懼와 愼獨을 對待한 것인데, 윗절의 안설에서도 언급했듯이, 戒懼는 크게 보면 動·靜을 관통하여 그 안에 愼獨을 포함한다고 할 수 있다. 이에 대하여 尤菴(宋時烈)은

오로지(전체로) 말하면 戒懼가 愼獨을 포함하고, 한쪽만(상대적으로) 말하면 戒懼는 靜에 속하고 愼獨은 動에 속하니, 朱子가 말씀하신 '항상 戒懼를 보존한다'는 것은 전체의 戒懼이니 이는 오로지 말한 것이요, 이른바 '戒懼로부터 요약한다.'는 것과 '謹獨으로부터 정밀히 한다.'는 것은 動과 靜을 나누어 말씀한 것이다. 退溪의 이른바 '戒懼는 오로지 未發에만 있다.'[116]는 것과 沙溪의 이른바 '動과 靜을 겸했다.'는 것은 각각 한 說이다.〔專言則戒懼包愼獨 偏言則戒懼屬靜而愼獨屬動 朱子所謂常存戒懼 全體戒懼 是專言者也 所謂自戒懼而約之 自謹獨而精之者 分動靜而言也 退溪所謂戒懼專在未發 沙溪所謂兼動靜 各是一說也〕《詳說》

하였는바, 退溪는 戒懼를 靜공부로 본 것이고, 沙溪는 動·靜을 겸한 것으로 본 것이다. 沙溪의 說은 다음과 같다.

朱子의 初年의 所見은 《中庸集註》《章句》)와 차이가 있다.·胡季隨(胡大時)가 말하기를 "戒懼는 喜怒가 發하기 전에 涵養하는 것이고 愼獨은 喜怒가 이미 發한 뒤에 省察하는 것이다." 하였는데, 朱子가 말씀하기를 "이 說이 매우 좋다." 하였고, 栗谷께서도 이 말씀을 《聖學輯要》 가운데 기록해 넣었으니, 이는 戒懼와 愼獨을 가지고 靜과 動으로 나누어 본 것인데, 다만 《中庸集註》와 다르다. 《中庸集註》에서 말한 '항상 敬畏를 보존한다.'는 것은 서 있을 때에도 敬畏하고 앉아 있을 때에도 敬畏하고 말할 때에도 敬畏하고 먹고 마실 때에도 敬畏하여, 비록 자신이 보지 않고 듣지 않을 때에 이르러서도 또한 감히 소홀히 하지 않는 것이니, 이는 動하는 곳으로부터 靜에 이르기까지 모두 마땅히 戒懼해야 함을 말한 것이다. 公(梁振翊)이 '亦'자의 뜻은 보았으나 오히려 '雖'자의 뜻은 보지 못하였으니, 〈2節《章句》의〉 '항상 敬畏를 보존한다.'는 것은 動과 靜에 敬畏하는 것이요, 아랫글(3節《章句》)에서 말한 '이미 항상 戒懼한다.'는 것은 動·靜을 겸하여 말한 것이다.〔朱子初年所見 與中庸

---

116 譯註 退溪의……있다:《退溪集》〈答奇明彦〉에 "공부에 착수하는 요체를 어찌 다른 데서 구하겠습니까. 역시 主一無適과 戒愼恐懼일 뿐입니다. 主一의 공부는 動·靜에 통용되고 戒懼의 경지는 오로지 未發에만 있는 것이니, 두 가지 중에 하나라도 빠뜨려서는 안 됩니다.〔其下功之要 何俟於他求哉 亦曰主一無適也 曰戒愼恐懼也 主一之功 通乎動靜 戒懼之境 專在未發 二者不可闕一〕"라고 보인다.

集註有異 胡季隨曰 戒懼者 所以涵養於喜怒未發之前 愼獨者 所以省察於喜怒已發
之後 朱子曰 此說甚善 栗谷亦以此說 錄之聖學輯要中 蓋以戒懼愼獨 分靜動看也
但與中庸集註不同 集註所謂常存敬畏云者 立時敬畏 坐時敬畏 言語時敬畏 飮食時
敬畏 至於雖不見聞之時 亦不敢忽 是自動處至於靜 皆當戒懼之謂也 公見得亦字之
意 猶未見得雖字之意 常存敬畏者 動靜之敬畏也 下文所云旣常戒懼者 亦兼動靜言
之也〔《沙溪遺稿》〈與梁振翊論戒懼愼獨分動靜說〉〕

즉《章句》에서는 戒懼를 動·靜을 관통하는 공부로 해석한 반면, 初年說에서는 戒懼를 靜
時 공부로 보았다는 것이다. 이에 대해 艮齋 역시 다음과 같이 말씀한 바 있다.

戒懼는 全體의 功夫이니 動과 靜을 관통하고, 愼獨은 단지 겨우(막) 發할 때의 공부이
다.〔戒懼 全體功夫 通動靜 愼獨 只纔發處功夫〕
朱子는 "存養은 靜할 때의 공부이다."라고 하셨으니, 이는《章句》의 뜻과 조금 다르다.〔朱
子云 存養靜時工夫 此與章句少異〕
《大學》의 愼獨은 格物·致知가 허공에 떨어지는 것을 방지한 것이고,《中庸》의 愼獨은 存
養에 間斷이 있을까 염려한 것이니, 淺·深과 疏·密이 크게 다르다.〔大學愼獨 防其格致
之落空 中庸愼獨 慮其存養之有間 淺深疏密自不同〕

《大學》의 愼獨'이란 誠意章을 가리킨다. 朱子의《改正本大學》에 의하면 5章이 格物
致知, 6章이 誠意, 7章이 正心의 순서로 되어 있는바, 朱子는 "5章은 明善(知)의 요
점이고 6章은 誠身(行)의 요점이다." 하여 이 두 章을 知와 行을 연결해 주는 중요한 글
로 보았으며, 動·靜에 모두 해당하는 正心이 誠意 뒤에 있다. 그러므로《大學》의 愼獨
은 格物·致知가 허공에 떨어짐을 방지했다.'고 한 것이다. 《中庸》의 愼獨은 動·靜을 포
괄하는 戒愼恐懼가 있고 動만을 강조한 愼獨이 뒤에 또다시 있으므로《章句》에 "君子
가 이미 항상 戒懼하고 이 獨에 더욱 삼감을 가한다.〔君子旣常戒懼 而於此尤加謹焉〕"
라고 한 것이다. 그러므로《中庸》의 愼獨은 存養에 間斷이 있을까 염려했다.'고 한 것이
다. 淺·深과 疏·密은 얕고 깊음과 소략하고 치밀한 것으로《中庸》이 보다 깊고 치밀하고,
《大學》이 얕고 소략한 것이다.

반면 鄭玄은 위의 節의 '其所不睹'와 '其所不聞'을 남이 보지 않고 남이 듣지 않는 것으로 보아

小人이 한가로이 거처할 적에 不善을 하되 이르지 못하는 바가 없으나 君子는 그렇지 아니

하여 비록 보아서 사람이 없고 들어서 소리가 없더라도 戒愼하고 恐懼하여 스스로 닦고 바르게 해야 하니, 이것이 須臾도 道를 떠날 수 없는 것이다.〔小人閒居 爲不善 無所不至也 君子則不然 雖視之無人 聽之無聲 猶戒愼恐懼自修正 是其不須臾離道〕

라고 하고, 이 節을

愼獨이란 한가로이 거처할 적에 하는 바를 삼가는 것이다. 小人은 숨겨진 곳에서 動作하고 言語를 할 적에 스스로 생각하기를 남에게 보이지 않고 들리지 않는다고 여기면 반드시 그 情慾을 함부로 다한다. 만일 이것을 엿보고 듣는 자가 있으면 이는 드러나고 나타남이 여러 사람이 있는 가운데에서 하는 것보다도 심한 것이다.〔愼獨者 愼其閒居之所爲 小人於隱者 動作言語 自以爲不見睹 不見聞 則必肆盡其情也 若有佔聽之者 是爲顯見 甚於衆人之中爲之〕

라 하여 두 節 모두 愼獨으로 해석하였다.

한편 茶山은 이 내용을 鬼神章(16장)과 연관지어 '其所不睹'와 '其所不聞'을 사람은 보아도 보이지 않고 들어도 들리지 않으나 하늘(鬼神)이 굽어보고 있어 戒愼恐懼하는 것으로 해석하였는바, 역시 아래 1章 끝에 그의 說을 수록하였다.

章句丨隱은 暗處也요 微는 細事也[117]라 獨者는 人所不知而己所獨知之地也[118]라 言 幽暗之中, 細微之事는 跡雖未形이나 而幾則已動하고 人雖不知나 而己獨知之하니 則是天下之事[119] 無有著見明顯而過於此者[120]라 是以로 君子旣常戒懼[121]하

---

117 〔詳說〕 隱……細事也 :〈'暗處'는〉 땅(처소)을 가지고 말한 것이고〔以地言〕〈'細事'는〉 일을 가지고 말한 것이다.〔以事言〕

118 〔詳說〕 獨者 人所不知而己所獨知之地也 : 雲峰胡氏(胡炳文)가 말하였다. "'獨'자는 바로 '隱·微' 두 글자를 말한 것이다.〔獨字 正是說隱微二字〕 ○ 朱子가 말씀하였다. "이 '獨'은 단지 자기 혼자 있을 때뿐만 아니라 衆人과 마주하여 앉았더라도 마음속에서 나오는 생각이 혹은 바르기도 하고 혹은 바르지 않기도 하니, 이 또한 혼자 있는 곳이다.〔這獨也不只是獨自時 如與衆人對坐 自心中發念 或正或不正 此亦是獨處〕"

119 〔詳說〕 天下之事 : 일을 가지고 말하여 땅(처소)을 포함하였다.〔言事以該地〕

120 〔詳說〕 無有著見明顯而過於此者 : '此'자는 '隱·微' 두 글자를 가리킨 것이다.〔此字 指隱微二字〕 ○ 雙峰饒氏(饒魯)가 말하였다. "'此'는 또 윗글(莫見乎隱 莫顯乎微)을 상대하여 말하였으니, 숨겨지고 어두운 땅은 사람들이 비록 보지 않는 바이고, 은미하고 비밀스러운 일은 비록 사람들이 듣지 않는 바이나, 그 기미가 이미 동했으면 반드시 장차 외면에 드러나서 가릴 수가 없고 마음속에 분명하여 속일 수가 없으니, 그 형태의 나타남과 밝게 드러남이 이보다 심한 것이 있지 않다.'〔此又對上文而言 隱暗之地 雖人

••• 幽 그윽할 유 暗 어두울 암

고 而於此에 尤加謹焉[122]하니 所以遏人欲於將萌[123]하여 而不使其潛滋暗長[124]於隱
微之中하여 以至離道之遠也니라

'隱'은 어두운 곳이고 '微'는 작은 일이다. '獨'은 다른 사람들은 미처 알지 못하고 자신만이
홀로 아는 곳이다. 幽暗의 가운데와 細微한 일은, 자취는 비록 나타나지 않았으나 幾微는
이미 動하였고 남은 비록 알지 못하나 자신만은 홀로 알고 있으니, 이는 天下의 일이 드러
나 보이고 밝게 나타남이 이보다 더함이 없는 것이다. 이러므로 君子가 이미 항상 戒懼하고
여기(獨)에 더욱 삼감을 가하는 것이니, 人欲을 장차 싹트려 할 때에 막아서 인욕이 隱微한
가운데에 속으로 불어나고 자라나서 道를 떠남이 멂에 이르지 않도록 하는 것이다.

1-4. 喜怒哀樂之未發을 謂之中이요 發而皆中節을 謂之和니 中也者는
天下之大本也요 和也者는 天下之達道也니라

기뻐하고 노하고 슬퍼하고 즐거워하는 情이 發하지 않은 때를 中이라 이르고, 發하여
모두 節度에 맞는 것을 和라 이르니, 中은 천하의 큰 근본이요 和는 천하의 공통된 道
이다.

按說 | '中·和'에 대하여, 艮齋는

中은 靜에 있는 道이고 和는 動에 있는 道이다. 中和는 知能이 있는 것이 아니요 또한 공부
가 있는 것도 아니다. 선현 중에 이것을 戒愼 이후의 일로 여긴 분이 있었으니, 아마도 본래
의 뜻에 어긋난 듯하다.[中是在靜之道 和是在動之道 非有知能 亦非有功夫 前賢有以

所不睹 微密之事 雖人所不聞 然其幾旣動 則必將呈露於外而不可掩 昭晰於中而不可欺 其形見明顯 莫
有甚於此者]

121 〔詳說〕君子旣常戒懼:《大全》에 말하였다. "윗글 한 節(戒愼乎其所不睹 恐懼乎其所不聞)을 가리킨 것
이다.〔指上文一節〕"

122 〔詳說〕尤加謹焉:陳氏가 말하였다. "평상시에 이미 항상 戒懼하다가 이때에 이르면 또 마땅히 十分 삼
감을 더하는 것이다.〔平時已常戒懼 至此又當十分加謹〕"

123 〔詳說〕所以遏人欲於將萌:윗주의 '存天理' 句와 서로 조응되고 상대된다.〔與上註存天理句相照對〕

124 **譯註** 潛滋暗長:潛과 暗은 모두 남이 알지 못하는 속에서 이루어지는 것으로, 악한 마음이 남몰래 불어
나고 자라남을 말한다.

··· 遏 막을 알 萌 싹 맹 潛 잠길 잠 滋 불어날 자

此爲戒愼以後事 恐乖本指〕

하였는바, 이는 中과 和를 공부로 보는 견해에 대해 비판한 것이다. 또 中을 形而上者로 보고 和를 形而下者로 보아 和를 氣에 소속시키는 견해에 대해

> 先師(全齋)가 閔參判(閔冑顯)에게 답한 편지에 "和는 氣에 속한다."라고 하셨는데, 이것은 다시 헤아려 보아야 할 듯하다. 栗翁(李珥)은 "情은 和가 아니고 情의 德이 곧 和이다. 情의 德은 곧 理가 情에 있는 것이다."라고 하셨다. 이것을 가지고 살펴본다면 和를 곧바로 氣에 속할 수 없음이 더욱 분명하다.〔先師答閔參判書 以和屬氣 此似更商 栗翁言 情非和也 情之德乃和也 情之德 乃理之在情者也 以此觀之 和不可直屬氣 更明〕

하였다.

章句ㅣ喜怒哀樂은 情也요 其未發은 則性也[125]니 無所偏倚[126]故로 謂之中이요 發皆中節[127]은 情之正也니 無所乖戾[128]故로 謂之和라 大本者는 天命之性[129]이니 天下之理 皆由此出하니 道之體也요 達道者는 循性之謂니 天下古今之所共由니 道之

125 〔詳說〕其未發 則性也:尤菴이 朴景初에게 준 편지에 다음과 같이 말씀하였다. "보내온 편지에 이른바 '未發이라는 것이 뒤섞여 있으면 발하는 것이 和하지 못하다.' 하였으니, 이 말은 크게 잘못되었다. 未發의 때에 어찌 일찍이 뒤섞임이 있을 수 있겠는가. 그러므로 程子는 '未發의 때에 어찌 일찍이 不善이 있겠는가.' 하셨고,……栗谷은 牛溪의 이른바 '未發에도 또한 不善의 苗脈이 있다.'는 것을 천만번 옳지 않다고 말씀하셨으니, 이는 참으로 바꿀 수 없는 定論이라 이를 수 있다.〔來諭所謂未發者雜糅 則所發者 不和 此說大誤 未發之時 何嘗有雜糅者乎 故程子曰 未發時 何嘗有不善……栗谷以牛溪所謂未發亦有不善之苗脈者 爲千萬不是 此眞可謂不易之定論矣〕○ 巍巖(李柬)이 말씀하였다. "未發의 때에는 氣가 用事하지 아니하여 이른바 '淸·濁', '粹·駁'이라는 것이 情意가 없고 造作이 없어서 湛然하고 純一한 善일 뿐이다. 이 곳(자리)은 바로 그 本然의 理만을 가리킨 것이니, 하필 氣를 겸하여 말할 것이 있겠는가.〔未發時 氣不用事 所謂淸濁粹駁者 無情意 無造作 湛(담)然純一善而已矣 此處正好單指其本然之理 何必兼指氣而爲言乎〕○ 南塘(韓元震)이 말씀하였다. "비록 湛然 虛明하다고 하나, 그 氣裏의 本色에 淸·濁과 美·惡이 일찍이 없지 않다.[1]〔雖則湛然虛明 其氣裏本色之淸濁美惡 則未嘗無也〕"

譯註 1. 巍巖(李柬)이……않다:巍巖은 人物性同을 주장하였으므로 '未發의 때에는 氣가 用事하지 않는다.'고 하였고, 南塘은 人物性異를 주장하였으므로 '氣裏의 本色에 淸·濁과 美·惡이 있다.'고 한 것이다.

126 〔詳說〕無所偏倚:中의 體를 가지고 말하였기 때문에 〈無過不及은 없이〉 오직 '不偏不倚'만을 취한 것이다.〔以中之體言 故只取不偏不倚〕

127 〔詳說〕發皆中節:北溪陳氏(陳淳)가 말하였다. "節은 制限이니, 이것은 사람 마음의 準的(표준)일 것이다.〔節 限制也 其人心之準的乎〕"

128 〔詳說〕無所乖戾:北溪陳氏가 말하였다. "이 理와 서로 어긋나지 않는 것이다.〔與是理不相咈戾〕"

129 〔記疑〕大本者 天命之性:《巍巖集》의 '未發의 때에 大本은 반드시 氣質이 淸粹하다.'라는 설을 南塘이

··· 乖 어그러질 괴 戾 어그러질 려

用也[130]라 此는 言性情之德[131]하여 以明道不可離之意하니라

喜怒哀樂은 情이요 이것이 發하지 않은 것은 性이니, 편벽되고 치우친 바가 없으므로 中이라 이르고, 發함에 모두 節度에 맞는 것은 情의 올바름이니 어그러지는 바가 없으므로 和라 이른다. '大本'은 하늘이 명하신 性으로 천하의 理가 모두 이로 말미암아 나오니 道의 體이고, '達道'는 性을 따름을 이른 것으로 天下와 古今에 함께 행하는 것이니 道의 用이다. 이는 性·情의 德을 말씀하여 道를 떠날 수 없는 뜻을 밝힌 것이다.

1-5. 致中和면 天地位焉하며 萬物育焉이니라

中과 和를 지극히 하면 天地가 제자리를 편안히 하고 萬物이 잘 生育된다.

심하게 비난하였으니, 이것은 아마도 '大本'이 氣質에 근본한다고 하면 不可하다고 여긴 것이리라. 그러나 朱子는 일찍이 "未發 이전에는 氣가 用事하지 않으니, 【氣는 원래 淸·粹한 것이니, 지금 조금이라도 濁·駁라고 말하면, 다만 이것이 用事이다.】이 때문에 善만 있고 惡이 없는 것이다."라고 말씀하였으니, 【《孟子》性善章(《滕文公上》 1章) 小註에 보인다.】이 또한 '大本'의 본래 善한 것을 또 '氣에 근본했다' 하여 배척할 수 있겠는가. 이러한 내용들은 언어로만 찾아서는 안 되고 心과 氣에 나아가 자세히 체험하여야 비로소 그 是非의 실상을 알게 될 것이다.〔巍巖集 未發大本必氣質清粹之說 南塘深斥之 蓋謂其大本本於氣質 則不可也 然朱子嘗言 未發之前 氣不用事【氣元來清粹底 今纔說濁駁 只此便是用事】所以有善而無惡【見孟子性善章小註】此亦以大本本善又本於氣斥之歟 此等未可只以言語求之 必要就心氣上子細體驗 始見其是非之實矣〕

130 〔記疑〕大本者……道之用也: 위의 두 節은 心의 공부를 말한 것이고, 이 節은 道의 體·用을 말한 것이다.[1]〔上兩節 言心之工夫 此節 言道之體用〕
　　譯註 1. 위의……것이다: 위의 두 節은 戒愼恐懼와 愼獨의 節(2節)을 가리키고, 이 節(3節)은 中·和를 가리킨다. 道의 體는 中을, 道의 用은 和를 가리킨 것으로, 靜時에 戒愼恐懼의 공부를 하면 저절로 未發之中이 보존되고, 動時에 愼獨의 공부를 하면 자연 發而皆中節하여 和가 되므로 이렇게 말한 것이다.

131 譯註 此 言性情之德: 아랫절의 '致中和'의 '致'가 공부이고 이 節의 '中·和'는 道이다.
　　〔詳說〕北溪陳氏가 말하였다. "모름지기 戒愼恐懼의 공부가 있어야 비로소 未發의 中을 보존할 수 있고, 모름지기 謹獨의 공부가 있어야 비로소 已發의 和를 가질 수 있는 것이다.〔須有戒懼工夫 方存得未發之中 須有謹獨工夫 方有已發之和〕
　　〔聖學輯要〕이것(中·和)은 性情의 德의 體段이 이와 같음을 말한 것이고 공부를 가리켜서 말한 것이 아니다. 윗글의 戒懼와 愼獨은 곧 아래 글의 '致中和'의 공부이다.〔此言性情之德體段如是 非指工夫而言 上文戒懼愼獨 乃下文致中和之工夫也〕

··· 致 지극할 치

章句ㅣ 致는 推而極之也라 位者는 安其所也[132]요 育者는 遂其生也[133]라 自戒懼而約之[134]하여 以至於至靜之中[135]無所偏倚而其守不失이면 則極其中而天地位矣요 自謹獨而精之하여 以至於應物之處[136]無少差謬而無適不然[137]이면 則極其和而萬物育矣[138]라 蓋天地萬物이 本吾一體[139]라 吾之心正이면 則天地之心亦正矣요

---

132 〔詳說〕位者 安其所也:《周易》에서 말한 '하늘과 땅이 자리를 정한다.'[1]는 것과 같다.〔如易所云天地定位也〕

　　譯註 1. 周易에서……정한다.〈說卦傳〉3章에 "天과 地가 자리를 定하고 山과 澤이 氣를 통하며, 雷와 風이 서로 부딪히고, 水와 火가 서로 해치지 않아 八卦가 서로 交錯한다.〔天地定位 山澤通氣 雷風相薄 水火不相射 八卦相錯〕"라고 보인다.

133 〔記疑〕致……遂其生也:致는 功夫이고, 位·育은 功效이다. 後夢 金判書(金鶴鎭)는 老洲(吳熙常)의 說을 잘못 보고 위의 句(致中和)까지도 아울러 功效라 하였으니, 옳지 않다. 朱子는 李守約에게 답한 편지에서 "그 中을 지극히 하여 잃지 않는 곳에까지 길러 도달함이 바로 致中이고, 時中을 하여 어긋나지 않는 곳에까지 미루어 도달함이 致和이다."라고 하였고, 《語類》董銖의 記錄에는 "體信(誠信을 체행함)은 바로 致中의 뜻이고, 達順(순함에 도달함)은 바로 致和의 뜻이다."라고 하였다. 《語類》의 呂燾의 記錄도 같다. 굳이 《朱子大全》과 《語類》를 다 인용할 필요 없이 《章句》만 가지고 자세히 보아도 저절로 알 수 있다. 《或問》에서는 "致는 힘을 써서 미루어 지극히 하는 것이다."라고 곧바로 말씀하여, 뜻이 더욱 분명하다.〔致是功夫 位育是功效 後夢金判書 錯看老洲說 並將上句爲功效 非是 朱子答李守約書曰 養到極中而不失處 便是致中 推到時中而不差處 便是致和 語類銖錄云 體信 是致中底意思 達順 是致和底意思 燾錄亦同 不待引大全語類 只將章句細看 亦自可見 或問直言致者用力推致 義更分曉〕

134 譯註 約之:약은 마음이 흩어지지 않도록 檢束하고 收斂함을 이른다.

135 〔詳說〕至靜之中:未發이다.

136 〔詳說〕以至於應物之處:發한 것이다.〔已發〕

137 〔記疑〕以至於至靜之中無所偏倚而其守不失……以至於應物之處無少差謬而無適不然:두 개의 '以至'의 뜻은 모두 '그 지킴이 잃지 않는다'와 '가는 곳마다 그렇지 않음이 없다.'까지 이르니, 이것이 이른바 '미루어 지극히 한다.'는 뜻이다.〔兩以至之意 皆至於其守不失 無適不然 是所謂推之極之也〕

138 〔詳說〕自戒懼而約之……則極其和而萬物育矣:雲峰胡氏(胡炳文)가 말하였다. "'精之'와 '約之'는 다만 한 '致'자를 해석한 것이니, 요약하면 存養의 공부가 더욱 치밀하고, 정밀히 하면 省察하는 공부가 더욱 엄해진다.〔精之 約之 只是釋一致字 約之則存養之功益密 精之則省察之功益嚴〕○ 新安陳氏(陳櫟)가 말하였다. "收斂하여 내면에 가깝게 하는 것은 요약함을 귀하게 여기고, 기미를 자세히 살핌은 정밀함을 귀하게 여긴다.〔收斂近裏 貴乎約 審察幾微 貴乎精〕○ 東陽許氏(許謙)가 말하였다. "致中和는 바로 戒懼와 愼獨이니, 미루어 행하여 많이 쌓아서 지극한 곳에 이르면 位·育의 효험이 있게 된다.〔致中和 是戒懼愼獨 推行積累 至乎極處 則有位育之效驗〕○ 朱子가 말씀하였다. "中和와 位育은 바로 '형체가 和하면 기운이 和해서 天地의 和가 응한다.'[1]는 것이다. 예컨대 人君이 기뻐하여 賞을 내리고 노여워하여 벌을 주며 홀아비와 과부를 가엾게 여기고 人材를 양성함을 즐거워함은, 이것이 '만물이 길러지는 것'이다. 예컨대 한 선비가 이 理가 있으면 곧 이 일이 있는 것과 같으니, 尊·卑와 上·下의 큰 구분은 바로 내 몸의 天地이고, 변화에 응하는 曲折의 만 가지는 바로 내 몸의 萬物인 것이다.〔中和位育 便是形和氣和 而天地之和應 如人君喜而賞 怒而罰 哀鰥寡 樂育材 這便是萬物育 如一箇之士 有此理 便有此事 尊卑上下之大分 卽吾身之天地也 應變曲折之萬端 卽吾身之萬物也〕"

　　譯註 1. 형체가……응한다:《漢書》〈公孫弘列傳〉에 "지금 君主가 위에서 和한 德이 있으면 백성들이 아래에서 和合한다. 그러므로 〈君主의〉 마음이 和하면 氣가 和하고, 氣가 和하면 형체가 和하고, 형

··· 遂 이룰 수　約 묶을 약, 약속할 약　謬 어그러질 류(무)　適 갈 적

吾之氣順이면 則天地之氣亦順矣**140**라 故로 其效驗이 至於如此하니 此는 學問之極
功이요 聖人之能事로되 初非有待於外**141**요 而修道之敎 亦在其中矣**142**라 是其一

체가 和하면 목소리가 和하고, 목소리가 和하면 天地의 和가 응한다. 그러므로 陰陽이 조화롭고 風
雨가 제때에 맞는 것이다.〔今人主和德於上 百姓和合於下 故心和則氣和 氣和則形和 形和則聲和 聲
和則天地之和應矣 故陰陽和 風雨時〕"라고 보인다.

〔詳說〕雙峰饒氏(饒魯)가 말하였다. "居한 바의 지위에 높고 낮음이 있으면 힘의 이르는 바가 넓고 좁
음이 있다. 예컨대〈聖人이〉한 집안의 주인이 되었으면 능히 한 집안의 천지가 자리를 정하고 만물이 길
러지게 할 수 있는 것이다.〔所居位有高下 則力之所至有廣狹 如爲一家之主 則能使一家之天地位, 萬物
育〕○ 西山眞氏(眞德秀)가 말하였다. "〈洪範〉에 이른바 '엄숙하고 조리가 있고 지혜롭고 헤아리고 성스
러우며, 비가 내리고 햇볕이 나고 날씨가 덥고 날씨가 춥고 바람이 부는 것이 순하게 응한다.'는 것이 이
것이다.〔洪範所謂肅乂哲謀聖而雨暘燠寒風之時若應之〕"

139 〔記疑〕天地萬物 本吾一體 : '天地萬物 本吾一體'라는 이 말은 천지 만물이 본래 나의 한 몸이라는
것이지, 본래 나와 一體가 된다고 말한 것이 아니다. '천지 만물이 본래 나의 한 몸이다.'라는 것은 體이
고 '仁者는 천지 만물을 한 몸으로 여긴다.'는 것은 用이다.〔天地萬物本吾一體 此謂天地萬物 本是吾之
一體 非謂本與吾爲一體也 蓋天地萬物本吾一體 體也 仁者以天地萬物爲一體 用也〕
〔詳說〕雲峰胡氏가 말하였다. "이〈天地萬物 本吾一體〉여덟 글자는 바로 天命의 性으로부터 나와 말
한 것이니, 性은 하나일 뿐이다.〔此八字 是從天命之性說來 性一而已〕○ 살펴보건대 함께 理를 받아
性으로 삼고 함께 氣를 받아 형체로 삼았다. 그러므로 一體라고 하였으니, 바로《孟子》에 '만물이 모두
나에게 갖추어졌다.'[1]는 것과 張橫渠의《西銘》에 '물은 나와 더부는 것이다.'[2]는 것이다.〔按同受理爲性
同受氣爲形 故曰一體 卽孟子萬物皆備於我及西銘物吾與也之意〕
　　譯註 1. 孟子에……갖추어졌다 :〈盡心上〉4章에 "萬物이 모두 나에게 갖추어져 있으니, 몸에 돌이켜
　　보아 성실하면 즐거움이 이보다 더 큰 것이 없고, 恕를 힘써서 행하면 仁을 구함이 이보다 더 가까운
　　것이 없다〔萬物皆備於我矣 反身而誠 樂莫大焉 强恕而行 求仁莫近焉〕"라고 보인다.
　　譯註 2. 西銘에……것이다 :〈西銘〉에 "천지의 사이에 가득한 것(기운)은 나의 형체가 되었고, 천지의
　　장수(이치)는 나의 性이 되었으니, 백성들은 나의 동포요, 물건은 나와 함께 있는 자들이다.〔天地之
　　塞 吾其體 天地之帥 吾其性 民吾同胞 物吾與也〕"라고 보인다.

140 〔詳說〕吾之心正……則天地之氣亦順矣 :《大全》에 '吾之心正'은 '致中'이고, '天地之氣亦正'은
'천지가 자리를 정하는 것이다.〔天地位〕'라고 하였으며, '吾之氣順'은 '致和'이고, '天地之氣亦順'은 '천
지의 기운이 순하면 만물이 길러지는 것이다.〔天地氣順 則萬物育〕'라고 하였다.
〔記疑〕'천지 만물은 본래 나의 한 몸이다.'라고 한 것은 體에 나아가 말한 것이고, '나의 心과 氣가 바르
고 순하면 천지의 心과 氣 또한 바르고 순하다.'는 것은 用에 나아가 말한 것이다.〔天地萬物本吾一體 是
就體上說 吾之心氣正且順 則天地之心氣亦正且順 是就用上說〕○ '天地의 心이 또한 바르고 천지의
氣 또한 순하다.'는 것은 천지가 제자리를 편안히 하는 이유이고 만물이 생육되는 이유이지, 곧바로 제자
리를 편안히 하고 생육됨을 가리켜 말한 것은 아니다. 小註에 '正矣' 아래에 '天地位'를 쓰고 '順矣' 아
래에 '萬物育'을 쓴 것[1]은 잘못이다. 이는 아래 문장의 "그러므로 그 효험이 이와 같음에 이르렀다."라는
것으로써 살펴본다면 알기가 어렵지 않다.〔天地之心亦正矣 天地之氣亦順矣 此乃天地所以位 萬物所以
育之故 非直指位育言也 小註正矣下 書天地位 順矣下 書萬物育 誤矣 此以下文故其效驗至於如此觀之
不難知也〕
　　譯註 1. 小註에……쓴 것 :《章句》"天地之心亦正矣"의 아래의《大全》小註에 "天地位"라 하고,《章
　　句》"天地之氣亦順矣"의 아래의 小註에 "天地氣順則萬物育"이라 한 것을 가리킨다.

141 〔詳說〕初非有待於外 :《大全》에 말하였다. "내 性의 밖에 벗어나지 않는 것이다.〔不出吾性之外〕"

••• 驗 징험할험

體一用이 雖有動靜之殊나 然必其體立而後에 用有以行하니 則其實은 亦非有兩事也[143]라 故로 於此에 合而言之[144]하사 以結上文之意하시니라

'致'는 미루어 지극히 함이다. '位'는 그 자리를 편안히 함이요, '育'은 그 삶을 이루는 것이다. 戒懼로부터 요약하여 지극히 靜한 가운데에 편벽되고 치우친 바가 없어서 그 지킴이 잃지 않는 데에 이르면 그 中을 지극히 하여 天地가 제자리를 편안히 할 것이요, 謹獨으로부터 精密히 하여 事物을 應하는 곳에 조금도 잘못됨이 없어서 가는 곳마다 그렇지 않음이 없는 데에 이르면 그 和를 지극히 하여 萬物이 生育될 것이다. 天地와 萬物이 본래 나의 한 몸이다. 나의 마음이 바르면 天地의 마음이 또한 바르고, 나의 기운이 순하면 天地의 기운이 또한 순하다. 그러므로 그 效驗이 이와 같음에 이르는 것이니, 이는 學問의 지극한 功效요 聖人의 能事인데, 애당초 밖에서 구할 필요가 없고 修道之敎도 또한 이 안에 들어 있다. 이는 한 體와 한 用이 비록 動・靜의 다름이 있으나 반드시 그 體가 선 뒤에 用이 행해질 수 있으니, 그렇다면 그 실제는 또한 두 가지 일이 있는 것이 아니다. 그러므로 여기에서 합하여 말씀하여 윗글의 뜻을 맺은 것이다.

章下註ㅣ右는 第一章[145]이라 子思述所傳之意以立言[146]하사 首明道之本原出於天

---

142 〔詳說〕修道之敎 亦在其中矣:陳氏가 말하였다. "致中은 바로 天命의 性이고 致和는 바로 率性의 道이며, 位育은 修道의 가르침이 또한 이 가운데에 들어있는 것이다.〔致中卽天命之性 致和卽率性之道 位育則修道之敎亦在其中〕"

143 〔詳說〕是其一體一用……亦非有兩事也:新安陳氏(陳櫟)가 말하였다. "體의 靜과 用의 動은 나누어 말한 것이요, 體가 세워진 뒤에 用이 행해짐은 합하여 말한 것이다.〔體靜用動 分言也 體立而後用行 合言也〕"

144 〔詳說〕合而言之:개략적으로 말하여 "致中和"라고 한 것이다.[1]〔槩言曰致中和〕
  譯註 1. 개략적으로……것이다:動・靜과 體・用을 나누어 말할 경우 '致中이면 天地位하고 致和면 萬物育이라'고 해야 할 것이다.

145 〔記疑〕右 第一章:尤菴이 《中庸》의 章下註를 章자 아래에 이어서 쓴 것은 節을 나눈 곳이다. 《中庸》은 네 節로 나뉜다. 그러므로 이어서 쓴 것이 모두 네 章이니, 제1章, 제12章, 제21章, 마지막 章이다."라고 하셨다. 내가 살펴보건대, 朱子의 《章句》는 네 곳 큰 支節의 章下註에는 원래 이어서 썼고, 그 사이 小節의 章下註에는 원래 작은 글자로 구분하여 썼다. 그런데 永樂朝에 諸家들의 說을 모아 註脚함에 이르러서 《章句》에 작은 글자로 나누어 쓴 것이 다시는 구분됨이 없었다. 그러므로 小節의 章下註에는 반드시 두 칸을 비워 썼던 것이다.〔尤菴曰 中庸章下註 連書於章字下者 是分節處也 中庸分四節 故連書者凡四章 首章十二章二十一章末章也 愚按朱子章句 於四大支處章下註 原來連書 其間小節章下註 原以小字分書 至永樂朝 輯諸家說爲註脚 則章句小字分書者 更無分別 故必空二格書之〕

… 殊 다를 수

而不可易^{147}과 其實體備於己而不可離^{148}하시고 次言存養省察之要^{149}하시고 終言
聖神功化之極^{150}하시니 蓋欲學者於此에 反求諸身而自得之하여 以去夫外誘之私
而充其本然之善^{151}이니 楊氏所謂一篇之體要 是也라 其下十章은 蓋子思引夫子
之言하사 以終此章之義하시니라

이상은 제1章이다. 子思께서 傳授받은 바의 뜻을 記述하여 글을 지으셔서 맨 먼저 道의 本
原이 하늘에서 나와 바뀔 수 없음과 그 實體가 자기 몸에 갖추어져 떠날 수 없음을 밝히셨
고, 다음에 存養(存天理)·省察(遏人欲)의 요점을 말씀하셨고, 맨 끝에 聖神의 功化의 지
극함을 말씀하셨으니, 배우는 자들이 이에 대하여 자기 몸에 돌이켜 찾아서 스스로 터득하
여 外誘(외물의 유혹)의 사사로움을 버리고 本然의 善을 충만하게 하고자 하신 것이니, 楊
氏(楊時)의 이른바 '한 편(《中庸》)의 體要'라는 것이 이것이다. 이 아래 열 章은 子思가 夫
子의 말씀을 引用하여 이 章의 뜻을 맺으신 것이다.

---

146 〔聖學輯要〕子思述所傳之意以立言:孔子가 曾子에게 道를 전하고, 曾子가 子思에게 전하였다. 그러므로
'전수받은 바의 뜻을 기술했다.'고 한 것이다.〔孔子傳道於曾子 曾子傳之子思 故述所傳之意〕

147 〔詳說〕首明道之本原出於天而不可易:《大全》에 말하였다. "머리(앞) 세 句(性·道·教)이다.〔首三句〕"

148 〔詳說〕其實體備於己而不可離:《大全》에 말하였다. "'道不可離' 두 句이다.〔道不可離二句〕"

149 〔詳說〕次言存養省察之要:《大全》에 말하였다. "'戒懼'와 '慎獨' 두 節이다.〔戒懼慎獨二節〕○ 살펴보건
대 '大本 達道' 한 節은 또한 마땅히 '存養·省察'의 일에 속해야 할 것이다.〔按大本達道一節 亦當屬存養
省察事〕

150 〔詳說〕終言聖神功化之極:《大全》에 말하였다. "'致中和', '天地位', '萬物育'의 세 句이다.〔中和位育三
句〕"

151 〔詳說〕反求諸身而自得之 以去夫外誘之私而充其本然之善:新安陳氏(陳櫟)는 '反求諸身而自得之 以
去夫外誘之私'는 '홀로를 삼가서 인욕을 막는 것〔慎獨以遏人欲〕'이고, '充其本然之善'은 '大本의 中과
達道의 和를 지극히 하는 것〔致大本之中 達道之和〕'이라 하였다.
〔記疑〕首章(1章)은 겨우 109자이지만 무한한 도리를 포함하고 무궁한 功化를 포괄하고 있는데, 그 요
점은 '외물의 유혹의 사사로움을 버리고 본연의 善을 채움'에 불과할 뿐이다. 이른바 '본연의 善'이란 '天
命·率性'의 理를 가리킨 것으로 사람마다 모두 가지고 있는 體이며, 이른바 '채운다'는 것은 戒懼·慎獨
의 功夫를 가리킨 것으로 오직 君子만이 할 수 있는 用이다.〔人能弘道章$^{1)}$과 참고하여 보아야 한다.〕〔首章
纔百有九字 包涵無限道理 括盡無窮功化 其要不過去外誘之私 而充其本然之善而已 所謂本然之善 是
指天命率性之理 人人皆有之體也 所謂充 是指戒懼慎獨之功 惟君子所能之用也〔與人能弘道參看〕
　　譯註 1. 人能弘道章:《論語》《衛靈公》28章에 "사람이 道를 크게 할 수 있고, 道가 사람을 크게 하는
　　것은 아니다.〔人能弘道 非道弘人〕"라고 한 것을 가리킨다.

••• 備 갖출 비 反 돌이킬 반 誘 꾈 유

|附錄. 性理學 理論의 展開|

宋代의 性理學은 周濂溪의 〈太極圖說〉을 원조로 하며 周濂溪에게 배운 兩程(明道 程顥와 伊川 程頤)이 더욱 發展시켰고 朱子가 集大成하였다. 그리하여 性理學을 程朱學이라 한다. 程子와 朱子, 특히 朱子는 자신의 입론 근거를 여러 經典들에서 찾아 제시하였는바, 이 내용들이 朱子 性理學의 本體가 된다. 朱子가 어떤 經典에서 어떤 내용들을 찾아 제시하였는지 먼저 나열해보겠다.

첫째, 《周易》이다. 《周易》의 〈繫辭傳〉에

> 한 번 陰하고 한 번 陽함을 道라 하니, 이를 계속하는 것은 善이고 갖추어 있는 것은 性이다.〔一陰一陽之謂道 繼之者善也 成之者性也〕
>
> 易에 太極이 있으니, 太極이 兩儀를 낳고 兩儀가 四象을 낳고 四象이 八卦를 낳았다.〔易有太極 是生兩儀 兩儀生四象 四象生八卦〕
>
> 이루어진(부여받은) 性을 보존하고 보존함이 道義의 門이다.〔成性存存 道義之門〕

하였고, 〈乾卦 彖〉에는

> 乾道가 변하여 化함에 각각 性命을 바르게 하여 大和를 保合하니, 이에 貞함이 이롭다.〔乾道變化 各正性命 保合大和 乃利貞〕

하였고, 〈說卦傳〉에는

> 道德에 和順하여 義에 맞게 하며, 理를 연구하고 性을 다하여 命에 이른다.〔和順於道德而理於義 窮理盡性 以至於命〕

하였다. 《周易》의 이러한 내용에는 天道(天理)와 人性의 연결을 읽을 수 있어, 性理學의 기본 강령을 뒷받침하는 구절이 되는 것이다.

둘째, 《書經》이다. 《書經》〈虞書 大禹謨〉에는

> 人心은 위태롭고 道心은 은미하니, 精하게 살피고 한결같이 지켜야 진실로 그 中道를 지킬 수 있다.〔人心惟危 道心惟微 惟精惟一 允執厥中〕

하였고, 〈商書 仲虺之誥〉에는

> 하늘이 내신 백성들이 욕망이 있으니, 군주가 없으면 마침내 혼란하므로 하늘이 총명한 사람을
> 내심은 혼란을 다스리려고 하신 것입니다.……왕께서는 힘써 큰 덕을 밝히시어 백성들에게 中
> 을 세우소서. 義로써 일을 제재하고 禮로써 마음을 제재하셔야 후손들에게 넉넉함을 물려주실
> 것입니다.〔惟天生民有欲 無主乃亂 惟天生聰明 時乂……王懋昭大德 建中于民 以義制
> 事 以禮制心 垂裕後昆〕

하였으며, 〈商書 湯誥〉에는

> 위대하신 上帝가 衷(理)을 下民에게 내리셔서 순히 하여 떳떳한 本性을 간직하게 하셨다.〔惟
> 皇上帝 降衷于下民 若有恒性〕

하였다.

셋째, 《詩經》이다. 《詩經》〈大雅 烝民〉에

> 하늘이 여러 백성을 내시니 사물이 있으면 법칙이 있네. 사람들이 秉彛의 良心을 간직하고 있
> 기 때문에 이 아름다운 德을 좋아한다.〔天生烝民 有物有則 民之秉彛 好是懿德〕

하였다.

넷째, 《禮記》이다. 《禮記》〈樂記〉에

> 사람이 태어나서 고요함은 하늘의 性이고 물건에 감응하여 동함은 性의 欲이니, 물건이 이
> 르면 知覺이 아니, 그런 뒤에야 좋아하고 싫어함이 나타난다.〔人生而靜 天之性也 感於物
> 而動 性之欲也 物至知知 然後好惡形焉〕

하였고, 〈禮運〉에는

> 무엇을 사람의 情이라 하는가? 喜·怒·哀·懼·愛·惡·欲이니, 이 일곱 가지는 배우지 않아도
> 능하다.〔何謂人情 喜怒哀懼愛惡欲 七者弗學而能〕

하였다.

이상이 그 代表的 古經이다. 朱子는 《書經》〈大禹謨〉의 '人心惟危 道心惟微 惟精惟一 允執厥
中'의 16字가 堯·舜·禹가 서로 傳授한 心法이라 하여 性理學의 母胎로 인식하였다.[152] 그리

---

152 譯註 朱子는……하였다: 《書經》〈大禹謨〉와 〈湯誥〉가 모두 《古文尙書》로 알려지면서 性理說의 基本

고 陽村 權近은 특별히 《禮記淺見錄》에서 〈樂記〉를 크게 찬양하면서 위에서 인용한 《書經》
의 각 장들과 다음과 같이 비교하였다.

> 내가 살펴보건대, 편 머리의 여러 節은 모두 마음을 가지고 말하였고, 이 章에 처음으로 性을
> 말하였으니, 性은 사람의 마음에 받아 있는 天理이다. '사람이 태어나서 고요하다.'는 것은 未
> 發의 中이니 마음의 體이고, '물건에 감응하여 동한다.'는 것은 已發의 情이니 마음의 用이
> 다. 그러므로 《書經》에 心을 말한 것이 〈虞書〉로부터 시작되었고, 性을 말한 것이 〈湯誥〉로
> 부터 시작되었고, 欲을 말한 것이 〈仲虺之誥〉로부터 시작되었으니, 心을 말하고 性을 말하고
> 또 天理와 人欲을 아울러 들어서 상대적으로 말한 것은 오직 이 편(〈樂記〉)뿐이다. 〈虞書〉에
> 서 말한 人心과 道心은 바로 天理와 人欲이다. 그러나 天理라고 말하지 않고 道心이라고 말
> 한 것은 배우는 자가 아직 내 마음의 道心이 바로 天理(하늘의 이치)임을 알지 못하기 때문이
> 다. 〈湯誥〉에 '上帝가 衷을 내리셔서 순히 하여 떳떳한 本性을 간직하게 하셨다.'고 말한 것은
> 하늘과 사람이 아직 둘이 있는 것이요, 〈仲虺之誥〉의 말은 사람들이 다만 그 욕망이 있음을 보
> 고 이 이치가 있음을 알지 못한 것이요, 이 章의 '사람이 태어나서 고요함은 하늘의 性이다.'라
> 고 말한 것은 내 마음의 이치가 바로 하늘의 性인 것이니, 이는 하늘과 사람을 합하여 하나로
> 만든 것이며, 그 아래에 天理와 人欲을 나누어 말하고 몸에 돌이킬 것을 구하였으니, 그 〈虞
> 書〉와 〈湯誥〉의 뜻을 발명하여 후학들에게 열어 보여준 것이 親切하고 분명하다고 이를 수 있
> 다.〔近按 篇首諸節 皆以心言 而此章始言性 性者人心所受之天理也 人生而靜者 未發
> 之中 心之體也 感物而動者 已發之情 心之用也 故經言心 自虞書而始 言性 自湯誥而
> 始 言欲 自仲虺而始 言心言性 又並擧天理人欲而對言之者 唯此篇而已矣 虞書之言人
> 心道心 卽是天理人欲 然不曰天理而曰道心 則學者猶未知吾心之道卽天之理也 湯誥
> 之言上帝降衷 若有恒性 則天與人猶有二也 仲虺之言 則人但見其有欲 而未知其有理
> 也 此章曰人生而靜天之性也 則吾心之理卽天之性 是合天人而一之也 其下分言天理
> 人欲而要反躬 其所以發明虞書湯誥之意 而開示後學者 可謂親切而著明矣〕

朱子는 古經 외에 四書를 특히 尊信하였는데, 四書 중에는 《中庸》의 이 性·道·敎가 종합
적으로 性理를 잘 나타내었으며, 孟子의 性善說도 여기에 뿌리를 둔 것이다. 《大學》의 '至

理論에 不信이 제기되기도 하였다. 하지만 '允執厥中'은 《論語》〈堯曰〉에, '湯執中'은 《孟子》〈離婁下〉에
도 보이므로 큰 문제는 없다고 생각한다.

善'은 바로 太極에 해당하며 '明德'은 華西(李恒老)처럼 性으로 보는 견해가 있는가 하면 艮齋처럼 '明德是氣'를 주장한 學者도 있다. '明德是氣'는 栗谷의《聖學輯要》에 '明德只是本心'이라는 玉溪盧氏(盧孝孫)의 說을 채록한 데서 연유했다고 볼 수 있다.

또한 畿湖學派 중에서《孟子》〈告子上〉과 이에 대한《集註》를 근거하여 人物性異를 주장하는 湖論과 위《章句》를 근거하여 人物性同을 주장하는 洛論으로 갈리게 되었다. 尤菴의 高弟인 遂菴 權尙夏 門下에 南塘 韓元震과 巍巖 李柬이 있었는데, 巍巖은 위《章句》에

> 하늘이 陰·陽과 五行으로 萬物을 化生할 적에 氣로써 형체를 이루고 理 또한 賦與하니, 命令함과 같다. 이에 사람과 물건이 태어남에 각각 부여받은 바의 理를 얻음으로 인하여 健·順과 五常의 德(理)을 삼으니, 이른바 性이라는 것이다.〔天以陰陽五行 化生萬物 氣以成形而理亦賦焉 猶命令也 於是人物之生 因各得其所賦之理 以爲健順五常之德 所謂性也〕

를 근거하여 人物性이 같음을 주장하였고, 南塘은《孟子》〈告子上〉 3章의

> 그렇다면 개의 性이 소의 性과 같으며, 소의 性이 사람의 性과 같은가?〔然則犬之性 猶牛之性 牛之性 猶人之性與〕

한 것과 이에 대한《集註》의

> 氣로써 말한다면 知覺·運動은 사람과 물건이 다르지 않은 듯하나, 理로써 말한다면 仁義禮智의 本性을 받음이 어찌 물건이 얻어서 온전히 할 수 있는 것이겠는가.〔以氣言之 則知覺運動 人與物若不異也 以理言之 則仁義禮智之稟 豈物之所得而全哉〕

를 근거하여 人物性이 다름을 주장하였다. 南塘은 忠淸道 結城에, 巍巖은 溫陽에 거주하여 두 분 모두 湖西였으나 뒤에 巍巖을 支持한 龍仁의 陶菴 李縡가 나오면서 南塘 계통을 湖論, 巍巖계통을 洛論이라 하였는바, 本書에 많이 引用한 艮齋는 洛論, 壺山은 湖論이다.

宋代 학자의 글로 보면, 太極(理)과 二氣五行(氣)에 관한 것은 周濂溪의〈太極圖說〉, 學問에 관한 것은 程伊川의〈好學論〉이 있으며, 天命之性과 率性之道, 修道之敎를 가장 체계적으로 잘 나타낸 것은 朱子의〈小學題辭〉이다.〈小學題辭〉를 보면서 위에 소개한 古經과 연관시켜 보겠다.

> 元亨利貞은 天道의 떳떳함이요, 仁義禮智는 人性의 벼리(綱領)이다. 무릇 이 性의 처음은 不善함이 없어서 성대하게 四端이 감동함에 따라 나타난다. 愛親과 敬兄, 忠君과 弟長 이

것을 秉彛라 하니, 순히 따름은 있고 억지로 함은 없다. 聖人은 性대로 하시는 분이시다. 넓고 넓음이 하늘이시니, 털끝만큼을 더 보태지 않아도 萬善이 충족되어 있다. 衆人은 미련하고 미련하여 物欲이 서로 가려 마침내 仁義禮智의 綱領을 무너뜨려 이 自暴自棄함을 편안히 여긴다. 聖人이 이것을 측은히 여기시어, 學校를 세우고 스승을 세워 이로써 그 뿌리(性)를 북돋아 주고 그 가지(四端)를 발달시키셨다.〔元亨利貞 天道之常 仁義禮智 人性之綱 凡此厥初 無有不善 藹然四端 隨感而見 愛親敬兄 忠君弟長 是曰秉彛 有順無彊 惟聖性者 浩浩 其天 不加毫末 萬善足焉 衆人蚩蚩 物欲交蔽 乃頹其綱 安此暴棄 惟聖斯惻 建學立師 以培其根 以達其支〕

하늘의 四德인 元亨利貞을 사람에게 부여하면 사람의 本性인 仁義禮智가 되니, 이것을 天命之性이라 한다. 이 性이 發하여 四端이 되며 愛親·敬兄과 忠君·弟長의 道理는 바로 率性之謂道라 할 수 있다. 聖人은 聰明睿智하여 生知 安行하므로 本性대로 행한다. 그러나 衆人은 氣質이 昏濁하고 雜駁하며 게다가 物欲까지 더해져 自暴自棄하고 性을 되찾지 못한다. 그리하여 聖人이 小學을 가르쳐 행동이 혹시라도 법도를 넘지 않고 大學을 가르쳐 本性을 회복하게 하였으니, 이것이 修道之教이다.

〈繫辭傳〉에서 말한 '一陰一陽之謂道'는 天道가 유행하여 봄이 되고 여름이 됨을 말한 것이며, '繼之者善'은 끊임없이 유행하는 天道이고 '成之者性'은 사람이 天道를 부여받아 간직한 性이니, 이는 天命之性을 말한 것이다. 그리고 〈乾卦 象〉의 '乾道變化'는 '繼之者善'을, '各正性命'은 '成之者性'을 가리킨 것으로 天命之性이며, '保合大和 乃利貞'은 道理를 행하여 性을 잘 보존하는 것으로 聖人은 不勉而中하여 편안히 행하니 이것이 率性之道이다. 그러나 衆人은 氣質과 物欲 때문에 本性을 잃으므로 聖人의 修道之教를 따라 배워서 物欲을 제재하고 氣質을 변화해야 하는 것이다.

聖人 이하는 반드시 배움(學)을 통하여야 비로소 道理를 알고, 안 뒤에는 반드시 실천하여야 한다. 그리하여 배워서 아는 것을 知工夫, 안 것을 행하는 것을 行工夫라 하고, 知·行을 하나로 묶어 주는 것이 誠이며, 敬은 誠을 하기 위한 공부이다. 誠은 誠意·誠身의 誠인바, 誠身은 誠意·正心·修身을 모두 통합한다. 知·行 工夫는 다시 動·靜으로 나뉘는데, 평소 마음을 바르게 간직하여 動·靜을 막론하고 언제나 戒愼恐懼하는 것을 存養 또는 存天理라 하며, 마음이 動하여 어떤 생각이 나오는 것을 意라 하는데, 意에는 반드시 善惡의 幾微가 있으므로 이것을 省察하여 좋은 생각이 나오면 이것을 잘 키우고 나쁜 생각이 나오면 이것을 과감히 막는 것

을 愼獨 또는 遏人欲이라 한다. 靜할 때에 存養을 잘하면 致中이 되고, 動할 때에 省察을 잘하면 致和가 된다. 엄격히 말하면 存天理(存養) 工夫는 動·靜을 포함하고 遏人欲(省察) 工夫는 動에만 해당하지만 일반적으로 存天理는 靜時에, 遏人欲은 動時로 나누며, 存天理는 正心, 遏人欲은 誠意와 연관시킨다. 물론《大學》의 誠意·正心은 주로 마음의 用을 말하였고 靜時 未發을 직접 말하지 않았으나 誠意·正心의 차이점을 찾는다면 역시 誠意는 動에, 正心은 靜에 소속시키지 않을 수 없는바, 아래 栗谷의《聖學輯要》를 보면 알 수 있다.

배우는 목적은 氣質을 변화하여 修身하는 것이며 修身에는 知와 行으로 나뉜다. 그리고《大學》의 格物·致知는 知이고, 誠意·正心·修身은 行이며,《論語》의 博文은 知, 約禮는 行이며,《中庸》의 明善은 知, 誠身은 行이고, 博學·審問·愼思·明辨은 知, 篤行은 行이며,《孟子》의 知言은 知, 養氣는 行이다. 뒤에 소개한 諸家들의 圖式에 자세히 나와 있으므로 참조하기 바란다.

|附錄. 栗谷의《聖學輯要》〈統說第一〉[153]|

聖賢의 學問은 몸을 닦고 사람을 다스리는 데 지나지 않을 뿐이다. 이제《中庸》과《大學》첫 章의 말씀을 엮으니, 실로 서로 表裏가 되어 修己(明明德)·治人(新民)의 방도가 다 갖추어지지 않은 것이 없다. 天命의 性은 明德이 갖춘 바이고, 率性의 道는 明德이 행하는 바이고, 修道의 敎는 新民의 法度이다. 戒懼라는 것은 靜할 적에 存心하는 것으로 正心의 등속이고, 愼獨이라는 것은 動할 적에 省察하는 것으로 誠意의 등속이며, '中和를 지극히 하여 天地가 자리를 편안히 하고 萬物이 길러진다.'는 것은, 明德과 新民이 至善에 그쳐 明德을 천하에 밝히는 것을 말한다. 다만 미치는 바에 많고 적음이 있어 功效에 넓고 좁음이 있을 뿐이니, 中和를 지극히 하는 功이 한 집안에 그치면 곧 한 집안의 天地가 자리를 편안히 하고 만물이 길러져서 明德이 한 집안에 밝혀지고,【한 집안에 天地와 萬物이 어찌 따로 있겠는가. 다만 父子와 夫婦와 兄弟가 각각 그 분수를 바르게 하는 것이 天地位의 기상이며, 아버지는 사랑하고 자식은 효도하며 형은 우애하고 아우는 공손하며 남편은 선창하고 부인은 따라서 각각 그 情을 다하는 것이 萬物育의 기상이다.】〈中和를 지극히 한 功이〉한 나라에 그치면 한 나라의 천지가 안정되고 만물이 길러져서 明德이 한 나라에 밝혀지며, 천하에 미치면 천하의 천지가 안정되고 만물이 길러져서 명덕이 천하에 밝혀지게 된다.〔聖賢之學 不過修己治人而已 今輯中庸大學首章之說 實相表裏 而修己治人之道 無不該盡 蓋天命之性 明德之所具也 率性之道 明德之所行也 修道之敎 新民之法

---

153 栗谷의《聖學輯要》〈統說第一〉: 이는 栗谷이《大學》과《中庸》각각의 개념들을 짝 지워 설명한 것이다. 이를 표로 나타내면 다음과 같이 정리할 수 있다.

	修己	治人
大學	明明德	新民
中庸	天命之謂性(明德所具) 率性之謂道(明德所行)	修道之謂敎(新民法度)

	靜時 공부(存心)	動時 공부(省察)
大學	正心	誠意
中庸	戒愼恐懼	愼獨

度也 戒懼者 靜存而正心之屬也 慎獨者 動察而誠意之屬也 致中和而位育者 明德新民
止於至善 而明明德於天下之謂也 但所及有衆寡 而功效有廣狹 致中和之功 止於一家
則一家之天地位萬物育 而明德明於一家【一家豈別有天地萬物乎 只是父子夫婦兄弟 各正其
分 是天地位氣象 慈孝友恭唱隨 各盡其情 是萬物育氣象】止於一國 則一國之天地位萬物育
而明德明於一國 及於天下 則天下之天地位萬物育 而明德明於天下矣〕

|附錄. 茶山의 《自箴》[154] 1章|

1-1. 天命之謂性 率性之謂道 修道之謂教

自箴 | '天性' 두 글자는 처음 《書經》〈西伯戡黎〉의 '不虞天性' 한 말에서 나왔으니, 《周易》〈繫辭傳〉의 '盡性'이란 글귀와 《孟子》의 '知性'이란 訓은 모두 이보다 뒤이다.【《書經》〈湯誥〉에 "衷을 下民에게 내리셔서 순히 하여, 떳떳한 本性을 간직하게 하셨다."는 것은 僞書이다.】 이 經의 天命之性은 바로 祖伊가 말한 天性이다. 그러나 '性'자의 本義를 근거하여 말하면 性은 마음의 嗜好이다. 《書經》〈召誥〉에 "性을 절제하여 날마다 매진한다." 하였고,【古傳과 今傳에 모두 性을 '食·色의 욕심'이라 하였다.】 《孟子》에 "마음을 분발시키고 성질을 참는다." 하였고, 《禮記》〈王制〉에 "六禮를 닦아서 백성의 性을 절제한다." 하였으니, 모두 嗜好를 性이라 한 것이다. 天命之性 또한 嗜好로 말할 수 있다. 사람이 胚胎(배태)가 이미 이루어지면 하늘이 사람에게 靈明하여 형체가 없는 體를 부여해주니, 이 물건은 善을 좋아하고 惡을 미워하며 德을 좋아하고 더러움을 부끄러워하니, 이것을 性이라 하고 이것을 性善이라 한다. 性이 이미 이와 같으므로 거스릴 필요가 없고 矯揉할 필요가 없으며 다만 모름지기 性을 따라 행하여 그 하는 바에 맡겨서 태어났을 때부터 죽을 때에 이르기까지 이것을 따라 가야 할 뿐이니, 이것을 일러 道라 한다. 다만 道路라는 물건은 버리고 다스리지 않으면 황폐하고 막혀서 향하여 갈 수가 없다. 반드시 亭堠의 관원이 위하여 길을 다스리고 수선하며 길을 개통하고 인도해서 여행자들로 하여금 그 방향을 혼미하지 않게 하여야 하니, 그런 뒤에야 비로소 그 가려는 목적지에 도달할 수 있는 것이다. 聖人이 여러 사람들을 開導함은 그 일이 서로 유사하니, 이것을 教라 한다. 教는 道路를 수선하고 다스리는 것이다.〔天性二字 始發於西伯戡黎不虞天性一語 易傳盡性之句 孟子知性之訓 皆後於是也【湯誥云 降衷下民 若有恒性 僞也】此經天命之性 卽祖伊所言之天性也 然據性字本義而言之 則

---

154 譯註 《自箴》:《自箴》은 《中庸自箴》의 약칭이다. 箴은 針과 통하는데, 잠·침 두 가지 음이 있으며, 잠은 경계하는 뜻이고 침은 頂門一針과 같이 잘못을 바로잡는 뜻이 있어 自箴 역시 자침으로 읽는다. 茶山은 《中庸自箴》과 《中庸講義補》를 지어 자신의 견해를 피력하였다.

性者心之所嗜好也 召誥云 節性 唯日其邁【古傳今傳皆以爲食色之欲】孟子曰 動心忍性 王制
云 修六禮以節民性 皆以嗜好爲性也 天命之性 亦可以嗜好言 蓋人之胚胎旣成 天則賦之
以靈明無形之體 而其爲物也 樂善而惡惡 好德而恥汚 斯之謂性也 斯之謂性善也 性旣如
是 故毋用拂逆 毋用矯揉 只須率以循之 聽其所爲 自生至死 遵此以往 斯之謂道也 但道路
爲物 舍之不治 則蓁莽阻塞 莫適所向 必有亭堠之官 爲之治之 繕之 開之導之 使行旅弗迷
其方 然後方可以達其所往 聖人之牖導衆人 其事相類 斯之謂敎也 敎者 繕治道路者也

○敎는 五敎(五倫의 가르침)이다. 아랫글에 "몸을 닦기를 道로써 하고 道를 닦기를 仁으로
써 한다." 하였으니,【哀公章(20章)】仁은 人倫의 이루어진 德이다. 하늘이 사람의 善과 惡을
살핌이 항상 人倫에 있으므로 사람이 몸을 닦고 하늘을 섬기는 것 또한 人倫으로써 힘을
다하니, 아랫글에서 말한 '五達道'는 바로 修道의 敎이다. 사람이 능히 父子와 君臣, 夫婦
와 兄弟, 朋友의 사이에서 그 마음의 中·和를 다한다면 바로 道를 품절하는 것이다.〔敎者
五敎也 下文曰 修身以道 修道以仁【哀公章】仁者 人倫之成德也 天之所以察人善惡 恒在人
倫 故人之所以修身事天 亦以人倫致力 下文所謂五達道 卽修道之敎也 人能於父子君臣夫
婦昆弟朋友之際 盡其心之中和 則修道者也〕

1-2. 道也者 不可須臾離也 可離 非道也 是故 君子 戒愼乎其所不睹 恐懼乎其所不聞

自箴丨道를 떠날 수 없음은 어째서인가? 性을 따름을 道라 하기 때문이며, 性을 따르면
떠날 수 없음은 어째서인가? 天命을 性이라 하기 때문이며, 天命을 떠날 수 없음은 어째서
인가? 經에 "鬼神의 德이 물건에 충만하여 빠뜨릴 수 없다." 하였으니,【아랫장(16章)에 보
인다.】빠뜨릴 수 없기 때문에 떠날 수 없는 것이다. 秦나라 사람이 군주의 命을 받들고 楚
나라에 갈 적에 秦나라에서 楚에 이르기까지, 걸음걸음마다 이 道요 걸음걸음마다 모두
군주의 命이니, 어찌 이 道를 떠날 수 있으며 어찌 이 命을 어길 수 있겠는가. 體物이란 물
건에 충만한 것이다. 물고기가 물속에 있어서 호흡함에 물을 떠날 수 없는 것과 같으니, 어
찌 제멋대로 가고 제멋대로 그칠 수 있겠는가.〔道之不可離 何也 以率性之謂道也 率性則
不可離 何也 以天命之謂性也 天命則不可離 何也 經曰 鬼神之德 體物而不可遺【見下章】
不可遺 故不可離也 秦人奉君命以適楚 其自秦至楚 步步皆此道也 步步皆君命也 夫焉得離

此道 夫焉得違此命乎 體物者 物之充也 如魚在水中 呼吸不能離水 夫焉得自行而自止乎〕

○率은 따름이니, 秦나라에서 楚나라에 가는 자가 걸음걸음마다 모두 이 命을 따른다면 저절로 걸음마다 이 道를 따르게 된다. 그러므로 "道는 잠시도 떠날 수 없다."고 한 것이다.〔率者循也 自秦之楚者 步步循此命 自然步步循此道 故曰道也者不可須臾離也〕

○잠시도 떠날 수 없으면 이것이 庸이다.〔不須臾離 則庸也〕

○보이지 않는 것은 무엇인가? 하늘의 體이다. 들리지 않는 것은 무엇인가? 하늘의 소리이다. 어찌하여 그러함을 아는가. 經에 "鬼神의 德이 그 성하구나. 보아도 보이지 않고 들어도 들리지 않는데, 물건에 충만하여 빠뜨릴 수 없다. 천하 사람들로 하여금 재계하고 깨끗이 하고서 제사를 받들게 하고는 洋洋하게 그 위에 있는 듯하며, 그 좌우에 있는 듯하다." 하였으니,【아랫장(16章)에 보인다.】보이지 않고 들리지 않는 것은 하늘이 아니고 무엇이겠는가. 사람이 태어날 때에 욕심이 없지 못하니, 그 욕심을 따라 채우면 放辟邪侈(방탕하고 간사하고 사치함)를 하지 않음이 없다. 그러나 백성들이 감히 드러내놓고 나쁜 짓을 하지 못하는 것은 戒愼하기 때문이요 恐懼하기 때문이다. 어찌하여 戒愼하는가? 위에 법관이 있어 법을 집행하기 때문이요, 어찌하여 恐懼하는가? 위에 군주가 있어 주벌하기 때문이다. 만일 위에 君長이 없음을 안다면 어느 누가 放辟과 邪侈를 하지 않는 자가 있겠는가. 어두운 방에서 양심을 속여 간사한 생각과 망령된 생각을 하고 奸淫을 하고 竊盜를 하다가 다음날 衣冠을 바루고 단정히 앉아서 용모를 닦으면 순수하게 하자가 없는 君子이다. 官長이 이것을 알지 못하고 君王이 이것을 살피지 못하여, 종신토록 속임을 행하면서도 당세의 아름다운 명성을 잃지 않고, 끝까지 惡을 행하면서도 후세의 추앙을 받는 자가 천하에 즐비하다.

聖人이 빈 말씀으로 법을 드리워서 천하 사람들로 하여금 이유 없이 戒愼하며 연고 없이 恐懼하게 하면 어찌 迂闊하고 또 어둡지 않겠는가. 사람의 본성이 원래 善을 좋아하니 사람들로 하여금 戒愼하게 함은 그래도 가능하지만, 恐懼라는 물건은 이유 없이 될 수 있는 것이 아니다. 스승이 가르쳐 주는데 恐懼하는 것은 거짓으로 恐懼하는 것이요, 군주가 명령하는데 恐懼하는 것은 속임수로 恐懼하는 것이니, 恐懼하면서 거짓과 속임수로 할 수 있겠는가. 어둔 밤에 무덤길을 가는 자가 두려워하지 않으려 해도 저절로 두려워짐은 도깨비가 있음을 알기 때문이요, 밤중에 숲속의 길을 가는 자가 두려워하지 않으려 해도 저절로 두려워함은 호랑이와 표범이 있음을 알기 때문이며, 君子가 어두운 방 가운데 거처하면 서도 두려워하고 조심하여 감히 惡을 하지 못함은 너를 굽어보는 上帝가 있음을 알기 때문이다. 지금 命과 性, 道와 敎를 모두 한 理로 돌린다면 理는 본래 아는 것이 없고 또한 위엄과 능함도 없으니, 무엇을 경계하고 삼가며 무엇을 두려워하고 무서워하겠는가. 聖人이 말씀한 것은 모두 지극히 참되고 지극히 진실하니, 반드시 거짓으로 체면치레하는 말씀을 하여 스스로를 속이고 남을 속이지 않으셨을 것이다.〔所不睹者 何也 天之體也 所不聞者 何也 天之聲也 何以知其然也 經曰 鬼神之爲德 其盛矣乎 視之而弗見 聽之而弗聞 體物而不可遺 使天下之人 齊明承祭 洋洋乎如在其上 如在其左右【見下章】不睹不聞者 非天而何 民之生也 不能無慾 循其慾而充之 放辟邪侈 無不爲已 然民不敢顯然犯之者 以戒愼也 以恐懼也 孰戒愼也 上有官執法也 孰恐懼也 上有君能誅殛之也 苟知其上無君長 其誰不爲放辟邪侈者乎 夫暗室欺心 爲邪思妄念 爲奸淫爲竊盜 厭明日正其衣冠 端坐修容 粹然無瑕君子也 官長莫之知 君王莫之察 終身行詐而不失當世之美名 索性造惡而能受後世之宗仰者 天下蓋比比矣 聖人以空言垂法 使天下之人 無故戒愼 無故恐懼 豈迂且闇哉 人性原自樂善 使之戒愼 猶之可也 夫恐懼爲物 非無故而可得者也 師敎之而恐懼 是僞恐懼也 君令之而恐懼 是詐恐懼也 恐懼而可以詐僞得之乎 暮行墟墓者 不期恐而自恐 知其有魅魖也 夜行山林者 不期懼而自懼 知其有虎豹也 君子處暗室之中 戰戰栗栗 不敢爲惡 知其有上帝臨女也 今以命性道敎 悉歸之於一理 則理本無知 亦無威能 何所戒而愼之 何所恐而懼之乎 聖人所言 皆至眞至實 必不作矯僞體面之話 以自欺而欺人矣〕

1-3. 莫見(현)乎隱 莫顯乎微 故 君子 愼其獨也

自箴丨隱과 微는 上天의 일이다. 보아도 보이지 않고 들어도 들리지 않으니, 어찌 隱이 아니겠는가.【鬼神章(16章)이다.】그 작음을 말하면 天下가 깨뜨리지 못하니 어찌 微가 아니겠는가?【費隱章(12章)이다.】온 하늘 아래 사람들로 하여금 재계하고 깨끗이 하여 제사를 받들게 하되 洋洋하게 그 위에 있는 듯하며 그 좌우에 있는 듯하니, 隱보다 더 드러남이 없는 것이요,【鬼神章이다.】萬物을 발육하여 솔개가 날아 하늘에 이르고 물고기가 못에서 뛰어놀아서 그 조화의 자취를 드러내니, 微보다 드러남이 없는 것이다.【費隱章이다.】숨은 듯하나 지극히 드러나기 때문에 보이지 않는 바에 戒愼하는 것이요, 미세한 듯하나 지극히 나타나기 때문에 들리지 않는 바에 恐懼하는 것이다.〔隱微者 上天之載也 視之而弗見 聽之而弗聞 豈非隱乎【鬼神章】語其小則天下莫能破焉 豈非微乎【費隱章】使普天之下 齊明承祭 洋洋乎如在其上 如在其左右 莫見乎隱也【鬼神章】發育萬物 使鳶飛戻天 魚躍于淵 以顯其造化之跡 莫顯乎微也【費隱章】似隱而至現 故戒愼乎不覩也 似微而至顯 故恐懼乎所不聞也〕

○만약 어두운 곳과 작은 일을 隱·微라고 한다면 어둔 곳과 은미한 일은 종신토록 가리고 숨겨서 일찍이 발로되지 않는 경우가 있으니, 아래로는 남을 속일 수 있고 위로는 군주를 속일 수 있다. 이렇게 속일 수 있음을 小人은 익숙히 알고 있는데, 君子가 빈말로 공갈치기를 "隱보다 드러남이 없고 微보다 나타남이 없다."고 하면 어찌 기꺼이 이것을 믿겠는가. 하늘이 降監함을 믿지 않는 자는 반드시 그 홀로 있을 때를 삼가지 못할 것이다.〔若云暗處微事 是爲隱微 則暗處微事有終身掩諱而未嘗發露者 下可以欺人 上可以欺君 小人習知其然 君子以空言怵之曰 莫見乎隱 莫顯乎微 其肯信之乎 不信降監者 必無以愼其獨矣〕

1-4. 喜怒哀樂之未發 謂之中 發而皆中節 謂之和 中也者 天下之大本也 和也者 天下之達道也

自箴 | 이 節은 바로 愼獨하는 君子가 마음을 보존하여 性을 기르는 지극한 공부이며, 天下 사람들의 性情을 通論한 것이 아니다. 무엇으로써 그러함을 아는가? 윗절(2節과 3節)에 "君子가 戒愼한다." 하고 "君子가 愼獨한다." 하였고, 아랫절(2章)에는 "君子가 中庸을 한다." 하고 "君子가 時中을 한다." 하였다. 이 節은 위를 잇고 아래를 접하였는데 갑자기 천하 사람들의 性情을 논하는 것은 반드시 이러한 이치가 없으니, 이 節이 愼獨하는 君子의 成德이 됨을 사람들이 어찌 의심할 것이 있겠는가.〔此節 卽愼獨君子存心養性之極功 非通論天下人之性情也 何以知其然也 上節曰君子戒愼 曰君子愼獨 下節曰君子中庸 曰君子時中 此節承上接下 而忽論天下人之性情 必無是理 其爲愼獨君子之成德 人何疑乎〕

○무엇으로써 그 그러함을 밝히는가? 愼獨은 성실이다. 아랫장(32章)에 "오직 천하에 지

극히 성실한 분이어야 능히 천하의 大本을 세우고 天地의 化育을 알 수 있으니, 어찌 다른 것에 의지할 것이 있겠는가." 하였으니, 여기에서의 이른바 '天下의 大本을 세운다.'는 것은 '中和를 지극히 함'이요, 여기에서의 이른바 '天地의 化育을 안다.'는 것은 '天地가 자리를 편안히 하고 만물이 길러지는 것'이요, 여기에서의 이른바 '어찌 다른 것에 의지할 것이 있겠는가.' 라는 것은 中和의 德을 찬미한 것이다. 이 章과 아랫장이 서로 조응하여 조금도 어긋나지 않는다. 愼獨이 至誠이 됨과 至誠이 愼獨이 됨을 이미 의심할 것이 없다면 未發의 中과 已發의 和는 오직 愼獨하는 자만이 해당할 수 있는 것이다. 愼獨을 하지 못하는 자는 감정이 아직 발하지 않았을 때에는 心術이 먼저 이미 邪辟하고 이미 발한 뒤에는 행하는 일이 또다시 편벽되니, 어찌 '中和' 두 글자를 이 사람에게 허여할 수 있겠는가. 더구나 中和를 지극히 하면 天地가 자리를 편안히 하고 萬物이 길러짐에 있어서랴. '中和' 두 글자가 聖人의 지극한 功이 됨을 밝힌 것이니, 어찌 衆人이 참여할 수 있겠는가. 만약 "已發엔 善·惡이 있고 未發엔 善·惡이 없다."고 한다면 이는 衆人은 비록 모두 다 和를 하지는 못하나 일찍이 모두 다 中을 하지 못하는 것은 아니요, 비록 致和는 하지 못하나 일찍이 致中을 하지 못하는 것은 아니니, 小人과 君子가 장차 位育의 功을 나누어 점거해서 통할 수 있겠는가.〔何以明其然也 愼獨者 誠也 下章曰 惟天下至誠 爲能立天下之大本 知天地之化育 夫焉有所倚 其所謂立天下之大本者 致中和也 其所謂知天地之化育者 天地位而萬物育也 其所謂夫焉有所倚者 贊美中和之德也 此章下章上下照應 毫髮不差 愼獨之爲至誠 至誠之爲愼獨 旣然無疑 則未發之中 已發之和 惟愼獨者當之 不能愼獨者 方其未發之時 心術先已邪辟 及其旣發之後 行事又復偏陂 安得以中和二字許之於此人乎 況致中和 則天地位焉 萬物育焉 明中和二字爲聖人之極功 安得爲衆人之所與乎 若云已發有善惡 未發無善惡 則是衆人雖不能皆和 未嘗不皆中 雖不能致和 未嘗不致中 小人君子其將分據位育之功 而可通乎〕

朱子가 말씀하였다. "天命의 性은 순수하게 至善하여 사람의 마음에 갖추어 있는 것이니, 그 體·用의 온전함이 본래 모두 이와 같고 聖人과 어리석은 사람이라 하여 더하거나 줄어듦이 있지 않다. 그러나 靜할 때에 보존할 바를 알지 못하면 天理가 어두워져서 大本이 서지 못하는 바가 있게 되고, 動할 때에 절제할 바를 알지 못하면 人欲이 펴져서 達道가 행해지지 못하는 바가 있게 된다. 오직 君子가 보지 못하고 듣지 못하는 이전부터 戒愼

하고 恐懼하는 것을 더욱 엄격하게 하고 더욱 공경하여, 조금의 치우침과 편벽됨이 없어서 지킴이 항상 잃지 않는 데에 이르면 그 中을 지극히 함이 있게 되어 大本의 확립이 날로 더욱 견고해질 것이다. 더 나아가서 더욱 隱微하고 幽獨한 즈음에 善·惡의 기미를 삼가는 것을 더욱 정밀하고 더욱 치밀하게 해서 조금의 착오도 없어서 행하는 것이 매번 어기지 않는 데에 이르면 그 和를 지극히 함이 있게 되어 達道의 행함이 날로 더욱더 넓어질 것이다.【《或問》에 보인다.】〔蓋天命之性 純粹至善而具於人心者 其體用之全 本皆如此 不以聖愚而有加損也 然靜而不知所以存之 則天理昧而大本有所不立矣 動而不知所以節之 則人欲肆而達道有所不行矣 惟君子自其不睹不聞之前 所以戒謹恐懼者 愈嚴愈敬 以至於無一毫之偏倚 而守之常不失焉 則爲有以致其中 而大本之立日以益固矣 尤於隱微幽獨之際 而所以謹其善惡之幾者 愈精愈密 以至於無一毫之差謬而行之每不違焉 則爲有以致其和 而達道之行日以益廣矣【見或問】〕"

○朱子는 여기에서 또한 中和가 愼獨에서 나왔다 하였는데, 다만 《章句》에 이러한 뜻이 없으므로 俗儒가 알지 못할 뿐이다. 지금의 배우는 자가 朱子의 이 말씀을 表章하여 指南으로 삼는다면 거의 길을 잃지 않을 것이다. 다만 天命之性은 비록 聖人과 어리석은 사람이 똑같이 얻은 것이라 하더라도 '中和' 두 글자는 바로 成德의 아름다운 이름이니, 반드시 힘을 써서 미루어 지극히 한 뒤에야 비로소 나의 소유가 되는 것이다. 어찌 힘을 쓰기 전에 먼저 사람의 마음에 中和의 德이 못박혀 있겠는가. 聖人과 어리석은 사람을 通論하면 온갖 갈등이 분분히 일어나서 끝내 이치를 따를 수가 없으니, 이것을 가슴속에 새겨 두어야 할 자는 오직 君子 이하이다.〔朱子於此 亦以中和出於愼獨 特於章句 無此意思 故俗儒不能知耳 今之學者 表章朱子此說 以爲指南 庶不迷矣 但天命之性 雖聖愚同得 而中和二字 乃成德之美名 必用力推致而後 乃爲吾有 豈可於不用力之前 先有中和之德 釘著人心者乎 通論聖愚 則百藤千葛 棼然以興 卒無以攄理也 所服膺者 惟君子以下〕

|附錄. 中庸首章分釋之圖 (陽村 權近)|

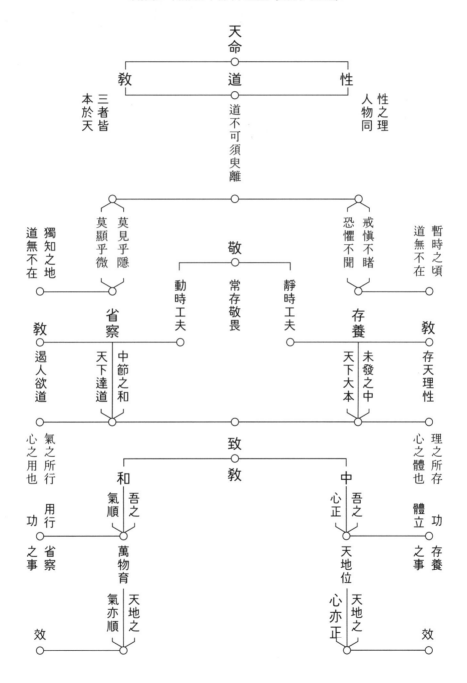

| 君子中庸章 |

2-1. 仲尼曰 君子는 中庸이요 小人은 反中庸이니라

仲尼께서 말씀하셨다. "君子는 中庸을 하고 小人은 中庸에 반대로 한다.

按說 | '仲尼曰'이라고 한 것에 대하여, 尤菴은

이 章은 夫子의 訓說의 시작이고, 제30章은 夫子의 德行의 시초이다. 그러므로 모두 仲尼 를 칭하여 다른 章에서 말한 '子曰'이란 것이 모두 仲尼임을 나타내었다.〔此章 夫子訓說之 始也 第三十章 夫子德行之始也 故皆稱仲尼 以見他章所謂子曰者皆仲尼也〕《詳說》

하였고, 朱子는

만약 孔子라고 말하면 외면하는 말이고, 만약 夫子라고 말하면 당시의 衆人이 서로 부르는 통칭이다. 古人은 字를 諱하지 아니하여 《儀禮》의 제사에 관한 글에 모두 그 할아버지를 일 러 '伯某甫'라고 하였다.[155]〔若曰孔子 則外之之辭 若曰夫子 則當時衆人相呼之通稱 古人不諱字 儀禮祭祀皆稱其祖爲伯某甫〕《詳說》

하였다. 壺山은 이 두 說을 인용하고서

살펴보건대 仲尼는 친근히 하는 말이고, 子는 높이는 말이다.〔按仲尼親之之辭 子尊之之辭〕

라고 정리하였다.

'君子中庸'에 대하여, 艮齋는 《記疑》에서 다음과 같이 밝히고 있다.

'君子中庸'에서의 中庸은 五達道이고 君子는 三達德이다.[156]〔君子中庸 中庸五達道也

---

155 譯註 《儀禮》의……하였다:《儀禮》〈士虞禮記〉 祝辭에 "슬피 祫事를 거행하오니 당신의 皇祖 某甫에게 가서 흠향하소서.〔哀薦祫事 適爾皇祖某甫 饗〕"라고 하였는데, 註에 "皇은 君이고, 某甫는 皇祖의 字이 니, 尼甫라고 말하는 것과 같다.〔皇 君也 某甫 皇祖字也 若言尼甫〕"라고 풀이하였다. '伯某甫'는 《儀禮》 〈士冠禮〉에 "字를 지어주는 말에 '禮儀가 이미 갖추어져, 아름다운 달, 좋은 날에 밝게 너의 字를 고하 노라. 이 字가 매우 아름다워 준수한 선비에게 적합하니 마땅히 큰 복을 받아 길이 받아서 보존하라'라 고 하고, '伯某甫'라고 일러준다. 仲·叔·季는 거기에 맞춘다.〔字辭曰 禮儀旣備 令月吉日 昭告爾字 爰字 孔嘉 髦士攸宜 宜之于假 永受保之 曰伯某甫 仲叔季 唯其所當〕"하였다. 예컨대 큰아들이면 伯甫, 둘째 아들이면 叔甫, 막내이면 季甫라고 字를 지음을 말한 것이다. '尼甫'는 孔子의 字인 仲尼를 높여 부른 것 으로 '尼父'라고도 칭한다..

156 譯註 五達道이고……三達德이다:五達道는 사람이 누구나 공통으로 행해야 할 道로 父子有親 등의 五

··· 尼 여승니

君子 三達德也〕

'小人反中庸'에 대하여, 茶山은 《自箴》에서 다음과 같이 밝히고 있다.

小人은 마음을 둠이 혹 편벽되고 혹 치우쳐서 未發했을 때에 中하지 못하고, 일을 행할 때에
혹 지나치거나 혹 미치지 못하여 이미 발하면 和하지 못한다. 이미 이와 같아서 그 德을 잡
음이 떳떳함이 있지 못하니, 이것을 '反中庸'이라 한다.〔小人其處心也或偏或倚 未發而不
中 其行事也或過或不及 已發而不和 旣然如此 其秉德不能有常 此之謂反中庸〕

章句ㅣ中庸者는 不偏不倚無過不及而平常之理[157]니 乃天命所當然精微之極致
也라 唯君子爲能體之[158]요 小人은 反是니라

倫을 이르고, 三達德은 사람이 누구나 공통으로 간직한 德으로 智·仁·勇을 가리키는바, 아래 20章에
모두 자세히 보인다.

157 〔詳說〕中庸者 不偏不倚無過不及而平常之理: '中庸' 두 글자의 뜻은 篇 제목에서는 책 이름의 《中庸》으
로 訓하였고, 이 註는 經文의 中庸을 위하여 訓하였으니, 뜻이 각각 해당됨이 있어서 그 중복됨을 싫어
하지 않는다. 다만 여기에서는 합하여 訓하여 중점을 中에 돌리는 뜻이 약간 있고, 아랫절의 註에 이르
러서는 "中은 일정한 體가 없어서 때에 따라 있으니, 이것이 바로 平常한 이치이다."라고 말하여, 마침내
中을 가지고 庸을 포함하였으니, 이는 經文의 뜻을 따른 것이다. 무릇 經文에서 말한 中庸은 모두 단지
中의 뜻을 취하였다.〔中庸二字義 篇題則爲書名之中庸而訓之 此註則爲經文之中庸而訓之 意各有當 不
厭其重複也 但於此合而訓之 微有歸重於中底意 至下節註云 中無定體 隨時而在 是乃平常之理也 則遂
以中而該庸 蓋從經文之意也 經文凡言中庸 皆只取中義〕 ○ '不倚'와 '過不及'은 모두 뒷장에 보이며, '不
偏'은 中立의 뜻이고 '平'은 平易함에 거하는 뜻이고 '常'은 悠久의 뜻이니, 또한 모두 《中庸》책 가운데
보인다.〔不倚與過不及 皆見後章 不偏則中立之意 平則居易之意 常則悠久之意 亦皆見書中〕 ○ 朱子가
말씀하였다. "中에는 두 가지 뜻이 있으니, '不偏不倚'는 程子께서 말씀한 '中(중앙)'에 있다'는 뜻이니 서
면서 사방의 가에 가깝지 않음과 같으니 마음의 體이고, '無過不及'은 程子께서 말씀한 '中의 道'라는 것
이니[1] '행하여 먼저 하지도 않고 뒤에 하지도 않음과 같으니 일의 中이다. 그러므로 未發의 大本에서는
'不偏不倚'의 이름을 취하였고, 已發한 時中에 있어서는 '無過不及'의 뜻을 취한 것이다.〔中有二義 不偏
不倚 程子所謂在中之義 猶立而不近四旁 心之體也 無過不及 程子所謂中之道 猶行而不先不後 事之中
也 故於未發之大本 則取不偏不倚之名 於已發而時中 則取無過不及之義〕"
　　譯註 1. 程子께서……것이니: 蘇季明(蘇昞)이 "中의 道와 喜怒哀樂未發을 中이라 한다는 中이 똑같
습니까?" 하고 묻자, 程子가 대답하시기를 "아니다. 喜怒哀樂未發을 中이라 한다는 中은 다만 중앙에
있는 뜻을 말했을 뿐이니, 오직 한 개의 中자이지만 쓰임이 똑같지 않다.〔非也 喜怒哀樂未發 是言在
中之義 只一箇中字 但用不同〕" 하였다.《二程遺書》喜怒哀樂未發之中은 마음으로써 말한 것으로
마음이 不偏不倚하여 한 중앙에 있는 것이고, 中之道는 일로써 말한 것으로 일이나 때에 無過不及
하여 時中의 道에 맞음을 말한 것이다.

158 〔記疑〕唯君子爲能體之: '능히 체행한다.〔爲能體之〕'는 것은 곧 이른바 '知之'·'守之'·'斷之'[1]이다.〔爲能
體之 卽所謂知之守之斷之也〕
　　譯註 1. 知之 守之 斷之: 程子가 "가림은 智에 있고 지킴은 仁에 있고 결단함은 勇에 있다.〔擇之則在
乎智 守之則在乎仁 斷之則在乎勇〕" 한 말씀을 인용한 것이다.《二程遺書》

中庸은 편벽되지 않고 치우치지 아니하여 過와 不及이 없어서 平常한 이치이니, 바로 天命에 當然한 바 精微함의 극치이다. 오직 君子만이 이를 體行할 수 있고, 小人은 이와 반대이다.

2-2. 君子之中庸也는 君子而時中이요 小人之〈反〉中庸也는 小人而無忌憚也니라

君子가 中庸을 함은 君子이면서 때에 따라 道에 맞게 하기 때문이요, 小人이 中庸에 반대로 함은 小人이면서 忌憚이 없기 때문이다."

按說 | 艮齋는

'君子之中庸也' 네 節은 모두 夫子(孔子)의 말씀이다. 蔡氏가 子思의 말씀이라고 한 것은 잘못이다.【아래 제28章의 章句에 '이 이하는 子思의 말씀이다.'라고 한 것으로 알 수 있다. 또 제1章의 章句에 '아래 10章까지는 子思가 夫子의 말씀을 인용하여 끝마쳤다.'라고 하였으니, 여기에서도 알 수 있다.】君子之中庸 節에서의 두 '君子'는 모두 같으니, 우열을 나눌 수 없다.〔君子之中庸也四句 皆夫子語 蔡氏謂子思之言 誤矣【下二十八章章句 此以下子思之言 可見 又第一章章句 十章子思引夫子言以終之 此亦可見】君子之中庸節 兩君子 都只一般 不可分優劣〕

하고, 또

時中은 비록 發한 뒤에 過와 不及이 없는 것을 위주하나, 그 靜할 때 敬공부의 압력이 너무 무거우면 過가 되고, 풀어놓아 가벼우면 不及이 되는 것도 일찍이 이 안에 들어 있지 않음이 없다.〔時中雖以發後無過不及爲主 而其靜時敬功之壓得太重 爲過 放得些輕 爲不及

〔詳說〕'君子中庸'의 諺解의 구두는 君子의 몸이 바로 中庸인 혐의가 있고, 君子가 몸소 中庸을 행하는 뜻이 없으니, 마땅히 栗谷의 구두[1]로 바름을 삼아야 할 것이다. 이 句의 '體'자와 아래 註의 '爲'자를 마땅히 익숙히 보아야 한다.〔君子中庸之諺讀 有君子之身卽是中庸之嫌 而無君子窮行中庸之意 當以栗谷之讀爲正 此句之體字 下註之爲字 當熟看〕
　　譯註 1. 諺解의……구두: 官本諺解에는 "君子는 中庸이오" 하였고, 栗谷諺解에는 "君子는 中庸ᄒ고" 하였다.

… 忌 꺼릴 기　憚 꺼릴 탄

　　　　亦未嘗不在其中也〕

하였다. 즉 時中이 已發의 中을 의미하긴 하지만 已發의 中은 未發의 中을 보존하는 공부를 필요로 하므로 그 안에 未發의 中을 포함한다는 의미이다.

'君子而時中'을 朱子는 中을 平聲으로 읽고 '때에 따라 中에 處함〔隨時以處中〕'으로 해석하였다. 中을 '가운데'로 하면 平聲, '맞는다'로 하면 去聲으로 읽는바, 時中의 中을 '가운데'의 의미로 訓한 것이다. 時中은 '때에 맞게 함'으로 해석하는 것이 편할 듯하지만 '喜怒哀樂未發之謂中'과 '君子而時中'을 다르게 읽을 수 없어 똑같이 平聲으로 읽고 '中에 處함'으로 해석한 것이다. 이 때문에 時中에 대한 諺解는 모두 '때로 中홈이오'로 되어 있다. 이는 '中을 하다', '中을 행하다'로 본 것이다. 그러나 經文에 處자와 爲자가 없기 때문에 부득이한 해석으로 보인다. 本人은 時中을 '때에 따라 中(節度)에 맞는 것'으로 보는 것이 좋을 것으로 생각한다. 앞 1章의 發而皆中節의 '節'과 20章의 從容中道의 '道'는 바로 所이고 앞의 中(맞게 함)이 能이다. 여기의 君子而時中과 20章의 不勉而中은 아래에 節자나 道(中)자가 생략된 것으로 보아 보충 해석하는 것이 무방하다고 생각한다. 단 時中의 中을 평성이라 한 朱子의 音訓에 맞지 않는 것이 未安하다.

'小人之〈反〉中庸也'에 대하여 朱子는 王肅本과 程子의 말씀에 따라 '小人之反中庸也'로 하였다. 앞 節의 '小人反中庸'과 서로 호응이 된다. 그리고 經文을 "君子가 中庸을 하는 것은 君子의 德(心性)이 있으면서 또 때에 따라 中에 處하기 때문이요, 小人이 中庸을 반대로 함은 小人의 마음이 있으면서 또 忌憚하는 바가 없기 때문이다."라고 하여, 君子와 小人을 德의 차이로 해석하였다. 반면 鄭玄은 '小人之中庸也'로 읽었으나 특별한 해석이 없으며, 容貌가 君子이고 小人인 것으로 해석하였다.

　　章句ㅣ 王肅本[159]에 作小人之反中庸也어늘 程子亦以爲然하시니 今從之하노라

　　○君子之所以爲中庸者는 以其有君子之德하고 而又能隨時以處中也[160]요 小人

---

159 譯註 王肅本:王肅은 魏나라 사람으로, 그가 註解한 《禮記》의 〈中庸〉을 가리킨다.
〔詳說〕字는 子雍이니, 魏나라 東海 사람이다.〔字子雍 魏東海人〕

160 〔記疑〕以其有君子之德 而又能隨時以處中也:《章句》에서 君子之德은 本(體)으로 말하고, 隨時處中은 用으로 말하였으니, 아래의 '小人'도 이와 같다. 汪長洲(汪份)와 陶菴(李縡)은 이와 같이 보지 않았는데, 뒤에 王氏(王步靑)의 《四書朱子本義匯參》에서 汪氏의 說을 논박한 것을 보니, 아마도 옳을 듯하다.〔章句君子之德 以本言 隨時處中 以用言 下文小人倣此 汪長洲與陶菴不如此看 後見王氏匯參駁汪說 恐得〕

之所以反中庸者는 以其有小人之心하고 而又無所忌憚也라 蓋中無定體하여 隨時
而在하니 是乃平常之理也¹⁶¹라 君子는 知其在我라 故로 能戒謹不覩(睹)하고 恐懼
不聞하여 而無時不中이요 小人은 不知有此하니 則肆欲妄行而無所忌憚矣니라

王肅의 本에 '小人之反中庸也'로 되어 있는데 程子(伊川) 또한 '이것이 옳다.'고 하셨으
니, 지금 이를 따른다.

○君子가 中庸을 행하는 까닭은 君子의 德이 있고 또 능히 때에 따라 中에 처하기 때문이
요, 小人이 中庸에 반대로 하는 까닭은 小人의 마음이 있고 또 忌憚하는 바가 없기 때문이
다. 中은 一定한 體가 없어 때에 따라 있으니, 이것이 바로 平常의 理이다. 君子는 이것이
자신에게 있음을 안다. 이 때문에 보지 않을 때에도 戒愼하고 듣지 않을 때에도 恐懼하여
때마다 中하지 않음이 없고, 小人은 이 中이 있음을 알지 못하니 욕심을 부리고 망령되이
행동하여 忌憚하는 바가 없다.

章下註 | 右는 第二章이라 此下十章은 皆論中庸하여 以釋首章之義하니 文雖不屬이
나 而意實相承也라 變和言庸者는 游氏曰 以性情言之하면 則曰中和요 以德行言
之하면 則曰中庸¹⁶²이라하니 是也라 然이나 中庸之中이 實兼中和之義¹⁶³하니라

이상은 제2章이다. 이 아래 열 章은 모두 中庸을 논하여 首章의 뜻을 해석하였으니, 글이

---

161 〔詳說〕蓋中無定體……是乃平常之理也 : 無定과 有常은 상반되는 혐의가 있다. 그러므로 여기에서 또
다시 합하여 하나로 만들어서 中이 庸을 포함할 수 있음을 나타내었다.〔無定與有常 嫌於相反 故此又合
而一之 以見中之可該庸也〕

162 〔詳說〕以性情言之……則曰中庸 : 黃氏가 말하였다. "性情은 하늘이 낳은(자연히 생긴) 것이니 사람마다
동일하고, 德行은 사람이 행하는 것이니 사람마다 동일하지 않다.〔性情天生底 人人一般 德行人做底 人
人不同〕" ○ 장차 中庸을 말하려 하면서 먼저 中和를 말하여 시작하였으니, 中和와 中庸은 약간 賓·主
의 구분¹⁾이 있다.〔將言中庸 而先言中和以起之 中和與中庸 微有賓主之分〕
　譯註 1. 賓·主의 구분 : 중점이 中庸에 있으므로 中和를 賓으로, 中庸을 主로 본 것이다.
〔記疑〕黃氏가 "德行은 사람마다 동일하지 않다."라고 한 것이 옳다. 그렇다면 中庸도 차이가 있는 것인
가? 游氏의 說 가운데, '性情' 아래에 '之德' 두 글자를 놓고 '德行' 아래에 '之理' 두 글자를 놓고서 본
다면, 말의 뜻과 文理가 더욱 분명하게 구비될 것이다.〔黃氏德行人人不同之云 是矣 然則中庸亦有異乎
就游氏說中 性情下 著之德二字 德行下 著之理二字看 則語意文理益明備矣〕

163 譯註 中庸之中 實兼中和之義 : '中庸之中'은 中庸의 中이란 뜻이며, 中庸의 가운데란 뜻이 아니다. 朱子는
中을 '不偏不倚 無過不及'으로 해석하였는바, 不偏不倚는 靜時의 未發之中인 性之德을 가리키고 無過
不及은 動時의 已發之和인 情之德을 가리키므로 中庸의 中은 中和의 뜻을 겸했다고 말한 것이다.
〔詳說〕尤菴(宋時烈)이 말씀하였다. "〈中庸之中은〉 '中庸'의 '中'자이다.〔中庸之中字〕" ○ 아래 '中'자를

··· 肆 방자할 사 游 헤엄칠 유

비록 연결되지 않으나 뜻은 실로 서로 이어진다. 和를 바꾸어 庸이라고 말한 것은 游氏(游酢)가 말하기를 "性情으로써 말하면 中和라 하고 德行으로써 말하면 中庸이라 한다." 하였으니, 그 말이 옳다. 그러나 中庸의 中은 실로 中和의 뜻을 겸하였다.

| 民鮮能章 |

3. 子曰 中庸은 其至矣乎인저 民鮮能이 久矣니라

孔子께서 말씀하셨다. "中庸은 지극할 것이다. 사람들이 능한 이가 적은 지 오래되었다."

按說 | 이 말씀은 《論語》〈雍也〉 27章에 "中庸의 德이 지극하구나. 사람들이 〈이 德을〉 소유한 이가 적은 지 오래이다.〔中庸之爲德也 其至矣乎 民鮮久矣〕"라고 보이는데, 《中庸》에는 '之爲德也' 네 글자가 빠져있고 '能'자가 첨가되어 있다. 이에 대하여 格菴趙氏(趙順孫)는

여기에는 '之爲德也' 네 글자가 없다. 그러므로 아랫구에 '能'자가 있으니, 《論語》는 바로 夫子의 本文이고 이것은 子思가 가감하여 만든 것이다.〔此無之爲德也四字 故下句有能字 論語是夫子本文 此是子思鱟栝〕《詳說》

하였고, 壺山은

살펴보건대 '德'자를 앞에 놓지 않으면 아랫구에 모름지기 '能'자가 있어서 계승하여야 하니, 그런 뒤에 글 뜻이 마침내 완성된다. 《論語》는 이 德을 소유함을 가지고 말하였고, 여기서는 이 德을 능히 알고 능히 행함을 가지고 말하였다. 그러므로 말에 똑같지 않음이 있는 것이다.〔按不以德字冠之 則下句須有能字以承之 然後文義乃成 蓋論語以有此德言之 此

裏(가운데)의 뜻과 같이 읽어서는 안 된다.〔下中字 不可讀如裏義〕○《大全》에 말하였다. "已發과 未發의 두 뜻을 겸하였다.〔兼已發未發二義〕○ 살펴보건대 中庸의 '中'자는 '不偏不倚'의 體와 '無過不及'의 和를 겸하여 말하였다. 그러므로 충분히 中和를 겸할 수 있으니, 만약 中庸이 中和를 겸했다고 한다면 庸은 和를 겸할 수가 없고 도리어 中에 포함되니, 마침내 이 '中'자가 이 庸을 포함하고 또 和를 겸했음을 알 수 있다.〔按中庸之中字 兼不偏不倚之體與無過不及之和而言 故足以兼中和 若曰中庸兼中和 則庸不足以兼和 而反見該於中 乃知此中字旣能該庸而又能兼和耳〕

··· 鮮 적을 선

以能知能行此德言之 故語有不同〕

하였다. 梅山 洪直弼이 潁西 任魯에게 올린 편지에서

《中庸》 제3章에 《論語》의 문장을 인용하였는데, '之爲德也' 네 글자를 삭제하고 '能'자
를 첨가한 것[164]은 무슨 뜻인지 알지 못하겠습니다. 제3章 아래 經文의 수많은 '能'자가 모
두 이 '能'자에서 시작되었으니, 만약 이 한 글자를 놓지 않았다면 정신이 없고 골격이 없었
을 것입니다. 한 글자에 萬鈞의 힘이 있으니, 이 때문에 '果能此道'[165]의 張本이 된 것입니
다.……《論語》에서 '爲德'이라고 한 것은 '사람이 道를 행하여 마음에 얻음이 있는 것'[166]
을 가지고 말하였기 때문에 '能'자를 포함하여서, 아래 句에는 '民鮮久矣'라고만 말한 것입
니다. 《中庸》에서 子思가 이를 인용한 것은 中庸의 道를 밝히기 위함이었는데, 세상 사람들
이 능하지 못할 것을 걱정하셨기 때문에 '能'자를 첨부해서 사람의 몸과 마음에 붙여 말씀
한 것입니다. 이미 능하다고 말했다면 道를 행하여 얻음이 있는 뜻을 이미 포함한 것이니, 이
때문에 '爲德'이라는 한 구절을 뺀 것입니까?〔中庸第三章 引論語之文 而删却之爲德也
四字 添却能字者 不識何義 下文許多能字 咸權興於此能字 若不下此一字 則沒精神
而無骨筋 一字有萬鈞之力 所以爲果能此道之張本也……爲德之云 就人之行道而
有得於心者言 故包得能字 下句只說民鮮久矣 子思引用 爲明中庸之道 而憂世人之
不能 故添得能字 貼人身心上說 旣云其能則已包行道有得底意 所以删爲德一句耶〕
《梅山集》〈上潁西任丈〉)

하였다.

'民鮮能久矣'에 대하여, 鄭玄은 '鮮能久矣'를 한 句로 보아 "백성(一般人)들은 〈中庸을〉
능히 오래 하는 이가 적다."로 해석하였으나 朱子는 "능한 이가 적은 지 오래이다."로 해석
하였으며 《論語》〈雍也〉의 "中庸之爲德也 其至矣乎 民鮮久矣"에서도 "백성들이 이 德

---

164 中庸……것:《論語》〈雍也〉 27章에 "中庸의 德이 지극하구나! 사람들이 이 德을 소유한 이가 적은 지
오래이다.〔中庸之爲德也 其至矣乎 民鮮久矣〕"라고 하였는데, 《中庸》 3章에서는 이를 인용하면서, "中庸
은 지극할 것이다. 사람들이 능한 이가 적은 지 오래이다.〔中庸 其至矣乎 民鮮能久矣〕"라고 하여, '之爲
德也'를 빼고 '能'자를 더한 것을 말한다.

165 果能此道 : 20章에 다음과 같이 보인다. "人一能之 己百之 人十能之 己千之 果能此道矣 雖愚 必明 雖柔
必强"

166 사람이……것:朱子가 '德'을 訓하여 한 말씀인바,《論語集註》〈爲政〉의 註에 다음과 같이 보인다. "德이
란 말은 얻는다는 뜻이니, 道를 행하여 마음에 얻음이 있는 것이다.〔德之爲言 得也 行道而有得於心也〕"

을 소유한 이가 적은 지 이제 이미 오래이다.〔民少此德 今已久矣〕'로 해석하였다. 이에 淸代의 考證學者들은 '庸은 오래 함이다.'라고 하여 朱子의 說을 비판하고 鄭玄의 說을 따랐는바, 茶山 역시 鄭玄의 說을 따라《自箴》에서 다음과 같이 밝히고 있다.

> '庸'이라는 글자는 원래 떳떳함이 있는 뜻이다. 그러므로 君子가 德을 진전하고 業을 닦을
> 적에 능히 오래 함을 귀하게 여기는 것이다.《周易》에 "天地의 道는 항상 하고 오래 하여 그
> 치지 않는다." 하였고,《周易》에 "하늘의 운행은 굳세니, 君子가 보고서 스스로 힘써 쉬지 않
> 는다." 하였고,《周易》에 "九二가 후회가 없어짐은 능히 中을 오래 하기 때문이다." 하였고,
> 《書經》에 "마침내 크게 음탕하고 어두워서 능히 끝을 맺지 못한다." 하였고, "上帝의 啓導
> 함을 권면한다." 하여【多方의 글이다.】능히 오래 함을 德으로 삼았다.《論語》에 "백성 중에
> 오래 하는 이가 드물다." 하였으니, 비록 能자가 없으나 또한 저절로 문장을 이룬다. 만약 世
> 敎가 쇠하여 中庸을 행하는 자가 적다고 말한다면《論語》는 장차 어떻게 해석하겠는가.〔庸
> 之爲字 原是有常之意 故君子進德修業 以能久爲貴 易曰 天地之道 恒久而不已也
> 易曰 天行健 君子以自强不息 易曰 九二悔亡 能久中也 書曰 乃大淫昏 不克終 曰 勸
> 于帝之迪【多方文】皆以能久爲德也 論語曰 民鮮久矣 雖毋能字 亦自成文 若云世敎
> 衰而行之者鮮 則論語將奈何〕

한편 艮齋는

> 中庸의 理는 智로써 알고 仁으로써 지키고 勇으로써 힘쓰는 것이다. 智·仁·勇은 能에 속
> 하고, 中庸은 所能에 속한다.〔中庸之理 知以知之 仁以守之 勇以强之 知仁勇 屬能 中
> 庸屬所能〕

하였다. 艮齋에 따르면 中庸은 '民鮮能'에서 能의 대상(所)이 되므로 民鮮能 아래에 中庸이 생략된 것으로 보아 民鮮能을 한 句로 본 것이다. 鄭玄과 茶山의 해석에서는 '能久'가 中庸의 의미가 되므로 여기서는 中庸이 能 자체가 되는 것이다. 표로 나타내면 아래와 같다.

鄭玄 · 茶山	能久	= 中庸	民이 能久(中庸)가 鮮
朱子 · 艮齋	能의 所	→ 中庸	民이 中庸에 能이 鮮

章句 | 過則失中이요 不及則未至[167]라 故로 惟中庸之德이 爲至[168]라 然이나 亦人所
同得하여 初無難事로되 但世教衰하여 民不興行이라 故로 鮮能之 今已久矣[169]라 論
語엔 無能字하니라

過하면 中을 잃고 不及하면 이르지 못한다. 그러므로 오직 中庸의 德이 지극함이 되는 것
이다. 그러나 또한 사람이 똑같이 얻은 바여서 애당초 어려운 일이 아닌데, 다만 世教가 쇠
하여 사람들이 興行(행함을 일으킴)하지 않는다. 그러므로 능한 이가 적은 지가 이제 이미
오래된 것이다. 《論語》〈雍也〉에는 能字가 없다.

章下註 | 右는 第三章이라

이상은 제3章이다.

| 知者過之章 |

4-1. 子曰 道之不行也를 我知之矣로니 知(智)者는 過之하고 愚者는 不及
也일새니라 道之不明也를 我知之矣로니 賢者는 過之하고 不肖者는 不及
也일새니라

孔子께서 말씀하셨다. "道가 행해지지 못하는 이유를 내가 아노니, 지혜로운 자는 過
하고 어리석은 자는 不及하기 때문이다. 道가 밝아지지 못하는 이유를 내가 아노니, 어
진 자는 過하고 어질지 못한 자는 不及하기 때문이다.

---

167 〔詳說〕過則失中 不及則未至:中의 用을 가지고 말하였기 때문에 다만 無過不及을 취하였다.〔以中之用
言 故只取無過不及〕
168 〔詳說〕惟中庸之德 爲至:《論語》에 따라 '德'자를 보충하였으니, 中庸은 모두 德行으로 말하였다.〔依論
語 補德字 蓋中庸皆以德行言〕
169 〔詳說〕過則失中……今已久矣:마땅히 《論語》의 註[1]와 참고해 보아야 한다.〔當與論語註參看〕
　　譯註 1. 《論語》의 註:《論語》의 《集註》에, 朱子는 "사람들이 이 德을 소유한 이가 적은 지 이제 이미
　　오래되었음을 말한 것이다.〔言民少此德 今已久矣〕" 하였고, 程子의 "世教가 쇠퇴한 후부터 사람들이
　　中庸을 행하는데 흥기하지 않아서 이 德을 소유한 이가 적은 지 오래되었다.〔自世教衰 民不興於行
　　少有此德久矣〕" 한 말씀을 인용하였다.

••• 難 어려울 난 衰 쇠할 쇠

按說 | 雙峰饒氏는

'내가 아노니' 한 것은 천하 사람들이 모두 알지 못함에 인연하였으니, 이 때문에 夫子께서 이 탄식이 있으셨던 것이다. '行'은 사람이 가서 道를 행함을 말한 것이 아니고 道가 스스로 천하에 유행됨을 말하였으며, '明'은 사람이 이 道를 스스로 앎을 말한 것이 아니고 道가 스스로 천하에 밝게 드러남을 말한 것이니, 사람들은 많이 잘못 본다.〔我知之矣 緣天下人皆不知 此夫子所以有此歎 行 不是說人去行道 是說道之流行於天下 明 不是說人自知此道 是說道自著明於天下 人多差看了〕

하였다.

章句 | 道者는 天理之當然이니 中而已矣[170]라 知(智)愚賢不肖之過不及은 則生稟之異[171]而失其中也라 知(智)者는 知之過하여 旣以道爲不足行하고 愚者는 不及知하여 又不知所以行[172]하니 此道之所以常不行也[173]라 賢者는 行之過하여 旣以道爲不足知[174]하고 不肖者는 不及行하여 又不求所以知[175]하니 此道之所以常不明也[176]라

---

170 〔詳說〕道者……中而已矣: 雲峰胡氏가 말하였다. "머릿장에 '道'자를 해석한 것은 아랫글에 '須臾라도 떠날 수 없다'는 것을 위하여 말하였고, 여기에서 '道'자를 해석한 것은 아랫글의 '過不及'을 위하여 말하였다. 그러나 事物의 당연한 이치는 바로 天理의 당연함이고, 性의 德이 마음에 갖추어진 것 또한 中일 뿐인데, 다만 마음에 갖추어져 있는 것은 不偏不倚의 中이고 이것은 無過不及의 中이니, 《章句》는 저울 눈금만큼도 어긋나지 않았다.〔首章釋道字 爲下文不可須臾離而言也 此釋道字 爲下文過不及而言也 然事物當然之理 卽天理之當然 性之德具於心 亦中而已 特具於心者 是不偏不倚之中 此是無過不及之中 章句錙銖不差〕"

171 〔詳說〕生稟之異: 氣質이 똑같지 않은 것이다.〔氣質之不齊〕

172 〔詳說〕愚者……又不知所以行: 三山陳氏(陳孔碩)가 말하였다. "얕고 비루한 사람은 한쪽에 가리워서 天理에 어둡다.〔淺陋之人 蔽於一曲 而暗於天理〕"

173 〔詳說〕此道之所以常不行也: 사람들이 알지 못하기 때문에 道가 행해지지 못하는 것이다.〔由人不知 故道不行〕

174 〔詳說〕賢者……旣以道爲不足知: 三山陳氏가 말하였다. "晨門(문지기)[1)]과 荷蓧丈人(지팡이로 대그릇을 멘 장인)[2)]과 같은 무리이다.〔如晨門 荷蓧之徒〕"
　　譯註 1. 晨門(문지기):《論語》〈憲問〉41장에 "子路가 石門에서 유숙하였는데, 晨門이 묻기를 '어디에서 왔는가?' 하자, 子路가 '孔氏에게서 왔소.'라고 대답하니, '그(孔子)가 바로 不可한 줄을 알면서도 하는 자인가?' 하였다.〔子路宿於石門 晨門曰 奚自 子路曰 自孔氏 曰 是知其不可而爲之者與〕"라고 보인다.
　　譯註 2. 荷蓧丈人(지팡이로 대그릇을 멘 장인):《論語》〈微子〉7장에 "子路가 〈孔子를〉 따라가다가 뒤에 처져 있었는데, 지팡이로 대바구니를 멘 丈人을 만나자, 子路가 묻기를 '노인은 우리 夫子를 보셨

… 稟 부여받을 품

道는 天理의 當然함이니, 中일 뿐이다. 智·愚와 賢·不肖의 過하고 不及함은 타고난 資稟이 달라 그 中을 잃은 것이다. 지혜로운 자는 앎이 지나쳐 道를 족히 행할 것이 못된다 하고, 어리석은 자는 또 앎에 미치지 못하여 행할 바를 알지 못하니, 이는 道가 항상 행해지지 못하는 所以이다. 어진 자는 行이 지나쳐 이미 道를 족히 알 것이 못된다 하고, 어질지 못한 자는 또 行에 미치지 못하여 알 바를 구하지 않으니, 이는 道가 항상 밝아지지 못하는 所以이다.

4-2. 人莫不飮食也언마는 鮮能知味也니라

사람들이 飮食을 먹고 마시지 않는 이가 없건마는 능히 맛을 아는 이가 적다."

按說 | 朱子는

〈음식을〉 먹고 마시는 것을 가지고 日用을 비유하고, 맛을 가지고 이치를 비유하였다.〔以飮食譬日用 味譬理〕《詳說》

하였고, 晏氏는

'鮮能知味'는 능히 道를 알지 못함을 비유하였다. 마지막에는 오로지 맛을 앎을 말하여 道를 밝힘이 먼저가 됨을 나타내었으니, 오직 道가 밝아지지 못하기 때문에 道가 행해지지 못하는 것이다.〔鮮能知味 以喩不能知道 末專言知味 以見明道爲先 惟不明 故不行也〕

습니까?' 하니, 丈人이 말하기를 '四體(四肢)를 부지런히 움직이지 않고 五穀을 분별하지 못하니, 누구를 夫子라 하는가?' 하고, 지팡이를 꽂아놓고 김을 매었다.〔子路從而後 遇丈人以杖荷篠(조) 子路問曰 子見夫子乎 丈人曰 四體不勤 五穀不分 孰爲夫子 植(치)其杖而芸〕"라고 보인다.

175 〔詳說〕不肖者……又不求所以知:三山陳氏가 말하였다. "낮고 더러운 사람은 오랜 옛 관습에 편안하고 物欲에 빠진다.〔卑汚之人 安於故常 而溺於物欲〕"

176 〔詳說〕知(智)者……此道之所以常不明也:사람들이 행하지 않기 때문에 道가 밝아지지 못하는 것이다.〔由人不行 故道不明〕 ○ 雲峰胡氏가 말하였다. "이 章은 道가 행해지지 못하고 밝아지지 못함을 나누었고, 아랫장은 大舜의 지혜에 나아가 道가 행해지는 이유를 말하고(6장) 顔回의 어짊에 나아가 道가 밝아지는 이유를 말하여(8장) 후면에 智·仁·勇을 말하고자 하는 뜻을 아울렀으니, 이 章은 智·仁·勇 세 가지를 위하여 단서를 열어놓은 것이다.〔此章分道之不行不明 而下章卽舜之知 言道之所以行 卽回之賢 言道之所以明 兼後面欲說知仁勇 此章爲此三者發端〕"

하였다.

章句 | 道不可離로되 人自不察이라 是以로 有過不及之弊[177]라

道는 떠날 수가 없는데 사람들이 스스로 살피지 않는다. 이 때문에 過하고 不及한 폐단이 있는 것이다.

章下註 | 右는 第四章[178]이라

이상은 제4章이다.

| 道其不行章 |

5. 子曰 道其不行矣夫인저

孔子께서 말씀하셨다. "道가 행해지지 못하겠구나."

按說 | 朱子는 이 章을 '윗장을 이어 아랫장의 뜻을 일으킨 것'으로 보았는데, 壺山은 이 에 대해

---

177 〔記疑〕道不可離……有過不及之弊: '鮮能知味'의 '知'자는 위 문장의 '明'자와 서로 연관되지 않으니, 이는 단지 '察'자의 뜻이다. 사람이 스스로 살피지 못하기 때문에 智와 愚, 賢과 不肖, 過와 不及의 폐단이 생기는 것이다. 말뜻이 매우 명백한데, 諸家들이 대부분 '鮮能知味'를 위 문장의 "不明"에 붙여 말하니, 독자들은 마땅히 그 잘못을 알아야 한다.〔鮮能知味知字 與上文明字不相涉 此只是察字意 以人自不察 故有知愚賢不肖過不及之弊 語意煞明白 諸家多以鮮能知味 貼上文不明說 讀者宜知其誤也〕

178 〔詳說〕右 第四章: 雙峰饒氏가 말하였다. "이 章은 위의 두 章을 이어서 小人이 中庸에 반대로 하는 이유와 衆人이 中庸에 능한 이가 적은 이유가 모두 氣質에 편벽됨이 있음을 밝혀서 아래 여섯 章의 뜻을 일으킨 것이다. 그러나 오로지 過와 不及을 가지고 말하여 中만 말하고 庸을 말하지 않은 듯하다. 하지만 中은 바로 庸을 하는 것이니, 두 가지가 있는 것이 아니다.〔此章承上二章 明小人所以反中庸與衆人所 以鮮能中庸者 皆以氣質之有偏 以起下六章之意 然專以過不及爲言 似言中而不及庸 蓋中卽所以爲庸 非 有二也〕"

살펴보건대 이 章을 윗장과 합하여 한 章을 만들지 않고 마침내 따로 章을 만든 것은 '子曰' 두 글자가 있어서 단서를 바꾸었기 때문이다. 이 책《中庸》의 준례는 한 章 가운데 두 '子曰' 이 없다. 그러므로 '九經章'의 아래 '子曰'의 註에 결단하여 '衍文'이라[179] 하였고, '自用章' 으로 말하면 子思가 자신의 말씀을 중간에 넣었다. 그러므로 다시 '子曰'을[180] 말한 것이다. 이 章의 '子曰'을 만약 衍文으로 삼는다면 본래 마땅히 위에 합해져 한 章이 될 것이다. 그 러나 그 윗장을 계승함이 됨은 똑같으니, 節과 章을 어찌 가릴 것이 있겠는가.〔按此不與上 章合爲一章 而乃別爲章者 以有子曰二字更端故也 此書之例 一章中無兩子曰 故九 經章之下子曰註 斷以爲衍文 若自用章 則子思以己言間之 故再言子曰 此章子曰 若 作衍文 則自當合於上而爲一章 然其爲承上文則均 節與章又何擇焉〕

하였다. 그러나 茶山은 이 章을 윗장에 붙여야 한다고 보았다. 茶山은《中庸講義補》에서

聖上이 물으셨다. "《中庸》33章 가운데 이 한 章만이 한 句로 되어 있다. 만일 이 한 句를 제4章의 끝에 붙이면 知를 말하고 行을 말하여 윗글을 總結할 수 있을 것이다. 그런데 朱 子는 굳이 이 한 句를 따로 1章으로 만든 것은 어째서인가?" 臣이 대답하였다. "聖上의 말 씀이 지당하십니다. 윗장에 붙이는 것이 가장 좋습니다. 그렇지 않으면 '人莫不飮食' 한 節 과 연결하여 한 章을 만들어 知와 行을 함께 끝맺게 하는 것 또한 치우친 병폐가 없을 것입 니다."〔御問曰 中庸三十三章之中 此一章獨爲一句 若以此一句 屬之第四章之末 則曰 知曰行 可以總結上文 而朱子必以此一句 別爲一章者 何也 臣對曰 聖諭至當矣 屬之 上章 太上也 不然則與人莫不飮食一節連爲一章 使知行並結 亦無偏敧之病矣〕

하였다.

章句 | 由不明故로 不行이라

밝지 못하기 때문에 행해지지 못하는 것이다.

章下註 | 右는 第五章이라 此章은 承上章而擧其不行之端하여 以起下章之意니라

---

179 譯註 九經章의……衍文이라: 20章에 "哀公問政 子曰 文武之政……子曰 好學近乎知"의 아래 '子曰'에 대해《章句》에 衍文이라 하였다.

180 譯註 自用章으로……子曰을: 28章에 "子曰 愚而好自用 賤而好自專……(子思曰) 非天子 不議禮 不制 度 不考文……子曰 吾說夏禮 杞不足徵也"라고 하여, '子曰'이 두 번 보인다.

••• 擧 들 거 端 끝 단, 단서 단

이상은 제5장이다. 이 章은 윗장을 이어 〈道가〉 행해지지 못하는 端緒를 들어서 아랫장의 뜻을 일으킨 것이다.

| 舜好問章 |

6. 子曰 舜은 其大知(智)也與신저 舜이 好問而好察邇言하사되 隱惡而揚善하시며 執其兩端하사 用其中於民하시니 其斯以爲舜乎신저

孔子께서 말씀하셨다. "舜임금은 큰 지혜이실 것이다. 舜임금은 묻기를 좋아하시고 淺近한 말씀을 살피기 좋아하시되, 惡(나쁜 일)을 숨겨 주고 善(좋은 일)을 드러내시며 두 끝을 잡으시어 그 中을 백성에게 쓰셨으니, 이것이 舜임금이 되신 이유일 것이다."

> 按說 | 壺山은
>
> '舜임금은 큰 지혜이실 것이다.'와 '이것이 舜임금이 되신 이유일 것이다.'는 찬탄하고 호응한 말이다.〔舜其大知也與, 其斯以爲舜乎 贊歎呼應之辭〕
>
> 하였다.

章句 | 舜之所以爲大知者는 以其不自用而取諸人也라 邇言者는 淺近之言이로되 猶必察焉하시니 其無遺善을 可知라 然이나 於其言之未善者엔 則隱而不宣하고 其善者엔 則播而不匿하여 其廣大光明이 又如此[181]하시니 則人孰不樂(락)告以善哉리오 兩端은 謂衆論不同之極致라 蓋凡物이 皆有兩端하니 如小大厚薄之類라 於善之中에 又執其兩端하여 而量度(탁)以取中然後에 用之[182]하시니 則其擇之審而行之

---

[181] 〔詳說〕 其廣大光明 又如此:朱子가 말씀하였다. "善을 구하는 마음이 廣大하고 光明한 것이다.〔求善之心 廣大光明〕" ○ 新安陳氏가 말하였다. "惡을 숨겨줌에서 그 廣大하여 능히 포용함을 볼 수 있고, 善을 드날림에서 그 光明하여 가리지 않음을 볼 수 있다.〔隱惡見其廣大能容 揚善見其光明不蔽〕"

[182] 〔詳說〕 兩端……用之:朱子가 말씀하였다. "兩端은 다만 '起·止' 두 글자의 뜻이니, 지극히 후함으로부터 지극히 박함에 이르기까지 그 말의 옳은 것을 가려 쓰는 것이다. 만약 다만 지극히 후하고 지극히 박한 중간을 접는다면 이는 子莫이 중간을 잡은 것1)이다. 지극히 후하게 해야 한다는 말이 옳으면 지극히 후하게 해야 한다는 말을 쓰고, 지극히 박하게 해야 한다는 말이 옳으면 지극히 박하게 해야 한다는 말

⋯ 邇 가까울 이 隱 숨길 은 揚 드날릴 양 淺 얕을 천 遺 버릴 유 宣 베풀 선 播 전파할 파 匿 숨길 닉 薄 엷을 박 審 살필 심

至矣¹⁸³라 然이나 非在我之權度(도)¹⁸⁴ 精切不差면 何以與(예)此리오 此는 知之所以 無過不及而道之所以行也니라

을 쓰고, 중간이 옳으면 중간의 말을 써야 하니, 《或問》의 반을 접는다는 말²⁾은 진실로 병통이 있다.〔兩 端 只是起止二字 自極厚至極薄 擇其說之是者而用之 若但摺極厚極薄之中間 則是子莫執中矣 蓋極厚 說是 則用極厚說 極薄說是 則用極薄說 中說是 則用中說 或問半摺之說 誠有病〕

　　譯註 1. 子莫이 중간을 잡은 것:《孟子》〈盡心上〉26章에 "子莫은 중간을 잡았으니, 중간을 잡는 것이 〈道에〉 가까우나 중간을 잡고 저울질함이 없는 것은 한쪽을 잡는 것과 같다.〔子莫執中 執中爲近之 執中無權 猶執一也〕"라고 보인다.

　　譯註 2. 반을 접는다는 말:'반을 접는다'는 것은 양 끝의 가운데를 취한다는 의미로, 상황에 따른 적 합성을 생각하지 않고 중간의 의논을 취한다는 말이다. 예컨대, 어떤 사람에 대한 賞을 논할 적에 가 장 후한 여론은 萬金을 주자고 하고 가장 박한 의의는 百金을 주자고 한다면 그 중간을 계산하여 千 金을 주는 것과 같다. '執其兩端 用其中'을 朱子가 《或問》에서 처음에 "執其不同之極處而半折之"로 해설하였는데, 제자 陳才卿(陳文蔚)과의 토론을 거친 후에 "執其不同之極處而求其義理之至當"으 로 고쳤는바, 이 내용은 《語類》에 자세히 보인다.

183 〔詳說〕 則其擇之審而行之至矣:雲峰胡氏(胡炳文)가 말하였다. "擇함이 자세함은 大舜의 정밀함이고, 行함이 지극함은 大舜의 한결같음이다.〔擇之審 舜之精也 行之至 舜之一也〕○ 雲峰胡氏가 말하였다. "智·仁·勇은 배우는 자가 德에 들어가는 일이니, 아랫장 顏回의 仁¹⁾과 子路의 勇²⁾은 모두 배우는 자의 일이고, 大舜의 智는 聖人의 일인데 우선 이것을 빌어 말씀한 것이다. 그러므로 《章句》에 顏回와 仲由에 는 '擇', '守'라고 말하였고, 大舜에게는 '택함이 자세하고 행함이 지극하다.〔擇之審而行之至〕'라고 말하 여 守를 말하지 않은 것이다. 그러나 이 章은 바로 배우는 자가 힘을 쓰는 시초이니, 마땅히 聖人으로 스 스로 기약하여 顏淵의 '舜임금은 누구이신가?〔舜何人也〕'라는 말³⁾을 가지고 이 大舜과 顏回의 두 章을 보아야 할 것이다.〔知仁勇 學者入德之事 下章回之仁 子路之勇 皆學者事 舜之知 聖人事 姑借以爲言 故 章句於回與由則曰擇 曰守 於舜則曰擇之審而行之至 不以守言也 然此章是學者用力之始 正當以聖人自 期 將顏淵舜何人之語 以通看此舜回二章〕"

　　譯註 1. 顏回의 仁:8章에 "回之爲人也 擇乎中庸 得一善 則拳拳服膺而弗失之矣"라고 보인다.

　　譯註 2. 子路의 勇:10章에 "子路問强……君子和而不流 强哉矯 中立而不倚 强哉矯 國有道 不變塞 焉 强哉矯 國無道 至死不變 强哉矯"라고 보인다.

　　譯註 3. 顏淵의……말:《孟子》〈滕文公上〉1章에 "顏淵이 말씀하기를 '舜임금은 어떠한 사람이며 나 는 어떠한 사람인가. 훌륭한 일을 하는 자는 또한 이 舜임금과 같다.' 하였다.〔顏淵曰 舜何人也 予何 人也 有爲者亦若是〕"라고 보인다.

184 〔詳說〕 我之權度:〈'權度'는〉 바로 《孟子集註》에 말한바 '本然의 權度'¹⁾라는 것이다.〔卽孟子註所云本然 之權度〕

　　譯註 1. 孟子集註에……權度:《孟子》〈梁惠王上〉7章에 "저울질을 한 뒤에 輕重을 알며, 재어본 뒤에 長短을 알 수 있다. 사물이 다 그러하지만 그중에도 마음이 유독 심하다.〔權然後 知輕重 度然後 知 長短 物皆然 心爲甚〕" 하였는데, 《集註》에 "權은 저울의 추요, '度'는 丈尺(길과 자)이다. '度之'는 저 울질하고 헤아림을 이른다. 물건의 輕重과 長短은 사람들이 똑같게 하기 어려운 것이니, 반드시 저울 과 자를 가지고 헤아린 뒤에야 〈輕重과 長短을〉 알 수 있다. 마음이 사물에 응함으로 말하면 그 輕重 과 長短을 가지런히 하기가 어려워서 本然의 權度(마음의 기준 또는 판단)로써 헤아리지 않을 수 없 는 것이 물건보다도 더욱 심한 점이 있다.〔權 稱錘也 度 丈尺也 度之 謂稱量之也 言物之輕重長短 人 所難齊 必以權度度之而後可見 若心之應物 則其輕重長短之難齊 而不可不度以本然之權度 又有甚 於物者〕"라고 보인다.

… 權 저울 권 度 자 도

舜임금이 큰 지혜가 되신 까닭은 자기 지혜를 쓰지 않고 남에게서 취하셨기 때문이다. '邇言'은 淺近한 말인데도 오히려 반드시 살펴셨으니, 그 버린 善이 없음을 알 수 있다. 그러나 그 말의 善하지 못한 것은 숨겨 주고 드러내지 않으며 그 善한 것은 퍼뜨리고 숨기지 아니하여 廣大하고 光明함이 또 이와 같으셨으니, 사람들이 그 누가 善으로써 말해 주기를 즐거워하지 않겠는가. '兩端'은 衆論이 같지 않음의 극치를 이른다. 모든 사물에는 다 兩端이 있으니, 小와 大, 厚와 薄과 같은 종류이다. 善한 가운데에 또 그 두 끝을 잡고서 헤아려 中을 취한 뒤에 쓰셨으니, 그렇다면 擇함이 자세하고 행함이 지극한 것이다. 그러나 자신에게 있는 權度(저울과 자)가 精하고 간절하여 어그러지지 않는 자가 아니면 어찌 이에 참여할 수 있겠는가. 이는 知가 過·不及이 없어서 道가 행해지게 된 이유이다.

章下註 | 右는 第六章[185]이라

이상은 제6章이다.

| 人皆日予智章 |

7. 子曰 人皆日予知(智)로되 驅而納諸罟擭陷阱(고화함정) 之中而莫之知辟(避)也하며 人皆日予知로되 擇乎中庸而不能期月守也니라

孔子께서 말씀하셨다. "사람들이 모두 말하기를 내가(자신이) 지혜롭다 하나 몰아서 罟(그물)와 擭(덫)와 陷阱의 가운데로 넣어도 피할 줄을 알지 못하며, 사람들이 모두 말하기를 내가 지혜롭다 하나 中庸을 擇하여 期月(1개월)도 지키지 못한다."

按說 | 艮齋는

《四書合訂》에 "驅는 누가 모는 것이며 納은 누가 넣은 것인가? 또한 스스로 감고 스스로 묶어서 몸을 움직이면 움직일수록 더욱 단단하게 옥죄일 뿐이다."라고 하였고, 《中庸備旨

---

185 〔詳說〕右 第六章:《大全》에 말하였다. "이 章은 智의 일을 말하였다.〔此章言知(智)之事〕"

••• 驅 몰 구 罟 그물 고 擭 덫 화 陷 함정 함 阱 함정 정 辟 피할 피(避同)

補》는 "몰아서 넣는다는 것은 곧 내가 지혜롭다는 마음으로 모는 것이다."라고 하였으니, 두 說이 지극히 옳다. 내 일찍이 다른 사람이 몰아서 넣는다는 뜻으로 알아서 마치 자기가 남을 밀어 구덩이에 넣는다는 뜻인 것처럼 생각하였으니, 이는 잘못이다.【《說文解字》에서 "말을 채찍질하는 것을 驅라고 한다." 하였으니, 빨리 달림을 말한 것이다.】〔合訂 驅 誰驅之 納 誰納之 亦其自纏自縛 愈轉愈牢耳 備旨補 驅而納者 卽以予知之心驅之也 兩說極是 曾認做 佗人驅而納之之意 如若己推而納之溝中之義 此誤也【說文 策馬曰驅 蓋奔馳之謂】〕

하였다.

章句 | 罟는 網也요 擭는 機檻也요 陷阱은 坑坎(갱감)也니 皆所以掩取禽獸者也라 擇乎中庸은 辨別衆理하여 以求所謂中庸이니 卽上章好問用中之事也라 期月은 匝(잡)一月也[186]라 言知禍而不知避하여 以況能擇而不能守하니 皆不得爲知(智)也[187]라

'罟'는 그물이요 '擭'는 덫이요 '陷阱'은 구덩이이니, 모두 禽獸를 엄습하여 잡는 것이다. '中庸을 택한다.'는 것은 여러 이치를 변별하여 이른바 中庸이란 것을 찾음이니, 바로 윗장의 묻기를 좋아하고 中을 쓰는 일이다. '期月'은 만 1개월이다. 禍를 알면서도 피할 줄을 알지 못함을 말씀하여 능히 中庸을 택하고도 지키지 못함을 비유하였으니, 이는 모두 지혜라 할 수 없는 것이다.

章下註 | 右는 第七章이라 承上章大知而言이요 又擧不明之端하여 以起下章也[188]라

이상은 제7章이다. 윗장의 大智를 이어 말씀하였고, 또 道가 밝아지지 못하는 端緒를 들어

---

186 〔詳說〕期月 匝一月也:《論語》의 '期月'[1]과는 똑같지 않다.〔與論語期月不同〕
　　譯註 1. 論語의 期月:《論語》〈子路〉 10章에 "만일 나를 등용해 주는 자가 있다면 朞月(1년)만 하더라도 괜찮을 것이다.〔苟有用我者 朞月而已 可也〕"라고 보이는데,《集註》에 "'朞月'은 1년의 12개월을 一周함을 이른다.〔朞月 謂周一歲之月也〕" 하였다.

187 〔詳說〕皆不得爲知也:이 句는 두 '予知' 句를 해석하였으니, 합하여 거꾸로 해석[1]하여 문장을 편리하게 하였다.〔此句釋兩予知句 蓋合而倒釋之 以便於文〕
　　譯註 1. 합하여……해석:經文은 '지혜롭다 하나 못 피하고 지혜롭다 하나 못 지킨다.'고 하였으나 해석은 '못 피하고 못 지키니 지혜라 할 수 없다.'고 하였으므로 '합하여 거꾸로 해석'하였다고 한 것이다.

188 〔詳說〕承上章大知而言……以起下章也:雲峰胡氏가 말하였다. "윗장의 능히 擇하는 智를 맺어서 아랫장의 능히 지키는 仁을 일으켰다.〔結上章能擇之知(智) 起下章能守之仁〕"

••• 網 그물 망 機 덫 기 檻 우리 함 坑 구덩이 갱 坎 구덩이 감 掩 가릴 엄 匝 돌 잡

아랫장을 일으킨 것이다.

| 擇乎中庸章 |

8. 子曰 回之爲人也 擇乎中庸하여 得一善이면 則拳拳服膺而弗失之
矣니라

孔子께서 말씀하셨다. "顔回의 사람됨이 中庸을 擇하여 한 善을 얻으면 拳拳히(잘
받들어) 가슴속에 두어 잃지 않는다."

章句 | 回는 孔子弟子顔淵名이라 拳拳은 奉持之貌라 服은 猶著(착)也요 膺은 胸也니
奉持而著之心胸之間이니 言能守也[189]라 顔子蓋眞知之라 故로 能擇能守如此[190]
하시니 此는 行之所以無過不及而道之所以明也니라

回는 孔子의 弟子인 顔淵의 이름이다. '拳拳'은 받들어 잡는 모양이다. '服'은 著(붙여 둠)
과 같고 '膺'은 가슴이니, 잘 받들어 잡아서 마음과 가슴의 사이에 붙여 둠이니, 능히 지킴을
말한 것이다. 顔子는 참으로 알았다. 그러므로 능히 택하고 능히 지킴이 이와 같으셨으니,
이는 行이 過 · 不及이 없어서 道가 밝아지게 된 이유이다.

章下註 | 右는 第八章[191]이라

이상은 제8章이다.

---

189 〔詳說〕言能守也 : '仁이 능히 지킬 수 있다.〔仁能守〕'는 것은 《論語》〈衛靈公〉[1])에 보인다.〔仁能守 見論語
衛靈公〕
　　譯註 1. 《論語》〈衛靈公〉 : 32章에 "지혜가 거기에 미치더라도 仁이 그것을 지킬 수 없으면 비록 얻더라
도 반드시 잃는다. 지혜가 거기에 미치며 仁이 그것을 지킬 수 있더라도 장엄함으로써 백성에게 임하
지 않으면 백성들이 그를 공경하지 않는다.〔知(智)及之 仁不能守之 雖得之 必失之 知及之 仁能守之
不莊以涖之 則民不敬〕"라고 보인다.

190 〔詳說〕能擇能守 如此 : 程子가 말씀하였다. "가림은 智에 있고 지킴은 仁에 있고 결단함은 勇에 있다.〔擇
之在知(智) 守之在仁 斷之在勇〕"

191 〔詳說〕右 第八章 : 新安陳氏(陳櫟)가 말하였다. "이 章은 仁의 일을 말하였다.〔此章言仁之事〕"

··· 拳 정성스러울권 服 둘복 膺 가슴응 顔 얼굴안 淵 못연 持 가질지 著 붙일착 胸 가슴흉

9. 子曰 天下國家를 可均也며 爵祿을 可辭也며 白刃을 可蹈也로되 中庸은 不可能也니라

孔子께서 말씀하셨다. "天下와 國家를 均平히 다스릴 수 있으며 爵祿을 사양할 수 있으며 흰 칼날을 밟을 수 있으나 中庸은 능히 할 수 없다."

> 按說 | 官本諺解에는 '天下國家'와 '爵祿', '白刃' 아래에 모두 '도로 현토하였으나 《章句》
> 에 '亦'자가 없으므로 栗谷諺解를 따랐음을 밝혀둔다.

章句 | 均은 平治也라 三者는 亦知(智)仁勇之事[192]니 天下之至難也라 然이나 皆倚於一偏이라 故로 資之近而力能勉者[193] 皆足以能之어니와 至於中庸하여는 雖若易能이나 然非義精仁熟[194]而無一毫人欲之私者면 不能及也라 三者는 難而易하고 中庸은 易而難하니 此는 民之所以鮮能也니라

'均'은 均平하게 다스림이다. 이 세 가지 또한 智·仁·勇의 일이니, 천하에 지극히 어려운 일이다. 그러나 모두 한쪽에 치우쳐 있기 때문에 資稟이 이에 가깝고 功力을 힘쓰는 자는 모두 충분히 할 수 있지만, 中庸에 이르러서는 비록 능하기 쉬울 것 같으나 義가 精하고 仁이 익숙하여 一毫라도 人慾의 私가 없는 자가 아니면 미치지 못한다. 세 가지는 어려우면

---

192 〔詳說〕三者 亦知仁勇之事:陳氏가 말하였다. "균평히 다스릴 수 있음은 智와 비슷하고, 爵祿을 사양할 수 있음은 仁과 비슷하고, 흰 칼날을 밟을 수 있음은 勇과 비슷하다.〔可均似知 可辭似仁 可蹈似勇〕"

193 〔詳說〕資之近而力能勉者:北溪陳氏(陳淳)가 말하였다. "〈資之近은〉 明敏(智)하고, 廉潔(仁)하고, 勇敢(勇)한 것이다.〔明敏 廉潔 勇敢〕"
〔自箴〕管仲이 한 번 天下를 바로잡고 아홉 번 諸侯를 모았으나 禮를 넘고 절도를 넘어서 전혀 中을 얻지 못하였고, 陳仲子가 齊나라를 받지 않음을 사람들이 모두 믿고 있었으나 한 그릇 밥과 한 그릇 국에 또한 中을 잃었고, 子路가 孔悝의 亂에 갓끈을 묶고 죽었으나 勇을 좋아하여 亂에 참예해서 夫子는 그가 中하지 못할 줄을 미리 아셨다. 그러므로 이 세 가지에 능하더라도 義에 부합하지 않으면 中庸이 될 수 없어서 中庸을 능히 할 수 없는 것이다. 周公이 균평하게 다스린 것과 伯夷가 벼슬을 사양한 것과 比干이 仁을 실천한 것은 모두 中庸이다.〔管仲一匡天下 九合諸侯 而僭禮踰節 全不得中 陳仲子之不受齊國 人皆信之 而簞食豆羹將亦失中 子路結纓於孔悝之亂 而好勇爲亂 夫子預知其不中 故能斯三者而不合於義 則不得爲中庸 中庸不可能也 若周公之均 伯夷之辭 比干之蹈 皆中庸也〕

194 譯註 義精仁熟:義精은 의리가 정밀해지는 것으로 知工夫에 속하고, 仁熟은 仁이 익숙해지는 것으로 行工夫에 속한다.

••• 爵 벼슬 작 祿 녹봉록 辭 사양할사 刃 칼날인 蹈 밟을도 毫 터럭호

서도 쉽고, 中庸은 쉬우면서도 어려우니, 이는 사람 중에 능한 이가 적은 이유이다.

章下註 | 右는 第九章이라 亦承上章[195]以起下章[196]이라

이상은 제9章이다. 이 또한 윗장을 이어서 아랫장을 일으킨 것이다.

| 子路問强章 |

10-1. 子路問强한대

子路가 强함을 묻자,

章句 | 子路는 孔子弟子仲由也라 子路好勇이라 故로 問强이라

子路는 孔子의 弟子 仲由이다. 子路가 용맹을 좋아하였으므로 강함을 물은 것이다.

10-2. 子曰 南方之强與아 北方之强與아 抑而强與아

孔子께서 말씀하셨다. "南方의 강함인가? 北方의 강함인가? 아니면 네가 힘써야 할 강함인가?

---

195 〔自箴〕亦承上章:〈4章 '道之不明也'의〉'不明'은 알지 못하는 것이다. 道를 알지 못하기 때문에 道를 행하지 못하고 행하지 못하기 때문에 밝지 못한 것이다. 이는 서로 말한 것이니, 이것이 제1층이다. ○〈4章의〉'鮮能知味'는 행하지 못하는 이유이고〈5章의〉'道其不行'은 맛을 알지 못하는 이유이니, 이것이 제2층이다. ○〈6章의〉'舜其大知也'와〈7章의〉'人皆曰予知' 두 節은 윗글을 이어 知를 말한 것이고,〈8章의〉'回之擇乎中庸'과〈이 章의〉'白刃可蹈也' 두 節은 윗글을 이어 行을 말한 것이니, 제3층이다.〔不明者 不知也 不知故不行 不行故不明 此所以互言之 此第一層也 ○ 鮮能知味者 所以不行也 道其不行者 不知味之故也 此第二層也 ○ 舜其大知也 人皆曰予知二節 承上文而言知也 回之擇乎中庸 白刃可蹈也 二節 承上文而言行也 此第三層也〕

196 〔自箴〕起下章:이 아래의 '子路問强' 한 節은 白刃을 밟을 수 있으나 中庸은 능히 할 수 없음을 밝힌 것이니, '袵金革'은 白刃을 밟는 것이다. '素隱行怪' 한 節은 爵祿을 사양할 수 있으나 中庸을 능히 할 수 없음을 밝힌 것이니, '隱居遯世'는 官爵을 사양한 것이다. 몸을 죽이고 官爵을 사양함은 비록 사람들이 능하기 어려운 것이나, 中庸에 부합하여 矯激한 病을 범하지 않는 것은 더욱 지극히 어려운 것이다.〔此下子路問强一節 明白刃可蹈而中庸不可能也 袵金革 是蹈白刃 素隱行怪一節 明爵祿可辭而中庸不可能也 隱居遯世 是辭爵 殺身辭爵 雖人之所難能 而其合乎中庸 不犯矯激之病者 尤至難矣〕

··· 强 강할 강 而 너 이

按說 | '抑而强與'에 대하여, 鄭玄은

> 而란 말은 女(너)이니, 中國을 이른다.〔而之言 女也 謂中國也〕

하였다. 여기의 中國은 중국의 중앙 즉 황하 유역인 齊·魯 지방을 가리킨 것으로 보인다. 한편 茶山은

> 南方과 北方을 先儒들이 그 경계를 말하지 않았으니, 만약 赤道를 가지고 나눈다면 中國과 百越이 모두 北方에 속하고, 만약 中國을 가지고 말한다면 冀州와 雍州가 北方이 되고 荊州와 揚州가 南方이 되니, 장차 堯·舜과 文王·武王의 聖人이 모두 北方의 强이요, 楚·隨와 吳·越의 사람들이 마침내 君子가 된다고 말하겠는가. 내가 생각건대 北方이란 六狄과 五貉(貊)의 지역이므로 周나라의 獫狁(훈육)과 漢나라의 匈奴와 濊貊 등이 이것이니, 이 지역 사람들은 옷깃으로 쇠와 가죽을 사용하여 싸우다가 죽어도 후회하지 않는다. 南方은 中國이니, 北方과 상대하여 말하였다. 그러므로 南方이라 이름한 것이다.〔南方北方 先儒不言其境界 若以赤道分之 則中國百越都屬北方 若以中國言之 則冀雍爲北方 荊揚爲南方 將云堯舜文武之聖皆北方之强 而楚隨吳越之人 乃爲君子乎 余謂北方者 六狄五貉之地 周之獫狁 漢之匈奴濊貊之等是也 此邦之人 衽用金革 死而無悔 南方者中國也 對北方而言之 故名曰南方也〕

하였다. 壺山은

> 세 句는 중점이 아랫구에 있으니, '抑而强'은 子路가 이미 능한 바를 말한 것이 아니요, 바로 그 이르지 못한 바를 권면한 것이니, 마지막 節 註의 '所當' 두 글자를 보면 알 수 있다. 만약 그 이미 능한 바를 논한다면 北方의 강함은 바로 子路의 일로서 子路가 스스로 자부한 것이니, 이 질문은 반드시 그의 初年에 있었을 것이다.〔三句重在下句 蓋抑而强 非謂其所已能也 乃勉其所未至也 觀末節註所當二字 可見也 若論其所已能 則北方之强 正子路之事而所自負者也 此問必在其初年〕

하였다. 이 세 句를 朱子는 强勇을 숭상하는 北方之强과 柔順을 숭상하는 南方之强, 그리고 네(子路)가 힘써야 할 中立不倚의 强 셋으로 나눈 반면, 鄭玄은 北方之强과 南方之强, 그리고 强者인 子路가 힘써야 할 中國의 强으로 구분하였다. 朱子와 鄭玄이 '抑而强與'를 子路가 마땅히 힘써야 할 强으로 본 점은 同一하나, 鄭玄은 세 가지를 모두 지역 특

성에 따른 氣質로 본 반면 朱子는 위의 두 가지는 氣質에 따른 것이고 抑而强은 氣質과 관계없는 成德君子의 强으로 본 것이다. 반면에 茶山은 北方之强과 南方之强 두 가지로 보고 南方之强이 바로 聖賢·君子들이 居하는 强으로 보아 '抑而强'을 바로 南方之强으로 본 듯하다. 한편 壺山은 朱子의 說을 따라 抑而强에 중점을 두었는바, 이 점은 茶山과 같으나 가리킨 뜻은 다르다 하겠다.

章句 | 抑은 語辭요 而는 汝也라

'抑'은 語助辭이고 '而'는 너이다.

10-3. 寬柔以敎요 不報無道는 南方之强也니 君子居之니라

너그럽고 柔順하여 가르쳐 주고 無道함에 보복하지 않는 것은 南方의 강함이니, 君子가 이에 處한다.

章句 | 寬柔以敎는 謂含容巽順하여 以誨人之不及也[197]요 不報無道는 謂橫逆[198]之來에 直受之而不報也라 南方은 風氣柔弱이라 故로 以含忍之力勝人으로 爲强[199]하니 君子之道也[200]라

---

197 〔詳說〕誨人之不及也:자기에게 미치지 못한 것이요, 반드시 中道에 미치지 못함을 말한 것은 아니다.〔不及於己也 非必謂不及於中也〕

198 譯註 橫逆:《孟子》〈離婁下〉28章에 "여기에 어떤 사람이 있는데 나를 橫逆으로 대하거든 君子가 반드시 스스로 돌이킨다.〔有人於此 其待我以橫逆 則君子必自反也〕"라고 보이는데,《集註》에 "'橫逆'은 强暴(橫暴)하여 이치를 따르지 않음을 이른다.〔橫逆 謂强暴不順理也〕"라고 풀이하였다.

199 〔詳說〕南方……爲强:雙峰饒氏(饒魯)가 말하였다. "陽의 體는 강하고 陰의 體는 柔順한데 남쪽은 유순하고 북쪽은 강함은 어째서인가? 陽은 발생을 위주하기 때문에 그 用이 유순하고 陰은 肅殺을 주장하기 때문에 그 用이 강하니, 含忍을 가지고 남을 이김은 이른바 '柔가 능히 강함을 이긴다.[1]'는 것이다.〔陽體剛 陰體柔 而南柔北剛 何也 陽主發生 故其用柔 陰主肅殺 故其用剛 以含忍勝人 所謂柔能勝剛也〕" ○ 살펴보건대 하늘의 기운을 가지고 말하면 남쪽은 陽이고 북쪽은 陰이며, 山川을 가지고 말하면 남쪽은 토질이 淺薄하고 북쪽은 深厚하다. 그러므로 사람의 성질 또한 땅과 같은 것이다.〔按以天氣言 則南陽而北陰 以山川言 則南淺薄而北深厚 故人之性亦如之〕
　　譯註 1. 柔가……이긴다:《道德經》36章에 "유약함이 강함을 이긴다.〔柔弱勝剛强〕"라고 보인다.

200 〔詳說〕君子之道也:살펴보건대 여기와 아랫절의 '居'자는 반드시 그 자리에 거함을 말한 것은 아니니, 아마도 지켜서 소유함을 이른 것이리라. 그러므로 註에 君子에는 道로써 해석하였고, 强者에는 일로써

··· 寬 너그러울 관 含 머금을 함 巽 공손할 손 誨 가르칠 회

'너그럽고 유순하여 가르쳐 준다'는 것은 含容(관용)하고 巽順(유순)하여 남의 미치지 못함을 가르쳐 주는 것을 이르고, '無道함을 보복하지 않는다'는 것은 橫逆이 옴에 다만 받기만 하고 보복하지 않는 것을 이른다. 南方은 風氣가 柔弱하기 때문에 包容하고 참는 힘이 남보다 나음을 강함으로 여기니, 君子의 道이다.

10-4. 衽金革하여 死而不厭은 北方之强也니 而强者居之니라

兵器와 갑옷을 깔고 자서 〈싸우다가〉 죽어도 싫어하지 않는 것은 北方의 강함이니, 강한 자가 이에 처한다.

按說 | '衽金革'에 대하여, 《大全》에

'衽金革'은 '창을 베고 있다.'라는 말과 같다.〔衽金革 如云枕戈〕《詳說》

하였다. 그러나 茶山은

衽은 옷깃이니, 투구와 갑옷은 바로 쇠와 가죽으로 옷깃을 만든다.《章句》에 衽을 席이라 訓함은 옳지 않을 듯하다.〔衽者衣衽也 鎧甲正以金革爲衽 章句訓衽爲席 恐不然也〕

하였다.

'而强者居之'에 대하여, 艮齋는

'南方의 강함'은 원래 君子의 당연한 道가 아니고 단지 君子의 일에 가까울 뿐이요, '北方의 강함'으로 말하면 원래 風氣와 습관의 用이다. 그러므로 반드시 하나의 而자를 추가하여 〈而强者居之〉로 연속하였다. 諺解[201]는 마땅히 '强者ㅣ느 居ᄒᆞᄂᆞ니라'고 하여야 한다.〔南强 原非君子當然之道 而只近於君子之事 若夫北强 自是氣習之用 故必加一而字 以連屬之 諺解當云强者ㅣ느居ᄒᆞ니라〕

하였다. 그러나 앞에 雖자 등이 없는 文勢에서 '强者ㅣ느'의 懸吐는 일찍이 보지 못하였으

해석한 것이다.〔按此及下節居字 非必謂居其地 蓋謂守而有之也 故註於君子 以道釋之 於强者 以事釋之〕

201 譯註 諺解 : 官本諺解 및 栗谷諺解에 "强ᄒᆞᆫ 者ㅣ 居ᄒᆞᄂᆞ니라"로 되어 있다.

··· 衽 요 임 厭 싫어할 염

므로 따르지 않았다. 星湖 李瀷은 《中庸疾書》에서

> 이 章에 두 개의 '而'자가 서로 이어져 있는데 '而强'은 모두 子路를 가리킨다.〔章內兩而字
> 相帖 則而强者 皆指子路也〕

하여, 위의 '抑而强與'의 '而强'과 여기의 '而强者居之'의 '而强'을 모두 같은 맥락으로 보았
는바, 이 경우 '而强者居之'는 '너처럼 强한 자가 居한다'로 해석해야 할 것이다.

章句 | 衽은 席也라 金은 戈兵之屬이요 革은 甲冑之屬이라 北方은 風氣剛勁이라 故로
以果敢之力勝人으로 爲强하니 强者之事也[202]라

'衽'은 자리에 까는 것이다. '金'은 창과 兵器의 등속이요, '革'은 갑옷과 투구의 등속이다.
北方은 風氣가 강하고 굳세기 때문에 果敢한 힘이 남보다 나음을 강함으로 여기니, 강한
자의 일이다.

10-5. 故로 君子는 和而不流하나니 强哉矯여 中立而不倚하나니 强哉矯여 國有道에 不變塞焉하나니 强哉矯여 國無道에 至死不變하나니 强哉矯여

그러므로 君子는 和하나 흐르지 않으니 강하다 꿋꿋함이여. 中立하여 치우치지 않으
니 강하다 꿋꿋함이여. 나라에 道가 있을 때에는 궁할 적의 意志를 변치 않으니 강하
다 꿋꿋함이여. 나라에 道가 없을 때에는 죽음에 이르러도 志操를 변치 않으니, 강하
다 꿋꿋함이여."

按說 | '不變塞焉'에 대하여, 朱子는 '塞'을 未達 즉 영달하지 못했을 때의 지키는 의지나

---

202 〔詳說〕强者之事也:雲峰胡氏가 말하였다. "'道'와 '事' 두 글자를 놓음에 輕重이 있다. 그러나 南方에
어찌 과감한 자가 없으며 北方에 어찌 含忍하는 자가 없겠는가. 이는 또한 그 風氣의 大槩를 들어서 말
하였을 뿐이다. 남쪽과 북쪽의 강함은 氣質의 편벽됨이고, 아랫글에 네 가지의 강함은 學問의 바른 것이
니 이는 그 氣質을 변화시키는 것이다.〔道事二字 下得有輕重 然南方豈無果敢者 北方豈無含忍者 亦擧
其風氣之大槩而言耳 南北之强 氣質之偏也 下文四者之强 學問之正 所以變化其氣質者也〕"

··· 席 깔석 冑 투구주 勁 굳셀경 矯 굳셀교 倚 기댈의 塞 막힐색

포부로 본 반면, 鄭玄은 '塞'을 實(충실)의 뜻으로 풀이하였고 孔穎達의 疏에는 德行이 충실한 것으로 부연 설명하였다.

'强哉矯'에 대하여, 朱子는 '矯'를 鄭玄의 註를 따라 '强한 모양'으로 訓하였으나, 茶山은

> 굽은 것을 바로잡는 것을 矯라 하니, 矯는 화살처럼 곧은 것이다. 子路가 强을 좋아하여 南方의 强은 그의 뜻에 不滿한 듯하다. 그러므로 孔子가 南方의 强을 차례로 말씀하시고, 찬탄하는 말씀으로 끝마치시기를 '强哉矯'라 하여 强哉矯가 세 번에 이르고 네 번에 이르신 것이다. 이것은 南方의 强이 일찍이 강하지 않은 것이 아니니, 네가 하찮게 여기지 말라고 하신 것이다.〔揉曲爲矯 矯者矢直也 子路好强 南方之强 似不滿其意 故孔子歷言南方之强 而終之以贊歎之辭 曰强哉矯 强哉矯至三至四 蓋云南方之强 未嘗不强 汝無用薄之〕

하여 '强哉矯'를 '强하다. 화살처럼 곧음이여'로 보았다.

章句ㅣ此四者는 汝之所當强也라 矯는 强貌[203]니 詩曰 矯矯虎臣이 是也라 倚는 偏著(착)也라[204] 塞은 未達也라 國有道에 不變未達之所守하고 國無道에 不變平生之所守也[205]니 此則所謂中庸之不可能者[206]니 非有以自勝其人欲之私면 不能擇而

---

203 〔詳說〕矯 强貌:朱子가 말씀하였다. "'强哉矯'는 찬탄한 말이다.〔强哉矯 贊歎之辭〕"

204 〔詳說〕倚 偏著也:朱子가 말씀하였다. "柳下惠는 和하나 흐르지 않았고, 伯夷는 중립하고 치우치지 않았다.〔惠 和而不流 夷 中立不倚〕"

205 〔詳說〕國有道……不變平生之所守也:陳氏가 말하였다. "영달하여 위에 있으면서 영달하지 않았을 때의 지키던 바를 변치 않음은 '富貴가 마음을 방탕하게 하지 못하는 것'이요, 곤궁하여 아래에 있으면서 평소의 지킨 바를 변치 않음은 '貧賤이 절개를 옮기지 못하는 것'[1]이다.〔達而在上 不變未達時所守 是富貴不能淫 窮而在下 不變平生所守 是貧賤不能移〕"
 譯註 1. 富貴가……것:《孟子》〈滕文公下〉2章에 "天下의 넓은 집(仁)에 거하며 天下의 바른 자리(禮)에 서며 天下의 大道(義)를 행하여, 뜻을 얻으면(지위를 얻으면) 백성과 함께 道를 행하고 뜻을 얻지 못하면 홀로 그 道를 행하여, 富貴가 마음을 방탕하게 하지 못하며 貧賤이 절개를 옮겨놓지(바꿔놓지) 못하며 威武가 지조를 굽히지 못하는 것, 이것을 大丈夫라 이른다.〔居天下之廣居 立天下之正位 行天下之大道 得志 與民由之 不得志 獨行其道 富貴不能淫 貧賤不能移 威武不能屈 此之謂大丈夫〕"라고 보인다.

206 〔詳說〕此則所謂中庸之不可能者:〈此〉는 네 가지 일을 가리킨 것이다.〔指四事〕
 〔自箴〕和를 오래하면 반드시 흐름에 이르고 中立을 오래하면 반드시 치우침에 이르니, 흐르지 않고 치우치지 않으면 다만 中을 얻었다고 말해서는 안 된다. 이는 이미 中하고 또 능히 오래하는 것이니, 이것을 中庸이라 한다.〔和之久 必至於流 中立之久 必至於倚 不流不倚 不可但作得中說 乃是旣中而又能久也 此之謂中庸〕

··· 著 붙을 착 擇 가릴 택

守也라 君子之强이 孰大於是리오 夫子以是告子路者는 所以抑其血氣之剛[207]하여
而進之以德義之勇[208]也시니라

이 네 가지는 네가 마땅히 힘써야 할 강함이다. '矯'는 강한 모양이니, 《詩經》〈魯頌 泮水〉
에 "矯矯한 虎臣"이라고 한 것이 이것이다. '倚'는 치우쳐 붙음이다. '塞'은 榮達하지 못함
이다. 나라에 道가 있을 때에는 榮達하지 못했을 적에 지키던 포부를 변치 않고, 나라에 道
가 없을 때에는 平生(平素)에 지키던 지조를 변치 않으니, 이는 이른바 '中庸은 능히 할 수
없다.'는 것이다. 이것은 스스로 人慾의 私를 이김이 있는 자가 아니면 擇하여 지킬 수가 없
다. 君子의 강함이 무엇이 이보다 크겠는가. 夫子께서 이로써 子路에게 말씀해 주신 것은
血氣의 강함을 抑制하여 德義의 용맹으로써 나아가게 하신 것이다.

章下註 | 右는 第十章[209]이라

이상은 제10章이다.

| 索隱行怪章 |

11-1. 子曰 (素)〔索〕隱行怪를 後世에 有述焉하나니 吾弗爲之矣로라

孔子께서 말씀하셨다. "隱僻한 것을 찾고 怪異한 것을 행함을 後世에 稱述하는 이
가 있는데, 나는 이러한 짓을 하지 않는다."

按說 | 朱子는 《漢書》〈藝文志〉를 근거하여 '素'를 索의 誤字로 보고 索隱으로 해석하였

---

207 〔譯註〕 血氣之剛:南方과 北方의 剛함이다. 內閣本에는 '血氣'가 '氣血'로 되어 있다.
208 〔詳說〕 德義之勇:曾子의 大勇[1]과 같은 것이다.〔如曾子之大勇〕
　　　〔譯註〕 1. 曾子의 大勇:《孟子》〈公孫丑上〉 2章에 曾子가 '내 일찍이 大勇을 夫子(孔子)에게 들었으니,
　　　스스로 돌이켜 보아 정직하지 못하면 비록 褐寬博이라도 내 그를 두렵게 할 수 없지만, 스스로 돌이
　　　켜 보아 정직하면 비록 천만 명이 있더라도 내가 가서 대적하겠다.' 하셨다.〔吾嘗聞大勇於夫子矣 自反
　　　而不縮 雖褐寬博 吾不惴焉 自反而縮 雖千萬人 吾往矣〕"라고 보인다.
209 〔詳說〕 右 第十章:《大全》에 말하였다. "이 章은 勇의 일을 말하였다.〔此章言勇之事〕" ○ 藍田呂氏(呂大
　　　臨)가 말하였다. "이 章은 强의 中道를 말하였다.〔此章言强之中〕"

… 索 찾을 색 怪 괴이할 괴 述 말할 술

으나, 鄭玄은 '素'를 傃(향할 소)로 보고

傃는 鄕(向)과 같으니 〈素隱行怪〉는 해로움을 피할 곳을 향하여 몸을 숨기고서 〈道理에〉 어긋난 짓을 행하여 後世에 이름이 나게 함을 이른다.〔傃 猶鄕也 言方鄕辟(피)害 隱身而 行佹譎 以作後世名也〕

하였다.

章句 | 素는 按漢書[210]컨대 當作索이니 蓋字之誤也라 索隱行怪는 言深求隱僻之 理[211]而過爲詭異之行[212]也라 然이나 以其足以欺世而盜名이라 故로 後世에 或有稱 述之者하니 此는 知之過而不擇乎善이요 行之過而不用其中이니 不當强而强者也 라 聖人이 豈爲之哉시리오

'素'는 《漢書》〈藝文志〉를 살펴보면 마땅히 索이 되어야 하니, 아마도 글자가 잘못된 듯하 다. '索隱行怪'는 깊이 隱僻한 이치를 찾고 지나치게 怪異한 행실을 하는 것을 말한다. 그 러나 이것은 충분히 세상을 속이고 이름(명성)을 훔칠 수 있기 때문에 後世에 혹 稱述하는 자가 있으니, 이는 知가 지나쳐서 善을 택하지 못하고〔索隱〕 行이 지나쳐서 그 中을 쓰지 못하는 것이니〔行怪〕, 마땅히 강하지 말아야 할 경우에 강하게 하는 자이다. 聖人이 어찌 이러한 짓을 하시겠는가.

---

210 譯註 素 按漢書:《漢書》〈藝文志〉에 "孔子曰 索隱行怪 後世有述焉 吾不爲之矣"라고 보인다.

211 〔詳說〕 深求隱僻之理:朱子가 말씀하였다. "鄒衍이 五德을 미룬 일[1]과 같다.〔如鄒衍推五德之事〕" 譯註 1. 五德을 미룬 일:五德은 金·木·水·火·土의 五行의 德이다. 鄒衍은 齊나라 때의 陰陽家로, 帝 王이 革命할 적에 각각 五行의 德을 받는다 하여 五德終始說을 주장하였는데, 秦 始皇이 天下를 統 一한 뒤에 그 說을 따라 '周나라는 火德을 썼으니, 秦나라는 周나라가 이기지 못하는 것을 따라야 한다' 하고 水德을 사용하여 색깔은 흑색을, 숫자는 6을, 정월은 子月(음력 10월)을 사용하였다. 이는 五行相克에 水克火를 따른 것으로, 五行上 겨울인 一六 水는 北方이고 흑색이며 十二支 가운데 亥· 子에 해당한다.

212 〔詳說〕 過爲詭異之行:三山陳氏(陳孔碩)가 말하였다. "於(오)陵仲子, 申屠狄, 尾生[1]의 무리와 같은 것 이다.〔如於陵仲子, 申屠狄, 尾生之徒〕" 譯註 1. 於(오)陵仲子……尾生:於陵仲子는 齊나라 사람으로 姓이 陳인데 청렴을 지키기 위해 於陵 에 거주하였으므로 於陵仲子라고 칭하였는바 孟子가 그를 비판한 내용이 《孟子》〈滕文公下〉에 보이 며, 申屠狄은 申徒狄으로 商나라 湯王 때의 賢人인데 湯王이 天下를 그에게 맡겨주자, 이것을 수치로 여겨 황하에 투신하여 죽었다 하는바, 《莊子》〈大宗師〉에 보인다. 尾生은 春秋時代 魯나라 사람으로 女人과 다리 아래에서 만나기로 약속하였는데, 洪水가 불어났으나 떠나가지 않고 女人을 기다리다가 결국 洪水에 휩쓸려 죽었다 하는바, 《史記》〈蘇秦傳〉에 보인다.

… 僻 궁벽할 벽 詭 속일 궤

11-2. 君子遵道而行하다가 半塗(途)而廢하나니 吾弗能已矣로라

君子가 道를 따라 행하다가 半塗(中途)에 폐지하나니, 나는 그만두지 못하노라.

按說 | '君子'에 대하여, 雲峰胡氏는

> 여기에서의 君子는 또한 범연히 말한 것이고, 아랫글의 '君子는 中庸을 따른다.'의 君子는
> 成德君子를 말한 것이다.〔此君子亦是汎說 下文君子倚乎中庸 是說成德〕《詳說》.

하였다.

'半塗而廢 吾弗能已矣'에 대하여, 鄭玄은 '遵道而行'에 중점을 두어 已를 풀이한 반면 孔穎達의 疏는 '半塗而廢'에 중점을 두어 已를 풀이하였다. 그리하여 鄭玄은

> 廢는 罷止와 같다. '弗能已矣'는 급급히 道를 행하여 세상 사람의 隱行을 하지 않는 것이다.〔廢 猶罷止也 弗能已矣 汲汲行道 不爲時人之隱行〕

하였고, 疏에는

> '吾弗能已矣'의 '已'는 止와 같으니, 나는 세상 사람이 중도에 그만두는 것처럼 하지 않겠다는 것이니, 급급히 道를 행하여 그치지 않음을 말한 것이다.〔吾弗能已矣 已 猶止也 吾弗能如時人半途而休止 言汲汲行道無休已也〕

하였다. 즉 鄭玄은 '遵道而行'을 그만둘 수 없음으로 해석하고, 孔穎達은 '半塗而廢'하듯이 그만둘 수 없음으로 해석한 것이다. 孔穎達의 해석은 朱子의 說과 크게 다르지 않은 것으로 보인다. 반면 茶山은 '半塗而廢'를 中道에 포기하는 것으로 보지 않고, 學者가 힘이 다하여 몸이 쓰러지는 것으로 보아 《禮記》〈表記〉의 "죽은 뒤에 그만둔다〔斃而后已〕"와 같은 맥락으로 해석하여 다음과 같이 주장하였다.

> 廢는 마땅히 《史記》에 '荊軻가 쓰러졌다.'는 '廢'자와 같이 읽어야 하니, 몸이 쓰러짐을 이른다. 君子가 道를 바라보고 가고, 道를 따라 매진해서 遑遑히 미치지 못할 듯이 여기고 멀리 보면서 보지 못한 듯이 여겨서 힘이 다하고 기운이 다하여 쓰러짐에 이르니, 이것이 이른바 '半塗而廢'라는 것이다. 君子가 道를 향함이 이와 같이 참되고 간절하고 간곡한데, 古今의 주석가들이 모두 半塗에 그치고 그만두는 것이라고 하였으니, 진실로 半塗에 그치고 그만

··· 遵 따를 준 塗 길 도(途通)

둔다면 어찌 이것을 君子라 할 수 있겠는가.……〈表記〉에 《詩經》〈小雅〉에 '높은 산을 우러러보고 큰 길을 간다.' 하였는데, 孔子께서 말씀하시기를 '詩(詩人)가 仁을 좋아함이 이와 같다. 道를 향해 가다가 中道에 쓰러져서 몸의 늙음을 잊고 수명(年數)의 부족함을 알지 못하여 힘써서 날마다 부지런히 노력하여 죽은 뒤에 끝난다.' 하셨다." 하였는데, 鄭玄의 註에 "廢는 힘이 다하고 피곤하여 다시 가지 못하면 중지하는 것이다." 하였다.〔廢 當讀之如荊軻廢之廢 謂身頹也 君子望道而行 遵道而進 遑遑如不及 盻盻如未之見 力盡氣竭 以至於廢 此所謂半塗而廢也 君子之嚮道也 若是其眞切惻怛 而古今注家 皆云半塗而停罷 誠使半塗而停罷 則曷謂之君子乎……表記曰 小雅曰 高山仰止 景行行止 子曰 詩之好仁如此 鄕道而行 中道而廢 忘身之老也 不知年數之不足也 俛焉日有孳孳 斃而后已 鄭云 廢 謂力極疲頓 不能復行則止也〕 ○ 鏞謂 : 鄭玄의 註는 약간 잘못되었으니, 廢는 집이 무너지는 것이다. 君子가 道를 향하여 가다가 힘이 다하고 기운이 다해서 그 몸이 쓰러짐이 집이 무너지는 것과 같으니, 어찌 파하여 그침을 이르겠는가. '廢'자의 아래에 또 몸을 잊고 부지런히 힘쓰는 허다한 공력이 있으니, 中道에 그치는 자가 어찌 이와 같겠는가. 廢는 몸이 쓰러지는 것이다. 冉求가 "夫子(孔子)의 道를 좋아하지 않는 것은 아니나 힘이 부족합니다."라고 하자, 孔子께서 말씀하시기를 "힘이 부족한 자는 中道에 쓰러지니, 지금 너는 한계짓는(畫) 것이다." 하셨다.〔鏞謂 鄭注微誤 廢者屋頹也 君子鄕道而行 力盡氣竭 其身崩頹 如屋頹然也 豈罷止之謂乎 廢字之下 又有忘身孳孳許多用力 中道而止者 豈如是乎 廢者 身頹也 冉求曰 非不說子之道 力不足也 子曰 力不足者 中道而廢 今女畫〕 ○ 鏞謂 : 中道而廢 또한 기운이 다하고 힘이 다하여 中道에 몸이 쓰러지는 것이다. 中道에 몸이 쓰러지는 자는 쓰러졌다가 다시 일어나서 필경 道에 이르게 된다. 그러므로 孔子께서 귀하게 여기신 것이니, 만약 中道에 그친다면 스스로 한계 짓는 자와 어찌 다르겠는가.〔鏞謂 中道而廢 亦氣竭力盡 中道而身頹也 中道身頹者 頹而復興 畢竟至道 故孔子貴之 若中道罷止 則與自畫者奚擇焉〕

이 경우 아래의 '吾弗能已矣' 역시 '孔子 자신도 중도에 그만두지 못한다.(나 또한 그만두지 못하고 군자들처럼 힘이 다할 때까지 계속한다.)'로 해석해야 할 것이다.

章句ㅣ遵道而行은 則能擇乎善矣요 半塗而廢는 則力之不足也니 此는 其知雖足以及之나 而行有不逮니 當强而不强者也라 已는 止也라 聖人於此에 非勉焉而不

··· 逮 미칠 체

敢廢요 蓋至誠無息하여 自有所不能止也²¹³시니라

'道를 따라 행함'은 능히 善을 택한 것이고, '中途에 폐함'은 힘이 부족한 것이다. 이는 그 知가 비록 충분히 미칠 수 있으나 行이 미치지 못함이 있는 것이니, 마땅히 강하게 해야 할 경우에 강하게 하지 않는 자이다. '已'는 그만둠이다. 聖人이 이에 대하여 억지로 힘써서 감히 폐지하지 못하는 것이 아니요, 지극히 성실하고 쉼이 없어서 저절로 그만둘 수 없는 바가 있으신 것이다.

11-3. 君子依乎中庸하여 遯世不見知而不悔하나니 唯聖者能之니라

君子는 中庸을 따라 세상에 은둔하여 알아줌(인정)을 받지 못해도 後悔하지 않으니, 오직 聖者만이 이에 능하다."

按說 | '依'와 '悔'에 대하여, 壺山은

'依'는 遵(따름)과 같다. '悔'는 中庸을 따름을 후회함을 말한 것이다.〔依 猶遵也 悔 謂以依乎中庸爲悔也〕

라고 해석하였다.
'依乎中庸'에 대해 艮齋는 다음과 같이 말씀하였다.

依乎中庸에 대해 栗谷諺解에는 "中庸의(에) 依하다"로 되어 있고 官本諺解에는 "中庸을 依하다"로 되어 있는데, 官本諺解가 나은 듯하다. 하지만 또 모름지기 栗谷처럼 해석하여야 또한 君子와 中庸이 두 개가 되는 혐의가 없게 됨을 알아야 한다. 朱子는 '心不踰矩'를 해석하면서 "스스로 법도에 넘지 않는다."라고 하셨고, '仁者樂山'을 해석하면서 "仁者는 의리에 편안하다."라고 하셨으니, 이것을 예로 든다면, 비록 '中庸에 依한다.〔依於中庸〕'고 해석해도 또한 막힘이 없다. 굳이 "仁者는 그 仁을 편안히 여기고 智者는 그 仁을 이롭게 여긴다."

---

213 〔詳說〕 蓋至誠無息. 自有所不能止也 : 朱子가 말씀하였다. "아는 부분이 親切(매우 간절함)하지 못하기 때문에 지킴이 安穩하지 못한 것이니, 이 때문에 半途에 폐하는 것이다. 내 능히 그만두지 못한다는 것은 다만 봄이 지극하여 자연 멈출 수가 없는 것이다.〔知處不親切 故守得不安穩 所以半塗而廢 吾不能已者 只是見到了 自住不得耳〕"

••• 廢 폐할 폐 依 따를 의 遯 숨을 둔(돈) 悔 뉘우칠 회

라는 것에 구애해서는 안 된다.〔依乎中庸 栗解 中庸의依하고 官解 中庸을依하니 官解恐
長 但又須知如栗解 亦無君子中庸爲二之嫌 朱子釋心不踰矩 云自不過於法度 釋仁
者樂山 云仁者安於義理 以此例之 雖作依於中庸 亦無碍也 不須以仁者安其仁 知
者利於仁爲拘〕

또 '遯世'에 대해서는 다음과 같이 말씀하였다.

遯世는 栗谷諺解와 官本諺解의 해석이 똑같지 않다.[214] 혹자가 '만일 저 세상에 은둔한
다는 뜻으로 본다면, 聖人이 어찌 반드시 遯世에 뜻이 있겠는가?' 라고 의심하기에 다음과
같이 대답하였다. "聖人이 세상에 있어 世人들은 지나치기도 하고 미치지 못하기도 하면서
스스로 옳다고 여기지만, 聖人은 마침내 中庸을 따르니, 이는 은둔에 기필하지 않으면서도
스스로 은둔하는 것이다. 그러나 은둔하는 자루(권한)는 聖人에게 있는 것이다."〔遯世 栗官
二解不同 或疑如作遯夫世之義 則聖人豈必有意遯世 曰 聖人之於世 世人或過或不
及 而自認爲是 聖人乃獨依乎中庸 是不必於遯而自遯 然遯之柄子 在乎聖人〕

程子는 이 章 전체를 해설하여

索隱行怪는 지나친 자이고 半途에 폐함은 미치지 못하는 자이고, 알아줌을 받지 못하여도
후회하지 않음은 中道에 맞는 자이다.〔索隱行怪 過者也 半塗而廢 不及者也 不見知不
悔 中者也〕《詳說》

하였다. 茶山은

道를 따르는 자는 세상에 드러난 中庸이요, 세상에 은둔한 자는 세상을 피하는 中庸이니,
素隱은 두 가지에 해당하는 바가 없다.〔遵道者 顯世之中庸也 遯世者 避世之中庸也 素
隱者 兩無所當〕

하였다.

章句ㅣ不爲索隱行怪면 則依乎中庸而已요 不能半塗而廢라 是以로 遯世不見知
而不悔也라 此는 中庸之成德이니 知(智)之盡하고 仁之至하여 不賴勇而裕如者[215]니

---

214 譯註 栗谷諺解와……않다:官本諺解에는 '世예 遯ᄒᆞ야'로, 栗谷諺解에는 '世를 遯ᄒᆞ야'로 되어 있는데,
艮齋諺解도 栗谷諺解를 따랐다.

••• 賴 힘입을 뢰 裕 넉넉할 유

正吾夫子之事로되 而猶不自居也[216]라 故로 曰 唯聖者能之而已[217]라하시니라

隱僻한 이치를 찾고 怪異한 행실을 하지 않는다면 中庸을 따를 뿐이요, 中途에 그만두지 못하기 때문에 세상에 은둔하여 알아줌을 받지 못해도 後悔하지 않는 것이다. 이는 中庸의 成德이니, 智가 극진하고 仁이 지극하여 勇을 의뢰하지 않고도 충분한 자이니, 바로 우리 夫子의 일이나 오히려 自處하지 않으셨다. 그러므로 "오직 聖者만이 이에 능하다."고 하신 것이다.

章下註 ㅣ 右는 第十一章이라 子思所引夫子之言以明首章之義者 止此[218]라 蓋此篇大旨 以知(智)仁勇三達德[219]으로 爲入道之門이라 故로 於篇首에 卽以大舜顔淵子路之事로 明之하시니 舜은 知(智)也요 顔淵은 仁也요 子路는 勇也니 三者에 廢其一이면 則無以造道而成德矣라 餘見(현)第二十章하니라

이상은 제11章이다. 子思께서 夫子의 말씀을 인용하여 首章의 뜻을 밝힌 것이 여기에서 끝났다. 이 篇의 大旨는 智 · 仁 · 勇의 三達德으로 道에 들어가는 門을 삼았다. 그러므로

---

215 〔詳說〕知之盡……不賴勇而裕如者：新安陳氏가 말하였다. "中庸을 따름은 智와 仁을 겸하여 다해서 사람들에게 알아줌을 받지 못하여도 후회하지 아니하여 勇을 기다리지 않고서도 여유가 있는 것이다.〔依乎中庸 知(智)仁兼盡 不見知不悔 不待勇而裕如〕"

216 〔詳說〕正吾夫子之事 而猶不自居也：'나〔吾〕'라고 말씀하지 않고 '聖'이라고 말씀한 것은 자처하지 않으신 것이다.〔不曰吾而曰聖者 是不居也〕

217 〔詳說〕唯聖者能之而已：'聖'자가 처음으로 여기에서 보인다. 이 章의 두 君子는 그 얕고 깊음과 높고 낮음이 윗장(10章)의 두 君子와 똑같으나 '依乎中庸'의 君子는 '强哉'의 君子보다 더 훌륭하다. 그러므로 아랫글에 곧바로 聖者로 해당시킨 것이다. 그런데 饒氏(饒魯)는 君子와 聖者를 가지고 또 높고 낮음을 나누어서 中庸을 따르는 것을 君子의 일에 소속시키고, 세상에 은둔하여도 후회하지 않는 것을 聖者의 일에 소속시켰으니, 이는 《章句》 위아래의 두 '而已'라는 글자를 갑자기 보고, 그 중간에 개괄하여 말한 뜻을 자세히 살피지 못한 것이다. 中庸을 따르면 저절로 능히 세상에 은둔하여 후회하지 않는 것이니, 두 가지 일이 아니다. 또 이 여러 章이 막 中庸이 지극함을 논하였으니, 응당 그 끝에 또 갑자기 '中庸' 두 글자를 꺾을 리가 없다.〔聖字始見於此 蓋此章二君子 其淺深高下 與上章二君子同 而依乎中庸之君子 尤有大於强哉之君子 故下文直以聖者當之 饒氏乃就君子聖者 又分高下 以依乎中庸 屬君子事 遯世不悔 屬聖者事 蓋驟看章句上下二而已字 而不詳察其中間槪而言之之意耳 依乎中庸 則自能遯世不悔 非二事也 且此諸章 方論中庸之爲至 不應於其末又忽抑中庸二字耳〕

218 〔詳說〕子思所引夫子之言以明首章之義者 止此：이 章 이상은 첫 번째 큰 支節이 되니, 中庸을 논하였다.〔此章以上爲第一大支 論中庸〕

219 〔詳說〕以知仁勇三達德：三山潘氏(潘柄)가 말하였다. "〈智 · 仁 · 勇은〉 모두 이 性의 德이니, 中庸의 道는 바로 性을 따름을 말한 것이다.〔皆此性之德也 中庸之道 卽率性之謂者也〕"

··· 猶 오히려 유 造 나아갈 조

책머리에 곧 大舜·顔淵·子路의 일로써 밝히셨으니, 舜은 智이고 顔淵은 仁이고 子路는 勇이니, 이 세 가지 중에 한 가지라도 없으면 道에 나아가 德을 이룰 수 없다. 나머지는 제 20章에 보인다.

| 費隱章 |

12-1. 君子之道는 費而隱이니라

君子의 道는 費하고(費하나) 隱微하다.

> **按說** | '費而隱'에 대하여, 鄭玄은
>
> > 費는 佹(궤)와 같으니, 道가 어긋나지 않으면 벼슬한다.〔費 猶佹也 道不費則仕〕
>
> 하여, '費而隱'을 '道가 어긋나면 은둔한다.'로 해석하였으며, 疏에는
>
> > 군자의 사람이 난세를 만나서 도덕이 어긋나면 은둔하여 벼슬하지 않지만, 만일 道가 어긋나지 않으면 마땅히 벼슬해야 하는 것이다.〔言君子之人 遭值亂世 道德違費 則隱而不仕 若道之不費 則當仕也〕
>
> 하였다. 한편 茶山은 이를 따르지 않고
>
> > 費는 흩어져 큼이요 隱은 닫혀 은미한 것이다.《說文解字》에 "費는 財用을 흩는 것이다." 하였고,《周易》에 "펴져 있으면서도 숨어있다." 하였으니, 뜻이 서로 비슷하다.〔費者 散而大也 隱者 閟而微也 說文云 費者散財用也 易曰 肆而隱 義相近也〕
>
> 하였다.
> 壺山은
>
> > '而'자를 諺解의 해석에 '然'자의 뜻으로 하였으니, 이는 아래 두 節의 註에 '然'자의 뜻을 취한 것이다.[220]〔而字 諺釋作然字意 蓋取於下二節註之然字耳〕

---

220 **譯註** 而자를……것이다 : 官本諺解에는 "費호되 隱ᄒ니라"로 되어 있고 栗谷諺解에는 "費코 隱ᄒ니라"로 되어 있으며, 제2節의《章句》에는 "可謂費矣 然其理之所以然 則隱而莫之見也"라고 되어 있고, 제3節의

··· 費 넓을 비

하였다.

章句ㅣ費는 用之廣也요 隱은 體之微也[221]라

'費'는 用이 넓음이요, '隱'은 體가 隱微함이다.

12-2. 夫婦之愚로도 可以與(예)知焉이로되 及其至也하여는 雖聖人이라도
亦有所不知焉하며 夫婦之不肖로도 可以能行焉이로되 及其至也하여는
雖聖人이라도 亦有所不能焉하며 天地之大也에도 人猶有所憾이니 故로
君子語大인댄 天下莫能載焉하며 語小인댄 天下莫能破焉이니라

夫婦의 어리석음으로도 참예하여 알 수 있으나 그 지극함에 이르러서는 비록 聖人이라
도 또한 알지 못하는 바가 있으며, 夫婦의 不肖함으로도 행할 수 있으나 그 지극함에
이르러서는 비록 聖人이라도 또한 능하지 못한 바가 있으며, 天地의 큼으로도 사람이
오히려 恨하는 바가 있다. 그러므로 君子가 큰 것을 말할진댄 天下가 능히 싣지 못하
며, 작은 것을 말할진댄 天下가 능히 깨뜨리지 못한다.

按說ㅣ '夫婦之愚'에 대하여, 壺山은

'夫婦之愚'는 어리석은 남편과 어리석은 부인이라고 말한 것과 같다.〔夫婦之愚 猶言愚夫
愚婦〕

하였고, 茶山은

_____

《章句》에는 "所謂費也 然其所以然者 則非見聞所及 所謂隱也"라고 보인다.

221 〔詳說〕費……體之微也:《說文解字》에 말하였다. "費는 財用을 흩는 것이다.〔費 散財用也〕" ○ 朱子가
말씀하였다. "道는 體와 用을 겸하고 費와 隱을 다하여 말한 것이다. 形而下의 것이 매우 넓은데, 形而
上의 理가 그 사이에 실제로 행해져서 물건마다 갖추어지지 않음이 없고 곳마다 있지 않음이 없으므로
'費'라고 말하였고, 이 가운데 나아가 形而上인 것은 보고 들음으로 미칠 바가 아니므로 '隱'이라고 말하
였다.〔道 兼體用 該費隱而言也 形而下者甚廣 其形而上者實行乎其間 而無物不具 無處不有 故曰費 就
其中 形而上者有非視聽所及 故曰隱〕" ○ 農巖이 말씀하였다. "費는 理의 用이고 隱은 理의 體이다.〔費
理之用 隱 理之體〕"

… 與 참여할 예 肖 닮을 초 憾 한할 감 載 실을 재 破 깨트릴 파

夫婦는 匹夫와 匹婦이니, 바로 이른바 '愚夫'와 '愚婦'이다.〔夫婦者 匹夫匹婦 卽所謂愚

夫愚婦也〕

하였다.

'天下'에 대해, 壺山은

윗구의 '天下'는 땅을 가리킨 뜻이 비교적 많고, 아랫구의 '天下'는 사람을 가리킨 뜻이 비

교적 많다.〔上句天下 指地意較多 下句天下 指人意較多〕

하였다.

章句 | 君子之道는 近自夫婦居室之間으로 遠而至於聖人天地之所不能盡하여 其
大無外하고 其小無內²²²하니 可謂費矣라 然이나 其理之所以然은 則隱而莫之見(현)
也라 蓋可知可能者는 道中之一事요 及其至而聖人不知不能은 則擧全體而言이니
聖人도 固有所不能盡也라

侯氏曰 聖人所不知는 如孔子問禮問官²²³之類요 所不能은 如孔子不得位, 堯舜
病博施²²⁴之類²²⁵라

---

222 〔詳說〕 其大無外 其小無內:朱子가 말씀하였다. "능히 실지 못함은 밖이 없는 것이고, 능히 깨트릴 수
없음은 안이 없는 것이니, 안이 없으면 지극히 작아서 손을 내릴(쓸) 곳이 없어 다시 깨뜨릴 수 없는 것
이다.〔莫能載 是無外 莫能破 是無內 無內則是至小 無可下手處 更不容破了〕

223 譯註 孔子問禮問官:問禮는 孔子가 老子에게 禮를 물은 것으로《史記》〈孔子世家〉에 "魯나라 南宮敬叔
이 魯나라 임금에게 '孔子와 함께 周나라에 가기를 청합니다.' 하자, 魯나라 임금이 그에게 수레 1대, 말
두 필, 僮僕 1명을 주고 함께 周나라에 가서 禮를 묻게 하였는데, 이때 老子를 만났다고 한다.〔魯南宮敬
叔言魯君曰 請與孔子適周 魯君與之一乘車 兩馬 一豎子 俱適周問禮 蓋見老子云〕"라고 보이며, 問官은
孔子가 郯子에게 官制를 물은 것으로《春秋左傳》昭公 17年 條에 "가을에 郯子가 와서 朝見하니 昭公
이 잔치를 열어 그와 술을 마셨다. 昭子가 郯子에게 '少皞氏는 새의 이름으로 官名을 삼았으니, 이는 무
슨 까닭인가?'라고 묻자, 郯子가 말하였다. '少皞氏는 나의 조상이니 내가 그 까닭을 압니다.……' 仲尼
께서 이 말을 들으시고 郯子를 찾아가 만나 보고서 그에게 〈옛 官制를〉 배우시고, 이윽고 어떤 이에게
말씀하셨다. '내 듣건대 天子가 옛 官制를 잃으면 그에 관한 學問이 사방의 蠻夷國에 있다고 하였으니,
이 말을 아직도 믿을 만하다.〔秋 郯子來朝 公與之宴 昭公問焉曰 少皞氏 鳥名官 何故也 郯子曰 吾祖也
我知之……仲尼聞之 見於郯子而學之 旣而告人曰 吾聞之 天子失官 學在四夷 猶信〕"라고 보인다.

224 譯註 堯舜病博施:博施는 사람들에게 은혜를 널리 베푸는 것으로,《論語》〈雍也〉 28章에 "子貢이 말하
기를 '만일 백성에게 은혜를 널리 베풀어 많은 사람을 구제한다면 어떻겠습니까? 仁하다고 할 만합니
까?〔如有博施於民而能濟衆 何如 可謂仁乎〕' 하니, 孔子께서 말씀하셨다. '어찌 仁을 일삼는 데 그치겠
는가. 반드시 聖人일 것이다. 堯·舜도 오히려 이것을 부족하게 여기셨을 것이다.〔何事於仁 必也聖乎 堯
舜其猶病諸〕'"라고 보인다.

··· 擧 들 거

愚謂 人所憾於天地는 如覆(부)載生成之偏, 及寒暑災祥之不得其正者[226]라

君子의 道는 가까이는 夫婦가 집에 거처하는 사이로부터 멀리는 聖人과 天地도 다할 수 없음에 이르러서 그 큼이 밖이 없고 그 작음이 안이 없으니, 費하다고 이를 만하다. 그러나 그 이치의 所以然은 은미하여 드러나지 않는다. 알 수 있고 능할 수 있는 것은 道 가운데의 한 가지 일이요, 그 지극하여 聖人도 알지 못하고 능하지 못한 것은 全體를 들어 말한 것이니, 聖人도 진실로 다하지 못하는 바가 있는 것이다.

侯氏(侯仲良)가 말하였다. "聖人도 알지 못하는 것은 孔子께서 禮를 묻고 官制를 물은 것과 같은 종류요, 능하지 못한 것은 孔子께서 지위를 얻지 못함과 堯·舜이 널리 베푸는 것을 부족하게 여김과 같은 종류이다."

내(朱子)가 생각하건대 사람이 天地에 대하여 恨한다는 것은 하늘이 덮어주고 땅이 실어주어 生成함에 있어서의 편벽됨과 추위와 더위, 재앙과 상서가 그 바름을 얻지 못함을 이른다.

12-3. 詩云 鳶飛戾天이어늘 魚躍于淵이라하니 言其上下察也니라

《詩經》에 이르기를 "솔개는 날아 하늘에 이르는데 물고기는 연못에서 뛴다." 하였으니, 上(天)下(淵)에 이치가 밝게 드러남을 말한 것이다.

按說 | 朱子는

'言其上下察也' 한 句는 다만 上面(솔개와 물고기가 아닌 形而上의 道體)을 해석한 것이다. 詩의 뜻은 본래 이것(道體)을 말한 것이 아닌데, 《中庸》은 이 두 句를 빌어서 道體를 형용하였으니, 道體는 곳에 따라 發見되어서 사람들이 이와 같음을 볼 수 있지만 솔개와 물고기는 애당초 스스로 이것을 알지 못한다.〔言其上下察也一句 只是解上面 詩之意 本不爲此 中庸借此兩句 形容道體 道體隨處發見(현) 人見得如此 若鳶魚初不自知〕《詳說》

---

225 〔記疑〕所不能……堯舜病博施之類:'聖人이 능하지 못한 것'은, 程子가 자포자기하는 자를 논하여 "聖人이 함께 거처한다 하여도 敎化되어 들어갈 수 없다."라고 말씀하셨으니, 이 또한 聖人이 능하지 못한 곳이다.〔聖人所不能 程子論自暴自棄者 以爲聖人與居 不化而入也 亦是聖人不能處〕

226 〔詳說〕寒暑災祥之不得其正者:新安陳氏가 말하였다. "善을 하면 복을 내리고 不善을 하면 재앙을 내려주는 것이 바른 것이다.〔作善降祥 作不善降災 正也〕"

··· 覆 덮을 부 載 실을 재 暑 더울 서 災 재앙 재 祥 상서상 鳶 솔개연 戾 이를 려 躍 뛸약 淵 못 연

하였다. 한편 茶山은

'솔개가 날아 하늘에 이르고 물고기가 못에서 뛰어논다.'는 것은 上天이 물건을 만드는 묘함
을 인용하여 文王이 인재를 만듦이 성대함을 비유한 것이니, 이 詩의 내용이 본래 그러하므
로 지금 이 詩를 인용하여 造物의 묘함을 증명한 것이다.[227]〔鳶飛戾天 魚躍于淵者 引上
天造物之妙 喩文王作人之盛也 其詩本然 故今引之以証造物之妙〕

하였다. 朱子와 茶山의 말씀에서 분명히 비교되는 것은《中庸》의 이 인용이《詩經》의 본의
를 따르는가 그렇지 않은가에 있다 할 것이다.

章句ㅣ詩는 大雅旱麓之篇이라 鳶은 鴟類라 戾는 至也요 察은 著也라 子思引此詩하사
以明化育流行[228]하여 上下昭著[229]가 莫非此理之用[230]이니 所謂費也라 然이나 其所
以然者는 則非見聞所及이니 所謂隱也[231]라 故로 程子曰 此一節은 子思喫緊爲人
處니 活潑潑地[232]라 하시니 讀者其致思焉이니라

---

227 譯註 솔개가……것이다：茶山은《中庸》의 이 인용이《詩經》의 본의를 따라야 한다고 본 것이다. 〈大雅
旱麓〉에 "솔개는 날아 하늘에 이르거늘 물고기는 못에서 뛰놀도다. 豈弟한 君子여 어찌 사람을 진작시
키지 않으리오.〔鳶飛戾天 魚躍于淵 豈弟君子 遐(何)不作人〕" 하였고,《詩經集傳》에 "솔개가 날면 하늘
에 이르고 고기가 뛰놀면 못에서 나오니, 豈弟한 君子가 어찌 사람을 진작시키지 않으리오." 하였으니,
이는 반드시 사람을 진작시킴을 말한 것이다.〔言鳶之飛則戾于天矣 魚之躍則出于淵矣 豈弟君子而何不
作人乎 言其必作人也〕" 하였다.

228 〔詳說〕化育流行：化育의 기운이 유행하는 것이다.〔化育之氣流行〕

229 〔詳說〕上下昭著：新安陳氏가 말하였다. "솔개가 하늘에 나는 것은 이 이치가 위에 드러남을 볼 수 있
고, 물고기가 연못에서 뛰는 것은 이 이치가 아래에 드러남을 볼 수 있는 것이다.〔鳶飛天 見此理之著於
上 魚躍淵 見此理之著於下〕" ○ 雲峰胡氏가 말하였다. "솔개는 솔개의 성품을 따르면 반드시 날고, 물
고기는 물고기의 성품을 따르면 반드시 뛰는 것이다.〔鳶率鳶之性 必飛 魚率魚之性 必躍〕"

230 〔詳說〕此理用：물건에 따라 이치가 갖추어지는 것이다.〔隨物理具〕

231 〔詳說〕其所以然者……所謂隱也：朱子가 말씀하였다. "날고 뛰노는 것은 氣가 그렇게 만든 것이고, 나
는 所以와 뛰는 所以는 理이니, 허다한 費를 말하고 隱을 말하지 않은 것은 隱이 費의 가운데에 들어 있
기 때문이다.〔其飛其躍 氣使之然 所以飛所以躍者 理也 言許多費而不言隱者 隱在費之中〕"
〔自箴〕朱子가 말씀하였다. "솔개가 나는 것을 볼 수 있고 물고기가 뛰어노는 것 또한 볼 수 있으나, 나는
所以와 뛰노는 所以는 과연 무슨 물건인가?" 또 말씀하였다. "솔개가 날고 물고기가 뛰어 높은 費이다.
그런데 반드시 하나의 어떤 사물이 저들로 하여금 이와 같이 하게 하는 것이 있으니, 이것이 바로 隱이
다." 이상 朱子의 두 말씀은 지극히 정밀하고 지극히 은미하여 詩人의 뜻을 깊이 얻었고, 化育과 流行의
說에 이르러서는 다만 渾全하니, 무릇 渾全한 것은 後學들이 쉽게 깨닫지 못한다.〔朱子曰 鳶飛可見 魚
躍亦可見 而所以飛所以躍 果何物也 朱子曰 鳶飛魚躍費也 必有一箇什麽物事 使得他如此 此便是隱 右
朱子二說 至精至微 深得詩人之旨 至於化育流行之說 却只渾全 凡渾全者 後學未易曉〕

… 旱 가물 한 麓 산기슭 록 鴟 솔개 치 昭 밝을 소 喫 먹을 끽 緊 긴요할 긴 潑 발랄할 발

詩는 〈大雅 旱麓〉篇이다. '鳶'은 솔개의 종류이다. '戾'는 이름이요, '察'은 드러남이다. 子思가 이 詩를 인용해서 化育이 流行하여 上下에 밝게 드러남이 이 理의 用 아님이 없음을 밝히셨으니, 이른바 費라는 것이다. 그러나 그 所以然은 보고 들음이 미칠 수 있는 바가 아니니, 이른바 隱이라는 것이다. 그러므로 程子(明道)가 말씀하시기를 "이 1節은 子思가 喫緊(要緊)하게 사람을 위한 것으로 活潑潑한(生動感이 넘치는) 곳이다." 하셨으니, 읽는 자들은 생각을 다하여야 할 것이다.

12-4. 君子之道는 造端乎夫婦니 及其至也하여는 察乎天地니라
君子의 道는 夫婦에게서 단서를 만드니, 그 지극함에 이르러서는 天地에 밝게 드러난다.

按說 | '造端乎夫婦'에 대하여, 艮齋는

조는 시작함이고, 端은 머리이다. '造端'은 起頭라는 말과 같고, '及至'는 極處에 도달한다는 말과 같다. 이것은 道體를 위주하여 말한 것이지, 공부로 말한 것이 아니다.〔造 始也 端 首也 造端 猶言起頭也 及至 猶言到極也 此主道體說 非以工夫言〕

하였고, 壺山은

'造端'은 作始와 같다. '察乎天地'는 바로 '上下에 이치가 밝게 드러남'이다.〔造端 猶作始

---

232 〔詳說〕子思喫緊爲人處 活潑潑地：喫緊(끽긴)하게 사람을 위한 곳이 바로 活潑潑한 곳에 있음을 말한 것이다. 본래는 "喫緊하게 사람을 위한 곳은 '반드시 일삼음이 있으나 효과를 미리 기약하지 않는다'[1]는 뜻과 함께 活潑潑한 곳이다."라고 되어 있었는데, 이제 그 중간에 한 句를 제거하고 인용한 것이다.〔言喫緊爲人處 乃在活潑潑之地也 本云喫緊爲人處 與必有事焉而勿正之意 同活潑潑地 今去其中間一句而引用耳〕
　　譯註 1. 반드시……않는다：《孟子》〈公孫丑上〉2章에 "반드시 浩然之氣를 기름에 종사하되 효과를 미리 기대하지 말아서 마음에 잊지도 말며 억지로 助長하지도 말아서 宋나라 사람과 같이 하지 말지어다.〔必有事焉而勿正 心勿忘 勿助長也 無若宋人然〕"라고 보인다.
〔詳說〕雲峰胡氏가 말하였다. "道體는 매양 動하는 곳에 나타나 본래 스스로 活潑潑한 것이다. 솔개가 날고 물고기가 뛰노는 것은 道의 自然이니, 본래 한 털끝만한 사사로운 뜻이 없고, 잊지 말며 助長하지 않는 것은 배우는 자가 道의 自然을 체행하는 것이니, 또한 한 털끝만한 사사로운 뜻을 붙일 수 없는 것이다.〔道體每於動處見(현) 本自活潑潑地 鳶飛魚躍 道之自然 本無一毫私意 勿忘勿助 學者體道之自然 亦著不得一毫私意〕"

··· 端 단서 단

也 察乎天地 卽上下察也〕

하였다. '造端乎夫婦'는 慕齋(金安國) 등이 지은 《童蒙先習》〈夫婦有別〉 結辭에도 보이는 바, 本人의 생각으로는 君子의 修身齊家하는 道가 夫婦에게서 시작되는 것으로 아래 15章 의 '妻子好合 如鼓瑟琴'과 《大學》 齊家章의 '宜其家人'과 일맥상통한다.

한편 茶山은 이 장에서 말한 '君子之道'를 天道로 보고, 이 章 전체를 다음과 같이 정리 하였다.

> 君子의 道는 바로 天道이니, 그 펼쳐져 있는 입장에서 보면 그 이치가 밝게 드러나므로 愚 夫가 모두 알고 愚婦가 능히 행하는 것이요, 그윽하고 숨겨진 입장에서 말하면 그 깊음이 미 묘하므로 비록 聖人이라도 알지 못하고 능하지 못한 바가 있는 것이니, 이는 天道이다.……
> 君子의 道가 어리석은 지아비가 아는 바에서 시작되어 그 미루어 지극함에 미치면 우러러
> 天文을 보고 굽어 地理를 살펴서 모두 그 造化의 자취를 볼 수 있으나, 그 숨겨지고 미묘한
> 體는 끝내 볼 수가 없으니, 이것이 이른바 '聖人도 알지 못하는 바가 있다.'는 것이다.〔君子之
> 道 卽天道也 自其布散處而觀之 則其理著顯 故愚夫皆知 愚婦能行 自其幽閟處而
> 言之 則其奧微妙 故雖聖人亦有所不知不能 此天道也……君子之道 始於愚夫之所
> 知 及其推而極之 仰觀乎天 俯察乎地 皆見其造化之跡 而其隱奧微妙之體 終不可見
> 此所謂聖人有所不知也〕

章句 | 結上文[233]이라

윗글을 맺은 것이다.

---

233 〔詳說〕結上文: 新安陳氏가 말하였다. "'夫婦에게서 단서를 만든다'는 것은 '夫婦가 참예하여 알고 능히 행하는 것'과 '작은 것을 말할진댄 능히 깨뜨릴 수 없다'는 몇 句를 맺은 것이고, '천지에 밝게 드러난다' 는 것은 '聖人이 알지 못하고 행하지 못하는 것'과 '큰 것을 말하면 능히 실을 수 없다'는 句를 맺은 것이 요, '솔개가 날고 물고기가 뛰노니 上·下에 이치가 밝게 드러남'에 이르러서는 포괄하여 다하였다. 사람 이 진실로 '道는 夫婦에게서 단서를 만든다'는 것을 알면 道가 떠날 수 없는 것임을 알아서 남녀(부부)가 집안에 거처하는 사이에 감히 소홀하지 못할 것이다.〔造端夫婦 結夫婦與知能行及語小莫能破數句 察乎 天地 結聖人不能知行及語大莫能載句 到鳶魚上下察處 該括盡矣 人苟知道造端乎夫婦 則見道之不可離 而男女居室之間 有不敢忽者矣〕"

章下註 | 右는 第十二章이라 子思之言이니 蓋以申明首章道不可離之意也[234]라 其下八章은 雜引孔子之言以明之니라

이상은 제12章이다. 이는 子思의 말씀이니, 首章의 '道는 떠날 수 없다.'는 뜻을 거듭 밝힌 것이다. 이 아래 여덟 章은 孔子의 말씀을 섞어 인용하여 이것을 밝힌 것이다.

| 道不遠人章 |

13-1. 子曰 道不遠人하니 人之爲道而遠人이면 不可以爲道니라

孔子께서 말씀하셨다. "道가 사람의 몸에서 멀리 있지 않으니, 사람이 道를 하면서 사람을 멀리한다면 道라 할 수 없다.

按說 | '道不遠人'에 대하여 雙峰饒氏(饒魯)는

'道不遠人'은 道를 가지고 말한 것이니, '人'은 衆人을 가리킨다.〔道不遠人 以道言也 人指 衆人〕《詳說》

하였다.

'人之爲道而遠人'과 '不可以爲道'의 두 '爲道'에 대하여 壺山은 朱子의 說을 引用하고 자신의 견해를 다음과 같이 피력하였다. 朱子는

'人之爲道而遠人'의 爲는 '仁을 행함은 자기에게 달려있다.〔爲仁由己〕'의 爲와 같고, '不可 以爲道'의 爲는 '克己復禮가 仁이 된다.〔克己復禮爲仁〕'[235]의 爲와 같다.〔人之爲道之 爲 如爲仁由己之爲 不可以爲道 如克己復禮爲仁之爲〕《大全》

---

234 〔詳說〕蓋以申明首章道不可離之意也:雙峰饒氏가 말하였다. "'道는 잠시라도 떠날 수 없다'는 것은 때마다 그렇지 않음이 없는 것이고, '君子의 道가 費하나 隱하다'는 것은 물건마다 있지 않음이 없는 것이니, 이 章은 道의 費와 隱, 大와 小를 논하여 아래 여덟 章의 綱領으로 삼은 것이다.〔道不可須臾離 是無時不然 君子之道費而隱 是無物不有 此章論道之費隱大小 以爲下八章之綱領〕"

235 譯註 爲仁由己……克己復禮爲仁:《論語》〈顏淵〉1章에 "자기의 私慾을 이겨 禮에 돌아감이 仁을 하는 것이니, 하루라도 私慾을 이겨 禮에 돌아가면 天下가 仁을 허여한다. 仁을 하는 것은 자신에게 달려 있으니, 남에게 달려 있겠는가.〔克己復禮 爲仁 一日克己復禮 天下歸仁焉 爲仁由己 而由人乎哉〕"라고 보인다.

••• 申 거듭 신

하셨는데,

> 살펴보건대 이 節의 두 '爲道'는 文勢와 註의 뜻을 가지고 관찰해보면 그 차이가 있음을 볼
> 수 없다. 註 가운데 무릇 다섯 개의 '爲'자가 있는데, 두 번째 '以爲'자를 제외하고는 그 뜻이
> 모두 같다. 다만 小註에 朱子의 이 '爲'자를 설명한 것은 '鬼神의 德됨(鬼神之爲德²³⁶)'과
> '물건됨이 두 가지가 아니다.(爲物不貳²³⁷)'의 '爲'자와 같으니 註(《章句》)의 뜻과 약간 다르
> 고, 許氏(許謙)는 또 이로부터 한번 바꾸어서 마침내 두 번째 '以爲'자의 뜻을 따라 '謂'로
> 訓하였는데,²³⁸ 諺解에서는 이것을 따랐으니,²³⁹ 마땅히 다시 살펴보아야 할 듯하다.(按此
> 節二爲道 以文勢及註意觀之 未見其有異也 註中凡有五爲字 除其第二者以外 其義
> 皆同 但小註朱子此說爲字 如鬼神之爲德 爲物不貳之爲字 而與註意微異 許氏又自
> 此一轉 遂用第二者之義 訓以謂 而諺解用之 恐合更詳)

하였는바, 壺山은 두 '爲道'를 모두 '道를 행함'의 의미로 본 것이다. 한편 退溪(李滉)는 '人
之爲道而遠人'을 "道를 호되 人에게서 遠한 거스로(것으로) 하면"으로 언해하였다.
茶山은

> '道不遠人'은 《孟子》의 이른바 '萬物이 모두 나에게 갖추어져 있다.'는 것이니, 자식에게 바
> 라는 것이 있으면 아버지를 섬기는 道가 나에게 있는 것이요, 신하에게 바라는 것이 있으면
> 군주를 섬기는 道가 나에게 있는 것이요, 아우에게 바라는 것이 있으면 형을 섬기는 道가 나
> 에게 있는 것이다.(道不遠人者 孟子所謂萬物皆備於我也 有求乎子 則事父之道在我
> 也 有求乎臣 則事君之道在我也 有求乎弟 則事兄之道在我也)

하였는데, 이는 《孟子》의 '萬物이 모두 나에게 갖추어져 있다.'를 '萬事萬物에 대한 바람(
욕망)이 나에게 갖추어져 있다'는 의미로 해석하고, 따라서 내가 자식에게 바라는 것이 있
으면 그것으로 아버지를 섬기면 되므로 '아버지를 섬기는 道가 나에게 있다'라고 한 것이

---

236 譯註 鬼神之爲德:16章에 "子曰 鬼神之爲德 其盛矣乎"라고 보인다.

237 譯註 爲物不貳:26章에 "天地之道 可一言而盡也 其爲物不貳 則其生物不測"이라고 보인다.

238 譯註 許氏는……訓하였는데:《大全》에 東陽許氏가 "'人之爲道而遠人'의 이 爲자는 重하니 〈여기의 '爲
道'는〉 道를 행한다'는 말과 같고, '不可以爲道'의 이 爲자는 가벼우니 〈여기의 '爲道'는〉 道라고 이른다'
는 말과 같다.(人之爲道而遠人 此爲字重 猶言行道 不可以爲道 此爲字輕 猶言謂之道)" 하여, 앞의 爲
자는 '행하다'의 뜻으로, 아래의 爲자는 '이른다(말한다)'의 뜻으로 해석하였다.

239 譯註 諺解에서는……따랐으니:官本諺解는 "사룸이 道를 호되 사룸의게 멀리호면 가히 뻐 道ㅣ라 호디
몯호리니라"라고 하여 아래의 '爲道'를 '道라 이르다'로 해석하였다. 이는 栗谷諺解도 같다.

다. 茶山의 해석은 그의 性嗜好說에 기반한 것이다.

> 章句ㅣ道者는 率性而已니 固衆人之所能知能行者也라 故로 常不遠於人하나니 若
> 爲道者 厭其卑近하여 以爲不足爲라하고 而反務爲高遠難行之事면 則非所以爲道
> 矣라

道는 性을 따를 뿐이니, 진실로 衆人(일반인)들도 능히 알고 능히 행할 수 있는 것이다. 그
러므로 항상 사람의 몸에서 멀리 있지 않으니, 만일 道를 행하는 자가 그 卑近함을 싫어하
여 이는 할 것이 못된다고 하고, 도리어 高遠하여 행하기 어려운 일을 힘쓴다면 道를 하는
것이 아니다.

13-2. 詩云 伐柯伐柯여 其則(칙)不遠이라하니 執柯以伐柯호되 睨而視之하고 猶以爲遠하나니 故로 君子는 以人治人하다가 改而止니라

《詩經》에 이르기를 '도끼자루를 벰이여 도끼자루를 벰이여. 그 법칙이 멀리 있지 않다.'
하였으니, 도끼자루를 잡고 도끼자루를 베면서도 비스듬히 보고 오히려 멀다고 한다. 그
러므로 君子는 사람의 도리로써 사람을 다스리다가 잘못을 고치면 그치는 것이다.

> 按說ㅣ'猶以爲遠'에 대하여, 官本諺解에는 "오히려 뻐 멀리 너기느니" 하였고 栗谷諺解
> 에는 "오히려 뻐 머다 ᄒᆞᄂᆞ니" 하였는바, 艮齋는 栗谷諺解를 따라 "오히려 遠타 ᄒᆞᄂᆞ니"로
> 풀이하였다. 한편 壺山은 "官本諺解의 해석이 분명치 못하다.〔猶以爲遠 諺釋有未瑩〕"하
> 였다.
> '以人治人'에 대하여, 朱子는 사람의 道理가 각자 자신의 몸에 있으므로 그 사람의 道로
> 다시 그 사람의 몸을 다스리는 것으로 해석하였으나, 鄭玄은
>
> > 사람이 罪와 過失이 있을 적에 君子가 사람의 道로 그를 다스리다가 그 사람이 잘못을 고
> > 치면 다스림을 그만두고 용서하여 보통 사람이 할 수 없는 것을 바라지 않음을 말한 것이
> > 다.〔言人有罪過 君子以人道治之 其人改則止赦之 不責以人所不能〕
>
> 하였다. 반면 茶山은, 윗절의 '道不遠人'의 해석에 있어서 性嗜好說을 기반으로 한 것처럼,

··· 率 따를 솔 固 진실로 고 厭 싫어할 염 卑 낮출 비 柯 자루 가 睨 흘겨볼 예

'以人治人'의 해석 역시 性嗜好說을 기반으로 하여 다음과 같이 말하였다.

'以人治人'은 남에게 바라는 것을 가지고 남을 섬기는 것이다. 내가 남을 섬기는 것이 내가
남에게 바라는 것과 같지 않다면 나의 행위를 고친 뒤에 그치니, 이것이 이른바 '고치고서 그
친다'는 것이다.〔以人治人者 所求乎人以事人也 我之所以事人者 與我之所以求於人者
不同 則改我之所爲而后已 此所謂改而止也〕

茶山의 해석을 따른다면 經文은 "以人治人이니 改而止니라"로 현토하고, "남에게 바라는
것으로 남을 섬기니, 남의 행위를 고치고서 그친다."라고 번역해야 할 것이다.

章句ㅣ詩는 豳風伐柯之篇이라 柯는 斧柄이요 則은 法也라 睨는 邪視[240]也라 言 人執
柯伐木以爲柯者는 彼柯長短之法이 在此柯耳라 然이나 猶有彼此之別이라 故로 伐
者視之를 猶以爲遠也어니와 若以人治人은 則所以爲人之道 各在當人之身하여 初
無彼此之別이라 故로 君子之治人也에 卽以其人之道로 還治其人之身이라가 其人
能改어든 卽止不治하나니 蓋責之以其所能知能行이요 非欲其遠人以爲道也라 張
子所謂以衆人望人則易從이 是也라

詩는 〈豳風 伐柯〉篇이다. '柯'는 도끼자루요, '則'은 법이다. '睨'는 비스듬히 보는 것이다.
사람으로서 도끼자루를 잡고 나무를 베어 도끼자루를 만들려는 자는 저 도끼자루의 길고 짧
게 하는 법칙이 이 도끼자루에 달려 있다. 그러나 오히려 彼此의 구별이 있기 때문에 나무
를 베는 자가 이것을 보기를 오히려 멀다고 한다. 〈그러나〉 사람의 도리로써 사람을 다스리
는 것으로 말하면 사람이 된 所以의 道가 각각 자신의 몸에 있어 애당초 彼此의 구별이 없
다. 그러므로 君子가 사람을 다스릴 적에 곧 그 사람의 도리로써 다시 그 사람의 몸을 다스
리다가 그 사람이 잘못을 고치면 즉시 그치고 다스리지 않으니, 그가 능히 알 수 있고 능히
행할 수 있는 바로써 責하는 것이요, 사람을 멀리하여 道를 행하고자 함이 아니다. 張子(張
載)의 《正蒙》에 이른바 '衆人(보통 사람)으로써 사람(상대방)에게 바라면 사람들이 따르기
가 쉽다.' 한 것이 바로 이것이다.

---

240 譯註 睨 邪視：邪視는 물건을 세밀히 관찰할 적에 한쪽 눈을 감고 비스듬히 보는 것을 이른다.

··· 豳 땅이름 빈 斧 도끼 부 柄 자루 병 邪 기울 사 還 다시 환

13-3. 忠恕違道不遠하니 施諸己而不願을 亦勿施於人이니라

忠·恕는 道와 거리가 멀지 않으니, 자기 몸에 베풀어 보아 원하지 않는 것을 나 또한 남에게 베풀지 말아야 한다.

按說 | '忠恕'에 대하여, 北溪陳氏(陳淳)는

> 忠은 마음을 가지고 말한 것이고, 恕는 接物하는 곳을 가지고 말한 것이다.〔忠是就心說 恕是就接物處說〕《詳說》

하였다. 朱子는

> 《論語》는 聖人의 忠·恕[241]를 말하였고, 《中庸》은 배우는 자의 忠·恕를 말하였다.〔論語說 聖人之忠恕 中庸說學者之忠恕〕《詳說》

하였는데, 壺山은

> 살펴보건대 《論語》註의 朱子의 뜻을 가지고 찾아보면 《論語》와 《中庸》의 忠·恕가 그 차이가 있음을 볼 수 없으니,[242] 다시 살펴보아야 한다.〔按以論語註朱子意求之 語庸忠恕 未見其有異 更詳之〕

하였다. 朱子는

> 忠·恕는 이미 道인데, 어찌 道와 거리가 멀지 않다고 말하였는가? 仁은 바로 道이고 忠·恕 는 바로 배우는 자가 공부하는 곳이다.〔忠恕已是道 如何云違道不遠 仁是道 忠恕正是 學者下工夫處〕《詳說》

하였고, 雙峰饒氏는

> 道는 바로 天理이고 忠·恕는 바로 人事이다.〔道是天理 忠恕是人事〕《詳說》

---

241 譯註 《論語》는 聖人의 忠·恕: 〈里仁〉 15章에 "夫子의 道는 忠과 恕일 뿐이다.〔夫子之道 忠恕而已矣〕"라고 보인다.

242 譯註 《論語》와……없으니: 朱子는 《論語》의 忠·恕는 孔子를 말하였으므로 '聖人의 忠·恕를 말했다.' 하였고, 《中庸》의 忠·恕는 배우는 자의 일을 말하였으므로 '배우는 자의 忠·恕를 말했다.' 하였다. 그러나 壺山은 《論語集註》에는 "盡己之謂忠 推己之謂恕"로 풀이하였고 여기서는 "盡己之心爲忠 推己及人 爲恕"라 하여, 내용상 큰 차이가 없으므로 이렇게 말한 것이다.

··· 違 거리 위 施 베풀 시

하였다.

'施諸己'에 대하여 壺山은

〈'施諸己'는〉스스로 베푸는 것이니, 혹자는 말하기를 "남이 와서 베푸는 것이다." 라고 한
다.〔自施也 或曰 人來施也〕

하였다.

章句ㅣ盡己之心爲忠이요 推己及人爲恕라 違는 去也니 如春秋傳에 齊師違穀七
里[243]之違라 言 自此至彼에 相去不遠이요 非背而去之之謂也라 道는 卽其不遠人
者是也라 施諸己而不願을 亦勿施於人은 忠恕之事也라 以己之心으로 度(탁)人之
心에 未嘗不同이면 則道之不遠於人者를 可見이라 故로 己之所不欲을 則勿以施於
人이니 亦不遠人以爲道之事라 張子所謂以愛己之心愛人則盡仁이 是也라

자기 마음을 다함을 忠이라 하고, 자기 마음을 미루어 남에게 미침을 恕라 한다. '違'는 거
리이니, 《春秋左傳》에 이른바 '齊나라 군대가 穀땅에서 7里쯤 떨어져 있다.'는 違와 같으
니, 여기로부터 저기에 이름에 相去(거리)가 멀지 않음을 말한 것이고, 위배하여 떠남을 말
한 것이 아니다. 道는 바로 '사람의 몸에서 멀리 있지 않다'는 것이 이것이다. '자기 몸에 베
풀어 보아 원하지 않는 것을 나 또한 남에게 베풀지 말라.'는 것은 忠·恕의 일이다. 자기
마음으로써 남의 마음을 헤아리려 봄에 일찍이 똑같지 않음이 없다면 道가 사람에게서 멀리
있지 않음을 알 수 있다. 그러므로 자신이 원하지 않는 것을 남에게 베풀지 말라는 것이니,
이 또한 사람을 멀리하지 않고 道를 하는 일이다. 張子의 《正蒙》에 이른바 '자신을 사랑하
는 마음으로써 남을 사랑하면 仁을 다한다.'는 것이 이것이다.

---

243 譯註 如春秋傳 齊師違穀七里:《大全》에 《春秋左傳》哀公 27年 條에 "晉나라 荀瑤가 군대를 거느리고
鄭나라를 정벌하여 桐丘에 주둔하자, 鄭나라 駟弘이 齊나라에 구원을 청하니, 齊나라 군대가 마침내 鄭
나라를 구원하려고 齊나라 땅인 留舒에 이르니, 穀땅과 7리쯤 떨어진 곳이었으나 穀땅 사람이 이것을
알지 못하였으며, 濮水에 이르니 智伯(荀瑤)이 이 소식을 듣고 마침내 회군하면서 말하기를 '나는 鄭나
라를 정벌하려고 하였지 齊나라를 정벌하려고 한 것이 아니다.' 했다.〔晉荀瑤帥師伐鄭 次于桐丘 鄭駟弘
請於齊 乃救鄭 及留舒 違穀七里 穀人不知 及濮 智伯聞之 乃還曰 我卜伐鄭 不卜伐齊〕" 하였다.

··· 穀 곡식 곡

13-4. 君子之道四에 丘未能一焉이로니 所求乎子로 以事父를 未能也하며 所求乎臣으로 以事君을 未能也하며 所求乎弟로 以事兄을 未能也하며 所求乎朋友로 先施之를 未能也로니 庸德之行하며 庸言之謹하여 有所不足이어든 不敢不勉하며 有餘어든 不敢盡하여 言顧行하며 行顧言이니 君子胡不慥慥爾리오

君子의 道가 네 가지인데 나(丘)는 그 중에 한 가지도 능하지 못하니, 자식에게 바라는 것으로써 父母를 섬김을 능히 하지 못하며, 신하(부하)에게 바라는 것으로써 군주를 섬김을 능히 하지 못하며, 아우에게 바라는 것으로써 형을 섬김을 능히 하지 못하며, 朋友에게 바라는 것으로 내가 먼저 베풂을 능히 하지 못한다. 떳떳한(平常時에) 德을 행하며 떳떳한(平常時에) 말을 삼가서 〈德行이〉 부족한 바가 있으면 감히 힘쓰지 않치 못하며 〈言이〉 有餘하면 감히 다하지 못하여 말할 적에는 행할 것을 돌아보며 행할 적에는 말한 것을 돌아보아야 하니, 君子가 어찌 慥慥(독실)하지 않겠는가."

按說 | 壺山은 이 내용을

《大學》의 '絜矩'의 일과 서로 表裏가 된다.〔與大學絜矩之事 相表裏〕

하였다.
'不敢不勉'과 '不敢盡'의 '不敢'에 대하여, 壺山은

두 '不敢'의 諺解 해석도 분명하지 못한 듯하다.〔二不敢之諺釋 亦似未瑩〕

하였다. 官本諺解와 栗谷諺解에는 모두 "감히 勉티 아니티 아니하며……감히 盡티 아니하야'로 되어 있는바, 壺山은 '감히 勉치 아니치 못하며 敢히 盡치 못하며'로 풀이한 듯하다. 《章句》를 보면 不足한 것은 德行이고 有餘한 것은 말임을 알 수 있는바, 그렇다면 '有所不足을', '有餘를'로 吐를 달아야 할 듯하다. 그런데 諺解에는 '有所不足이어든', '有餘어든'으로 吐를 달아 《章句》와 맞지 않는다. 이 때문에 經文을 '〈行이〉 부족한 바가 있으면 감히 힘쓰지 않지 못하며, 〈言이〉 有餘하면 감히 다하지 못하여'로 번역하여 諺解와 《章句》의 뜻을 모두 살리고자 하였다. 《論語》〈學而〉에 "일을 민첩히 하고 말을 삼간다.〔敏於事而愼於言〕" 하였는데, 《集註》에

··· 庸 떳떳할 용 顧 돌아볼 고 胡 어찌 호 慥 독실할 조

'敏於事'는 不足한 바(行)을 힘쓰고, '謹於言'은 감히 그 有餘한 바(言)를 다하지 못하는 것이다.〔敏於事者 勉其所不足 謹於言者 不敢盡其所有餘也〕

하여 이 《中庸》의 내용과 부합된다. 壺山 역시

不足과 有餘의 諺讀은 미진한 듯하다. 어쩌면 註 가운데 두 개의 '而'자[244]에 이러한 뜻이 있는 것인가? 다시 생각해 보아야 한다.〔不足有餘之諺讀 恐未盡 豈註中二而字 有此意歟 更思之〕

하였다.

'言顧行' '行顧言'에 대하여 壺山은

본문 아래 두 '行'자는 위의 '行'자(庸德之行)와 똑같다. 朱子가 '行前定'[245], '行同倫'[246]의 아래에 모두 음을 去聲이라고 달았으나 여기에는 없으니, 그 平聲〔행할 행〕으로 읽음을 알 수 있는데, 諺解는 小註를 따라 잘못되었다. '言顧行', '行顧言'은 말할 적에는 행할 바를 돌아보고, 행할 적에는 말한 것을 돌아봄을 말한 것이다.〔本文下二行字 與上一行字同 朱子於行前定行同倫之下 皆著音曰去聲 而於此無之 其作平聲讀 可知 而諺解因小註而致誤耳 言顧行 行顧言 言言時顧所行 行時顧所言云〕

하였다. '諺解는 小註를 따라 잘못되었다.'는 것은 《大全》에 "'言顧行'의 行은 去聲(행실 행)이니, '行顧言'의 行도 같다.〔去聲 行顧言行之行同〕" 하였고, 官本諺解에는 "말이 힝실을 도라보며 힝실이 말을 도라볼디니"로, 栗谷諺解에는 "言이 行을 顧ᄒᆞ며 行이 言을 顧ᄒᆞ면"으로 되어 있는바, 일반적으로 '言行'은 말과 행실로 보아 行을 去聲으로 읽으나 壺山은 여기에서 '行'에 대한 朱子의 音訓이 없음을 근거하여, "말을 할 적에는 자신이 앞으로 행할 것을 돌아보고 행할 적에는 자신이 예전에 말했던 것을 돌아보아야 한다."로 해석해야 함을 강조한 것이다.

한편 鄭玄은 '庸德之行 庸言之謹'에 대하여

'庸'은 常(항상)과 같으니, 德을 항상 행하고 말을 항상 삼감을 말한 것이다.〔庸 猶常也 言

---

244 譯註 註……而자 : 두 개의 '而'자는 "德不足而勉 則行益力"과 "言有餘而訒 則謹益至"를 가리킨 것이다.
245 譯註 行前定 : 20章에 "凡事豫則立 不豫則廢 言前定則不跲 事前定則不困 行前定則不疚 道前定則不窮"이라고 보인다.
246 譯註 行同倫 : 28章에 "今天下車同軌 書同文 行同倫"이라고 보인다.

德常行也 言常謹也〕

라고 하였는데, 茶山은

庸德은 恒德(항상 간직한 德)이요 庸言은 恒言(항상 하는 말)이니, 庸德을 행하면 德이
항상 진전되고 庸言을 삼가면 말을 항상 참게 된다.〔庸德者 恒德也 庸言者 恒言也 庸德
之行 則德常進矣 庸言之謹 則言常訒矣〕

하였는바, 朱子와 鄭玄의 해석을 모두 수용한 것으로 보인다.

章句 | 求는 猶責也라 道不遠人하니 凡己之所以責人者는 皆道之所當然也라 故로
反之以自責而自修焉이라 庸은 平常也라 行者는 踐其實이요 謹者는 擇其可라 德不
足而勉이면 則行益力이요 言有餘而訒[247]이면 則謹益至[248]니 謹之至則言顧行矣요
行之力則行顧言矣라 慥慥는 篤實貌니 言 君子之言行如此하니 豈不慥慥乎리오하
시니 贊美之也[249]라 凡此皆不遠人以爲道之事니 張子所謂以責人之心責己則盡
道가 是也라

'求'는 責(바람)과 같다. 道가 사람의 몸에서 멀리 있지 않으니, 무릇 자신이 남에게 바라는
것은 모두 道의 當然함이다. 그러므로 자신에게 돌이켜 自責하여 스스로 닦는 것이다. '庸'
은 平常함이다. '行'은 그 실제를 밟는 것이요, '謹'은 그 可함을 택하는 것이다. 德行은 不
足한데 힘쓴다면 行이 더욱 힘써질 것이요, 말은 有餘한데 참는다면 삼감이 더욱 지극할 것
이니, 삼가기를 지극히 하면 말할 적에 行할 것을 돌아볼 것이요, 行을 힘쓰면 行할 적에 말

---

247 〔詳說〕言有餘而訒:'言訒'은 《論語》〈顏淵〉에 나온다.[1]〔言訒 出論語顏淵〕
　　　譯註 1. 言訒은……나온다:'言訒'은 말을 참는 것으로, 《論語》〈顏淵〉3章에 "司馬牛가 仁을 묻자, 孔
　　　子께서 말씀하셨다. '仁者는 그 말을 참아서 한다.'〔司馬牛問仁 子曰仁者 其言也訒〕"라고 보인다.

248 〔自箴〕德不足而勉……則謹益至:君子가 매번 한 가지 일을 행하고 한마디 말을 낼 적에 먼저 權衡을
　　　가지고 中을 자신의 마음에 베풀어 보아 中에 부족한 바가 있으면 감히 힘쓰지 않지 못하고, 中에 有餘
　　　한 바가 있으면 감히 다하지 않는 것이니, 이것을 일러 '中庸'이라 한다. 朱子가 '德은 부족하고 말은 有
　　　餘하다.' 하였으니, 그 뜻이 또한 좋다.〔君子每行一事 出一言 先以權衡設中于乃心 於中有所不足 則不敢
　　　不勉 於中有所餘剩 則不敢遂盡 斯之謂中庸也 朱子謂德不足而言有餘 其義亦好〕

249 〔詳說〕豈不慥慥乎 贊美之也:農巖이 말씀하였다. "글 뜻이 '어찌 공경하고 화목하지 않겠는가.〔曷不肅
　　　雝〕'[1]와 서로 비슷하다.〔與曷不肅雍(雝)相似〕"
　　　譯註 1. 曷不肅雝:《詩經》〈召南 何彼穠矣〉에 "어찌 공경하고 화목하지 않겠는가. 王姬의 수레로
　　　다.〔曷不肅雝 王姬之車〕"라고 보인다.

••• 踐 밟을 천 訒 참을 인 贊 도울 찬

한 것을 돌아보게 될 것이다. '慥慥'는 篤實한 모양이다. '君子의 말과 行함이 이와 같으니, 어찌 慥慥하지 않겠는가.' 라고 말씀하셨으니, 찬미한 것이다. 무릇 이는 모두 사람을 멀리 하지 않고 道를 하는 일이니, 張子의《正蒙》에 이른바 '남에게 바라는 마음으로 자신을 책하면 道를 다한다.' 는 것이 이것이다.

章下註 | 右는 第十三章이라 道不遠人者는 夫婦所能이요 丘未能一者는 聖人所不能이니 皆費也로되 而其所以然者는 則至隱存焉하니 下章放此[250]하니라

이상은 제13章이다. '道가 사람의 몸에서 멀리 있지 않다' 는 것은 夫婦가 능한 바이고, '나는 그중에 한 가지도 능하지 못하다' 는 것은 聖人도 능하지 못한 바이니, 이는 모두 費이나 그 所以然은 지극히 隱微함이 이 안에 들어있는 것이다. 아랫장도 이와 같다.

| 素其位章 |

14-1. 君子는 素其位而行이요 不願乎其外니라

君子는 현재의 위치(지위)에 따라 행하고, 그 밖의 것을 원하지 않는다.

按說 | '素其位에 대하여, 鄭玄은

　《中庸》에 '素'는 모두 傃로 읽어야 한다.〔素皆讀爲傃〕

하였는데, 疏에

　'素'는 鄕(向)이니, 자기가 居한 바의 위치를 향하여 자기가 行할 바의 일을 행하는 것이다.〔素 鄕也 鄕其所居之位 而行其所行之事〕

라 하였다. 한편 退溪는 첫 번째로 '位에 素ㅎ야셔 行ㅎ고'와 두 번째로 '見在ㅎ 그 位에셔

---

250 〔詳說〕皆費也……下章放此 : 마땅히 아래 일곱 章을 통하여 보아야 하니, 한 가지 일과 한 가지 물건도 費 아님이 없고, 또한 費만 있고 隱이 없는 경우도 없다.〔當通下七章看 蓋無一事一物非費者 亦無有費而無隱者耳〕

‥‥ 放 같을 방(倣通) 素 평소 소

行흐고'의 두 가지 해석을 들고

두 번째 해석이 註에 근거하여 좋은 듯하다. 다만 '素富貴' 등에 있어서는 맞지 않으니, 첫
번째 해석을 따라 素자가 註 가운데 '因'의 뜻을 겸한 것으로 보아야 한다.〔下說據註文 似
善 但於素富貴等處不合 當從上說 素字兼帶註中因字意看〕《中庸釋義》

하였다. 한편 官本諺解에는 "그 位예 素ᄒᆞ야셔 行흐고"로, 栗谷諺解와 艮齋諺解에는 "그
位예 素ᄒᆞ야 行흐고"로 해석하였다.

章句 | 素는 猶見(現)在也[251]라 言 君子但因見在所居之位하여 而爲其所當爲요 無
慕乎其外之心也라

'素'는 현재와 같다. 君子가 단지 현재 처해 있는 바의 위치에 따라 마땅히 해야 할 것을 하
고, 그 밖의 것을 사모하는 마음이 없음을 말씀한 것이다.

14-2. 素富貴하얀 行乎富貴하며 素貧賤하얀 行乎貧賤하며 素夷狄하얀
行乎夷狄하며 素患難하얀 行乎患難이니 君子는 無入而不自得焉이니라

현재 富貴에 처해서는 富貴대로 행하며, 현재 貧賤에 처해서는 貧賤대로 행하며, 현
재 夷狄에 처해서는 夷狄대로 행하며, 현재 患難에 처해서는 患難대로 행하니, 君子
는 들어가는 곳마다 스스로 만족하지 않음이 없다.

按說 | '素富貴……行乎貧賤에 대하여, 北溪陳氏(陳淳)는

'素富貴'는 舜임금이 그림 그린 옷을 입고 거문고를 타시는 것과 같고, '素貧賤'은 舜임금이
마른 밥을 먹고 채소를 먹은 것[252]과 같고, '素患難'은 孔子가 匡땅에서 난을 만난 것[253]과

---

251 〔詳說〕 素 猶見(現)在也 : 〈'素'는〉 '方今'이란 말과 같고, 本來를 말한 것이 아니다.〔猶言方今也 非謂本來也〕

252 譯註 素富貴는……것 : 《孟子》〈盡心下〉 6章에 "舜임금이 마른 밥을 먹고 채소를 먹을 적에는 장차 그대
로 終身할 듯이 하셨는데, 天子가 되어서는 그림 그린 옷을 입고 거문고를 타시며 두 여자가 모시는 것을
固有한 것처럼 여기셨다.〔舜之飯糗茹草也 若將終身焉 及其爲天子也 被袗衣 鼓琴 二女果 若固有之〕"라
고 보인다.

••• 貧 가난할 빈 賤 천할 천 夷 오랑캐 이 狄 오랑캐 적

같으니, 가는 곳마다 스스로 만족하지 않음이 없어서 오직 내가 마땅히 해야 할 바를 할 뿐인 것이다.〔素富貴 如舜之袗衣鼓琴 素貧賤 如舜之飯糗茹草 素患難 如孔子之於匡 無所往而不自得 惟爲吾之所當爲而已〕《詳說》

하였고, 茶山은

素는 本質이니, 읽기를 '繪事後素(그림 그리는 일은 본질보다 뒤이다.)'의 素와 같이 읽는다. 素其位는 본래 그 지위요, 행한다는 것은 자기를 행하는 것이다.〔素者 本質也 讀之如繪事後素之素 素其位者 本其位也 行者行己也〕○ 그 本質이 富貴이면 富貴로써 자기를 행하니 이것이 中和요, 本質이 貧賤이면 貧賤으로써 자기를 행하니 이것이 中和이니, 夷狄과 患難이 모두 그렇지 않음이 없다. '들어가는 곳마다 自得하지 않음이 없다.'는 것은 얻은 것이 中이고 和함이 지극한 것이다. 今日은 富貴하고 明日은 貧賤한데도 中和를 잃지 않고, 今日은 夷狄이고 明日은 患難인데도 中和를 잃지 않는다면, 이것이 中이고 庸인 것이다. 庸은 항상 그러함이니, 들어가는 곳마다 自得하지 않음이 없다면 어찌 항상 그러하지 않겠는가.〔其本質富貴 則以富貴行己 斯中和也 其本質貧賤 則以貧賤行己 斯中和也 夷狄患難莫不皆然 無入而不自得 所得者中而和之至也 今日富貴而明日貧賤 不失此中和 今日夷狄而明日患難 不失此中和 則中而庸也 庸者常然也 無入而不自得 豈非常然乎〕

하였고, 壺山은

살펴보건대 만난 바의 위치는 따라서 변하나 내가 이에 대처하는 것은 당연한 道이니, 바뀔 수가 없는 것이다.〔按所遇之地 則隨變 而吾所以處之者當然之道 則不可變也〕

하였다.

艮齋는

葉水心(葉適)이 "貧賤에 처하여 貧賤을 행함은 可하지만 富貴에 처하여 富貴를 행함은 不可하다."라고 하였다. 葉氏는 '行'자를 意向이 어떠한가라고 생각하여 그의 말이 이와 같

---

253 譯註 素患難은……것 :《論語》〈子罕〉 5章에 "孔子께서 匡땅에서 경계심을 품으셨다.〔子畏於匡〕"라고 보이는데,《集註》에《史記》를 인용하여 "陽虎가 일찍이 匡땅에서 포악한 짓을 했었는데, 夫子의 모습이 陽虎와 비슷했으므로 匡땅 사람들이 〈孔子를 陽虎로 오인하여〉 포위했다.〔陽虎曾暴於匡 夫子貌似陽虎 故匡人圍之〕" 하였다.

은 것이다.〔葉水心曰 素貧賤 行乎貧賤 可也 素富貴 行乎富貴 不可也 葉氏認行字指

意如何 而其言如是〕

하였다.

章句ㅣ此는 言素其位而行也라

이는 현재의 위치를 따라 행함을 말씀한 것이다.

14-3. 在上位하여 不陵下하며 在下位하여 不援上이요 正己而不求於人이면 則無怨이니 上不怨天하며 下不尤人이니라

윗자리에 있으면서 아랫사람을 업신여기지 않으며 아랫자리에 있으면서 윗사람을 잡아당기지 (끌어내리지) 않고, 자기 몸을 바루고 남에게 요구하지 않으면 원망이 없을 것이니, 위로는 하늘을 원망하지 않으며 아래로는 사람을 허물하지(탓하지) 않는다.

按說ㅣ'上不怨天 下不尤人'에 대하여, 壺山은

'無怨'은 자기가 원망이 없는 것이요, 남이 자기를 원망하지 않음을 말한 것이 아니다. 아랫글 '不尤人' 세 글자는 이 '無怨' 두 글자의 뜻을 거듭한 것인데, '하늘을 원망하지 않음〔不怨天〕'을 함께 말한 것은, 《論語》의 글[254]을 취하여 썼을 뿐이다.〔無怨 是己之無怨 非謂人不怨己也 下文不尤人三字 申此無怨二字之義 而並及於不怨天 蓋取用論語之文耳〕

하였다.

章句ㅣ此는 言不願乎其外也[255]라

---

254 譯註 論語의 글:〈憲問〉37章에 "하늘을 원망하지 않으며 사람을 탓하지 않고, 아래로 〈人間의 일을〉 배우면서 위로 〈天理를〉 통달하노니, 나를 알아주는 것은 하늘이실 것이다.〔不怨天 不尤人 下學而上達 知我者 其天乎〕"라고 하신 孔子의 말씀이 보인다.

255 〔記疑〕 此 言不願乎其外也:葉水心은 또 "아랫자리에 있으면서 윗사람을 잡아당기지 않는 것은 可하지만, 윗자리에 있으면서 아랫사람을 업신여기지 않음에 그치면 그 뜻을 다하지 못한 것이다."라고 하였다. 나(艮齋)는 생각건대 子思가 오로지 '不願乎外'를 말씀하셨기 때문에 그 말씀이 이와 같을 뿐이다. 만일

··· 陵 능멸할 릉 援 당길 원 怨 원망할 원 尤 허물 우

이는 그 밖의 것을 원하지 않음을 말씀한 것이다.

14-4. 故로 君子는 居易以俟命하고 小人은 行險以徼幸이니라

그러므로 君子는 평이함에 처하여 天命을 기다리고, 小人은 위험한 곳에 행하면서 요행을 바란다.

> 章句ㅣ 易는 平地也라 居易는 素位而行也요 俟命은 不願乎外也라 徼는 求也요 幸은 謂所不當得而得者라
>
> '易'는 平地이다. '居易'는 현재의 위치에 따라 행함이요, '俟命'은 밖의 것을 원하지 않는 것이다. '徼'는 구함이요, '幸'은 마땅히 얻어서는 안될 경우에 얻음을 이른다.

14-5. 子曰 射有似乎君子하니 失諸正鵠이어든 反求諸其身이니라

孔子께서 말씀하셨다. "활쏘기는 君子와 유사함이 있으니, 〈활을 쏘아〉 正과 鵠을 잃거든 자기 몸에 돌이켜 찾는다."

> 章句ㅣ 畫布曰正이요 棲皮曰鵠[256]이니 皆侯之中, 射之的也라 子思引此孔子之言하여 以結上文之意하시니라

윗사람이 되고 아랫사람이 된 道理를 널리 말한다면 아랫자리에 있으면서 윗사람을 잡아당기지 않음에 그치는 것을 어찌 그 義를 다했다고 말할 수 있겠는가.〔水心又曰 在下位 不援上 可也 在上位 止於不陵下 未盡其義 余謂子思專言不願乎外 故其說如此爾 若泛言爲上爲下之道 則在下位 止於不援上 豈得爲盡其義歟〕

256 譯註 畫布曰正 棲皮曰鵠: 삼베로 만든 侯에 표적을 그려놓은 것을 正이라 하고, 가죽으로 만든 侯에 표적을 그려놓은 것을 鵠이라 한다.
〔詳說〕《大全》에 말하였다. "大射(제후가 제사할 적에 신하들과 행하는 射禮)에는 가죽 侯에 鵠(곡)을 설치하고, 賓射(손님들과 행하는 射禮)에는 삼베 侯에 正을 설치한다.〔大射 皮侯而設鵠 賓射 布侯而設正〕" ○ 雙峰饒氏가 말하였다. "正은 바로 '鴊(작은 새)'자이니, 작으면서 빨리 날아 가장 쏘아 맞추기가 어려우니, 이 때문에 취하여 표적으로 삼은 것이다. '鵠'은 가죽을 갖다가 가운데에 붙여 두고, '正'은 삼베에 그려서 표적으로 삼는다.〔正是鴊字 小而飛疾 最難射 所以取爲的 鵠取革置於中 正則畫於布以爲的〕"

••• 易 평이할 이 俟 기다릴 사 險 험할 험 徼 구할 요 幸 요행 행 射 활쏘기 사 鵠 과녁 곡 反 돌이킬 반
棲 붙일 서 侯 과녁판 후 的 표적 적

삼베에 〈표적을〉 그려놓은 것을 正이라 하고 가죽을 붙여놓은 것을 鵠이라 하니, 모두 侯 (과녁판)의 한가운데이고 활을 쏘는 표적이다. 子思께서 이 孔子의 말씀을 인용하여 윗글의 뜻을 맺으신 것이다.

章下註 | 右는 第十四章이라 子思之言也니 凡章首에 無子曰字者는 放(倣)此하니라

이상은 제14章이다. 이는 子思의 말씀이니, 무릇 章 첫머리에 '子曰'이란 글자가 없는 것은 이와 같다.

| 行遠自邇章 |

15-1. 君子之道는 辟(譬)如行遠必自邇하며 辟如登高必自卑니라

君子의 道는 비유하면 먼 곳에 감이 반드시 가까운 데로부터 함과 같으며, 비유하면 높은 곳에 오름이 반드시 낮은 데로부터 함과 같다.

按說 | 茶山은

아랫장(鬼神章)은 天道이니, 장차 天道를 말하려 하므로 먼저 人道를 말하였다. 그러므로 "먼 곳을 가려 할 적에는 먼저 가까운 곳에서부터 시작하며, 높은 곳을 오르려 할 적에는 먼저 낮은 곳에서부터 시작한다." 한 것이다. 그러나 하늘이 사람의 善·惡을 살피는 것이 항상 人倫에 있으니, 人倫을 잘하면 하늘을 섬길 수 있을 것이다.〔下章天道也 將言天道 先言人道 故曰行遠自邇 登高自卑 然天之所以察人善惡 恒在人倫 善於人倫 則可以事天矣〕

하였다.

章句 | 辟는 譬同이라

'辟'는 譬와 같다.

··· 辟 비유할 비(譬通) 自 부터 자 邇 가까울 이 卑 오를 등

15-2. 詩曰 妻子好合이 如鼓瑟琴하며 兄弟旣翕하여 和樂且耽이라 宜爾室家하며 樂爾妻帑(孥)라하여늘

《詩經》에 이르기를 "妻子와 정이 좋고 뜻이 합함이 琴瑟을 타는 듯하며, 兄弟가 이미 화합하여 和樂하고 또 즐거운지라, 너의 室家를 마땅하게 하며(화합하게 하며) 너의 妻子들을 즐겁게 한다." 하였는데,

> **按說** | 壺山은
>
> 詩의 본뜻은 형제를 위주하여 말하였는데, 이 章에 인용한 뜻은 처자와 형제와 부모를 모두 가까운 곳으로부터 하는 일로 삼았다. 그러므로 諺解의 구두가 詩와 똑같지 않은 것이다.〔詩之本義 主乎兄弟而言 此章所引之意 則以妻子兄弟父母皆作自邇之事 故諺讀 與詩不同云〕
>
> 하였다. 《中庸》의 諺解는 "妻子好合이 如鼓瑟琴ᄒ며 兄弟旣翕ᄒ야 和樂且耽이라"이고, 《詩經》의 언해는 "妻子好合이 如鼓瑟琴이라두 兄弟旣翕이라△ㅏ 和樂且湛이니라"이다.

> **章句** | 詩는 小雅常棣之篇이라 鼓瑟琴은 和也라 翕은 亦合也요 耽은 亦樂也라 帑는 子孫也라
>
> 詩는 〈小雅 常棣〉篇이다. '琴瑟을 탄다'는 것은 和함이다. '翕' 또한 合함이요, '耽' 또한 즐거움이다. '帑'는 子孫이다.

15-3. 子曰 父母其順矣乎신저하시니라

孔子께서 말씀하시기를 "〈이렇게 되면〉 父母가 和順하여 편안하실 것이다." 하셨다.

> **按說** | '父母其順矣乎'에 대하여, 朱子는 "사람이 妻子와 화합하고 兄弟間에 우애하면 그 父母가 和順하여 安樂하실 것이다."로 해석하였고, 鄭玄은
>
> 그 敎令이 행해져서 室家를 順하게 함을 말한 것이다.〔謂其敎令行 使室家順〕

··· 鼓 두드릴 고 瑟 비파 슬 琴 거문고 금 翕 화할 흡 耽 즐길 탐 帑 처자식 노(孥通) 棣 아가위 체

하였다.

章句│夫子誦此詩而贊之曰 人能和於妻子하고 宜於兄弟如此면 則父母其安樂
之矣²⁵⁷신저하시니 子思引詩及此語하사 以明行遠自邇, 登高自卑之意하시니라

夫子께서 이 詩를 외우고 칭찬하시기를 "사람이 妻子間에 화합하고 兄弟間에 좋음이 이
와 같다면 父母가 편안하고 즐거우실 것이다." 하셨다. 子思가 詩와 孔子의 이 말씀을 인용
하여 먼 곳에 감이 가까운 데로부터 하고 높은 곳에 오름이 낮은 데로부터 하는 뜻을 밝히신
것이다.

章下註│右는 第十五章²⁵⁸이라

이상은 제15章이다.

│鬼神章│

16-1. 子曰 鬼神之爲德이 其盛矣乎인저

孔子께서 말씀하셨다. "鬼神의 德됨이 盛하구나.

按說│'鬼神之爲德'에 대하여, 朱子는 程子와 張橫渠의 說을 인용하여 鬼神을 설명하였

---

257 〔詳說〕則父母其安樂之矣 : 雙峰饒氏가 말하였다. "室家가 마땅(화합)하고 妻孥가 즐거움은 모두 下面
의 일이고 父母가 순함은 上面의 일이니, 上面이 순하기를 바라면 모름지기 下面이 和하여야 비로소 가
능하다.〔室家宜 妻孥樂 皆下面事 父母順 是上面事 欲上面順 須下面和 始得〕" ○ 살펴보건대 饒氏는 높
고 낮음을 가지고 말하였으니, 註 가운데 '則'자가 이러한 뜻이 있다. 만약 멀고 가까움을 가지고 말한다
면 父母보다 더 가까운 것이 없고 형제와 아내가 그 다음이 된다. 註 가운데 '則'자를 또 마땅히 '者'자의
뜻으로 보아야 하니, 이와 같이 하는 자는 父母가 반드시 이미 편안함을 말한 것이다. 그러나 〈妻·兄
弟·父母는〉 모두 마땅히 가까움으로 보아야 한다.〔按饒氏以高卑言 註中則字 蓋有此意 若以遠邇言 則
莫邇於父母 而兄弟妻次之 註中則字 又當以者字意看 謂如此者 父母必其已安矣 雖然 皆當以邇看〕
258 〔詳說〕右 第十五章 : 父母보다 가까운 것이 없고 鬼神보다 먼 것이 없다. 그러므로 父母의 아래에 鬼神
으로써 이었으니, 위아래의 章이 글이 끊긴 것 같으나 뜻은 실로 서로 이어진다. 또 뒷절의 여러 '孝'자는
실로 이와 서로 조응된다.〔莫邇於父母 莫遠於鬼神 故父母之下 以鬼神承之 上下章 文似斷落 而意實相
承 且後節諸孝字 實與此相照應〕

··· 贊 칭찬할 찬

으나 茶山은 鬼神을 上帝로 보아 다음과 같이 설명하였다.

'天下의 사람들이 재계하고 깨끗이 하며 의복을 성대히 하여 제사를 받듦은 이 제사는 郊
祭이다. 郊에서 제사하는 대상은 上帝이니, 上帝의 體는 형체가 없고 質이 없어서 鬼神과
德이 같으므로 '鬼神'이라 한 것이다. 그 感格(감동)하고 臨照함으로써 말했기 때문에 '鬼
神'이라 한 것이다.〔天下之人 齊明盛服 以承祭祀 則此祭郊祭也 郊所祭者上帝也 上
帝之體 無形無質 與鬼神同德 故曰鬼神也 以其感格臨照而言之 故謂之鬼神〕

이는 앞 제1章의 戒愼·恐懼에 대한 說과 참고해 보아야 할 것이다.

章句 | 程子曰 鬼神은 天地之功用[259] 而造化之迹也[260]라 張子曰 鬼神者는 二氣
之良能也[261]라 愚謂 以二氣言이면 則鬼者는 陰之靈也요 神者는 陽之靈也[262]며 以
一氣言이면 則至而伸者爲神이요 反而歸者爲鬼니 其實은 一物而已[263]라 爲德은 猶
言性情功效[264]라

---

259 〔詳說〕鬼神 天地之功用:朱子가 말씀하였다. "〈天地의 功用은〉 추위가 오면 더위가 가고, 봄에 낳고 여
름에 자라는 것과 같은 것이다.〔如寒來暑往 春生夏長〕"

260 〔詳說〕造化之迹也:朱子가 말씀하였다. "〈造化의 자취는〉 비와 바람, 서리와 이슬, 해와 달, 낮과 밤과
같은 것이다.〔風雨霜露日月晝夜〕"

261 〔詳說〕鬼神者 二氣之良能也:朱子가 말씀하였다. "往來와 屈伸은 바로 理의 自然이요 安排하여 조처
함이 있는 것이 아니니, 이것을 陰陽이라고 말하여도 되는데 반드시 鬼神이라고 말한 것은 그 良能과 功
用을 가지고 말한 것이다.〔往來屈伸 乃理之自然 非有安排措置 謂之陰陽 亦可也 必謂之鬼神者 以其良
能功用而言也〕" ○ 雙峰饒氏가 말하였다. "'造化의 자취'는 그 屈伸을 가리켜 말한 것이고, '두 기운의
良能'은 능히 굽히고 능히 펴는 것을 가리켜 말한 것이다. 程子는 저 신령스러운 곳을 말씀하지 않았고,
張子는 말씀한 것이 정밀하다.〔造化之迹 指其屈伸而言 二氣良能 指其能屈能伸者而言 程子不說他靈處
張子說得精〕"

262 〔詳說〕以二氣言……陽之靈也:朱子가 말씀하였다. "예를 들면 기운(숨)이 호흡하는 것이 魂이 되니 魂
은 바로 神이니 陽에 속하고, 귀와 눈과 입과 코와 같은 따위는 魄에 속하니 魄은 바로 鬼이니 陰에 속한
다.〔如氣之呼吸爲魂 魂卽神也 屬乎陽 耳目口鼻之類爲魄 魄卽鬼也 屬乎陰〕"

263 〔詳說〕鬼神……一物而已:朱子가 말씀하였다. "陰·陽 두 기운의 나뉨은 실로 한 氣의 운행이다.〔二氣
之分 實一氣之運〕"
〔記疑〕蔡氏(蔡淸)는 "神은 鬼와 상대하면 편벽되고 神만 말하면 太極에 해당할 수 있다."라고 말하였
다. 내 의심하건대, 太極은 만물 자연의 묘함이고, 神은 만물을 묘하게 할 수 있는 것이니, 하나(太極)는
眞이고 하나(神)는 靈이어서 분별이 없을 수 없다. 〈蔡氏가 지은〉《四書蒙引》의 說은 너무 혼잡하여 따
를 수 없다.〔蔡氏言 神對鬼則偏 單言神則當得太極 竊疑太極是萬物自然之妙 神是能妙萬物者 一眞一靈
不得無辨 蒙引說太混 不可從也〕

264 〔詳說〕爲德 猶言性情功效:朱子가 말씀하였다. "性情은 두 氣의 良能이요 功效는 天地의 功用이며, 鬼

··· 靈 신령 령 伸 펼 신 歸 돌아갈 귀 鬼 귀신 귀

程子(伊川)가 말씀하였다. "鬼神은 天地의 功用이요, 造化의 자취이다."

張子가 말씀하였다. "鬼神은 陰·陽 두 기운의 良能이다."

내(朱子)가 생각하건대 陰·陽 두 기운으로써 말하면 鬼는 陰의 靈이고 神은 陽의 靈이며, 한 기운으로써 말하면 이르러 펴짐은 神이 되고 돌아가 되돌아감은 鬼가 되니, 그 실제는 한 물건일 뿐이다. '爲德'은 性情, 功效라는 말과 같다.

16-2. 視之而弗見하며 聽之而弗聞이로되 體物而不可遺니라

보아도 보지 못하며 들어도 듣지 못하나 事物의 體(근간)가 되어 빠뜨릴 수 없다.

按說 | '體物而不可遺'에 대하여, 朱子는 '鬼神이 물건의 體(근간)가 되어 빠뜨릴 수 없는 것'으로 해석하였으나, 鄭玄은

'體'는 生(낳음)과 같고 '可'는 所와 같으니, '不有所遺'는 萬物이 鬼神의 기운으로써 낳지 않은 것이 없음을 말한 것이다. 〔體 猶生也 可 猶所也 不有所遺 言萬物無不以鬼神之氣生也〕

하였다.

章句 | 鬼神이 無形與聲이나 然物之終始가 莫非陰陽合散之所爲[265]니 是其爲物之體而物之所不能遺也[266]라 其言體物은 猶易所謂幹事[267]라

神의 德은 鬼神의 실제 그러한 이치를 말한 것이다.〔性情是二氣之良能 功效是天地之功用 鬼神之德 言鬼神實然之理〕○ 尤菴이 말씀하였다. "中庸의 德됨'은 中庸이 바로 그 德이라는 뜻이다. 鬼神은 다만 氣가 屈伸하는 것이고 그 德은 誠이니, 〈귀신의 덕됨〔鬼神之爲德〕과〉 말은 같으나 뜻은 다르다.〔中庸之爲德 中庸卽其德也 鬼神只是氣之屈伸 其德則誠也 語同意異〕"

〔記疑〕朱子가 말씀하기를 "鬼神의 德은 天命의 實理이니, 이른바 誠이다."라고 하셨다. 이것은 呂子約에게 답한 편지에서 말씀한 것인데, 陸三魚의 《四書講義困勉錄》과 退溪가 栗谷에게 답한 편지 및 近齋(朴胤源)·兼山(俞肅基)은 모두 未定說이 된다고 의심하였다.〔朱子曰 鬼神之德 則天命之實理 所謂誠也 此是答呂子約書 而陸三魚困勉錄 退溪答栗谷書 及近齋兼山皆疑其爲未定說〕

265 〔詳說〕物之終始 莫非陰陽合散之所爲 : 新安陳氏가 말하였다. "陰·陽의 합함은 물건의 始初가 되고, 陰·陽의 흩어짐은 물건의 終末이 된다.〔陰陽之合 爲物之始 陰陽之散 爲物之終〕"

266 〔詳說〕是其爲物之體而物之所不能遺也 : 朱子가 말씀하였다. "만물의 體는 바로 鬼神의 德이니 氣에

··· 聽 들을 청 遺 빠뜨릴 유 散 흩을 산 幹 줄기간

鬼神은 형체와 소리가 없으나 事物의 시작과 종말은 陰·陽이 합하고 흩어짐의 所爲 아님이 없으니, 이는 事物의 體가 되어 사물이 능히 빠뜨릴 수가 없는 것이다. '體物'이라고 말한 것은 《周易》乾卦 〈文言傳〉의 이른바 '일의 근간이 된다.'는 말과 같다.

16-3. 使天下之人으로 齊(재)明盛服하여 以承祭祀하고 洋洋乎如在其上하며 如在其左右니라

천하의 사람들로 하여금 齋戒하고 깨끗이 하며 의복을 성대히 하여 제사를 받들게 하고는 洋洋하게 그 위에 있는 듯하며 그 左右에 있는 듯하다.

按說 | '齊明盛服'에 대하여, 陳氏는

齊明은 안에 엄숙히 하는 것이고, 盛服은 밖에 엄숙히 하는 것이다.〔齊明是肅於內 盛服是肅於外〕《詳說》

하였다.
'洋洋乎如在其上 如在其左右'에 대하여, 壺山은

두 '其'자는 사람을 가리킨다.〔二其字指人〕

하였다. '洋洋'에 대하여, 朱子는 流動充滿의 뜻으로 해석하였고, 艮齋는

朱子는 "鳶飛魚躍은 道體가 있는 곳이 아님이 없는 것이다."라고 하셨다. 살펴보건대, 이것은 "鬼神이 洋洋히 있는 듯하다."는 것과 같으니, 이는 다만 道일 뿐만 아니라 바로 道體가 있는 곳이다. 대저 天地의 覆·載와 鬼神의 屈·伸과 夫婦의 能知·能行과 聖人의 語·默과 動·靜, 鳶魚의 飛·躍과 草木의 榮·枯와 日月의 晦·明과 寒暑의 往·來 등은 氣가

나아가 떠날 수 없으니, 떠날 수 있으면 물건이 없다.'고 말함과 같고, '不可遺'는 빠뜨림과 滲漏(샘)가 없다고 말함과 같다.〔萬物之體 卽鬼神之德 猶云卽氣而不可離也 可離則無物矣 不可遺 猶云無闕遺滲漏〕 ○ 살펴보건대 '不可遺'의 '可'자는 약간 모순되는 듯하다. 그러므로 註에 '能'자로 바꾼 것이다.〔按不可遺之可字 微似齟齬(저어) 故註以能字易之〕

267 〔詳說〕 其言體物 猶易所謂幹事:〈'幹事'는〉 일에 근간이 되는 것이다. ○ 본문의 '物'자는 '事'자의 뜻을 겸하였다.〔爲幹於事 ○ 本文物字 蓋兼事字意〕

··· 齊 재계할 재(齋同) 盛 성할 성

아닌 것이 없고, 또한 道와 더불어 體가 되지 않은 것이 없다. 통달한 자가 이것을 조우하면 눈앞의 사물이 모두 도리이니, 이것을 보았을(알았을) 때에는 活潑潑한 것이고, 보지 못했을 때에는 단지 形氣가 죽어 국한된 것이다.〔朱子曰 鳶飛魚躍 無非道體之所在 按此如鬼神之洋洋如在 非直是道 乃道體之所在也 大抵天地之覆載 鬼神之屈伸 夫婦之能知能行 聖人之語默動靜 鳶魚之飛躍 草木之榮枯 日月之晦明 寒暑之往來 無非是氣 亦無非是與道爲體 達者遇之 眼前物事 都是道理 見得時 活潑潑地 見不得時 只是形氣死局底〕

하였다. 반면 鄭玄은

'洋洋'은 사람들이 어렴풋한 鬼神의 형상을 상상하는 모습이다.〔洋洋 人想思其傍優之貌〕

하였다.

章句│齊(재)之爲言은 齊(제)也니 所以齊不齊而致其齊(재)也라 明은 猶潔也라 洋洋은 流動充滿之意라 能使人畏敬奉承[268]而發見(현)昭著如此하니 乃其體物而不可遺之驗也라 孔子曰 其氣發揚于上하여 爲昭明焄蒿(훈호)悽愴하니 此는 百物之精也요 神之著也[269]라하시니 正謂此爾니라

---

268 〔詳說〕畏敬奉承:재계하고 깨끗이 하여 제사를 받드는 것이다.〔齊明承祀〕

269 譯註 其氣發揚于上……神之著也:이 내용은《禮記》〈祭義〉에 "여러 생명은 반드시 죽고, 죽으면 반드시 흙으로 돌아가니, 이것을 일러 鬼라 한다. 骨肉이 地下에서 썩어서 덮여 들의 흙이 되면 그 기운이 위로 發揚해서 昭明과 焄蒿와 悽愴이 되니,[1] 이것은 여러 물건의 精氣이니, 귀신이 드러난 것이다.〔衆生必死 死必歸土 此之謂鬼 骨肉斃于下 陰(蔭)爲野土 其氣發揚于上 爲昭明焄蒿悽愴 此百物之精也 神之著也〕"라고 보인다.

> 譯註 1. 昭明과……되니:昭明은 鬼神이 밝게 드러남이요, 焄蒿는 기운이 뭉쳐 올라감이요, 悽愴은 子孫들이 肅然히 追慕하는 마음을 일으키는 것이다. 朱子는 이에 대하여 "鬼神이 빛을 드러내는 곳이 昭明이요, 기운이 훈증하여 올라가는 것이 焄蒿요, 사람들의 정신을 悚然하게 함이 悽愴이다." 하였고, 또 이르기를 "昭明은 바로 光景의 등속이고, 焄蒿는 기운이 사람에게 감촉되는 것이고, 悽愴은《漢書》에 이른바 '神君이 이르자 그 바람이 肅然하다.'는 것이다." 하였으며, 또 이르기를 "焄蒿는 鬼神의 精氣가 交感하는 곳이다." 하였다.

> 〔詳說〕百物의 精은 바로 神이 드러난 것이다.〔百物之精 卽神之著也〕○ 朱子가 말씀하였다. "이 章의 처음과 끝은 모두 陰·陽 두 기운의 屈伸을 위주하여 말하였는데, 중간에 '洋洋하게 있는 듯하다'는 것은 바로 사람과 물건의 죽은 기운이어서 앞뒤의 뜻과 부합하지 않는 듯함은 어째서인가? 죽음은 바로 屈이요 감동시켜 불러 옴은 바로 伸이며, 祖宗의 기운이 다만 자손의 몸 위에만 존재하다가 제사지낼 적에 이 기운이 또다시 펴지니, 이는 바로 神이 드러난 것이기 때문이다.〔此章首尾 皆主二氣屈伸言 而中間洋洋如在 此乃人物之死氣 似與前後意不合 何也 死便是屈 感召得來便是伸 祖宗氣只存在子孫身上 祭祀

••• 潔 깨끗할 결 焄 태울 훈 蒿 쑥 호 悽 슬플 처 愴 슬플 창

'齊'란 말은 가지런히 함이니, 〈思慮가〉 가지런하지 않음을 가지런히 하여 齊戒함을 지극히 하는 것이다. '明'은 潔(깨끗함)과 같다. '洋洋'은 流動하고 充滿한 뜻이다. 능히 사람으로 하여금 두려워하고 공경하여 받들게 하고는 發現하고 밝게 드러남이 이와 같으니, 이것이 바로 사물의 體가 되어 빠뜨릴 수 없음의 징험(실증)이다. 孔子께서 말씀하시기를 "그 기운이 위에 發揚하여 昭明과 焄蒿와 悽愴이 되니, 이는 온갖 물건의 精이요 神의 드러남이다." 하셨으니, 바로 이를 말씀한 것이다.

16-4. 詩曰 神之格思를 不可度(탁)思온 矧可射(역)思아하니

《詩經》에 이르기를 '神의 옴을 예측할 수 없는데, 하물며 神을 싫어할 수 있겠는가.' 하였으니,

> 章句ㅣ詩는 大雅抑之篇이라 格은 來也요 矧은 況也라 射은 厭也니 言厭怠而不敬也[270]라 思는 語辭라

> 詩는 〈大雅 抑〉篇이다. '格'은 옴이요 '矧'은 況(하물며)이다. '射'은 싫어함이니, 싫어하고 태만히 하여 공경하지 않음을 말한다. '思'는 어조사이다.

16-5. 夫微之顯이니 誠之不可揜이 如此夫인저

隱微한 것이 드러나니, 誠의 가릴 수 없음이 이와 같구나."

> **按說ㅣ** '誠之不可揜'에 대하여, 雙峰饒氏(饒魯)는
>
> '誠'자가 처음으로 여기에서 보이니, 이 뒤에 誠을 말한 張本이 되는바, 뒷장의 '誠'자는 바로

時 這氣自然又伸 此便是神之著也"

270 〔詳說〕言厭怠而不敬也 : 陳氏가 말하였다. "神明이 옴은 보아도 보지 못하고 들어도 듣지 못하여 모두 헤아릴 수 없는데, 하물며 싫어하여 공경하지 않을 수 있겠는가.〔神明之來 視不見 聽不聞 皆不可得而測度(탁) 矧可厭斁(역)而不敬乎〕"

••• 格 이를 격 度 헤아릴 탁 矧 하물며 신 射 싫어할 역 況 하물며 황 揜 가릴 엄

이 章의 '誠'자이다. 이 章의 '誠'자는 費의 所以然이 되는 곳이니 理로써 말하였고, 뒷장의 '誠'자는 여러 費를 꿰뚫어 자기 몸에 소유한 것이니 德으로써 말하였는바, 모두 이른바 '隱'이라는 것이다.〔誠字方見於此 爲此後言誠張本也 後章誠字 卽此章誠字 此章誠字 是費之所以然處 以理言也 後章誠字 是以貫衆費而有諸己處 以德言也 皆所謂隱也〕《詳說》

하였고, 壺山은

이 章은 鬼神을 말하여 한 '誠'자를 이끌어 내었다.〔此章說鬼神 以引起一誠字〕

하였다.

章句｜誠者는 眞實無妄之謂[271]라 陰陽合散이 無非實者[272]라 故로 其發見(현)之不可揜이 如此[273]라

'誠'은 진실하고 망령됨이 없음을 이른다. 陰·陽의 합하고 흩어짐이 진실 아님이 없다. 그러므로 發現되어 가릴 수 없음이 이와 같은 것이다.

章下註｜右는 第十六章이라 不見不聞은 隱也요 體物如在는 則亦費矣[274]니 此前三章은 以其費之小者而言이요 此後三章은 以其費之大者而言[275]이요 此一章은 兼費隱, 包大小而言이니라

---

271 〔詳說〕 誠者 眞實無妄之謂:《大全》에 말하였다. "이 '誠'자는 鬼神의 實理를 가리켜 말하였다.〔此誠字指鬼神之實理而言〕

272 〔詳說〕 陰陽合散 無非實者:理의 은미함이다.〔理之微〕

273 〔詳說〕 其發見之不可揜 如此:理의 드러남이다.〔理之顯〕

274 〔詳說〕 體物如在 則亦費矣:물건의 본체가 되어 존재하는 듯한 費를 가지고 앞장의 費와 비교하면 그 은미하고 드러남이 또 간격이 있다. 그러므로 '亦'자를 놓은 것이다.〔以體物如在之費 視諸前章之費 其微著又有間 故下亦字〕 ○ 雙峰饒氏가 말하였다. "앞장에서 費만 상세히 말하고 隱을 언급하지 않은 것은 '활을 당기기만 하고 발사하지 않은'[1] 뜻이고, 이 章은 隱을 미루어 費에 도달해서 앞장에 발명하지 않은 뜻을 발명한 것이다.〔前章詳於費而不及隱 引而不發之意也 此章推隱而達於費 以發前章未發之意也〕

　　譯註 1. 활을……않은:《孟子》〈盡心下〉 41章에 "君子가 활시위를 당기기만 하고 쏘지 않으나 躍如하여 中道에 서 있거든 능한 자가 따른다.〔君子引而不發 躍如也 中道而立 能者從之〕"라고 보인다.

275 〔詳說〕 以其費之小者而言……以其費之大者而言:두 '其'자는 '費隱章(12章)'의 '道'자를 가리킨 것이다.〔二其字指費隱章道字〕

··· 兼 겸할 겸

이상은 제16章이다. 보지 못하고 듣지 못함은 隱이요, 사물의 體가 되어 존재하는 듯함은 또한 費이다. 이 앞의 세 章은 그(君子의 道) 費의 작은 것을 가지고 말씀하였고, 이 뒤의 세 章은 그(君子의 道) 費의 큰 것을 가지고 말씀하였으며, 이 한 章은 費·隱을 겸하고 大·小를 포함하여 말씀하였다.

章句按說 | 이 鬼神章(16章)에 대하여, 艮齋는 金濯溪(金相進)가 논한 鬼神說이 정밀하고 자세하다고 평하고 《記疑》에 《濯溪集》〈鬼神章箚錄〉을 덧붙였다.

朱子가 말씀하기를 "鬼神章 또한 鳶飛魚躍의 뜻이다."라고 하셨으니, 이는 그 氣에 나아가 理를 밝힌 것이 똑같은 뜻임을 말씀한 것이다. 당장 눈앞에 나타난 飛躍의 理는 太極 上面에 근원하였으니, 아직 天地가 있지 않고 만물이 있지 않았을 때에 일찍부터 이미 있었지만 볼 수 있는 형체가 없고 들을 수 있는 소리가 없다가, 솔개가 되어 날고【羽翼이 있어 바람을 일으킬 수 있으면 그 理가 날지 않을 수 없다.】물고기가 되어 뛰놂에【비늘과 지느러미가 있어 물을 헤저을 수 있으면 그 理가 뛰놀지 않을 수 없다.】이른 뒤에 이 理가 上下에 밝게 드러나 洋洋하고 潑潑하게 나타난다. 무릇 천지 사이에 부모는 자애하고 자식은 효도하며 임금은 의롭고 신하는 충성하며 배는 물을 다닐 수 있고 수레는 육지를 갈 수 있는 등, 천만 가지의 理가 모두 눈앞에 모여 있어 닿는 곳마다 분명하니, 이것을 가지고 理를 말함은 진실로 이른바 '바람을 잘 그리는 手段'이라는 것이다. 지금 읽어보면 '鳶飛戾天 魚躍于淵' 여덟 글자가 모두 形氣이니, 이른바 理라는 것이 어디에 있는가?【《章句》의 이른바 '化育이 유행하여 上下에 밝게 드러난다.'는 것도 氣로 말한 것이다.】그러나 만일 눈이 밝은 자가 본다면 여덟 글자 또한 모두 理이다.【《語類》의 林賜가 기록한 내용에 '鳶飛魚躍은 費이나, 반드시 하나의 어떤 물건이 저로 하여금 이와 같게 만든 것이 있으니 이것이 바로 隱이다.'라고 하였다.】所當然과【마땅히 나는 바와 마땅히 뛰노는 바】所以然이【나는 이유와 뛰노는 이유】사방으로 흩어져 나오니, 그 위에 나아가 이름하여 費라 할 수 있으며, 그 위에 나아가 이름하여 隱이라 할 수 있는 것이다. 작은 깃털과 작은 비늘의 한 점 形氣로 하여금 그 사이에 간섭하지 않게 하였으니, 良工의 苦心을 여기에서 가장 잘 볼 수 있다. 이 뜻을 깨달은 뒤에 이것을 가지고 鬼神章에 反隅(反証)하게 되면 형세가 대나무를 쪼개듯 쉽게 알게 될 것이다. 솔개와 물고기는 생물 중에 날고 뛰노는 것이기 때문에 날고 뛰노는 위에 나아가 費·隱을 말하였고, 鬼神은 陰·陽의 良能이기 때문에 良能의 위에 나아가 費·隱을 말하였으니, 모두 氣의 위에 나아가 理를 밝힌 것이다. 바로 이 良能의 이면에 나아가 그 德에 의거하여 찬미해서 '보지 못하고 듣지 못한다.'라고 하고, '사물의 본체가 되어 있는 듯하다.'라고 하였다. '보지 못하고 듣지 못한다.'는 것은 비록 鬼神의 體이나 道의 隱이 여기에 나아가 있고, '사물의 본체가 되어 있는 듯하다.'는 것은 비록 鬼神의 用이나 道의 費가 여기에 나아가 있다. 이 때문에 朱子가 해당 節 아래에는 단지 氣로만 鬼神을 해석하고 章 아래의 總斷處에서 비로소 費와 隱을 말씀하였던 것이니, 그 뜻이 은미하다.〔朱子曰 鬼神章 也是鳶飛魚躍底意思 蓋言其卽氣上明理 一般意思也 合下飛躍之理 原於太極上面 未有天地 未有萬物之時 早已有之 而無形可見 無聲可 聞 及其爲鳶而飛之【有羽翼可以排風 其理不得不飛】爲魚而躍之【有鱗鬣可以泳水 其理 不得不躍】然後此理昭著於上下 洋洋潑潑 凡天地間父慈子孝 君義臣忠 舟可以行水 車可以行陸 千般萬般之理 擧集目前 觸處朗然 以此譚理 眞所謂善畫風手段也 今讀 鳶飛戾天魚躍于淵八字 都是形氣 安有所謂理者哉【章句所謂化育流行上下昭著者 亦以 氣言】然而使眼明者見之 八字亦都是理也【語類賜錄 鳶飛魚躍 費也 必有一箇甚物 使得 佗如此 此便是隱】所當然【所當飛 所當躍】所以然【所以飛 所以躍】四迸散出 就其上 可 以名之曰費 就其上 可以名之曰隱 不令零毛瑣鱗一點子形氣 干涉於其間 良工心苦 此處最可見 會得此意後 以此反隅於鬼神章 則勢如破竹矣 蓋鳶魚 生物之飛躍者也 故就飛躍上 說費隱 鬼神 陰陽之良能者也 故就良能上 說費隱 皆是卽氣上明理也 卽此良能裏面 依其德而贊之 曰不見不聞 曰體物如在 不見不聞 雖是鬼神之體 而道 之隱卽此而在焉 體物如在 雖是鬼神之用 而道之費卽此而在矣 故朱子於當節下 只 以氣釋鬼神 而於章下總斷處 始說費隱 其旨微矣〕

| 舜大孝章 |

17-1. 子曰 舜은 其大孝也與신저 德爲聖人이시고 尊爲天子시고 富有四海之內하사 宗廟饗之하시며 子孫保之하시니라

孔子께서 말씀하셨다. "舜임금은 大孝이실 것이다. 德은 聖人이 되시고 존귀함은 天子가 되시고 富는 四海의 안을 소유하시어 宗廟에서 先祖를 제향하시며 子孫을 보전하셨다.

··· 尊 높을 존 廟 사당 묘 饗 흠향할 향

按說 │ '舜其大孝也與'에 대하여, 壺山은

　　舜임금은 智로써 말하면 大智가 되고 孝로써 말하면 大孝가 되고 德으로써 말하면 大德
　　이 되시니, 《孟子》에서 말한 '大舜이 더 위대한 점이 있다.'[276]는 것이 이것이다. 그러므로 顏
　　淵·子路 및 文·武·周公과 상대하여 말씀해서 그 위대함을 나타내었고, 뒷장의 '仲尼祖述
　　憲章'[277]에 이르러서는 또 그 集大成[278]한 것이다.〔舜以知則爲大知 以孝則爲大孝 以德
　　則爲大德 孟子所稱大舜有大焉是也 故此書與顏淵子路及文武周公 對說之 以見其
　　大 至後章仲尼祖述憲章 則又集其大成矣〕

하였다.
'宗廟饗之 子孫保之'에 대하여, 鄭玄과 朱子는 분명한 해석이 없고 孔穎達의 疏에는

　　'子孫保之'란 師說에 "舜임금이 禹王에게 禪位하였는데 어째서 保라고 말하였는가? 바로
　　子孫이 제사를 받들어 보전하였기 때문에 保라고 한 것이다." 했다.〔子孫保之者 師說云
　　舜禪與禹 何言保者 此子孫承保祭祀 故云保〕

하였다. 한편 官本諺解와 退溪의 《中庸釋義》와 艮齋의 諺解는 "宗廟를 饗ᄒ시며 子孫을
保ᄒ시니라."로 되어 있어 '舜임금이 宗廟에서 先祖를 제향하고 子孫을 보호하셨다.'로 해석
하였으나, 栗谷諺解는 "宗廟ㅣ 饗ᄒ시며 子孫이 保ᄒ니라."로 되어 있어 뜻이 확실하지 않
다. 한편 '德爲聖人 尊爲天子 富有四海之內'는 舜임금이 生前에 누린 것이고, '宗廟饗之
子孫保之'는 舜임금이 死後에 宗廟에서 제향되고 子孫들이 그 제향을 保守한 것으로 보
아, 위의 '之'를 모두 舜을 가리킨 것으로 보기도 한다.

---

276 譯註 大舜이……있다 : 《孟子》〈公孫丑上〉 8章에 "大舜은 이보다도 더 위대한 점이 있었으니, 善을 남과
　　함께 하셔서 자신을 버리고 남을 따르시며 남에게서 취하여 善을 하는 것을 좋아하셨다.〔大舜有大焉
　　善與人同 舍(捨)己從人 樂取於人 以爲善〕"라고 보인다.

277 譯註 仲尼祖述憲章 : 30章에 "仲尼祖述堯舜 憲章文武 上律天時 下襲水土"라고 보인다.

278 譯註 集大成 : 《孟子》〈萬章下〉 1章에 "孔子를 일러 集大成이라 하니, 集大成은 〈음악을 연주할 적에〉 金
　　(鐘)으로 소리를 퍼뜨리고 玉(磬)으로 거두는 것이다. 金으로 소리를 퍼뜨리는 것은 條理를 시작함이요
　　玉으로 거두는 것은 條理를 끝냄이니, 條理를 시작하는 것은 智의 일이요 條理를 끝내는 것은 聖의 일
　　이다.〔孔子之謂集大成 集大成也者 金聲而玉振之也 金聲也者 始條理也 玉振之也者 終條理也 始條理
　　者 智之事也 終條理者 聖之事也〕"라고 보인다.

章句 | 子孫은 謂虞思陳胡公之屬²⁷⁹이라

'子孫'은 虞思와 陳胡公의 등속을 이른다.

17-2. 故로 大德은 必得其位하며 必得其祿하며 必得其名하며 必得其壽니라

그러므로 大德은 반드시 그 지위를 얻으며, 반드시 그 祿을 얻으며, 반드시 그 이름(명성)을 얻으며, 반드시 그 壽를 얻는다.

按說 | 壺山은

'德'자를 끄집어내어 大德을 말하였으니, 大孝에 비하면 포함하는 바가 넓다. '位'는 天子를 가리키고 '祿'은 부유함을 가리키고 '名'은 聖人을 가리키니, 모두 윗절을 조응하여 말하였다.〔摘出德字 而云大德 比大孝 所包廣 位指天子 祿指富有 名指聖人 皆照上節而言〕

하였다.

章句 | 舜年百有十歲²⁸⁰라

舜임금은 나이가 110歲였다.

---

279 譯註 子孫 謂虞思陳胡公之屬 : 虞思와 陳胡公은 모두 춘추시대 사람으로, 虞思는 《春秋左傳》哀公 元年 條에 보이고 陳胡公은 襄公 25年 條에 보인다.
〔詳說〕《大全》에 말하였다. "舜임금의 자손이 여기에 그치지 않는다. 그러므로 '之屬' 두 글자로 다 포함한 것이다.〔舜子孫不止乎此 故以之屬二字該之〕"

280 〔詳說〕舜年百有十歲 : 《書經》〈舜典〉에 말하였다. "舜임금은 30년(세)에 부름을 받아 등용되시고 30년에 帝位에 올라 50년 만에 巡狩하시다가 죽으셨다.¹⁾〔三十徵庸 三十在位 五十載 陟方乃死〕"
譯註 1. 30년에……죽으셨다 : 《書經集傳》에 "〈堯임금이〉 3년 동안 시험하였고 攝政한 것이 28년이니 통틀어 30년에 비로소 帝位에 올랐고, 또 50년에 崩하셨다." 하였다.

… 虞 헤아릴 우 祿 녹봉 록

17-3. 故로 天之生物이 必因其材而篤焉하나니 故로 栽者를 培之하고 傾者를 覆(복)之니라

그러므로 하늘이 물건을 낼 적에는 반드시 그 재질을 따라 돈독히 한다. 그러므로 심은 것을 북돋아 주고 기운 것을 엎어버리는 것이다.

按說 | '栽者培之'에 대하여, 朱子는

그 재질을 따라 더 후하게 한 것이다.(因其材而加厚)《詳說》

하였다. 壺山은

살펴보건대 '篤'자는 다만 '培'자만을 가리키는 듯하니, 이 節은 培를 위주하여 말하면서 覆을 附帶하여 말한 것이다. 심은 것은 재질이니 大德이고, 북돋아 주는 것을 돈독히 하는 것은 位·祿·名·壽이다. 작은 재질은 작게 돈독하게 하고, 큰 재질은 크게 돈독하게 한다.(按篤字似只蒙培字 蓋此節主言培而帶及覆耳 栽者 材也 大德也 培之篤也 位祿名壽也 小材則小篤 大材則大篤)

하였다.

章句 | 材는 質也요 篤은 厚也요 栽는 植也라 氣至而滋息을 爲培요 氣反而游散則覆이라

'材'는 재질이요 '篤'은 두터움이요 '栽'는 심음이다. 기운이 이르러 불어나고 번식함을 培라 하고, 기운이 돌아가 흩어지면 覆이라 한다.

17-4. 詩曰 嘉樂君子여 憲憲(顯顯)令德이로다 宜民宜人이라 受祿于天이어늘 保佑命之하시고 自天申之라하니

《詩經》에 이르기를 '아름다운(마음씨 착한) 君子여, 드러나고 드러난 훌륭한 德이로다. 백성들에게 마땅하며 지위에 있는 사람들에게 마땅하다. 하늘에게 복록을 받아 보전하여 도와서 命하시고 하늘로부터 또다시 복록을 거듭한다.' 하였다.

··· 栽 심을 재 培 북돋을 배 傾 기울 경 覆 뒤집어엎을 복 滋 불을 자 嘉 아름다울 가 申 거듭 신

按説 | 雲峰胡氏는

　　오로지 '栽者培之'를 위하여 詩를 인용하였다.〔專爲栽者培之 而引詩也〕《詳說》

하였다. 官本諺解에는 "嘉樂君子의 憲憲令德이 宜民宜人이라 受祿于天이어늘 保佑命之
ᄒ시고 自天申之라ᄒ니라"로 되어 있는바, 栗谷諺解를 따랐음을 밝혀둔다.

章句 | 詩는 大雅假樂之篇이라 假는 當依此作嘉요 憲은 當依詩作顯[281]이라 申은 重
也라

詩는 〈大雅 假樂〉篇이다. '假'는 마땅히 이《中庸》에 의거하여 嘉가 되어야 하고, '憲'은 마
땅히《詩經》에 의거하여 顯이 되어야 한다. '申'은 거듭함이다.

17-5. 故로 大德者는 必受命이니라

그러므로 大德이 있는 자는 반드시 天命을 받는다."

按説 | 壺山은

　　名(必得其名)·壽(必得其壽)·饗(宗廟饗之)·保(子孫保之)가 진실로 중하나 聖人의 큼
　　은 실로 지위이다. 그러므로 이것(必受命)으로써 끝마친 것이다.〔名壽饗保固重 而聖人之
　　大 實是位 故以是終之〕

하였다.

章句 | 受命者는 受天命爲天子也라

'天命을 받는다'는 것은 天命을 받아 天子가 되는 것이다.

---

281 譯註 假……當依詩作顯:《詩經》〈假樂〉에는 '假樂君子 顯顯令德'으로 되어 있는바, 이 내용이 '嘉樂君
　　子 顯顯令德'으로 되어야 함을 말한 것이다

···　重 거듭 중

章下註ㅣ右는 第十七章이라 此는 由庸行之常²⁸²하여 推之以極其至²⁸³하여 見(현)道
之用廣也니 而其所以然者는 則爲體微矣라 後二章亦此意²⁸⁴니라

이상은 제17章이다. 이는 庸行의 떳떳함을 말미암아 미루어서 그 지극함을 다하여 道의 用
이 넓음을 나타낸 것이니, 그 所以然은 體가 됨이 隱微하다. 뒤의 두 章도 또한 이러한 뜻
이다.

| 其惟文王章 |

18-1. 子曰 無憂者는 其惟文王乎신저 以王季爲父하시고 以武王爲子하
시니 父作之어시늘 子述之하시니라

孔子께서 말씀하셨다. "근심이 없으신 분은 오직 文王이실 것이다. 王季를 아버지로
삼으시고 武王을 아들로 삼으셨으니, 아버지가 시작을 하시자 아들이 繼述하였다.

> **按說**ㅣ'父作之 子述之'에 대하여, 壺山은
>
> 아버지가 시작하고 아들이 繼述함은 또한 마땅히 活看(넓게 보아야)하여야 하니, 王季가
> 시작하면 文王이 繼述하고 文王이 시작하면 武王이 繼述한 것이다.〔父作子述 亦當活看
> 蓋王季有作 則文王述之 文王有作 則武王述之〕
>
> 하였다. 海陵胡氏(胡瑗)는
>
> 舜임금과 禹王의 아버지는 瞽와 鯀이고, 堯임금과 舜임금의 아들은 丹朱와 商均이니, 이
> 때문에 오직 文王만이 근심이 없음이 되신 것이다.〔舜禹父則瞽鯀 堯舜子則朱均 所以惟
> 文王爲無憂〕《詳說》
>
> 하였다.

---

282 〔詳說〕庸行之常:《大全》에 "〈庸行之常은〉孝이다.〔孝也〕" 하였다.

283 〔詳說〕推之以極其至:新安陳氏가 말하였다. "大孝이니, '德爲聖人' 이하는 모두 '미루어서 그 지극함을
다한 것'이다.〔大孝也 德爲聖人以下 皆是推極其至〕"

284 〔詳說〕後二章亦此意:모두 孝를 가지고 費와 隱을 논하였다.〔皆以孝論費隱〕

⋯ 季 끝 계, 계절 계 述 이을 술

이 章(19章)의 章節에 대하여, 茶山은

> 〈19章의〉'武王周公 其達孝矣' 한 節은 마땅히 이 節과 이어서 한 章이 되어야 한다.《章句》에 이것을 아랫장에 소속시켰는데, 宗廟의 禮와 郊社의 禮가 어찌 武王과 周公이 처음 만든 것이겠는가. 文王과 武王은 아버지가 시작하면 아들이 繼述한 것이고, 周公은 文王과 武王의 德을 이루었으니, 이것이 이른바 '잘 繼承하고 잘 傳述했다.'는 것이다. 마땅히 이 章에 속해야 함을 의심할 것이 없다.〔武王周公其達孝矣一節 當與此節 連爲一章 章句屬之下章 則宗廟之禮 郊社之禮 豈武王周公之所剏乎 文王武王 父作子述 而周公成文武之德 此所謂善繼善述也 當屬此章無疑〕

하였다.

章句 | 此는 言文王之事라 書에 言王季其勤王家[285]라하니 蓋其所作은 亦積功累仁之事也라

이는 文王의 일을 말씀한 것이다.《書經》《周書 武成》에 '王季가 王家(國家)를 위해 勤勞하셨다.' 하였으니, 그 시작한 것은 또한 功을 쌓고 仁을 많이 한 일이었다.

18-2. 武王이 纘大(太)王王季文王之緒하사 壹戎衣而有天下하시되 身不失天下之顯名하시며 尊爲天子하시고 富有四海之內하사 宗廟饗之하시며 子孫保之하시니라

武王이 太王·王季·文王의 基業을 이으사 한번 戎衣(전투복)를 입고서 〈紂王을 정벌하여〉 天下를 소유하셨으나, 몸은 천하의 드러난 이름을 잃지 않으셨으며, 尊貴함은 天子가 되시고 富는 四海의 안을 소유하시어 宗廟에서 제향하시며 子孫을 보전하셨다.

按說 | '壹戎衣'에 대하여, 朱子는 '武王이 한번 戎衣(軍服)를 입다.'로 해석하였으나, 鄭玄은

---

285 譯註 書 言王季其勤王家:《書經》《武成》에 "先王(后稷)이 나라를 세워 토지(영토)를 열어 놓으셨는데, 公劉가 前人의 功烈을 돈독히 하고 太王에 이르러 처음으로 王業의 기틀을 마련하였으며, 王季가 王家에 근로하셨다.〔惟先王建邦啓土 公劉克篤前烈 至于大(太)王 肇基王迹 王季其勤王家〕"라고 보인다.

••• 累 포갤루 纘 이을찬 緒 실마리서 戎 군사융 廟 사당묘

'戎'은 兵이다. '衣'는 殷과 같이 읽으니, 音이 비슷하여 잘못된 것이다. 齊나라 사람은 殷을 말할 때에 衣처럼 발음한다. 〈姓氏 중에〉虞氏·夏氏·商氏·周氏라고 하는 자가 많으니, 지금 姓에 衣氏가 있는 것은 殷나라의 후손일 것이다. '壹戎殷'은 한번 用兵하여 殷나라를 정벌한 것이다.〔戎 兵也 衣讀如殷 聲之誤也 齊人言 殷聲如衣 虞夏商周氏者多矣 今姓有衣者 殷之胄與 壹戎殷者 壹用兵伐殷也〕

하였으며, 茶山은 다음과 같이 주장하였다.

'商나라를 치다.〔戎商〕'가《國語》〈周語下〉에 보이니,【單襄公이〈太誓〉의 글을 인용하였다.】鄭玄의 說이 틀렸다고는 할 수 없다. 그러나《書經》〈武成〉에 "한번 戎衣를 입음에 天下가 크게 안정되었다.〔一戎衣 天下大定〕" 한 것은 분명히 '한번 갑옷을 입었다'는 뜻이다.〔戎商 見於國語【單襄公引太誓文】鄭說未可非也 但武成云一戎衣天下大定 明是一著甲胄之意〕

章句ㅣ此는 言武王之事라 纘은 繼也라 大王은 王季之父也라 書云 大王이 肇基王迹이라하고 詩云 至于大王하여 實始翦商이라하니라 緖는 業也라 戎衣는 甲胄之屬이라 壹戎衣는 武成文이니 言壹著(착)戎衣以伐紂也라

이는 武王의 일을 말씀한 것이다. '纘'은 이음이다. 太王은 王季의 아버지이다.《書經》〈周書 武成〉에 "太王이 처음으로 왕업의 기틀을 마련하였다." 하였고,《詩經》〈魯頌 閟宮〉에 "太王에 이르러 실제 처음으로 商나라를 쳤다." 하였다. '緖'는 基業이다. '戎衣'는 갑옷과 투구의 등속이다. '한번 戎衣를 입었다'는 것은《書經》〈武成〉의 글이니, 한번 戎衣를 입고 紂王을 정벌하였음을 이른다.

18-3. 武王이 末受命이어시늘 周公이 成文武之德하사 追王大王王季하시고 上祀先公以天子之禮하시니 斯禮也 達乎諸侯大夫及士庶人하여 父爲大夫요 子爲士어든 葬以大夫하고 祭以士하며 父爲士요 子爲大夫어든 葬以士하고 祭以大夫하며 期之喪은 達乎大夫하고 三年之喪은 達乎天子하니 父母之喪은 無貴賤一也니라

… 肇 비롯할조 迹 자취적 翦 칠전 胄 투구주 著 입을착 紂 주임금주 祀 제사사 葬 장례지낼장
祭 제사지낼제 期 기년복기

武王이 末年(老年)에 天命을 받으시자, 周公이 文王·武王의 德을 이루시어 太王과 王季를 追尊하여 王으로 높이시고 위로 先公을 天子의 禮로써 제사하시니, 이 禮가 諸侯와 大夫 및 士와 庶人에게까지 통하였다. 그리하여 아버지가 大夫이고 아들이 士이면 장례는 大夫의 禮로써 하고 제사는 士의 禮로써 하며, 아버지가 士이고 아들이 大夫이면 장례는 士의 禮로써 하고 제사는 大夫의 禮로써 하며, 期年喪은 大夫에까지 이르고 三年喪은 天子에까지 이르렀으니, 父母의 喪은 貴賤에 관계없이 똑같았다."

章句 | 此는 言周公之事라 末은 猶老也라 追王은 蓋推文武之意하여 以及乎王迹之所起也라 先公은 組紺[286]以上至后稷也라 上祀先公以天子之禮는 又推大王王季之意하여 以及於無窮也라 制爲禮法[287]하여 以及天下하여 使葬用死者之爵하고 祭用生者之祿하며 喪服[288]은 自期以下는 諸侯絶하고 大夫降이로되 而父母之喪은 上下同之하니 推己以及人也라

이는 周公의 일을 말씀한 것이다. '末'은 老(老年)와 같다. '追王'은 文王·武王의 뜻을 미루어 王者의 자취가 일어난 바에까지 미친 것이다. '先公'은 組紺 이상으로부터 后稷까지이다. 위로 先公을 天子의 禮로써 제사한 것은 또 太王과 王季의 뜻을 미루어 무궁한 先代에까지 미친 것이다. 禮法을 制定하여 천하에 미쳐서 장례는 죽은 자의 官爵을 쓰고 제사는 산 자의 祿을 쓰게 하며 喪服은 期年으로부터 이하는 諸侯는 없애고 大夫는 줄였는데 父母의 喪은 上下가 똑같게 하였으니, 자기 마음을 미루어 남에게 미친 것이다.

章下註 | 右는 第十八章이라
이상은 제18章이다.

---

286 〔詳說〕組紺:《大全》에 말하였다. "바로 公叔祖類이니 太王의 아버지이다.〔卽公叔祖類 大王父也〕"
287 〔詳說〕制爲禮法:이 禮는 제사를 가리킨 것이다.〔斯禮指祀〕
288 〔詳說〕喪服:新安陳氏가 말하였다. "위에서는 장례하고 제사하는 禮를 말하였고, 여기서는 喪服을 입는 禮를 말하였다.〔上言葬祭禮 此言喪服禮〕"

··· 組 끈 조 紺 아청빛 감 稷 피직 爵 벼슬 작 絶 끊을 절 降 내릴 강

| 達孝章 |

19-1. 子曰 武王周公은 其達孝矣乎신저

孔子께서 말씀하셨다. "武王과 周公은 누구나 共通으로 칭찬하는 孝이실 것이다.

> 章句 | 達은 通也라 承上章而言 武王周公之孝는 乃天下之人이 通謂之孝니 猶孟
> 子之言達尊[289]也라
>
> '達'은 通(공통)이다. 윗장을 이어 武王과 周公의 孝는 천하 사람들이 공통으로 孝라고 칭
> 찬한다고 말씀하셨으니, 《孟子》의 達尊이라는 말과 같다.

19-2. 夫孝者는 善繼人之志하며 善述人之事者也니라

孝는(孝하는 자는) 사람(부모)의 뜻을 잘 繼承하며 사람의 일을 잘 傳述(遵行)하는
것이다.

> 按說 | '夫孝者'에 대하여, 壺山은
>
> > 위(夫孝者)의 '者'자는 聖者와 大德者의 따위와 같이 사람을 가리켜 말한 듯한데, 諺解에
> > 는 그 아래(善述人之事者也) '者'자의 例를 따라서 모두 효도하는 道로 만들어 '道也者',
> > '中也者'의 따위와 같이 해석하였으니,[290] 다시 자세히 살펴보아야 한다. 〔上者字 似指人言
> > 如聖者 大德者之類 而諺解從其下者字之例 皆作孝之道釋之 如道也者 中也者之類
> > 更詳之〕
>
> 하였으며, 또
>
> > 두 '人'자(人之志, 人之事)는 先王을 가리킨 것이다.〔二人字指先王〕
>
> 하였다.

---

289 譯註 達尊 : 누구나 共通으로 높이는 것으로 齒·德·爵의 三達尊을 가리키는바, 《孟子》〈公孫丑下〉 2章
에 보인다.

290 譯註 諺解에……해석하였으니 : 官本諺解에는 "孝는 사람의 뜻을 善히 繼하며 사람의 일을 善히 述홈이
니라."로 되어 있고, 栗谷諺解에는 "孝는 人의 志를 잘 繼하며 人의 事를 잘 述하는 者ㅣ니라"로 되어 있다.

章句ㅣ上章엔 言武王纘大王王季文王之緒하여 以有天下하시고 而周公成文武之
德하여 以追崇其先祖하시니 此는 繼志述事之大者也라 下文엔 又以其所制祭祀之
禮通于上下者로 言之하니라

윗장에는 武王이 太王·王季·文王의 緒業(基業)을 이어 천하를 소유하시고 周公이 文
王·武王의 德을 이루어 그 先祖들을 追尊하셨음을 말씀하였으니, 이는 뜻을 계승하고 일
을 전술함의 큰 것이다. 下文에는 또 制定한 바 祭祀의 禮가 상하에 通行되는 것을 가지고
말씀하였다.

19-3. 春秋에 修其祖廟하며 陳其宗器하며 設其裳衣하며 薦其時食이니라

봄과 가을에 先祖의 廟를 수리하며 宗廟의 寶器를 진열하며 그(선조)의 衣裳을 펼
쳐놓으며 제철의 음식을 올린다.

按說ㅣ壺山은

네 개의 '其'자는 모두 先王을 가리키니, '其時食'은 先王이 살아 계실 적에 먹던 제철의 음
식을 이른다.〔四其字 皆指先王 其時食 謂先王生時所食之時食〕

하였다.

章句ㅣ祖廟는 天子七이요 諸侯五요 大夫三이요 適士二요 官師一[291]이라 宗器는 先
世所藏之重器[292]니 若周之赤刀, 大訓, 天球, 河圖[293]之屬也라 裳衣는 先祖之遺

---

291 〔譯註〕祖廟……官師一:適士는 上士(元士)로 天子國의 上士·中士·下士와 諸侯國의 上士를 이르며, 官
師는 諸侯國의 中士와 下士로 한 관서의 長을 이른다. 〈王制〉에 근거하면 天子는 6대의 三昭三穆과 太
祖(始祖)를 합하여 7廟이고(이 가운데 1昭·1穆은 祧廟로 不遷位임), 諸侯는 직계 4대의 二昭二穆과
처음 봉해진 太祖를 합하여 5廟이며, 大夫는 직계 3대를 모셔 3廟이고, 適士는 직계인 2廟이며, 官師는
1廟에 할아버지와 아버지를 함께 모시고, 庶士와 庶人은 廟가 없고 正寢에서 제사하는바,《禮記》〈王制〉
와 《祭法》에 자세히 보인다.

292 〔詳說〕宗器 先世所藏之重器:〈重器를〉宗廟에 보관한다. 그러므로 宗器라 한 것이다.〔藏於宗廟 故謂
之宗器〕

293 〔譯註〕赤刀, 大訓, 天球, 河圖:赤刀는 붉은 색 칼집으로 武王이 紂王을 정벌할 때에 썼던 칼이라 하며,

---

••• 器 그릇 기 設 베풀 설 裳 치마 상 薦 올릴 천 球 구슬 구, 둥글 구 遺 남길 유

衣服이니 祭則設之以授尸也라 時食은 四時之食이 各有其物하니 如春行羔豚, 膳膏香²⁹⁴之類 是也라

先祖의 廟는 天子는 7廟이고 諸侯는 5廟이고 大夫는 3廟이고 適士(元士)는 2廟이고 官師(有司)는 1廟이다. '宗器'는 선대로부터 소장해 온 귀중한 器物이니, 周나라의 赤刀·大訓·天球·河圖와 같은 등속이다. '裳衣'는 선조가 남기신 의복이니, 제사할 때에는 이것을 펼쳐 尸童에게 준다. '時食'은 四時의 음식이 각기 마땅한 물건이 있으니, 봄철에는 염소와 돼지를 쓰되 쇠기름으로 요리하는 것과 같은 따위가 이것이다.

19-4. 宗廟之禮는 所以序昭穆也요 序爵은 所以辨貴賤也요 序事는 所以辨賢也요 旅酬에 下爲上은 所以逮賤也요 燕毛는 所以序齒也니라

宗廟의 禮는 昭穆을 차례하는 것이요, 官爵에 따라 서열함은 貴賤을 분별하는 것이요, 일을 차례로 맡김은 어짊을 분별하는 것이요, 제사가 끝나 旅酬할 적에 아랫사람이 윗사람을 위하여 〈술잔을 올림은〉 賤한 이에게까지 미치는 것이요, 잔치할 적에 毛髮의 색깔대로 차례함은 年齒를 서열하는 것이다.

按說 | '序爵·序事'와 '燕毛'에 대하여, 艮齋는

작위로 차례하고[序爵] 일로 차례함[序事]은 昭·穆을 구분하지 않는다. 燕毛로 말하면 아마도 昭 가운데 年齒로 차례하고 穆 가운데 年齒로 차례하는 듯하다. 그렇지 않다면 나이 많은 조카가 숙부의 위에 있고 나이 많은 손자뻘인 사람이 조부의 항렬 위에 있는 경우가 있을 것이니, 반드시 그렇지 않을 것이다.[序爵序事 不辨昭穆 若燕毛 恐當於昭中序齒 穆

大訓은 文王·武王의 교훈을 적은 책이다. 天球는 玉의 一種이며, 河圖는 伏羲氏 때에 黃河에서 나온 龍馬의 등에 그려진 그림으로 伏羲氏가 이것을 보고 八卦를 그렸다 한다. 《書經》〈周書 顧命〉에 "玉을 五重으로 진열하고 보물을 진열하니, 赤刀와 大訓과 弘璧(큰 벽옥)과 琬琰(大圭)은 西序에 있고, 大玉(큰 옥)과 夷玉(보통 옥)과 天球와 河圖는 東序에 있다.〔越玉五重 陳寶赤刀大訓弘璧琬琰在西序 大玉夷玉天球河圖在東序〕"라고 보인다.

294 譯註 春行羔豚 膳膏香:《周禮》〈天官冢宰 庖人〉에 보이는 내용으로, 行은 用과 같고 膳은 요리의 뜻이며, 膏香은 쇠기름을 가리킨다. 이는 봄철에는 제사에 염소와 돼지를 올리되 쇠기름으로 볶고 지져 요리함을 뜻한다.

••• 尸 시동 시 羔 염소 고 豚 돼지 돈 膳 요리할 선 膏 기름 고 穆 화목할 목 辨 분별할 변 旅 무리 려
酬 술권할 수 逮 미칠 체 燕 잔치 연 齒 이 치, 연치 치

中序齒 不然 姪居叔上 孫居祖上者有矣 必不然也〕

하였다.

'旅酬下爲上'에 대하여, 茶山은 《中庸講義補》에서 다음과 같이 밝히고 있다.

旅酬의 法은, 군주로부터 賓에 이르고, 그 다음은 卿, 그 다음은 大夫, 그 다음은 士, 그 다음은 庶子, 그 다음은 小臣에게 이른다. 분명히 높은 사람으로부터 낮은 사람에 미치고 위로부터 아래에 이르는 것인데 지금 마침내 말하기를 "'旅酬下爲上'이라고 하였으니, 千古의 疑案(의문의 문제)이어서 반드시 이해할 수 없다."라고 말한다. 天子와 諸侯의 祭禮는 지금 남아 있는 것이 없으나 제사는 燕禮를 모방하였으니, 燕禮로 祭禮를 미루어 살필 수 있다. 이제 《儀禮》의〕 燕禮를 살펴보면 宰夫가 主人이 되는데 宰夫는 大夫이다. 높은 大夫가 스스로 내려와 몸소 술잔을 씻어서 樂工에게 獻爵하고, 여러 士에게 獻爵하고, 庶子에게 獻爵하고, 小臣에게 獻爵한다. 위에서 아랫사람에게 은혜를 베풀어 주는 것을 賜라 하고, 아래에서 윗사람에게 바치는 것을 獻이라 한다. 그런데 지금 도리어 높은 大夫가 악공과 士에게 獻하고 庶子에게 獻하여 귀한 신분으로서 천한 이에게 낮추었으니 무엇에 이렇게 한 경우가 있는가. 旅酬에 '下爲上'은 이것을 이른 것이다. 그 禮에 아랫사람을 윗사람으로 삼는 것〔以下爲上〕이 이처럼 명백한데, 古今의 諸家 중에 분명한 해석을 한 자가 전혀 없다.〔旅酬之法 自君而賓 次卿 次大夫 次士 次庶子 次小臣 明明由尊而及卑 自上而達下 今乃曰旅酬下爲上 此千古疑按 必不可解者 天子諸侯之祭禮 今無存者 然祭以象燕 燕可以推祭也 今按燕禮 宰夫爲主人 宰夫者大夫也 以大夫之尊 自降自洗 以獻爵于樂工 獻爵于諸士 獻爵于庶子 獻爵于小臣 夫自上惠下曰賜 自下供上曰獻 而今乃以大夫之尊 獻于工士 獻于庶子 以貴下賤 孰有然者 旅酬之下爲上 其謂是矣 其禮之以下爲上 若是明著 而古今諸家 都無明解〕

또한 《自箴》에서 다음과 같이 밝히고 있다.

'旅酬下爲上'은 主人이 獻爵하는 것을 말한다. 〈燕禮〉는 主人의 獻爵이 아래로 樂工·庶子·小臣에게까지 미치며, 〈少牢饋食禮〉는 主人의 獻爵이 아래로 兄弟·私人에게까지 미치며 〈特牲饋食禮〉도 그러하다. 높은 大夫로서 卑賤한 이에게까지 獻爵하니, 이것이 어찌 '下爲上'이 아니겠는가. 〈燕禮〉에서 宰夫가 主人이 되는데 宰夫는 大夫이다. 하물며 이 宰夫는 본래 君命으로 主人의 일을 대신하여 행하는 것이니, 宰夫가 주는 잔은 임금이 주

는 것이다. 위에서 아랫사람에게 내려 주는 것인데도 獻禮를 쓰는 것이 '下爲上'이다.〔旅酬
下爲上者 主人獻爵之謂也 燕禮則主人獻爵 下逮於樂工庶子小臣 少牢禮則主人獻
爵 下逮於兄弟私人 特牲亦然 夫以大夫之尊 獻爵於卑賤之人 斯豈非下爲上乎 燕禮
宰夫爲主人 宰夫者大夫也 況此宰夫 本以君命攝作主人 宰夫之獻 君所獻也 自上
賜下 而乃用獻禮 下爲上矣〕

'下爲上 所以逮賤'을 《章句》에서는 '아랫사람이 윗사람을 위하여 술잔을 올리는 것'으로
해석하였으나 '下爲上'은 '아랫사람이 上이 된다'로, '逮賤'은 '술잔이 아랫사람에게까지 미
친다'로 해석하는 것이 文理에 순하다. 茶山의 說이 近理하다고 사료된다.

章句 | 宗廟之次는 左爲昭요 右爲穆이니 而子孫이 亦以爲序하여 有事於太廟면 則
子姓兄弟群昭群穆[295]이 咸在而不失其倫焉이라 爵은 公侯卿大夫也요 事는 宗
祝[296]有司之職事也라 旅는 衆也요 酬는 導飮也[297]니 旅酬之禮에 賓弟子, 兄弟之
子[298] 各擧觶於其長而衆相酬하니 蓋宗廟之中엔 以有事爲榮이라 故로 逮及賤者하
여 使亦得以申其敬也라 燕毛는 祭畢而燕[299]이면 則以毛髮之色으로 別長幼하여 爲
坐次也라 齒는 年數也라

宗廟의 차례는 左가 昭가 되고 右가 穆이 되니, 子孫들 또한 이것으로 차례를 삼아 太廟
(宗廟)에 제사가 있게 되면 子姓(子孫)과 兄弟의 여러 昭와 여러 穆이 모두 있어 그 차례
를 잃지 않는다. '爵'은 公·侯·卿·大夫이고, '事'는 宗·祝과 有司가 맡은 일이다. '旅'
는 여럿이고 '酬'는 인도하여 마시게 하는 것이다. 旅酬하는 禮에 賓 中 年少한 자와 형제

---

295 〔詳說〕 左爲昭……則子姓兄弟群昭群穆:格菴趙氏(趙順孫)가 말하였다. "왼쪽에 昭가 있고 오른쪽에
穆이 있음은 죽은 자의 昭·穆이고, 여러 昭와 여러 穆은 산 자의 昭·穆이다.〔左昭右穆 死者之昭穆也
群昭, 群穆 生者之昭穆也〕" ○ 살펴보건대 昭·穆을 차례함은 자손을 위주하여 말한 것이다. 사당 가운
데의 昭·穆으로 말하면 제사지낼 때를 기다리지 않고 이미 차례한 것이다. 다만 자손의 昭·穆도 또한
先祖의 昭·穆을 따라 차례하였다. 그러므로 註에 먼저 先祖의 昭·穆을 말한 것이다.〔按序昭穆 主子孫
而言 若廟中昭穆 則不待祭時而已序矣 但子孫之昭穆 亦依祖先之昭穆爲序 故註先言祖先昭穆云〕
296 〔譯註〕 宗祝:宗은 宗伯·宗人이고 祝은 太祝·小祝으로, 모두 《周禮》에 보인다.
297 〔詳說〕 酬 導飮也:먼저 스스로 마신 뒤에 사람을 인도하여 마시게 하는 것이다.〔先自飮而後 導人使飮也〕
298 〔詳說〕 兄弟之子:주인의 형제의 아들이다.〔主人之兄弟之子〕
299 〔詳說〕 祭畢而燕:東陽許氏(許謙)가 말하였다. "제사를 돕는 異姓의 신하는 모두 물러가고, 특별히 同
姓들에게만 잔치를 베푼다.〔助祭異姓之臣皆退 獨燕同姓〕"

··· 群 무리군 導 이끌도 觶 술잔치 酬 술권할수 申 펼신 畢 마칠필

의 아들이 각각 술잔을 각자의 어른(長賓과 長兄弟)에게 들어 올리고 여럿이 서로 술을 권하니, 宗廟 가운데에서는 일을 맡는 것을 영화로 여긴다. 그러므로 천한 자에게까지 미쳐 그들도 공경을 펼 수 있도록 하는 것이다. '燕毛'는 제사를 마치고 잔치를 하게 되면 毛髮의 색깔대로 어른과 어린이를 분별하여 앉는 차례를 정하는 것이다. '齒'는 年數(나이)이다.

19-5. 踐其位하여 行其禮하며 奏其樂하며 敬其所尊하며 愛其所親하며 事死如事生하며 事亡如事存이 孝之至也니라

그(先王) 자리를 밟아 그 禮를 행하고 그 音樂을 연주하며, 그가 존경하시던 바를 공경하고 그가 親愛하시던 바를 사랑하며, 죽은 분을 섬기기를 산 분을 섬기듯이 하고 없는 분을 섬기기를 생존한 분을 섬기듯이 하는 것이 孝의 지극함이다.

章句ㅣ 踐은 猶履也라 其는 指先王也라 所尊所親은 先王之祖考子孫臣庶也[300]라 始死를 謂之死요 旣葬則曰反而亡焉[301]이라하니 皆指先王也[302]라 此는 結上文兩節이니 皆繼志述事之意也[303]라

---

300 〔詳說〕所尊所親 先王之祖考子孫臣庶也: '臣庶'는 사랑하시던 바이다. '그 친애하시던 바를 사랑한다'는 것은 互文이니, '그 친애하시던 바(子孫)를 가까이 하고 그 사랑하시던 바(臣庶)를 사랑한다고 말함과 같다.〔臣庶則愛之 愛其所親 蓋互文也 猶言親其所親 愛其所愛也〕

301 〔詳說〕反而亡焉: '反'은 反哭함을 가리킨다.〔反指反哭〕
    〔譯註〕《禮記》〈檀弓下〉에 "反哭할 때 조문하는 것은 슬퍼함이 지극해서이다. 돌아옴에 어버이가 없어서 허전하니, 이때에 슬퍼하는 마음이 심한 것이다.〔反哭之弔也 哀之至也 反而亡焉 失之矣 於是爲甚〕"라고 보인다. '死'는 사람이 죽어 장례하기 이전까지를 말하고, '亡'은 이미 장례하여 시신이 없어진 뒤를 이른다.

302 〔詳說〕始死……皆指先王也: 죽은 자와 亡者이다.〔死與亡者〕 ○ 陳氏가 말하였다. "죽은 분을 섬기기를 살아 계신 분과 같이 하는 것은 居喪할 때의 일이요, 없는 분(亡者)을 섬기기를 생존한 분을 섬기는 것과 같이 하는 것은 장례하고 제사지낼 때의 일이다.〔事死如生 居喪時事 事亡如存 葬祭時事〕
    〔自箴〕'그 존경하시던 바를 공경한다.'는 것은 先君의 祖考이고 '그 친애하시던 바를 사랑한다.'는 것은 先君의 子孫이니, 이것을 일러 '섬기기를 살아계신 분을 섬기는 것과 같이 한다.'는 것이다. 이 뜻은 士庶人이 똑같으니, 내가 말하기를 "자기 아버지를 생각하는 자는 형제를 사랑하고 자기 할아버지를 생각하는 자는 從父昆弟(從兄弟)를 사랑한다." 하노라.〔敬其所尊者 先君之祖考也 愛其所親者 先君之子孫也 此之謂事死如生 斯義也 士庶人之所同者 余曰 思其父者 愛昆弟 思其王父者 愛從父昆弟〕

303 〔詳說〕皆繼志述事之意也: 雙峰饒氏가 말하였다. "'踐其位' 이하 세 句는 바로 아버지의 일을 잘 傳述하는 것이고, '敬其所尊' 이하 두 句는 바로 아버지의 뜻을 잘 계승하는 것이다.〔踐其位三句 是善述事 敬所尊二句 是善繼志〕"

⋯ 踐 밟을 천 奏 아뢸 주 履 밟을 리 葬 장례지낼 장

'踐'은 履(밟음)와 같다. '其'는 先王을 가리킨다. '존경하시던 바'와 '친애하시던 바'란 先王의 祖·考와 子·孫과 臣庶(신하)들이다. 처음 죽었을 때를 死라 이르고 이미 장례하고 돌아와서는 亡이라 하니, 이는 모두 先王을 가리킨다. 이는 윗글의 두 節을 맺은 것이니, 모두 뜻을 계승하고 일을 전술하는 뜻이다.

19-6. 郊社之禮는 所以事上帝也요 宗廟之禮는 所以祀乎其先也니 明乎郊社之禮와 禘嘗之義면 治國은 其如示諸掌乎인저

郊祭와 社稷제사의 禮는 上帝를 섬기는 것이요 宗廟의 禮는 그 先祖에게 제사지내는 것이니, 郊祭와 社稷제사의 禮義와 禘祭·嘗祭의 禮義에 밝으면 나라를 다스림은 그 손바닥 위에 놓고 보는 것처럼 쉬울 것이다."

按說 | '禘嘗之義'에 대하여 朱子는 天子가 5년에 말미암아 나온[所自出] 始祖를 宗廟에 제사하는 禘祭로 해석하였으나, 淸나라의 崔述은

살펴보건대 이 세 篇[304]은 모두 봄의 禘祭와 가을의 嘗祭를 말한 것이니, 그렇다면 禘祭는 바로 매년 지내는 제사이고 5년에 지내는 제사가 아님이 분명하다. 또 《禮記》〈祭義〉와 〈郊特牲〉에 모두 祭禮를 通論하였는데 그 말이 이와 같다면, 禘祭는 바로 諸侯의 여러 廟의 일반적인 제사이고, 天子에게만 특별히 있는 제사로서 始祖의 所自出의 帝에게만 특별히 지내는 제사가 아님이 또 분명하다.[按此三篇 皆謂春禘秋嘗 則禘乃每年之祭 而非五年

---

304 譯註 이 세 篇: 《中庸》의 이 節과 다음에 소개하는 《禮記》의 〈祭義〉와 〈郊特牲〉의 글을 가리킨다. 《禮記》〈祭義〉에 "제사는 자주 하고자 하지 않으니 자주 하면 번거롭고 번거로우면 공경하지 않으며, 제사는 드물게 하고자 하지 않으니 드물면 태만하고 태만하면 잊게 된다. 이 때문에 君子가 天道에 부합해서 봄에는 禘祭를 지내고 가을에는 嘗祭를 지낸다.……즐거움으로써 오는 조상을 맞이하고, 슬픔으로써 가는 조상을 전송한다. 그러므로 봄의 禘祭에는 음악이 있고, 가을의 嘗祭에는 음악이 없는 것이다.[祭不欲數(삭) 數則煩 煩則不敬 祭不欲當 當則怠 怠則忘 是故君子合諸天道 春禘秋嘗……樂以迎來 哀以送往 故禘有樂 而嘗無樂]"하였고, 〈郊特牲〉에 "봄에 孤子에게 연향을 베풀고 禘祭를 지낼 적에는 음악이 있고 가을에 耆老에게 연향을 베풀고 嘗祭를 지낼 적에는 음악이 없으니, 이는 陰陽의 뜻이다. 무릇 마심은 陽氣를 기르는 것이고, 무릇 먹음은 陰氣를 기르는 것이다. 그러므로 봄에는 禘祭를 지내고 가을에는 嘗祭를 지낸다.[饗禘有樂 而食嘗無樂 陰陽之義也 凡飮 養陽氣也 凡食 養陰氣也 故春禘而秋嘗]"하였다. 다만 陳澔의 《禮記集說》에는 〈祭義〉와 〈郊特牲〉의 '禘'를 모두 '禴'으로 바꾸었다.

••• 郊 하늘제사 교 社 토지신사 사 禘 제사이름 체 嘗 제사이름 상 掌 손바닥 장

之祭也 明矣 且祭義, 郊特牲 皆通論祭禮 而其言如是 則禘乃諸侯群廟之常祭 而非
天子所獨有之祭 始祖自出之帝所獨擅之祭 又明矣〕《經傳禘祀通考》

하였다. 한편 茶山은

재계하고 깨끗이 하며 의복을 성대히 하여 제사를 받듦은 郊祭와 社稷제사의 禮이고【鬼神
章(16章)이다.】 先祖의 사당을 수리하여 그 宗器를 진열함은 宗廟의 禮이다. 이 節은 經文
에 큰 結局(끝마침)이 된다. '治國' 두 글자는 위를 잇고 아래를 일으켜서 樞紐가 된다.〔齊
明盛服 以承祭祀 郊社之禮也【鬼神章】 修其祖廟 陳其宗器 宗廟之禮也 此節於經文
爲大結局 治國二字 承上起下 爲之樞紐〕

하였다.

章句ㅣ郊는 祭天이요 社는 祭地니 不言后土者는 省(생)文也[305]라 禘는 天子宗廟之大
祭니 追祭太祖[306]之所自出於太廟[307]하고 而以太祖配之也라 嘗은 秋祭也니 四時
皆祭[308]로되 擧其一耳라 禮必有義하니 對擧之는 互文[309]也라 示는 與視同하니 視諸
掌은 言易見也라 此는 與論語文意로 大同小異하니 記有詳略耳니라

'郊'는 하늘에 제사하는 것이고 '社'는 땅에 제사하는 것이니, 后土를 말하지 않은 것은 글

---

305 〔詳說〕不言后土者 省文也:新安陳氏가 말하였다. "마땅히 '所以祀上帝后土'라고 말해야 하는데, 지금
   이렇게 하지 않은 것은 바로 省文(생략한 글)이다.〔宜云所以祀上帝后土也 今不然 乃省文〕○ 살펴보건
   대 글에는 언급하지 않았으나 뜻에 이미 포함된 것을 省文이라 한다.〔按文不及而意已該 謂之省文〕

306 〔詳說〕太祖:《大全》에 말하였다. "〈太祖는〉 始祖이다."

307 譯註 追祭太祖之所自出於太廟:'所自出'은 말미암아 나온 것으로 始祖가 말미암아 나온 분을 이른다.
   周나라는 文王을 太祖(始祖)로 삼고 后稷을 所自出의 임금으로 삼았는바, 太廟는 宗廟를 높여 칭한 것
   이다. 이렇게 제사하는 이유는 宗廟에 后稷의 사당이 없기 때문에 文王의 사당에 后稷를 모시고 그 후
   손인 文王(始祖)을 配享한 것이다.

308 譯註 四時皆祭:周나라는 봄에 지내는 것을 祠(祠), 여름에 지내는 것을 禴, 가을에 지내는 것을 嘗, 겨
   울에 지내는 것을 烝이라 하였다. 《禮記》〈王制〉에는 "봄에 지내는 것을 礿, 여름에 지내는 것을 禘라 한
   다." 하였는데, 이것은 夏나라와 商나라의 제도라 한다. 禴과 礿은 통용된다. 그러나 제사의 명칭이 각기
   달라 위에서 보는 바와 같이 〈祭義〉와 〈郊特牲〉에는 또 禘祭가 보인다.

309 〔詳說〕互文:禮와 義를 상대하여 들어서 말한 것은 互文의 법을 사용한 것이니, 한 글자를 두 번 사용
   하는 것을 互文이라 이른다.〔禮與義對擧爲言者 用互文法也 一字兩用之 謂之互文〕
   譯註 互文은 相互 補完하여 뜻을 나타내는 것으로 郊社之禮義, 禘嘗之禮義라고 쓰지 않고, 郊社에는
   禮만 들고 禘嘗에는 義만 들었음을 말한다.

··· 視 볼 시

을 생략한 것이다. '禘'는 天子가 〈5년에 한 번〉 宗廟에 지내는 큰 제사이니, 太祖가 부터 (말미암아) 나온 분(始祖)을 太廟에 追祭하고 太祖를 配享한다. '嘗'은 가을 제사이니, 四時에 모두 제사하는데 그 중 하나를 들었을 뿐이다. 禮는 반드시 義가 있으니, 〈禮와 義를〉 상대하여 든 것은 互文이다. '示'는 視와 같으니, '손바닥 위에 놓고 본다'는 것은 보기 쉬움을 말한다. 이는 《論語》〈八佾〉의 글뜻과 大同小異하니, 기록함에 상세함과 간략함이 있을 뿐이다.

章下註 | 右는 第十九章³¹⁰이라

이상은 제19章이다.

| 九經章 (哀公章) |

20-1. 哀公이 問政한대

哀公이 정사를 묻자,

章句 | 哀公은 魯君이니 名蔣이라

哀公은 魯나라 君主이니, 이름이 蔣이다.

20-2. 子曰 文武之政이 布在方策하니 其人存則其政擧하고 其人亡則其政息이니라

孔子께서 말씀하셨다. "文王·武王의 정사가 方策에 펼쳐져 있으니, 그러한 사람(文王과 武王과 같은 사람)이 있으면 그러한 정사가 거행되고, 그러한 사람이 없으면 그러한 정사가 종식된다.

---

310 〔詳說〕 右 第十九章 : 살펴보건대 禮樂을 제정하는 일은 武王과 周公이 거룩하였다. 그러므로 특별히 거듭 말하였고, 나라를 다스리는 것으로 끝맺음하여 아랫장의 나라를 다스리는 九經을 일으킨 것이다. 〔按 禮樂制作之事 武王周公爲盛 故特申言之 而以治國結之 以起下章治國之九經〕

··· 蔣 도울 장 布 펼 포 策 책 책 息 그칠 식

按説 | 이 章의 懸吐에 대하여, 壺山은

> 이 章의 諺解의 구두(현토)는 《論語》에서 군주를 대하여 말씀한 곳과 똑같지 않으니, 온당치 못할 듯하다.〔此章諺讀 與論語對君言處不同 恐未安〕

하였으니, 이는 官本諺解에는 군주에 대한 敬語를 쓰지 아니하여 "問政ᄒ대"로 되어 있음을 이른다. 栗谷諺解에는 "問政ᄒ신대" 등으로 끝까지 敬語를 사용하였다. 한편 艮齋는 《書經》〈洪範〉에서 箕子가 武王에게 洪範九疇를 말씀한 내용에 敬語를 쓰지 않은 《書經諺解》의 경우를 들어 官本諺解처럼 일절 敬語를 쓰지 않았다. 본인은 官本諺解를 그대로 따랐다.

章句 | 方은 版也요 策은 簡也라 息은 猶滅也라 有是君, 有是臣이면 則有是政矣[311]라
'方'은 版(판자)이고, '策'은 簡(竹簡·木簡)이다. '息'은 滅과 같다. 이러한 군주가 있고 이러한 신하가 있으면 이러한 정사가 있는 것이다.

20-3. 人道는 敏政하고 地道는 敏樹하니 夫政也者는 蒲盧(蘆)也니라

사람의 道는 정사에 빠르게 나타나고 땅의 道는 나무(草木)에 빠르게 나타나니, 정사의 신속한 효험은 쉽게 자라는 갈대와 같다.

按説 | 蒲盧에 대하여, 朱子는

> 舊説(鄭玄의 註)에 蒲盧를 螺蠃(나나니벌)라 하였으나, 상고할 바가 없다.〔舊説蒲盧爲螺蠃 無所考〕《詳説》

하고 沈括의 説을 따라 蒲葦(갈대)라 하였다. 그러나 清代의 考証學者들은 대부분 鄭玄의 설을 따랐으며, 茶山도 《自箴》에서

---

311 〔詳説〕 有是君……則有是政矣 : 그 사람이 생존하면 그 정사가 거행됨을 말함을 인하여, 그 사람이 죽으면 그 정사가 종식됨을 아울러 언급하였다. 그러므로 註에서 죽으면 종식됨을 다시 해석하지 않은 것이다.〔因言存擧 而並及亡息. 故註不復釋亡息〕

··· 版 판자 판 敏 빠를 민 樹 나무 수 蒲 부들 포 盧 갈대 로(蘆同)

蒲盧는 땅벌 중에 허리가 가는 것이다. 어미 벌이 존재하면 애벌레가 변화하여 벌이 되고 어미 벌이 없어지면 애벌레가 끝내 변화하지 못하니, 이른바 '그 사람이 존재하면 그 정사가 거행되고 그 사람이 없어지면 그 정사가 종식된다.'는 것이다. '地道敏樹' 한 구는 '人道敏政'을 인하여 마침내 말해서 文勢가 굴러가는 구슬이 산비탈을 달리는 것과 같다.〔蒲盧者 土蜂之細腰者 蜂存則蟲化而爲蜂 蜂去則蟲終不化 所謂其人存則其政擧 其人亡則其政息也 地道敏樹一句 因人道敏政而遂言之 文勢如流丸走坂〕

하였다.

章句ㅣ敏은 速也라 蒲盧는 沈括이 以爲蒲葦라하니 是也라 以人立政은 猶以地種樹하여 其成이 速矣요 而蒲葦는 又易生之物이니 其成이 尤速也라 言 人存政擧[312]가 其易如此라

'敏'은 빠름이다. '蒲盧(蒲蘆)'는 沈括이 "蒲葦(갈대)이다." 하였으니, 옳다. 사람으로써 정사를 세움은 땅에 나무를 심는 것과 같아 그 이루어짐이 빠르며, 갈대는 또 쉽게 자라는 물건이어서 그 이루어짐이 더욱 빠르다. 훌륭한 사람이 있으면 정사가 거행됨이 그 쉬움이 이와 같음을 말씀한 것이다.

20-4. 故로 爲政이 在人하니 取人以身이요 修身以道요 修道以仁이니라

그러므로 정사를 함이 사람(賢臣)에게 달려 있으니, 사람을 취하되 몸(군주)으로써 하고, 몸을 닦되 道로써 하고, 道를 닦되 仁으로써 해야 한다.

按說ㅣ章節에 대하여, 茶山은

이 아래는 별도로 한 章이 되어야 하니, 굳이 哀公問과 서로 연결할 필요가 없다. 《孔子家語》에 《中庸》을 절취하였는데, 아래 九經章을 연결하여 모두 哀公과 서로 問答한 것으로 삼았다.〔此下當別爲一章 不必與哀公問相連 家語竊取中庸 連下九經章 都作與哀公

---

312 〔詳說〕人存政擧 : 윗절을 받은 것이다.〔承上節〕

••• 括 쌀괄 葦 갈대위 種 심을종 擧 들 거

問答〕

하였다. 《論語》의 예로 볼 때 章末까지 孔子의 말씀으로 보는 것은 너무 길어 의문이 없지
못하므로 茶山의 說이 일리가 있는 것으로 보인다. 다만 茶山의 說처럼 '故爲政在人' 이하
가 孔子의 말씀이 아니고 子思의 말씀이라면, 章 첫머리에 '故'자가 있는 것이 의문이 아닐
수 없다.

章句〕此는 承上文人道敏政而言也라 爲政在人은 家語에 作爲政在於得人하니 語
意尤備라 人은 謂賢臣이요 身은 指君身[313]이라 道者는 天下之達道[314]요 仁者는 天地
生物之心而人得以生者[315]니 所謂元者善之長也라 言 人君爲政이 在於得人하고
而取人之則(칙)이 又在修身하니 能仁其身이면 則有君有臣而政無不擧矣니라

이는 윗글의 '사람의 道는 정사에 빠르게 나타난다.'는 말을 이어 말씀한 것이다. '爲政在
人'은 《孔子家語》에 "정사를 함이 사람을 얻음에 달려 있다.〔爲政在於得人〕"로 되어 있으
니, 말뜻이 더욱 구비되었다. '人'은 賢臣을 이르고 '身'은 군주의 몸을 가리킨다. '道'는 天
下의 達道요, '仁'은 天地가 물건을 내는 마음으로 사람이 얻어서 태어난 것이니, 《周易》
〈乾卦 文言〉에 이른바 '元은 善의 으뜸'이란 것이다. 인군이 정사를 함은 사람을 얻음에 있
고 사람을 취하는 법은 또 몸을 닦음에 있으니, 능히 그 몸을 仁하게 하면 훌륭한 군주가 있

---

313 〔詳說〕人……指君身:앞 節의 '人'자는 군주와 신하를 통하여 말하였고, 이 節의 '人'과 '身'은 또 군주와
신하를 나누어 말하였다.〔前節人字 通言君臣 此節人身 又分君臣言〕

314 〔自箴〕道者 天下之達道:道를 닦음을 敎라 이르니, 敎는 五敎이다. 五敎는 父·母와 兄·弟와 자식의 가
르침이다. 그러므로 "道를 品節함을 仁으로써 한다."라고 한 것이다.〔修道之謂敎 敎者 五敎也 五敎者 父
母兄弟子之敎也 故曰 修道以仁〕

315 〔記疑〕道者……天地生物之心而人得以生者:'修道以仁'의 '仁'자는 사람이 태어나 얻은 바의 理를 가리
켜 말한 것으로, 義·禮·智·信이 모두 이 가운데 들어 있으며, '仁也者[1]'의 '仁'자는 다만 愛를 위주하여
말하였고, '智仁勇'의 '仁'자는 心이 지극히 공정하여 사사로움이 없어 道를 체행할 수 있는 것을 가리
켜 말하였고, 〈25章의〉 '成己仁也'의 '仁'자는 또 成德한 곳에 나아가 仁의 전체를 가리켜 낸 것으로, 義
·禮·智·信이 모두 이로부터 나온다.〔修道以仁仁字 指人生所得之理言 而義禮智信 皆在其中 仁也者仁
字 單主愛上說 知仁勇仁字 指心之至公無私 所以能體道者言 成己仁也仁字 又是就成德處 指出仁之全
體 義禮智信 皆從是而出〕
　　譯註 1. 仁也者:아랫글의 "仁者 人也"의 誤記로 보인다.
〔詳說〕朱子가 말씀하였다. "道는 義理의 公共한 이름을 통합하여 말하였고, 仁은 人心에 친절한 묘함
을 곧바로 가리킨 것이다.〔道是統言義理公共之名 仁是直指人心親切之妙〕"
〔自箴〕《孟子》에 "仁은 사람이다." 하였고, 《禮記》〈表記〉에도 "仁은 사람이다." 하였으니, 옛날 訓이 본래
이와 같고 生物之心이란 말이 없다.〔孟子曰 仁者人也 表記亦曰 仁者人也 古訓本自如此 無生物之說〕

··· 備 갖출 비

고 훌륭한 신하가 있어서 정사가 거행되지 않음이 없음을 말씀한 것이다.

20-5. 仁者는 人也니 親親이 爲大하고 義者는 宜也니 尊賢이 爲大하니 親親之殺(쇄)와 尊賢之等이 禮所生也니라

仁이란 사람의 몸이니 어버이(친척)를 친히 함이 큰 것이 되고, 義란 마땅함이니 어진이를 높임이 큰 것이 되니, 친척을 친애함의 줄어듦과 어진이를 높임의 등급이 禮가 생겨난 이유이다.

> **按說ㅣ**壺山은
>
> 여기서는 仁·義·禮를 말하였고 아래에서는 智·仁·勇을 말하였으니, 仁은 있지 않은 곳이 없다.〔此云仁義禮 下云知仁勇 仁無所不在也〕
>
> 하였다.

章句ㅣ 人은 指人身而言이라 具此生理[316]하여 自然[317]便有惻怛慈愛之意[318]하니 深體味之면 可見이라 宜者는 分別事理하여 各有所宜也요 禮는 則節文斯二者而已라

'人'은 사람의 몸을 가리켜 말하였다. 〈사람의 몸은〉 이 生理를 갖추고 있어 자연히 惻怛하고 자애로운 뜻이 있으니, 깊이 體得하여 음미하면 볼 수 있다. '宜'는 事理를 분별하여 각기 마땅한 바가 있게 하는 것이요, 禮는 이 두 가지(仁과 義)를 節文할 뿐이다.

(在下位하여 不獲乎上이면 民不可得而治矣리라)

(아래 지위에 있으면서 윗사람에게 신임을 얻지 못하면 백성을 다스리지 못할 것이다.)

---

316 譯註 具此生理:生理는 만물을 낳고 낳는 원리(生物之理)로, 곧 仁의 性을 간직하고 있음을 이른다.

317 〔詳說〕自然:'自然' 두 글자는 혹 윗구로 붙여 읽기도 한다.〔二字或屬上句讀〕

318 〔詳說〕便有惻怛慈愛之意:親親을 해석하였다.〔釋親親〕

··· 宜 마땅 의 殺 줄어들 쇄 具 갖출 구 便 곧 변 惻 슬플 측 怛 슬플 달 慈 사랑할 자 獲 얻을 획

按說 ㅣ '在下位……民不可得而治矣'에 대하여, 朱子는 鄭玄의 註를 따라 "이 句는 아래에 있으니, 잘못 중복되어 여기에 있다." 하였으나 茶山은 《自箴》에서

> 하늘을 아는 것이 修身의 근본이 됨은 하늘을 안 뒤에 능히 성실해질 수 있기 때문이다. 《大學》은 誠意를 修身의 근본으로 삼았고 《中庸》은 知天을 修身의 근본으로 삼았으니, 그 뜻이 똑같다. 經에 "隱보다 더 드러남이 없고 微보다 더 나타남이 없다." 하였으니, 隱이 드러남을 알고 微가 나타남을 안다면 하늘을 알 것이다. '하늘을 안다'는 것은 그 홀로를 삼가는 것이니, 그 홀로를 삼감은 바로 성실함이다.〔知天爲修身之本者 知天而後 能誠也 大學以誠意爲修身之本 中庸以知天爲修身之本 其義一也 經曰 莫見乎隱 莫顯乎微 知隱之見 知微之顯 則知天矣 知天者 愼其獨 愼其獨 卽誠也〕

하여, 이 節을 삭제하지 않는 것이 좋다고 하였다.

章句 ㅣ 鄭氏曰 此句는 在下하니 誤重在此하니라

鄭氏(鄭玄)가 말하였다. "이 句는 아래에 있으니, 잘못 중복되어 여기에 있다."

20-6. 故로 君子는 不可以不修身이니 思修身인댄 不可以不事親이요 思事親인댄 不可以不知人이요 思知人인댄 不可以不知天이니라

그러므로 君子는 몸을 닦지 않을 수 없으니, 몸을 닦을 것을 생각할진댄 어버이를 섬기지 않을 수 없고, 어버이를 섬길 것을 생각할진댄 사람(賢人)을 알지 않을 수 없고, 사람을 알 것을 생각할진댄 하늘의 이치를 알지 않을 수 없다.

按說 ㅣ 艮齋는

> 修身의 근본은 진실로 '知天'에 있으니, 하늘은 사람을 떠나서 말할 수 없다는 것은 바로 性理를 가리켜 말한 것이다. 聖學이 하늘에 근본하고 君子가 性을 높이는 것은 바로 일관된 맥락이다. 方外의 학문이 心을 性·道·理로 인식하고 이것을 근본으로 삼는 것으로 말하면 소견이 잘못되어 마음속에 보존하고 발하는 것이 모두 단지 心에서 나올 뿐이니, 그 하는 곳

이 어찌 모두 하늘에 부합할 수 있겠는가. 朱子가 明善을 해석하면서 人心을 살핀다고 말씀함에 그치지 않고, 반드시 人心의 天命의 本然을 살핀다고 하셨으니, 그렇다면 誠身이 本心에 그치지 않고 반드시 하늘에 근본하는 것도 더욱 분명한 것이다.〔修身之本 實在知天 天非離人言 乃指性理言也 聖學本天 君子尊性 是其一串 若乃外學之認心爲性爲道 爲理 而以之爲本者 所見誤而所存所發 咸只出於心矣 其做處豈能盡合於天乎 朱子 釋明善 不止曰察於人心 而必曰察於人心天命之本然 則誠身之不止於本心 而必本於 天 亦益明矣〕

하였다. 壺山은

살펴보건대, 이것은 《大學》八條目의 逆推와 같으니, 아래의 明善節도 이와 비슷하다.〔按 此與大學八目之逆推同 下明善節放此〕

하였다. 逆推는 逆으로 미루는 것으로 《大學》 經一章의 "古之欲明明德於天下者 先治其國 欲治其國者 先齊其家"와 같은 경우이며, 逆推와 반대되는 말은 順推로 《大學》 經一章의 "物格而后 知至 知至而后 意誠"과 같은 경우이다.

章句 | 爲政在人하고 取人以身이라 故로 不可以不修身이요 修身以道하고 修道以仁 이라 故로 思修身인댄 不可以不事親³¹⁹이요 欲盡親親之仁인댄 必由尊賢之義라 故로 又當知人³²⁰이요 親親之殺(쇄)와 尊賢之等이 皆天理也³²¹라 故로 又當知天이라

정사를 다스림은 사람(賢臣)을 얻음에 달려 있고 사람을 취함은 몸(군주)으로써 하기 때문에 몸을 닦지 않을 수 없고, 몸을 닦음은 道로써 하고 道를 닦음은 仁으로써 하기 때문에 몸을 닦을 것을 생각할진댄 어버이(친척)를 섬기지 않을 수 없고, 親親의 仁을 다하고자 할진댄 반드시 尊賢의 義를 말미암아야 하기 때문에 또 마땅히 사람을 알아야 하고, 親親의 줄어듦과 尊賢의 등급이 모두 天理이기 때문에 또 마땅히 하늘의 이치를 알아야 하는 것이다.

---

319 〔詳說〕思修身 不可以不事親 : 《大全》에 말하였다. "親親의 仁을 가지고 어버이를 섬기는 것이다.〔以親 親之仁事親〕"

320 〔詳說〕欲盡親親之仁……又當知人 : 程子가 말씀하였다. "친애하는 바가 올바른 사람이 아니면 몸을 위 태롭게 하고 어버이를 욕되게 한다.〔所親非其人 辱身危親〕"

321 〔詳說〕親親之殺……皆天理也 : 禮는 天理의 節文이다.〔禮者 天理之節文〕

20-7. 天下之達道五에 所以行之者三이니 曰君臣也와 父子也와 夫婦
也와 昆弟也와 朋友之交也五者는 天下之達道也요 知(智)仁勇三者는
天下之達德也니 所以行之者는 一也니이다

天下의 達道(공통된 道)가 다섯 가지인데 이것을 행하는 것은 셋이니, 君臣間과 父
子間과 夫婦間과 昆弟間(兄弟間)과 朋友間의 사귐 이 다섯 가지는 天下의 達道
이고, 智·仁·勇 이 세 가지는 天下의 達德(공통된 德)이니, 이것을 행하는 것은 하나
(誠)이다.

按說 | '所以行之者 一也'에 대하여, 朱子는 "一은 誠이다." 하였으나 孔穎達의 疏에는

百王 이래로 이 五道와 三德을 행하는 것은 그 義가 동일하여 古今에 변치 않음을 말한 것
이다.〔言百王以來 行此五道三德 其義一也 古今不棄也〕

하여 同一로 보았다.
艮齋는

"天下의 達道가 다섯인데 이것을 방해하는 것이 세 가지이니 愚暗·偏私·懦弱이고, 이것
을 실행하는 것이 세 가지이니 明通(智)·公正(仁)·强毅(勇)이다." 이와 같이 말하는 것이
어떠한가? "正識(올바른 지식)은 道를 아는 것이고, 公心(公正한 마음)은 道를 체행하는 것
이고, 浩然之氣는 道를 강하게 하는 것이니, 이것은 천하 고금에 함께 얻은 바의 理이다.【正
識·公心·浩氣는 모두 性分을 띠고 있기 때문에 理라고 말한 것이다.】" 이 말이 또 어떠한가.〔天
下之達道五 所以害之者三 愚暗也 偏私也 懦弱也 所以行之者三 明通也 公正也 强
毅也 如此下語如何 正識所以知道 公心所以體道 浩氣所以强道 此天下古今所同得
之理也【正識公心浩氣 皆性分帶來 故謂之理】此語又如何〕

하였다.

章句 | 達道者는 天下古今所共由之路니 卽書所謂五典이요 孟子所謂父子有親,

··· 昆 맏곤 路 길로 典 법전

君臣有義, 夫婦有別, 長幼有序, 朋友有信이 是也[322]라 知(智)는 所以知此也[323]
요 仁은 所以體此[324]也요 勇은 所以强此也니 謂之達德者는 天下古今所同得之理
也[325]라 一은 則誠而已矣[326]라 達道는 雖人所共由나 然無是三德이면 則無以行之요
達德은 雖人所同得이나 然一有不誠이면 則人欲間之하여 而德非其德矣라 程子曰
所謂誠者는 止是誠實此三者니 三者之外에 更別無誠[327]이니라

'達道'는 天下와 古今에 함께 행하여야 할 길이니, 바로《書經》〈舜典〉에 이른바 '五典(五
倫)'이란 것이요,《孟子》에 이른바 '父子間에는 친함이 있고 君臣間에는 의리가 있고 夫婦
間에는 분별이 있고 長幼間에는 차례가 있고 朋友間에는 信實이 있다.'는 것이 이것이다.
智는 이것(達道)을 아는 것이고 仁은 이것을 體行하는 것이고 勇은 이것을 힘쓰는 것이니,
이것을 達德이라고 이르는 것은 天下와 古今에 함께 얻은 바의 理이기 때문이다. '一'은 곧
誠일 뿐이다. 達道는 비록 사람이 똑같이 행하는 바이나 이 세 가지 德이 없으면 이것을 행

---

322 〔詳說〕孟子所謂父子有親……是也:〈父子·君臣의〉 다섯 가지는 物이요 그 법칙(有親·有義)은 道이니,
孟子의 말씀이 여기에서 나왔는데,[1] 더욱 자세히 구비하였다.〔五者 物也 其則是道也 孟子之說 蓋出於此
而益爲詳備〕
　　譯註 1. 孟子의……나왔는데:物과 법칙은《詩經》〈大雅 烝民〉의 '有物有則'을 인용한 것으로,《孟子》
〈滕文公上〉에 "사람에게는 도리가 있는데 배불리 먹고 따뜻이 옷을 입어서 편안히 거처하기만 하고
가르침이 없으면 禽獸와 가까워진다. 〈이 때문에〉 聖人(堯)이 이를 근심하시어 契(설)을 司徒로 삼아
人倫을 가르치게 하셨으니, 父子간에는 친함이 있으며, 君臣간에는 의리가 있으며, 夫婦간에는 분별
이 있으며, 長幼간에는 차례가 있으며, 朋友간에는 信實이 있는 것이다.〔人之有道也 飽食煖衣 逸居
而無敎 則近於禽獸 聖人有憂之 使契爲司徒 敎以人倫 父子有親 君臣有義 夫婦有別 長幼有序 朋友
有信〕"라고 보인다.

323 〔詳說〕所以知此也:《大全》에 말하였다. "此자는 五達道를 가리킨 것이다.〔此字 指五達道〕"

324 〔詳說〕體此:《大全》에 말하였다. "몸으로 체행하여 직접 행하는 것이다.〔以身體而躬行之〕"

325 〔記疑〕謂之達德者 天下古今所同得之理也:《備旨》와《南塘集》에는 三達德을 性이라 하였다. 만일 〈三
達德이〉 性分을 띠고 왔기 때문에 渾淪하여 性이라고 한다면 괜찮지만, 그렇지 않다면 제22章의 '至誠'
과 제32章의 '至誠'은 모두 聖人의 達德의 지극한 誠으로 말하였고, 아랫글에 〈誠을 하면〉 "능히 자기
의 性을 다하고 능히 사람과 물건의 性을 다한다." 하였고, 또 "능히 천하의 大經을 經綸하며 大本을 세
우고 化育을 안다."는 등의 말씀이 있으니, 性이 어떻게 이러한 작용이 있겠는가.〔備旨及南塘集 以三達德
爲性 如以性分上帶來 故渾淪而謂之性則可 不然 第二十二章至誠 三十二章至誠 皆以聖人達德之極誠言
而下文有能盡其性 能盡人物之性 及能經綸大經 立大本 知化育等語 性何以有是作用歟〕

326 譯註 一 則誠而已矣:壺山은 "여기와 뒷절(14節)의 '行之者一也'는 모두 誠을 가리킨 것이고, 아랫절 두
개의 '一也'는 다만 앞장 '貴賤一也'의 뜻(동일함)이다.〔此及後節行之者一也 皆指誠也 下節兩箇一也 只
是前章貴賤一也之義也〕" 하였다. 그러나 茶山은 '一也'를 모두 똑같은 例로 보아야 한다고 주장하였는
바, 아랫절《章句》의 '其至一也'의 각주에 보인다.

327 〔詳說〕所謂誠者……更別無誠:朱子가 말씀하였다. "誠은 이 세 가지를 행하는 진실한 마음이다.〔誠是
行此三者眞實之心〕"

··· 體 체행할 체　强 힘쓸 강　間 낄간　止 다만 지

할 수 없고, 達德은 비록 사람이 똑같이 얻은 바이나 한 가지라도(조금이라도) 誠實하지 못함이 있으면 人慾이 사이에 끼어서 德다운 德이 아닌 것이다.

程子(伊川)가 말씀하였다. "이른바 '誠'이란 것은 다만 이 세 가지를 성실히 하는 것이니, 이 세 가지 외에 다시 다른 誠이 없다."

|附錄. 中庸達道達德之圖 (北軒 金春澤)|

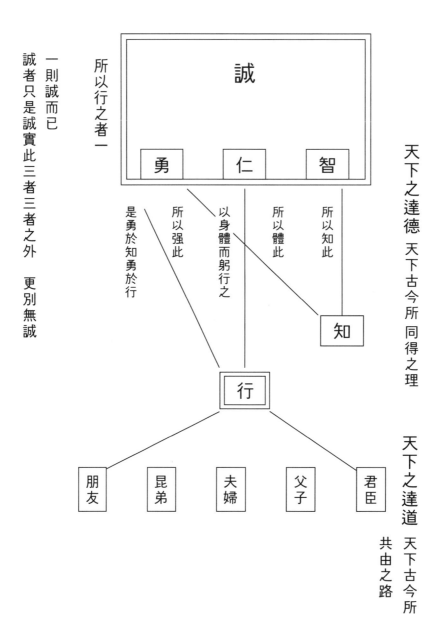

所以行之者一

誠

勇　仁　智

天下之達德 天下古今所 同得之理

一則誠而已
誠者只是誠實此三者三者之外　更別無誠

是勇於知勇於行
所以強此
以身體而躬行之
所以體此
所以知此

知

行

朋友　昆弟　夫婦　父子　君臣

天下之達道 天下古今所

共由之路

20-8. 或生而知之하며 或學而知之하며 或困而知之하나니 及其知之하여
는 一也니라 或安而行之하며 或利而行之하며 或勉強而行之하나니 及其
成功하여는 一也니라

혹은 태어나면서 이것(達道)을 알고 혹은 배워서 이것을 알고 혹은 애를 써서 이것을 아
는데, 그 앎에 미쳐서는 똑같다. 혹은 편안히 이것을 행하고 혹은 이롭게 여겨서 이것을 행
하고 혹은 억지로 힘써서 이것을 행하는데, 그 功을 이룸에 미쳐서는 하나(誠)이다."

按說 | '困而知之'에 대하여, 鄭玄은

'困而知之'는 장성해서 禮義의 일을 보고서 자신이 禮義의 일에 직면하여 부족함(모름)이
있고 나서야 비로소 배워 아는 것이다. 이것이 達道이다.〔困而知之 謂長而見禮義之事 己
臨之而有不足 乃始學而知之 此達道也〕

하였고, 孔穎達은

禮義의 일을 당하여 곤궁함(모름)이 있은 뒤에 배워서 아는 것이다.〔臨事有困 由學乃知〕

하였다. 그러나 生知·學知·困知 세 종류로 나눈 것을 보면 學知도 顏淵처럼 聞一知十한
자도 있고 子貢처럼 問一知二한 자도 있을 것이며, 困知 또한 수십 번 배워야 겨우 안 자도
있을 것이다. 困知는, 禮義의 일을 당하기 이전과 이후를 막론하고 알지 못하여 애쓰고 노
력하는 것으로 보는 것이 타당할 듯하다.

朱子는

《論語》의 '仁者는 仁을 편안히 여기고 智者는 仁을 이롭게 여긴다.'[328]는 것은 여기서 말한
智와 仁의 뜻과는 본래 다르니, 生知와 安行은 仁이 智 가운데 들어 있고, 學知와 利行은
仁이 智 밖에 있다.〔論語仁者安仁 知者利仁 與此說知仁意思自別 生知安行 仁在知
中 學知利行 仁在知外〕《詳說》

---

328 譯註 論語의……여긴다:〈里仁〉 2章에 "仁하지 못한 자는 오랫동안 곤궁함에 처할 수 없고 장구하게 즐
거움에 처할 수 없으니, 仁者는 仁을 편안히 여기고 智者는 仁을 이롭게 여긴다.〔不仁者不可以久處約 不
可以長處樂 仁者安仁 知(智)者利仁〕"라고 보인다. ·

··· 困 곤할 곤

하였다. 生知와 安行은 聖人의 일로서 知와 行이 合一되어 智(聖人인 舜)가 仁(賢人인 顔子)보다 높기 때문에 "仁이 智 가운데 들어 있다." 하였고, 學知와 利行은 聖人 이하의 일로서 배워서 안 뒤에(智) 행하므로(仁) "仁이 智 밖에 있다." 한 것이다.

章句┃知之者之所知와 行之者之所行은 謂達道也라 以其分而言하면 則所以知者는 知(智)也요 所以行者는 仁也요 所以至於知之成功而一者는 勇也[329]며 以其等而言하면 則生知安行者는 知也[330]요 學知利行者는 仁也[331]요 困知勉行者는 勇也[332]라 蓋人性이 雖無不善이나 而氣稟有不同者라 故로 聞道有蚤莫(早暮)하고 行道有難易라 然이나 能自强不息이면 則其至는 一也[333]라 呂氏曰 所入之塗(途)雖異나 而所至之域則同하니 此所以爲中庸이라 若乃企生知安行之資하여 爲不可幾及[334]하고 輕困知勉行하여 謂不能有成이라하면 此는 道之所以不明不行也라

知之의 알 바와 行之의 행할 바는 達道를 이른다. 그 분별로써 말하면 아는 것은 智이고 행하는 것은 仁이고 알아서 成功에 이르러 똑같은 것은 勇이며, 그 등급으로써 말하면 生知와 安行은 智이고 學知와 利行은 仁이고 困知와 勉行은 勇이다. 사람의 本性이 비록 不善함이 없으나 氣稟이 동일하지 않으므로 道를 들음에 이르고 늦음이 있으며 道를 행함에 어렵고 쉬움이 있는 것이다. 그러나 능히 스스로 힘쓰고 쉬지 않으면 그 이르는 경지는 똑같은 것이다.

呂氏(呂大臨)가 말하였다. "들어가는 길은 비록 다르나 이르는 경지는 똑같으니, 이 때문에

---

329 〔詳說〕所以至於知之成功而一者 勇也:《大全》에 말하였다. "知(앎)의 투철함과 行의 성공이 바로 勇이다.〔知之透徹 行之成功 便是勇〕"

330 〔詳說〕生知安行者 知(智)也:《大全》에 말하였다. "舜임금의 大智와 같은 것이다.〔如舜之大知〕"

331 〔詳說〕學知利行者 仁也:《大全》에 말하였다. "顔子의 克己復禮와 같은 것이다.〔如顔子之克復〕"

332 〔詳說〕困知勉行者 勇也:子路의 勇과 같은 것이다.〔如子路之勇〕

333 〔自箴〕其至 一也:生知·學知·困知가 道를 앎이 똑같고, 安行·利行·勉行이 道를 행함이 똑같다. 그러나 五達道와 三達德과 九經의 끝에 모두 "이것을 행하는 원인은 똑같다."라고 말했으니, 똑같다는 것은 誠이다. 그렇다면 네 개의 '一也'를 또한 마땅히 똑같은 例로 보아야 한다.〔生知學知困知 其知道則一也 安行利行勉行 其行道則一也 然五達道 三達德 九經之末 皆云所以行之者一也 一者誠也 然則四箇一也 亦當一例看〕

334 〔詳說〕若乃企生知安行之資 爲不可幾及:바라고자 하다가 곧바로 스스로 한계 짓는 것이다.〔欲企而旋自畫〕

··· 蚤 일찍 조(早通) 莫 저물 모(暮同) 息 쉴 식 塗 길 도 域 지경 역 企 바랄 기 幾 몇 기 輕 가벼울 경

中庸이 되는 것이다. 만일 生知와 安行의 資稟을 바라고서 따라갈 수 없다고 여기고 困知와 勉行을 하찮게 여겨 성공이 있지 못하다고 여긴다면, 이것이 바로 道가 밝아지지 못하고 행해지지 못하는 所以인 것이다."

20-9. (子曰) 好學은 近乎知(智)하고 力行은 近乎仁하고 知恥는 近乎勇이니라

(孔子께서 말씀하셨다.) 배우기를 좋아함은 智에 가깝고, 힘써 행함은 仁에 가깝고, 부끄러움을 앎은 勇에 가깝다.

按說 | '子曰'에 대하여, 朱子는 20章 章下註에

《孔子家語》〈哀公問政〉에 또한 이 章이 실려 있는데, 그 글이 더욱 상세하다. '成功一也'의 아래에 "哀公이 말씀하기를 '夫子의 말씀이 아름답고 지극하나 寡人이 실로 固陋하여 이것을 이룰 수 없습니다.' 하였다."라는 내용이 있다. 그러므로 그 아래에 다시 '子曰'로써 답한 말씀을 일으킨 것인데, 이제 여기에는 이 묻는 말이 없는데도 그대로 '子曰'이란 두 글자가 있으니, 이는 아마도 子思가 번잡한 글을 삭제하여 篇에 붙이되 삭제한 것이 다하지 못함이 있는 듯하니, 이제 마땅히 衍文이 되어야 할 것이요, '博學之' 이하는 《孔子家語》에 없으니, 짐작건대 저 《孔子家語》에 빠진 글이 있거나 아니면 이것은 혹 子思가 보충하신 것인 듯하다.

하였다. 그러나 《孔子家語》는 뒤늦게 나온 책으로 크게 믿을 것이 못 된다. 朱子가 "혹 子思가 보충하신 것인 듯하다." 한 것에 대하여 壺山은

官本諺解의 구두(현토)에 군주를 대하여 말씀한 것을 취하지 않은 것은 아마도 이 때문일 것이다. 다만 이 章은 孔子라고 칭하지 않고 子라고 칭하였고, 哀公이 받아들임만 있고 묻거나 논란함은 없으니, 이는 師道로 孔子를 대처한 것으로, 또한 〈洪範〉의 諺解 구두[335]의

---

335 譯註 〈洪範〉의……구두: 〈洪範〉은 《書經》의 篇名으로 武王이 즉위한 13년 殷나라를 멸망시키고 箕子에게 治國의 大道를 묻자, 箕子가 이 洪範九疇로 대답하였는데, 당시 武王은 천자였으나 諺解 구두에는 두 사람의 대화에 존칭하는 말을 쓰지 않았으므로 말한 것이다.

••• 恥 부끄러울 치

뜻과 같다. 그러나 栗谷諺解는 신하가 군주를 대하는 준례를 사용하였다.〔諺讀之不取對

君言者 蓋爲此耳 但此章不稱孔子而稱子 哀公有聽受而無問難 蓋以師道處孔子也

亦如洪範諺讀之意耳 雖然 栗谷諺解 則用臣對君之例矣〕

하였다.

章句ㅣ 子曰 二字는 衍文이라

○此는 言 未及乎達德而求以入德之事니 通上文三知爲知(智)와 三行爲仁하면 則

此三近者는 勇之次也라 呂氏曰 愚者는 自是而不求하고 自私者는 徇人欲而忘返

하고 懦者는 甘爲人下而不辭라 故로 好學이 非知(智)나 然足以破愚요 力行이 非仁

이나 然足以忘私요 知恥가 非勇[336]이나 然足以起懦[337]니라

'子曰' 두 글자는 衍文이다.

○이는 達德에 미치지 못하여 德에 들어가기를 구하는 일을 말씀한 것이니, 윗글의 三知

(生知·學知·困知)는 智가 되고 三行(安行·利行·勉行)은 仁이 됨을 통해 보면 이 세

가지의 가까움은 勇의 다음인 것이다.

呂氏(呂大臨)가 말하였다. "어리석은 자는 스스로 옳다 하고 찾지 않으며, 스스로 사사로

이 하는 자는 人慾을 따라 돌아올 줄 모르며, 나약한 자는 남의 아래가 됨을 달게 여겨 사양

하지 않는다. 그러므로 배우기를 좋아함이 智가 아니나 족히 어리석음을 깨뜨릴 수 있고, 힘

써 행함이 仁이 아니나 족히 사사로움을 잊을 수 있고, 부끄러움을 앎이 勇이 아니나 족히

나약함을 일으킬 수 있는 것이다."

---

336 〔詳說〕 好學……非勇 : 살펴보건대 '非'자는 너무 억눌러서 註(《章句》) 가운데의 '未及'자와 '次'자에 부
족함이 있다.〔按非字太抑 有遜於註中未及字與次字耳〕

337 〔自箴〕 好學……然足以起懦 : 배우기를 좋아하면 형체를 실천할 방법을 알므로 知(智)에 가깝고, 힘써
행하면 사람을 사랑할 방법을 알므로 仁에 가깝고,〔父母와 兄弟를 사랑하고 군주를 사랑하고 백성을 사랑
하는 것이다.〕 부끄러움을 알면 반드시 곤궁함으로 인하여 분발해서 강력히 힘써 善을 행하므로 勇에 가
까운 것이다. 그러나 배우기를 좋아하는 자는 배워서 아는 것이고, 힘써 행하는 자는 이롭게 여겨서 행
하는 것이고, 부끄러움을 아는 자는 애써서 힘쓰는 자이니, 모두 上等이 아니다. 그러므로 "智에 가깝고
仁에 가깝고 勇에 가깝다."라고 하여 이 위에 生知·安行의 한 층이 있음을 밝힌 것이다.〔好學則知所以
踐形 故近乎知 力行則知所以愛人 故近乎仁【愛父母兄弟 愛君 愛民】知恥則必因困發憤 强力爲善 故近乎
勇 然好學者 學知者也 力行者 利行者也 知恥者 困勉者也 皆非上等 故曰 近乎知 近乎仁 近乎勇 明上
面有生知安行一層也〕

··· 衍 남을 연 徇 따를 순 忘 잊을 망 返 돌아올 반 懦 나약할 나 破 깨트릴 파

170 · 中庸章句

20-10. 知斯三者면 則知所以修身이요 知所以修身이면 則知所以治人
이요 知所以治人이면 則知所以治天下國家矣리라

이 세 가지를 알면 몸을 닦는 바를 알 것이요, 몸을 닦는 바를 알면 남을 다스리는 바를
알 것이요, 남을 다스리는 바를 알면 天下와 國·家를 다스리는 바를 알 것이다.

> 章句 | 斯三者는 指三近而言이라 人者는 對己之稱이요 天下國家는 則盡乎人矣라
> 言此하여 以結上文修身之意하고 起下文九經之端也라
>
> '이 세 가지'란 三近(好學·力行·知恥)을 가리켜 말한 것이다. '人(남)'은 자신을 상대하
> 여 稱한 것이요, 天下와 國·家는 人을 다한 것이다. 이것을 말씀하여 윗글의 修身의 뜻을
> 맺고 아랫글의 九經의 단서를 일으킨 것이다.

20-11. 凡爲天下國家 有九經하니 曰 修身也와 尊賢也와 親親也와 敬
大臣也와 體群臣也와 子庶民也와 來百工也와 柔遠人也와 懷諸侯也
니라

무릇 天下와 國·家를 다스림에 九經(아홉 가지 떳떳한 법)이 있으니, 몸을 닦음과 어
진이를 높임과 친척을 친애함과 大臣을 공경함과 여러 신하들의 마음을 體察함과 백성
들을 자식처럼 사랑함과 百工들을 오게 함과 먼 곳의 사람을 懷柔함과 諸侯들을 은
혜롭게 하는 것이다.

> 按說 | '體群臣也'에 대하여, 朱子는 "體는 자신이 그 처지에 처한 것으로 가설하여 그
> 마음을 체찰하는 것이다.〔體 謂設以身處其地而察其心也〕" 하였으며, 茶山은 이에 대하여
> 다음과 같이 설명하였다.
>
> > 朱子가 말씀하기를 "群臣을 보기를 나의 四體와 같이 한다." 하였으니, 이것이 바른 뜻이다.
> > 《書經》에 "신하는 朕의 股肱과 耳目이 된다." 하였고, 《孟子》에 "군주가 신하보기를 手足과
> > 같이하면 신하가 군주보기를 腹心과 같이 한다." 하였으니, 《章句》에 "자신이 그 처지에 처

··· 斯 이 사 經 법 경 敬 공경 경 體 체득할 체 子 사랑할 자 柔 부드러울 유 懷 품을 회

한 것으로 가설하여 그 마음을 체찰한다."는 것은 四體의 說만 못한 듯하다.〔朱子曰 視群
臣猶吾四體 此正義也 書曰 臣作朕股肱耳目 孟子曰 君視臣如手足 則臣視君如腹心
章句云設以身處其地而察其心 恐不如四體之說〕

'群臣을 보기를 나의 四體와 같이 한다.'는 내용은 아래에 보이는 呂大臨의 說인데, 朱子가
그의 說을 《章句》에 수록하였으므로 朱子의 말씀이라 한 것이다.
'親親'에 대하여 茶山은

尊賢이란 師保의 신하를 신하로 삼지 않는 것이요, 親親이란 자기의 宗族을 친애하는 것으
로 公族을 이르니, 어버이를 섬김이 아니다. 어버이를 섬김은 修身 가운데에 들어있다.〔尊賢
者 師保之臣 所不臣也 親親者 親其宗族 謂公族 非事親也 事親在修身之中〕

하였다.
壺山은 "〈'來百工'의〉 '來'는 부름과 같다.〔來 猶招也〕"하고, 또

〈'懷諸侯'는〉諸侯를 품어 주어 생각하게 하는 것이니, 諺解의 해석[338]을 다시 헤아려 보아
야 한다.〔懷之以思也 諺釋更商〕

하였다.

章句 | 經은 常也[339]라 體는 謂設以身處其地而察其心也라 子는 如父母之愛其子
也라 柔遠人은 所謂無忘賓旅者也[340]라 此는 列九經之目也라 呂氏曰 天下國家之

---

338 譯註 諺解의 해석 : 官本諺解에는 "諸侯를 懷케 홈이니라."로 되어 있고 栗谷諺解에는 "諸侯를 懷호미니
이다."로 되어 있는바, 官本諺解에서는 '諸侯로 하여금 천자를 생각하게 한 것'으로 해석한 듯하다.

339 〔詳說〕經 常也 : 三山陳氏(陳孔碩)가 말하였다. "항상 행할 수 있어 변치 않는 것이다.〔可以常行而不
變〕" ○ 倪氏(雪川倪氏)가 말하였다. "바로 이른바 庸이다.〔卽所謂庸也〕"

340 〔詳說〕柔遠人 所謂無忘賓旅者也 : 三山陳氏가 말하였다. "'遠人'은 四夷가 아니고 바로 商賈와 賓旅이
니, 만약 四夷를 말하였으면 응당 諸侯의 위에 있지 않을 것이다.〔遠人非四夷 乃商賈賓旅 若謂四夷 不
應在諸侯之上〕" ○ 《書經》의 '柔遠'[1]과는 다르니, 마땅히 《論語》의 '遠人'[2]과 참고하여 보아야 한다.〔與
書之柔遠不同 當與論語遠人參看〕
  譯註 1. 書經의 柔遠 : 〈舜典〉에 "곡식은 때(농사철)를 잘 맞추어야 하니, 멀리 있는 자를 회유하고 가
  까이 있는 자를 길들이며 덕이 있는 자를 후대하고 어진 자를 믿으며 간사한 자를 막으면, 蠻夷도 거
  느리고 와서 복종할 것이다.〔食哉惟時 柔遠能邇 惇德允元 而難任(壬)人 蠻夷率服〕라고 보인다.
  譯註 2. 論語의 遠人 : 〈季氏〉1章에 "먼 지방 사람이 복종해 오지 않으면 文德을 닦아서 그들을 오게 하
  고, 이미 왔으면 편안하게 해야 하는 것이다.〔遠人不服 則修文德以來之 旣來之 則安之〕"라고 보이는바,
  여기에서 말한 遠人은 먼 오랑캐를 가리킨 것이 아니고, 附庸國인 顓臾와 같은 나라를 가리킨 것이다.

··· 設 베풀 설 旅 나그네 려

本이 在身故로 修身이 爲九經之本이라 然이나 必親師取友然後에 修身之道進故로 尊賢이 次之하고 道之所進이 莫先其家故로 親親이 次之하고 由家以及朝廷故로 敬大臣, 體群臣이 次之하고 由朝廷以及其國故로 子庶民, 來百工이 次之하고 由其國以及天下故로 柔遠人, 懷諸侯 次之하니 此는 九經之序也라 視群臣을 猶吾四體하고 視百姓을 猶吾子하니 此는 視臣視民之別也라

'經'은 떳떳함이다. '體'는 자신이 그 처지에 처한 것으로 가설하여 그 마음을 體察하는 것이다. '子'는 父母가 그 자식을 사랑하듯이 하는 것이다. '먼 곳의 사람을 회유한다'는 것은 《孟子》〈告子下〉에 이른바 '손님과 나그네를 잊지 말라'는 것이다. 이는 九經의 조목을 나열한 것이다.

呂氏(呂大臨)가 말하였다. "天下와 國·家의 근본이 몸에 있기 때문에 修身이 九經의 근본이 된다. 그러나 반드시 스승을 친히 하고 벗을 취한 뒤에 修身의 道가 진전되기 때문에 尊賢이 그 다음이 되고, 道의 진전되는 바가 자기 집안보다 먼저 함이 없기 때문에 親親이 그 다음이 되고, 집안으로 말미암아 朝廷에 미치기 때문에 敬大臣과 體群臣이 그 다음이 되고, 朝廷으로 말미암아 나라에 미치기 때문에 子庶民과 來百工이 그 다음이 되고, 나라로 말미암아 천하에 미치기 때문에 柔遠人과 懷諸侯가 그 다음이 되는 것이니, 이는 九經의 순서이다. 群臣을 보기를 나의 四體(四肢)와 같이 하고 백성을 보기를 나의 자식과 같이 하니, 이는 신하를 봄과 백성을 봄의 구별이다."

20-12. 修身則道立하고 尊賢則不惑하고 親親則諸父昆弟不怨하고 敬大臣則不眩하고 體群臣則士之報禮重하고 子庶民則百姓勸하고 來百工則財用足하고 柔遠人則四方歸之하고 懷諸侯則天下畏之니라

몸을 닦으면 道가 확립되고, 어진이를 높이면 〈이치에〉 의혹하지 않고, 친척을 친애하면 諸父(伯叔父)와 兄弟들이 원망하지 않고, 大臣을 공경하면 일에 미혹되지 않고, 여러 신하들의 마음을 體察하면 士(낮은 관리)들이 禮를 보답함이 중하고, 庶民들을 사랑하면 백성들이 勸勉하고, 百工들을 오게 하면 財用(財貨와 器用)이 풍족하고, 먼 곳의 사람을 회유하면 사방이 귀의하고, 諸侯들을 은혜롭게 품어주면 천하가 두려워한다.

··· 視 볼 시 猶 같을 유 惑 미혹할 혹 昆 맏 곤 勸 권할 권 畏 두려울 외

按説 | '士之報禮重'에 대하여, 壺山은

　'禮를 보답함'은 신하를 부리기를 禮로써 한 것에 대한 보답이다.〔報禮 謂報其使臣以禮者〕

하였다. '財用足'에 대하여, 雙峰饒氏(饒魯)는

　'財'는 貨財이고 '用'은 器用이다.〔財是貨財 用是器用〕《詳説》

하였다.

章句 | 此는 言九經之效也[341]라 道立은 謂道成於己而可爲民表니 所謂皇建其有極이 是也라 不惑은 謂不疑於理요 不眩은 謂不迷於事라 敬大臣이면 則信任專하여 而小臣이 不得以間之라 故로 臨事而不眩也라 來百工이면 則通功易事하여 農末相資라 故로 財用足하고 柔遠人이면 則天下之旅皆悅而願出於其塗(途)라 故로 四方歸하고 懷諸侯면 則德之所施者博而威之所制者廣矣라 故로 曰天下畏之라하니라

이는 九經의 효험을 말씀한 것이다. '道立'은 道가 자기 몸에 이루어져 백성들의 儀表가 될 만함을 이르니, 《書經》〈周書 洪範〉에 이른바 '皇帝가 極(표준)을 세운다.'는 것이 이것이다. '不惑'은 이치에 의혹하지 않음을 이르고, '不眩'은 일에 미혹되지 않음을 이른다. 大臣을 공경하면 信任이 專一하여 小臣들이 이간질할 수 없기 때문에 일을 당하여 미혹되지 않는 것이다. 百工들을 오게 하면 각자의 직업(기술)을 통하고 일을 바꿔 하여 農業과 末業(商工業)이 서로 의뢰하므로 財用이 풍족해지고, 먼 곳의 사람을 회유하면 천하의 나그네가 모두 기뻐하여 그의 길로 나오기를 원하기 때문에 四方이 귀의하고, 諸侯들을 은혜롭게 품어주면 德의 베풀어짐이 넓고 威嚴의 제어하는 바가 넓어지기 때문에 천하가 두려워한다고 말한 것이다.

---

341 〔詳説〕此 言九經之效也 : 먼저 '效'를 말하고 뒤에 '事'를 말한 것은 中人 이하인 困知 勉行하는 자를 위해서 인도하여 나아가게 한 뜻이다.〔先言效 後言事者 蓋爲中人以下困知勉行者 誘進之意也〕

··· 表 겉 표 迷 미혹할 미 間 이간질할 간 眩 어지러울 현 資 재물 자, 자뢰 자

20-13. 齊(재)明盛服하여 非禮不動은 所以修身也요 去讒遠色하며 賤貨
而貴德은 所以勸賢也요 尊其位하며 重其祿하며 同其好惡(오)는 所以
勸親親也요 官盛任使는 所以勸大臣也요 忠信重祿은 所以勸士也요
時使薄斂은 所以勸百姓也요 日省月試하여 旣禀(餼廩)稱事는 所以勸
百工也요 送往迎來하며 嘉善而矜不能은 所以柔遠人也요 繼絶世하며
舉廢國하며 治亂持危하며 朝聘以時하며 厚往而薄來는 所以懷諸侯也
니라

齋戒하고 마음을 깨끗이 하며 의복을 성대히 하여 禮가 아니면 동하지 않음은 몸을
닦는 것이요, 참소하는 이를 제거하고 女色을 멀리 하며 재물을 천히(하찮게) 여기고 德
을 귀하게 여김은 어진 이를 勸勉하는 것이요, 그(諸父와 昆弟) 지위를 높여 주고 祿
을 많이 주며 좋아함과 싫어함을 함께함은 親親을 권면하는 것이요, 官屬이 많아서
使令을 충분히 맡길 수 있음은 大臣을 권면하는 것이요, 忠信(誠心)으로 대하고 祿
을 많이 줌은 士를 권면하는 것이요, 철에 따라 부역을 시키고 세금을 적게 거둠은 백성
들을 권면하는 것이요, 날로 살펴보고 달로 시험하여 창고의 祿俸을 줌을 일에 맞게 함
은 百工들을 권면하는 것이요, 가는 이를 전송하고 오는 이를 맞이하며 잘하는 이를 가
상히 여기고 능하지 못한 이를 가엾게 여김은 먼 곳의 사람을 회유하는 것이요, 끊긴 代
를 이어주고 없어진 나라를 일으켜 주며 혼란한 나라를 다스려 주고 위태로운 나라를
붙들어 주며 朝會와 聘問을 때에 따라 하며 가는 것을 厚하게 하고 오는 것을 薄하게
함은 諸侯들을 은혜롭게 품어주는 것이다.

按說 | '齊明盛服'에 대하여, 北溪陳氏(陳淳)는

齊明하여 그 안(마음)을 한결같게 하고 의복을 성대히 하여 그 밖(몸)을 엄숙하게 하는 것이
다.〔齊明以一其內 盛服以肅其外〕《詳說》

하였다.
'去讒遠色'에 대하여, 茶山은 《自箴》에서

어진 이를 존경하되 여색을 좋아하는 마음을 바꾸어 하는 뜻을 孔子가 여러 번 말씀하셨으

··· 齊 재계할 재(齋) 讒 참소할 참 薄 엷을 박 斂 거둘 렴 旣 녹봉 희(餼通) 禀 창고 름(廩同) 稱 걸맞을 칭
迎 맞이할 영 嘉 아름다울 가 矜 불쌍할 긍 持 가질지, 잡을 지 危 위태로울 위 聘 빙문할 빙

니, 여색을 좋아하는 자는 반드시 賢者를 좋아하지 않는다. 그러므로 아첨하고 말 잘하는 小人들은 반드시 궁중의 여인(宮掖)들을 교통하여 賢者를 제거하는 것이다.〔賢賢易色之義 孔子屢言之 蓋好色者必不好賢 故小人讒佞者 必交通宮掖以去賢者〕

하였다.

'官盛任使'에 대하여, 茶山은 《中庸講義補》에서

'任使'는 현명한 이에게 〈직무를〉 맡기고 능력 있는 이에게 〈일을〉 시키는 것이다. 大臣이 재주가 뛰어난 사람을 직접 초빙하여 여러 관직에 나란히 세우면, 〈직무를〉 맡기고 〈일을〉 시킬 수 있는 현명하고 능력 있는 자들이 조정에 가득할 것이다〔任使者 任賢而使能也 大臣自辟材俊 列于庶官 則賢能之可任使者 蔚然其盛〕

하였다

'忠信重祿'에 대하여, 鄭玄은 "忠信이 있는 자에게 녹봉을 많이 주는 것이다.〔有忠信者 重其祿也〕" 하였고, 茶山은

'忠'은 임금에게 충성하는 것이고 '信'은 진실한 마음으로 공직에 종사하는 것이다.……下士로서 忠信한 자는 中士로 승진시켜 그 녹봉을 먹게 하고……관직은 지나치게 옮기지 않고 그 녹봉만 올려 주니, '忠信重祿'은 이것을 이른다.〔忠者 忠於君也 信者 以實心奉公也 ……下士而忠信者 進爲中士 食其祿……官不移動 但進其祿 忠信重祿 此之謂也〕 《中庸講義補》

하였다.

壺山은

사귐이 서로 친하므로 '勸親'이라 말하지 않고 반드시 '勸親親'이라고 말한 것이다. 세 개의 '其'자는 윗절의 諸父와 昆弟를 이른다.〔交相親之 故不曰勸親而必曰勸親親也 三其字 指上節諸父昆弟〕

하고, 또

혼란한 나라를 다스려 주고 위태로운 나라를 붙들어 주니, 이는 대가 끊기고 나라가 없어지는 데까지는 이르지 않은 경우이다.〔亂者治之 危者持之 是未至於絶廢者也〕

하였다.

章句ㅣ 此는 言九經之事也라 官盛任使는 謂官屬[342]衆盛하여 足任使令也라 蓋大臣은 不當親細事라 故로 所以優之者如此라 忠信重祿은 謂待之誠而養之厚니 蓋以身體之하여 而知其所賴乎上者如此也라 旣는 讀曰餼니 餼稟(희름)은 稍食也라 稱事는 如周禮稟人職曰 考其弓弩하여 以上下其食이 是也라 往則爲之授節以送之하고 來則豐其委積(자)[343]以迎之라 朝는 謂諸侯見(현)於天子요 聘은 謂諸侯使大夫來獻[344]이라 王制에 比年一小聘하고 三年一大聘하고 五年一朝라 厚往薄來는 謂燕賜厚而納貢薄[345]이라

이는 九經의 일을 말씀한 것이다. '官盛任使'는 官屬이 많아서 使令을 충분히 맡길 수 있음을 이른다. 大臣은 작은 일을 친히(몸소) 해서는 안 되기 때문에 우대하기를 이와 같이 하는 것이다. '忠信重祿'은 대하기를 정성스럽게 하고 기르기를 후하게 하는 것이니, 자신(군주)이 그(士) 처지에 처한 것으로 가설해서 體察하여 그 윗사람에게 의뢰함이 이와 같음을 아는 것이다. '旣'는 餼로 읽으니, '餼稟'은 稍食(祿俸)이다. '稱事'는 《周禮》〈稟人職〉에 "弓弩를 상고하여 그 먹는 것(祿俸)을 올리고 내린다."는 것이 이것이다. 갈 때에는 그를 위하여 符節을 주어 보내고, 올 때에는 委積(물자)를 풍족히 하여 맞이하는 것이다. '朝'는 諸侯가 天子를 뵙는 것을 이르고, '聘'은 諸侯가 大夫를 天子國에 보내서 貢物을 올리게 함을 이른다. 《禮記》〈王制〉에 "比年(每年)마다 한 번 작은 빙문을 하고 3년에 한 번 큰 빙문을 하고 5년에 한 번 조회한다." 하였다. '厚往薄來'는 잔치와 하사를 후하게 하고 貢物의 바침을 박하게 함을 이른다.

---

342 〔詳說〕 官屬: 大臣의 僚屬이다.

343 〔詳說〕 委積: 《周禮》〈遺人〉의 註에 말하였다. "委積(위자)는 고기(牢), 쌀, 땔감, 목초를 이른다."[1]〔周禮遺人註曰 委積 謂牢米薪芻〕
　　譯註 1. 《周禮》〈遺人〉의……이른다: 遺人은 《周禮》 地官에 소속된 관원으로 위의 내용은 〈遺人〉에 보이지 않고 天官〈宰夫〉의 註에 보이며, 〈遺人〉에는 "적은 것은 委라 하고 많은 것은 積라 한다.〔少曰委 多曰積〕"라고만 보인다.

344 〔詳說〕 來獻: '獻'은 貢獻이다.

345 〔詳說〕 厚往薄來 謂燕賜厚而納貢薄: '送往迎來'의 '往來'와는 또 다르니, 위는 사람으로써 말하였고 여기서는 물건으로써 말한 것이다.〔與送往迎來之往來又不同 上以人言 此以物言〕

… 衆 무리 중 優 넉넉할 우 賴 힘입을 뢰 稍 녹먹을 초 稟 마를 고 弩 쇠뇌 노 委 창고 위 積 물건 자

20-14. 凡爲天下國家 有九經하니 所以行之者는 一也니라

무릇 天下와 國·家를 다스림에 九經이 있으니, 이것을 행하는 것은 하나(誠)이다.

按說 | '所以行之者 一也'에 대하여, 鄭玄은

'一'은 마땅히 미리 해야 함을 말한 것이다.〔一 謂當豫也〕

하였고, 孔穎達의 疏에는

이 한 節은 앞의 九經의 法이 오직 미리 도모함에 있음을 밝혔다. 그러므로 '이것을 행하는
것은 一이다.' 하였으니, '一'은 '미리함'을 이른다.〔此一節 明前九經之法 唯在豫前謀之
故云所以行之者一也 一 謂豫也〕

하였다. 註疏에서 "一은 미리함이다."라고 풀이한 것은 '一'에 '豫'의 뜻이 있는 것이 아니고,
아래 經文의 '凡事 豫則立'과 연관시켜 "이 九經을 행하는 것은 오직 한 가지 방법인 미리
함이다."라고 말한 것으로 보인다.

章句 | 一者는 誠也니 一有[346]不誠이면 則是九者 皆爲虛文矣라 此는 九經之實
也[347]라

---

346 〔詳說〕一有: '一有'는 或有와 같다.〔一有 猶或有也〕

347 〔詳說〕一者……九經之實也: 新安陳氏가 말하였다. 《中庸》한 책은 誠이 樞紐가 된다. 誠이란 이름이
이미 '鬼神章'에 보이고[1] 誠의 뜻이 이미 두 번 '三達德'과 '九經에 보이니, 〈鬼神章의〉'誠之不可揜'은
實理로써 말하였고 여기의 '行之者一'은 모두 實心으로써 말한 것이다.〔中庸一書 誠爲樞紐 誠之名已見
(현)於鬼神章 誠之意已兩見於三德九經 誠之不可揜 以實理言 行之者一 皆以實心言〕
　　譯註 1. 鬼神章에 보이고: 16章에 "子曰 鬼神之爲德 其盛矣乎……詩曰 神之格思 不可度思 矧可射
　　思 夫微之顯 誠之不可揜 如此夫"라고 보인다.
〔詳說〕살펴보건대 '鬼神章'의 '誠'자는 다만 지나가는 것처럼 말하였으니, 이는 文章家가 말한 '伏案'[1]
이라는 것이다. 이 章에 이르러서는 費가 지극하여 장차 隱에 돌아가고 散이 지극하여 장차 합함에 돌
아가게 되었다. 그러므로 章 끝에 비로소 '誠'자를 오로지 말하면서 먼저 '一也'를 두 번 말씀해서 그 일
을 矜重하게 한 뒤에 말씀하면서도 '獲·信·順·明' 네 글자와 서로 비교하여 말씀하였다. 그리고 그
아랫절 '誠者' 云云에 이른 뒤에야 全章과 全書를 다만 '誠'한 글자 위에 집중하였으니, 이 부분을 바로
익숙하게 보아야 한다.〔按鬼神章誠字 只如過去說之 此文章家所謂伏案也 至此章 則費極而將歸於隱
散極而將還於合 故章末始專說出誠字而先再言一也 以矜重其事 然後說之 而猶與獲信順明四字相比言
之 至其下節誠者云云然後 全章與全書 都委輸於誠一字上 此處正好熟看〕
　　譯註 1. 伏案: 숨겨 두고 살며시 말했다가 다음에 크게 드러내는 文章法을 가리킨 것으로 보이나 확실하지 않다.

'一'은 誠이니, 조금이라도 성실하지 못함이 있으면 이 九經이 모두 빈 글이 된다. 이는 九經의 실제이다.

20-15. 凡事 豫則立하고 不豫則廢하나니 言前定則不跲(겹)하고 事前定則不困하고 行前定則不疚하고 道前定則不窮이니라

무릇 일은 미리 하면 성립되고 미리 하지 않으면 폐해진다. 말이 미리 정해지면 차질이 없고, 일이 미리 정해지면 곤궁하지 않고, 행동이 미리 정해지면 결함이 없고, 道가 미리 정해지면 궁하지 않다.

> 按說 | '道前定則不窮'에 대하여, 壺山은
>
> 살펴보건대 道는, 마땅히 행해야 할 道를 이른다.〔按道謂道之當行者〕
>
> 하였다.

章句 | 凡事는 指達道, 達德, 九經之屬이라 豫는 素定也라 跲은 躓也요 疚는 病也라 此는 承上文하여 言 凡事를 皆欲先立乎誠이니 如下文所推 是也라

'凡事'는 達道·達德·九經의 등속을 가리킨다. '豫'는 평소에 미리 정하는 것이다. '跲'은 넘어짐이요, '疚'는 病(하자, 결함)이다. 이는 윗글을 이어 모든 일을 다 먼저 誠에 세우고자 함을 말씀하였으니, 아랫글에서 미루어 말한 바와 같은 것이 이것이다.

20-16. 在下位하여 不獲乎上이면 民不可得而治矣리라 獲乎上이 有道하니 不信乎朋友면 不獲乎上矣리라 信乎朋友 有道하니 不順乎親이면 不信乎朋友矣리라 順乎親이 有道하니 反諸身不誠이면 不順乎親矣리라 誠身이 有道하니 不明乎善이면 不誠乎身矣리라

아랫자리에 있으면서 윗사람에게 신임을 얻지 못하면 백성을 다스리지 못할 것이다. 윗

··· 豫 미리 예 跲 넘어질 겁 疚 병들 구 躓 넘어질 질 獲 얻을 획

사람에게 신임을 얻는 것이 방법이 있으니, 朋友에게 믿음을 받지 못하면 윗사람에게 신임을 얻지 못할 것이다. 朋友에게 믿음을 받는 것이 방법이 있으니, 어버이에게 순하지 못하면 朋友에게 믿음을 받지 못할 것이다. 어버이에게 순함이 방법이 있으니, 자기 몸에 돌이켜보아 성실하지 못하면 어버이에게 순하지 못할 것이다. 몸을 성실히 함이 방법이 있으니, 善을 밝게 알지 못하면 몸을 성실히 하지 못할 것이다.

按說 | '獲乎上'에 대하여, 壺山은

'獲於上'은 그 군주의 신임을 얻음을 이른다.〔獲於上 謂得其君之信任也〕

하였다.
'誠身有道 不明乎善'에 대하여, 朱子는

'誠身'은 바로《大學》의 誠意이고, '明善'은 바로《大學》의 致知이다.〔誠身卽大學誠意 明善卽大學致知〕《詳說》

하였다.

章句 | 此는 又以在下位者로 推言素定之意[348]라 反諸身不誠은 謂反求諸身하여 而所存所發[349]이 未能眞實而無妄也라 不明乎善은 謂不能察於人心天命[350]之本然하여 而眞知至善之所在也라

이는 또 아랫자리에 있는 자로서 평소에 미리 정해져야 하는 뜻을 미루어 말씀한 것이다. '자기 몸에 돌이켜보아 성실하지 못하다.'는 것은 자기 몸에 돌이켜 찾아봄에 마음에 보존한

---

348 〔詳說〕又以在下位者 推言素定之意:雲峰胡氏가 말하였다. "윗글의 九經은 위에 있는 자이고, 中庸의 道는 上下를 통틀어 모두 마땅히 행해야 함을 볼 수 있다. 그러므로 위에서는 '尊賢'을 말하고 여기에서는 '信友'를 말하였으며, 위에서는 '親親'을 말하고 여기에서는 '順親'을 말하였으며, 위에서는 '修身'을 말하고 여기에서는 '誠身'을 말한 것이다.〔見得上文九經 是在上者 中庸之道 通上下皆當行也 故上言尊賢 此言信友 上言親親 此言順親 上言修身 此言誠身〕"

349 譯註 所存所發:所存은 평상시 마음에 보존하는 것이고 所發은 생각이 나오는 것으로,《大學》으로 말할 경우 所存은 正心의 心에 해당하고 所發은 誠意의 意에 해당한다.
〔詳說〕新安陳氏(陳櫟)가 말하였다. "〈所存·所發은〉 마음을 가리켜 말하였으니, 〈所存은〉 고요하여 涵養할 때이고 〈所發은〉 動하여 應接할 때이다.〔指心而言 靜而涵養時 動而應接時〕"

350 〔詳說〕人心天命:살펴보건대 人心의 天命은 바로 性이다.〔按人心之天命 卽性也〕

••• 素 평소 소 妄 망령될 망

바와 發하는 바가 眞實하고 망령됨이 없지 못함을 이른다. '善을 밝게 알지 못한다.'는 것은 人心의 天命의 本然을 살펴 至善이 있는 곳을 참으로 알지 못함을 이른다.

20-17. 誠者는 天之道也요 誠之者는 人之道也니 誠者는 不勉而中하며 不思而得하여 從容中道하나니 聖人也요 誠之者는 擇善而固執之者也니라

성실한 자는 하늘의 道이고, 성실히 하려는 자는 사람의 道이니, 성실한 자는 힘쓰지 않고도 道에 맞으며 생각하지 않고도 알아서 從容히 道에 맞으니 聖人이요, 성실히 하려는 자는 善을 택하여 굳게 잡는(지키는) 자이다.

按說 | '誠者……誠之者'에 대하여, 壺山은

두 개의 '者'자는 道를 가지고 말한 것이고, 사람을 가지고 말한 것은 아니다.〔二者字 以道言 非以人言〕

하였다. '天之道也'와 '人之道也'를 보면 "성실히 함은 하늘의 道이고 성실히 하려 함은 사람의 道이다."라고 해석하는 것이 옳을 듯하고, 뒤의 '誠者……聖人也'와 '誠之者……擇善而固執之者也'를 보면 '者'로 해석하는 것이 옳을 듯하다. 여기서는 일단 諺解를 따랐음을 밝혀둔다. 雲峰胡氏는

앞장의 '誠之不可揜'은 天道를 가지고 誠을 말하였고, 윗글의 '誠身'은 人道를 가지고 誠을 말하였으니, 이 때문에 여기에 두 가지를 총괄하여 말해서 "誠者는 하늘의 道이고 誠之者는 사람의 道이다."라고 한 것이다. 이 이상은 모두 智·仁·勇을 말하였으니 배우는 자가 德에 들어가는 일이요, 이 이하는 仁·智·勇을 겸하여 말하였으니 聖人이 德을 이룬 일이다. 《論語》의 '지혜로운 자는 의혹하지 않고 仁한 자는 근심하지 않고 용맹한 자는 두려워하지 않는다.'는 것은 배우는 순서이니 이 이상에 보이고, '仁한 자는 근심하지 않고 지혜로운 자는 의혹하지 않고 용맹한 자는 두려워하지 않는다[351]는 것은 德의 순서이니, 이 이하에 보인다.

---

351 譯註 論語의……않는다:〈子罕〉28章에는 "子曰 知(智)者不惑 仁者不憂 勇者不懼"라고 보이고,〈憲問〉

··· 中 맞을 중 擇 가릴 택 執 잡을 집

아랫장의 '盡性'은 仁이고 '前知'는 智이고 '쉼이 없음'은 勇이며, '博厚'는 仁이고 '高明'은 智이고 '悠久'는 勇이다.〔前章誠之不可揜 是以天道言誠 上文誠身 是以人道言誠 所以於此 總兩者言之 曰 誠者天之道 誠之者人之道也 此以上 皆言知仁勇 學者入德之事 此以下 兼言仁知勇 聖人成德之事 論語知不惑 仁不憂 勇不懼 學之序也 此以上見之 仁不憂 知不惑 勇不懼 德之序也 此以下見之 下章盡性 仁也 前知 知也 無息 勇也 博厚 仁也 高明 知也 悠久 勇也〕《詳說》

하였다. 壺山은 또

誠者는 學問을 필요로 하지 않는다. 그러므로 아랫절에 다만 '誠之者'의 말을 거듭한 것이다.〔誠者不待學問 故下節只申誠之者之說〕

하였다. 茶山은

誠者는 聖人의 別名이니, 위의 誠者와 아래의 誠者는 모두 마땅히 聖人으로 보아야 한다. '天之道也' 네 글자를 가지고 '誠'자의 注脚으로 보아서는 안 된다. 誠者는 나면서부터 알고 편안히 행하는 聖人이요, 誠之者는 배워서 알고 애써서 알며 이롭게(탐하여) 행하고 힘써서 행하는 사람이다.〔誠者 聖人之別名 上誠者 下誠者 皆當以聖人看 不可以天之道也四字 爲誠字之注脚 誠者 生知安行之聖人也 誠之者 學知困知利行勉行之人也〕

하였다. 이 章(20章)의 章節에 대하여, 茶山은

이 節을 윗절과 연결해서는 안 되니, 따로 한 章이 되어야 한다.〔此節 連上不可 別之爲一章〕

하여 '誠者天之道也'로부터 21章의 '明則誠矣'까지를 한 章으로 삼아야 한다고 하였다.

章句 | 此는 承上文誠身而言이라 誠者는 眞實無妄之謂니 天理之本然也요 誠之者는 未能眞實無妄而欲其眞實無妄之謂니 人事之當然也라 聖人之德이 渾然天理[352]라 眞實無妄하여 不待思勉而從容中道하니 則亦天之道也요 未至於聖이면 則

30章에는 "子曰 君子道者三 我無能焉 仁者不憂 知(智)者不惑 勇者不懼"라고 보이는데, 순서가 바뀐 것에 대하여 章下註에 "德을 이룸은 仁을 우선으로 삼고, 배움을 진전함은 智를 우선으로 삼는다. 그러므로 夫子의 말씀에 순서가 똑같지 않음이 있는 것은 이 때문이다.〔成德以仁爲先 進學以知爲先 故夫子之言 其序有不同者 以此〕"라는 尹焞의 말씀이 보인다.

352 〔詳說〕渾然天理:朱子가 말씀하였다. "하늘과 하나가 된 것이다.〔與天爲一〕"

••• 渾 온전할 혼

不能無人欲之私하여 而其爲德이 不能皆實이라 故로 未能不思而得하여 則必擇善
然後에 可以明善[353]이요 未能不勉而中하여 則必固執而後에 可以誠身[354]이니 此則
所謂人之道也라 不思而得은 生知也요 不勉而中은 安行也라 擇善은 學知以下之
事요 固執은 利行以下之事也라

이는 윗글의 誠身을 이어 말씀한 것이다. '誠'은 眞實(誠實)하고 망령됨이 없음을 이르니
天理의 本然이요, '誠之'는 능히 진실하고 망령됨이 없지 못하여 진실하고 망령됨이 없고
자 함을 이르니 人事의 當然함이다. 聖人의 德은 渾然히(완전히) 天理여서 진실하고 망령
됨이 없어 생각함과 힘씀을 기다리지 않고도 從容히 道에 맞으니, 그렇다면 이 또한 하늘의
道인 것이다. 聖人에 이르지 못하면 人慾의 사사로움이 없지 못하여 그의 德이 다 진실하
지 못한다. 그러므로 생각하지 않고는 알 수가 없어서 반드시 善을 택한 뒤에야 善을 밝게
알 수 있고, 힘쓰지 않고는 道에 맞을 수가 없어서 반드시 굳게 잡은 뒤에야 몸을 성실히 할
수 있으니, 이것이 이른바 사람의 道란 것이다. 생각하지 않고도 앎은 태어나면서 저절로 아
는 것(生而知之)이요, 힘쓰지 않고도 道에 맞음은 편안히 행하는 것(安而行之)이다. 善을
택함은 배워서 아는 것(學而知之) 이하의 일이고, 굳게 잡음은 이롭게 여겨 행하는 것(利
而行之) 이하의 일이다.

20-18. 博學之하며 審問之하며 愼思之하며 明辨之하며 篤行之니라

이것을 널리 배우며 자세히 물으며 신중히 생각하며 밝게 분변하며 독실히 행하여야 한다.

章句ㅣ 此는 誠之之目也라 學問思辨은 所以擇善而爲知(智)니 學而知也요 篤行은
所以固執而爲仁[355]이니 利而行也라 程子曰 五者에 廢其一이면 非學也니라

---

353 〔詳說〕則必擇善然後 可以明善:東陽許氏(許謙)가 말하였다. "擇善은 格物이고 '明善'은 知至이다.〔擇
善是格物 明善是知至〕"

354 〔詳說〕則必固執而後 可以誠身:雙峰饒氏(饒魯)가 말하였다. "誠者를 말하면 仁을 먼저하고 智를 뒤에
하였으니 成德의 순서로 말한 것이고, 誠之者를 논하면 智를 먼저하고 仁을 뒤에 하였으니 덕에 들어가
는 순서로 말한 것이다.〔論誠者 則先仁而後知 以成德之言也 論誠之者 則先知而後仁 以入德之序言也〕"

355 〔詳說〕所以擇善而爲知……所以固執而爲仁:두 개의 '爲'자는 '爲政'의 爲(하다)와 같다. 혹자는 "爲德
의 爲(되다)와 같다."라고 하니, 다시 상고해야 한다.〔二爲字 如爲政之爲 或曰 如爲德之爲 更詳之〕

••• 博 넓을 박 審 살필 심 愼 삼갈 신 辨 분별할 변 篤 도타울 독

이것은 성실히 하는 條目이다. 배우고 묻고 생각하고 분변함은 善을 택하여 智를 하는 것이니 배워서 아는 것이요, 독실히 행함은 굳게 잡아서 仁을 하는 것이니 이롭게 여겨 행하는 것이다.

程子(伊川)가 말씀하였다. "이 다섯 가지 중에 하나라도 폐하면 學問이 아니다."

20-19. 有弗學이언정 學之인댄 弗能이어든 弗措也하며 有弗問이언정 問之인댄 弗知어든 弗措也하며 有弗思언정 思之인댄 弗得이어든 弗措也하며 有弗辨이언정 辨之인댄 弗明이어든 弗措也하며 有弗行이언정 行之인댄 弗篤이어든 弗措也하여 人一能之어든 己百之하며 人十能之어든 己千之니라

배우지 않음이 있을지언정 배울진댄 능하지 못하거든 놓지(그만두지) 말며, 묻지 않음이 있을지언정 물을진댄 알지 못하거든 놓지 말며, 생각하지 않음이 있을지언정 생각할진댄 터득하지 못하거든 놓지 말며, 분변하지 않음이 있을지언정 분변할진댄 분명하지 못하거든 놓지 말며, 행하지 않음이 있을지언정 행할진댄 독실하지 못하거든 놓지 말아서 남이 한 번에 능하거든 나는 백 번을 하며 남이 열 번에 능하거든 나는 천 번을 하여야 한다.

按說 | '措'에 대하여, 朱子는 분명한 訓이 없는데, 官本諺解에는 '弗能을 弗措也ᄒ며'로 懸吐하여 措를 남겨두다의 뜻으로 해석하였으나, 栗谷諺解에는 '弗能ᄒ얀 弗措也ᄒ며'로 懸吐하였고 艮齋는 '弗能이어든 弗措也ᄒ며'로 懸吐하였는바, 栗谷과 艮齋는 措를 '버려두다〔置也〕'의 뜻으로 해석한 것이다. 여기서는 艮齋의 說을 따랐음을 밝혀 둔다. 한편 壺山은

남이 한 번 묻고 한 번 생각하여 능하거든 자기는 마땅히 백 번 묻고 백 번 생각해서 반드시 능함을 기약해야 한다. '能之'의 '之'는 비교적 虛하고 '百之', '千之'의 '之'는 비교적 實하니, 이것이 功力을 쓰는 곳이다. '人一' 이하는 윗글의 뜻을 거듭하였다.〔人一問一思而能之 己則當百問百思 以必能爲期 能之之之 較虛 百之千之之之 較實 是用力處 人一以下 申上文之意〕

하였다.

··· 措 버려둘 조

章句ㅣ君子之學³⁵⁶이 不爲則已어니와 爲則必要其成이라 故로 常百倍其功하니 此는 困而知, 勉而行者也니 勇之事也라

君子의 배움은 하지 않으면 그만이지만 하면 반드시 그 이룸(成功)을 要한다. 그러므로 항상 그 工夫를 百倍로 하는 것이니, 이는 애써서 알고 힘써서 행하는 자이니, 勇의 일이다.

20-20. 果能此道矣면 雖愚나 必明하며 雖柔나 必强이니라

과연 이 道(방법)에 능하면 비록 어리석으나 반드시 밝아지며, 비록 柔弱하나 반드시 강해진다.

按說ㅣ '果能此道'에 대하여, 壺山은

'此道'는 윗절의 일을 가리킨다.〔此道 指上節事〕

하였다. 新安陳氏는

'人一能之' 이하는 子思가 氣質이 昏弱한 자를 위하여 喫緊하게 말씀한 것이니, '果能此道' 한 句는 더욱 警策이 된다.〔人一能之以下 子思喫緊爲氣質昏弱者言 果能此道一句 尤警策〕《詳說》

하였다.

17章에서 20章까지의 내용에 대하여, 茶山은 다음과 같이 정리하였다.

아랫글(30章)에 "仲尼는 堯·舜을 祖述하고 文·武를 憲章했다." 하였는바, 이 두 節(17, 18章)은 舜임금과 文王과 武王의 일을 차례로 서술하고, 말씀하기를 "大德은 반드시 그 지위를 얻고 반드시 그 禄을 얻는다." 하였고, 또 말씀하기를 "大德은 반드시 天命을 받는다." 하였으니, 이는 仲尼를 서글퍼한 것이다. 仲尼는 大德이 있었으나, 지위를 얻지 못하고 禄을 얻지 못하고 天命을 받지 못했으니, 天道가 여기에 이르러 한 번 변한 것이다. 上古 이래로 聖人이 아니면 天命을 받지 못하였는데, 漢 高祖는 德이 없으면서도 天命을 받았으니, 天

---

356 〔詳說〕 君子之學: 배움을 들어서 묻고 생각하고 논변하고 행함을 포함한 것이다.〔擧學以該問思辨行〕

··· 柔 부드러울 유

道가 이에 이르러 과연 한 번 변한 것이다. 先儒는 '반드시 얻고 반드시 장수한다'는 글에 대하여 의심을 너무 지나치게 해서 혹은 氣數라 하고 혹은 老子를 인용하였으니,【《或問》에 보인다.】구애되고 막힘이 심하다.……아래 몇 節은 문장의 條理가 분산되어 안개 낀 물결처럼 아득하여 학자들이 大義를 쉽게 알 수 없으므로 이에 다음과 같이 정리한다. 〈17章의〉'舜受命' 한 節은 하늘을 감동시키는 자가 반드시 天命을 받음을 말한 것이다. 〈18章의〉'文王受命' 한 節은 하늘을 감동시키는 자가 반드시 天命을 받음을 말하고 뒤이어 禮를 말한 것이다. 〈19章의〉'春秋修其祖廟' 한 節은 禮를 갖추어 말하고 하늘을 섬김으로써 끝마쳤다. 〈20章의〉'哀公問政' 한 節은 政事를 함이 修身을 근본으로 삼고 修身이 하늘을 아는 것을 근본으로 삼음을 말하였다. 〈20章의〉'天下之達道' 한 節은 세 번 誠으로 맺고 또 修身을 근본으로 삼았다. 〈20章의〉'凡爲天下國家有九經' 한 節은 나라를 다스리는 법을 말하면서 誠으로써 맺었다. 〈20章의〉'凡事豫則立' 한 節은 修身하는 방법을 말하면서 誠으로써 맺었다.〔下文云仲尼祖述堯舜 憲章文武 此二節 歷敍舜文武之事曰 大德必得其位 必得其祿 又曰大德必受命 蓋傷仲尼也 仲尼有大德而不得位 不得祿 不受命 蓋天道至此而一變矣 上古以來 非聖人 不受命 漢高祖無德而受命 天道至此而果一變矣 先儒於必得必壽之文 疑之太過 或謂氣數 或引老子【見或問】拘滯甚矣……此下數節 文理布散 烟波浩渺 學者未易領其大義 玆疏理如左 舜受命一節 言格天者必受命 文王受命一節 言格天者必受命 而繼言禮 春秋修其祖廟一節 備言禮 終之以事天 哀公問政一節 言爲政以修身爲本 修身以知天爲本 天下之達道一節 三結之以誠 又以修身爲本 凡爲天下國家有九經一節 言爲國之法 而結之以誠 凡事豫則立一節 言修身之法 而結之以誠〕

章句ㅣ明者는 擇善之功이요 强者는 固執之效라 呂氏曰 君子所以學者는 爲能變化氣質而已니 德勝氣質이면 則愚者可進於明하고 柔者可進於强이요 不能勝之면 則雖有志於學이나 亦愚不能明하고 柔不能立而已矣라 蓋均善而無惡者는 性也니 人所同也요 昏明强弱之稟이 不齊者는 才也니 人所異也라 誠之者는 所以反其同[357] 而變其異也니 夫以不美之質로 求變而美인댄 非百倍其功이면 不足以致之어늘 今

---

357 〔詳說〕反其同 : 그 처음을 회복한 것이다.〔復其初〕

••• 異 다를 이

以鹵莽(노무)滅裂之學³⁵⁸으로 或作或輟하여 以變其不美之質이라가 及不能變하여는 則曰 天質不美는 非學所能變이라하니 是는 果於自棄니 其爲不仁이 甚矣로다

밝아짐은 擇善의 功效요, 강해짐은 固執의 功效이다.

呂氏(呂大臨)가 말하였다. "君子가 배우는 까닭은 氣質을 變化시킬 수 있어서일 뿐이니, 德이 氣質을 이기면 어리석은 자가 밝음에 나아가고 유약한 자가 강함에 나아갈 수 있으며, 이기지 못하면 비록 배움에 뜻을 두더라도 어리석은 자가 밝아지지 못하고 유약한 자가 서지 못한다. 똑같이 善하고 惡함이 없음은 性이니 사람이 동일한 바요, 어둡고 밝고 강하고 약한 氣稟(氣質)이 똑같지 않음은 才質이니 사람이 각기 다른 바이다. 성실히 하는 것은 그 똑같음(性)을 회복하고 그 다름(기질)을 변화시키는 것이다. 아름답지 못한 자질로써 변화하여 아름다워지기를 구할진댄(바랄진댄) 工夫를 百倍로 하지 않으면 이룰 수가 없다. 그런데 이제 鹵莽(거칠고 소략함)하고 滅裂(경박하고 間斷함)한 배움으로 혹 하기도 하고 혹 중단하기도 하면서 아름답지 못한 資質을 변화시키다가 변화되지 못함에 이르면 '타고난 資質이 아름답지 못함은 배워서 변화시킬 수 있는 것이 아니다.'라고 말한다. 이는 스스로 포기함에 과감한 것이니, 그 不仁함이 심한 것이다."

章下註 | 右는 第二十章이라 此는 引孔子之言하여 以繼大舜文武周公之緒하여 明其所傳之一致하여 擧而措之³⁵⁹면 亦猶是爾³⁶⁰니 蓋包費隱하고 兼小大하여 以終十二章之意라 章內에 語誠始詳하니 而所謂誠者는 實此篇之樞紐³⁶¹也라 又按 孔子家語에 亦載此章而其文尤詳하니 成功一也之下에 有公曰 子之言이 美矣至矣

---

358 〔詳說〕 今以鹵莽滅裂之學:《大全》에 말하였다. "'鹵莽'는 마음을 쓰지 않는 것이고, '滅裂'은 輕薄한 것이다.〔鹵莽 不用心也 滅裂 輕薄也〕"

359 譯註 擧而措之:《周易》〈繫辭傳上〉에 "形으로부터 그 이상을 道라 이르고, 形으로부터 그 이하를 器라 이르고, 化하여 裁制함을 變이라 이르고, 미루어 행함을 通이라 이르고, 들어 天下의 백성에게 둠을 事業이라 이른다.〔形而上者 謂之道 形而下者 謂之器 化而裁之 謂之變 推而行之 謂之通 擧而措之天下之民 謂之事業〕"라고 보인다.

360 〔詳說〕 亦猶是爾:'是'자는 〈大舜과 文王, 武王, 周公의〉 네 성인을 가리킨 것이다.〔是字指四聖〕

361 〔詳說〕 樞紐:《大全》에 말하였다. "문에 樞(지도리)가 있는 것과 옷에 紐(단추)가 있는 것과 같다.〔如戶之有樞, 衣之有紐也〕" ○ 그 요점을 이른다. 樞紐는 또 위를 잇고 아래를 접하는 비유로 쓰이는 경우가 있다.〔謂其要也 樞紐 又有用於承上接下之譬處云〕

••• 鹵 황폐할 로 莽 황폐할 무 滅 멸할 멸 裂 찢을 렬 作 일할 작 輟 거둘 철 措 둘 조 樞 문지도리 추
紐 인끈 뉴, 맺을 뉴

나 寡人이 實固不足以成之也라 故로 其下에 復以子曰로 起答辭어늘 今無此問辭로
되 而猶有子曰二字하니 蓋子思刪其繁文하여 以附于篇이로되 而所刪이 有不盡者니
今當爲衍文也요 博學之以下는 家語에 無之하니 意彼有闕文이어나 抑此或子思所
補也歟인저

이상은 제20章이다. 이는 孔子의 말씀을 인용하여 大舜과 文王·武王·周公의 전통을
이어 그 전한 바가 일치해서 이것을 들어다가 놓으면 또한 이와 같게 됨을 밝히신 것이니,
費·隱을 포함하고 小·大를 겸하여 12章의 뜻을 마친 것이다. 이 章 안에 誠을 말한 것이
처음으로 상세하니, 이른바 誠이란 것은 진실로 이 篇의 樞紐(중요한 부분)이다.

또 살펴보건대《孔子家語》〈哀公問政〉에 또한 이 章이 실려 있는데, 그 글이 더욱 상세하
다. '成功一也'의 아래에 "哀公이 말씀하기를 '夫子의 말씀이 아름답고 지극하나 寡人이
실로 固陋하여 이것을 이룰 수 없습니다.' 하였다."라는 내용이 있다. 그러므로 그 아래에
다시 '子曰'로써 답한 말씀을 일으킨 것인데, 이제 여기에는 이 묻는 말이 없는데도 그대로
'子曰'이란 두 글자가 있으니, 이는 아마도 子思가 번잡한 글을 삭제하여 篇에 붙이되 삭제
한 것이 다하지 못함이 있는 듯하니, 이제 마땅히 衍文이 되어야 할 것이요, '博學之' 이하
는《孔子家語》에 없으니, 짐작건대 저《孔子家語》에 빠진 글이 있거나 아니면 이것은 혹
子思가 보충하신 것인 듯하다.

| 自誠明章 |

21. 自誠明을 謂之性이요 自明誠을 謂之敎니 誠則明矣요 明則誠矣니라

誠으로 말미암아 밝아짐을 性이라 이르고 明으로 말미암아 성실해짐을 敎라 이르니,
성실하면 밝아지고 밝아지면 성실해진다.

按說 | '自誠明……自明誠'에 대하여, 茶山은

誠으로부터 明에 이르는 자는 聖人이니 하늘의 道이고, 明으로부터 誠에 이르는 자는 배우
는 자이니 사람의 道이다. '性'자는 마땅히 '堯·舜이 性대로 한다'는 性자와 같이 읽어야 하
니, 이른바 '나면서부터 알고(生知) 편안히 행한다(安行)'는 것이요, 敎라는 것은 가르침을

···· 寡 적을 과 刪 깎을 산 繁 많을 번 衍 남을 연 闕 빠트릴 궐 歟 어조사 여

받은 뒤에 아는 자이니, 이른바 學知·困知와 利行·勉行의 따위가 이것이다. 生知와 學知
는 聖人이 되고 賢人이 됨에 이르러서는 실로 차등이 없으므로 "성실하면 밝아지고 밝아지
면 성실해진다."라고 한 것이다.〔自誠而明者 聖人也 天之道 自明而誠者 學者也 人之道
性字 當讀之如堯舜性之之性 所謂生知而安行也 教者 受教而後知者也 所謂學知困
知利行勉行之類是也 生知學知 及其成聖成賢 實無差等 故曰誠則明矣 明則誠矣〕
하였다.

章句ㅣ 自는 由也라 德無不實而明無不照者는 聖人之德이 所性而有者也니 天道
也요 先明乎善而後에 能實其善者는 賢人之學이 由教而入者也니 人道也[362]라 誠
則無不明矣요 明則可以至於誠矣[363]니라

'自'는 말미암음이다. 德이 성실하지 않음이 없고 밝음이 비추지 않음이 없는 것은 聖人의
德이 性대로 하여 간직한 자이니 하늘의 道이고, 먼저 善을 밝게 안 뒤에 그 善을 성실히
하는 것은 賢人의 배움이 가르침을 말미암아 들어가는 자이니 사람의 道이다. 성실해지면
밝지 않음이 없고 밝아지면 성실함에 이를 수 있다.

---

362 〔詳說〕德無不實而明無不照者……人道也：朱子가 말씀하였다. "性은 본성대로 하는 것이고 '教'는 배
워서 아는 것이니, 머릿장의 '天命謂性 修道謂教'와는 뜻이 다르다.〔性是性之也 教是學知也 與首章天
命謂性, 修道謂教 義不同〕"○ 雲峰胡氏가 말하였다. "이 性은 바로 天命之性인데 다만 天命之性은 사
람과 물건이 똑같으나 이는 聖人만이 홀로 하는 것이며, 이 教는 바로 修道之教인데 다만 修道之教는 바
로 聖人의 일이나 이것은 배우는 자의 일이다.〔此性卽天命之性 但天命之性 人物所同 此則聖人所獨 此
教卽修道之教 但修道之教 是聖人事 此則學者事〕"

363 〔詳說〕誠則無不明矣 明則可以至於誠矣：살펴보건대 본문의 '誠則明', '明則誠'은 개괄하여 서로 말하
였는데, 註에서 '無不'자와 '可以至'자로 구별하여 말하였으니, 이는 이미 능함〔已能〕과 장차 능함〔將
能〕의 구분이다.〔按本文誠則明 明則誠 槩而互言之 而註以無不字 可以至字 別而言之 是已能將能之分
也〕○ 朱子가 말씀하였다. "誠明은 합하여 하나가 된 것이고, 明誠은 나누어 둘이 된 것이다.[1]〔誠明 合
而爲一 明誠 分而爲二〕"
　　譯註 1. 朱子가……것이다：'誠明'은 誠則明을 '明誠'은 明則誠을 가리킨 것으로, '誠則明矣'는 聖人의
　　일로 성실해지면 저절로 알기 때문에 《章句》에 "성실해지면 밝지 않음이 없다.〔誠則無不明矣〕"고 하
　　였고, '明則誠矣'는 學者의 일로 먼저 배워서 밝게 안 뒤에야 성실할 수 있으므로 《章句》에 "밝아지면
　　성실함에 이를 수 있다.〔明則可以至於誠矣〕"고 한 것이다. 그리하여 朱子가 "誠明은 합하여 하나가
　　되고, 明誠은 나누어 둘이 된다."고 한 것이다.

••• 照 비칠조

章下註 ㅣ 右는 第二十一章이라 子思承上章夫子天道人道之意而立言也[364]라 自此
以下十二章은 皆子思之言이니 以反覆推明此章之意[365]니라

이상은 제21章이다. 이는 子思가 윗장에 있는 夫子의 天道 · 人道의 뜻을 이어 말씀한 것
이다. 이로부터 이하 열두 章은 모두 子思의 말씀이니, 反覆하여 이 章의 뜻을 미루어 밝히
신 것이다.

ㅣ 化育章 ㅣ

22. 惟天下至誠이야 爲能盡其性이니 能盡其性이면 則能盡人之性이요
能盡人之性이면 則能盡物之性이요 能盡物之性이면 則可以贊天地之
化育이요 可以贊天地之化育이면 則可以與天地參矣니라

오직 天下에 지극히 성실한 분이어야 능히 그 性을 다할 수 있으니, 그 性을 다하면 능
히 사람의 性을 다할 것이요, 사람의 性을 다하면 능히 물건의 性을 다할 것이요, 물건
의 性을 다하면 天地의 化育을 도울 수 있을 것이요, 天地의 化育을 도울 수 있으면
天地와 더불어 참예하게 될 것이다.

按說 ㅣ '惟天下至誠 爲能盡其性'에 대하여, 艮齋는

　華西(李恒老)는 '爲能'의 能자를 形而上이라 하였고, 柳穉程(柳重敎)은 '至誠'을 理라

---

364 〔詳說〕子思承上章夫子天道人道之意而立言也:朱子가 말씀하였다. "《中庸》에 天道를 말한 부분은 모
두 자연스러워 절차가 없고, 人道를 말한 부분은 모두 노력(工夫)하는 절차가 있다.〔中庸言天道處 皆自
然 無節次 言人道處 皆有下工夫節次〕○ 潛室陳氏(陳埴)가 말하였다. "조금도 힘을 쓰지 않는 곳이라
야 바로 天道이고, 힘을 쓰는 곳은 바로 人道이다.〔纔不費力處 便是天道 著(착)力處 便是人道〕

365 〔詳說〕此以下十二章……以反覆推明此章之意:열두 章(21章부터 32章까지)이 합하여 한 큰 章이 되었
다.〔十二章合爲一大章〕○ 雙峰饒氏(饒魯)가 말하였다. "윗장은 天道와 人道를 나누어 말하였고, 이 章
은 성실하면 밝아지고 밝아지면 성실해짐〔誠則明 明則誠〕을 말하여 天道와 人道를 합해서 하나로 만들
고, 아랫장은 天道를 말하였고, '致曲章(23章)'은 人道를 말하고 끝에는 합하여 말하기를 '오직 천하의
지극히 성실한 자라야 능히 化할 수 있다.' 하였으며, 이 아래에는 또다시 天道와 人道를 분별하였다.〔上
章分說天道人道 此章說誠則明 明則誠 合天人而一之 下章言天道 致曲章言人道 而末合之曰 唯天下至
誠爲能化 此下又分別天道人道〕"

··· 覆 반복할복 盡 다할진 贊 도울찬 化 변할화 育 기를육

하였다. 그렇다면 理가 性을 살피고 性을 따르는 재주가 있단 말인가? 의문스럽다.〔華西以
爲能能字 爲形而上 柳稗程以至誠爲理 然則理有察性由性之才否 可疑〕

하고, 또

《備旨》에 "性의 無妄이 誠이 되니 誠은 곧 性이다."라고 하였는데, 이 말은 온당치 못하다.
'至誠'은 心이 理에 순수한 것으로 말하였고, '性의 無妄'은 理의 자연으로 말한 것이다.〔備
旨 性之無妄爲誠 誠卽性 此語未安 蓋至誠 以心純於理而言 性之無妄 以理之自然言〕

하였다. 朱子는

盡性은 行에 나아가 말하였고,《孟子》의 盡心은 知에 나아가 말하였다. '사람의 性을 다함'
은 '黎民들이 아! 변하여 이에 和하였다.[366]와 같은 것이고, '물건의 性을 다함'은 '鳥獸와
魚鼈들이 모두 순하다.'[367]와 같은 것이다.〔盡性 就行上說 孟子盡心 就知上說 盡人性
如黎民於(오)變時雍 盡物性 如禽獸魚鼈咸若〕《詳說》)

하였다. 茶山은

그 性을 다함은 자기 몸을 닦아서 至善에 이르는 것이고, 남의 性을 다함은 남을 다스려서
至善에 이르는 것이고, 물건의 性을 다함은 上下의 草木과 鳥獸가 모두 순한 것이니, 위의
두 가지 일은《大學》의 明德과 新民이요, 아래의 한 가지 일은《書經》〈堯典〉에 舜임금이
益에게 명하여 虞가 되게 한 것이다. 이 일이 모두 지극히 참되고 지극히 진실하여 실천할 수
있고 이행할 수 있으며, 묘사할 것이 있고 잡을 것이 있어서 과장됨이 없고 허탄함이 없다. 여
기에 만일 조금이라도 人·物의 性이 같으냐 다르냐의 說을 가한다면 아득히 넓고 광활하여
그 시작하여 손쓸 곳을 알지 못할 것이다.〔盡其性 修己而至於至善也 盡人性 治人而至
於至善也 盡物性 上下草木鳥獸咸若也 上二事 大學之明德新民也 下一事 堯典之命
益作虞也 其事皆至眞至實 可踐可履 有摸有捉 無誇無誕 一加之以人物性同異之說

---

366 譯註 黎民들이……和하였다:《書經》〈堯典〉에 "능히 큰 德을 밝혀 九族을 친하게 하시니 九族이 이미
화목하거늘 백성을 고루 밝히시니 백성이 덕을 밝히며, 萬邦을 화합하여 고르게 하시니 黎民들이 아!
변하여 이에 和하였다.〔克明俊(峻)德 以親九族 九族旣睦 平章百姓 百姓昭明 協和萬邦 黎民於變時雍〕"
라고 보인다.

367 譯註 鳥獸와……순하다:《書經》〈伊訓〉에 "옛날 有夏의 先后(先王)들이 그 德을 힘쓰셨을 때에는 天災
가 없었으며, 山川의 鬼神들이 또한 편안하지 않음이 없었으며, 鳥獸와 魚鼈들이 모두 순하였다.〔古有夏
先后 方懋厥德 罔有天災 山川鬼神 亦莫不寧 暨鳥獸魚鼈咸若〕"라고 보인다.

則廣漠虛闊 莫知其所以入頭下手之處矣〕

하였다.

章句│天下至誠은 謂聖人之德之實이 天下莫能加也라 盡其性者는 德無不實이라
故로 無人欲之私하여 而天命之在我者를 察之由之[368]하여 巨細精粗 無毫髮之不
盡也라 人物之性이 亦我之性이로되 但以所賦形氣不同而有異耳[369]라 能盡之者는
謂知之無不明而處之無不當也라 贊은 猶助也[370]라 與天地參은 謂與天地並立而

---

368 〔詳說〕而天命之在我者 察之由之:新安陳氏(陳櫟)가 말하였다. "《章句》는 또다시 '天命謂性' 한 句를 미루어 근본하여 말하였으니, '察之'는 生知이고 '由之'는 安行이다. 《孟子》의 '人倫에 살핀다.〔察於人倫〕'는 것과 '仁義를 따라 행한다.〔由仁義行〕'[1]는 것의 '察', '由' 두 글자를 빌어 사용하였다.〔章句又推本天命謂性一句而言 察之 生知 由之 安行 借孟子察於人倫, 由仁義行之察由二字 用之〕"
　　譯註 1. 察於人倫 由仁義行:《孟子》〈離婁下〉 19章에 "舜임금은 여러 사물의 이치에 밝으시며 人倫에 특히 살피셨으니, 仁義를 따라 행하신 것이요 仁義를 행하려고 하신 것이 아니었다.〔舜明於庶物 察於人倫 由仁義行 非行仁義也〕"라고 보인다.

369 〔記疑〕人物之性……但以所賦形氣不同而有異耳:南塘(韓元震)은 '사람과 물건의 本然性이 다르다.'는 論을 하면서 '사람과 물건의 性도 나의 性이어서 구별할 수 없는 곳'에 이르면 마침내 이것을 仁義禮智의 性 上面의 한 층이라 하고, "이것은 사람과 물건이 모두 동일한 性이다."라고 하였다.[1] 알지 못하겠다. 朱子가 이 두 句(人物之性 亦我之性)를 놓을 적에 首章의 仁義禮智의 性을 버리고, 다시 上面으로 가서 별도로 渾淪한 한 體로서 한 理로 명칭할 수 없고 한 德으로 명칭할 수 없는 것을 말씀하기를 참으로 南塘의 말씀과 같이 하였는가? 이것은 모름지기 湖中(忠淸道) 士友에게 질문하여 해석해야 할 것이다.〔南塘爲人物本然性異之論 而至於人物之性亦我之性 無可區處 乃以此爲仁義禮智之性上面一層 而曰此人與物皆同之性 未知朱子下此兩句時 撤了首章仁義禮智之性 而更去上面 別出渾淪一體 不可以一理稱一德名者 眞如南塘之言否也 此須從湖中士友質問而解釋也〕
　　譯註 1. 南塘(韓元震)은……하였다:南塘이 師門(遂菴 權尙夏)에 올린 글에 다음과 같은 내용이 보인다. "의심컨대 性에 3층의 차이가 있는 듯합니다. 사람과 물건이 모두 똑같은 性이 있고〔《中庸》22장 章句의 '人物之性 亦我之性'이 이에 해당함〕, 사람과 물건은 똑같지 않으나 사람은 모두 똑같은 性이 있고〔《孟子》〈告子上〉 集註의 '以理言之 則仁義禮智之稟 豈物之所得而全哉'와 〈大學章句序〉의 '天降生民 則莫不與之以仁義禮智之性'이 이에 해당함〕, 사람마다 똑같지 않은 性이 있으니〔《論語》〈陽貨〉의 '子曰 性相近也'가 이에 해당함〕, 性에 이 세 층이 있어서 件마다 똑같지 않은 것이 아니요 사람들이 따라서 보는 것이 이 세 층이 있을 뿐입니다. 사람과 物에 나아가 氣를 빼고 오직 理를 가지고 말한다면 渾淪한 한 體여서 한 理로 명칭할 수 없고 한 德으로 명칭할 수 없어서 天地萬物의 理와 仁義禮智의 德이 한 가지도 이 가운데 갖춰지지 않은 것이 없으니, 이것이 사람과 물건이 모두 똑같은 性인 것입니다.〔元震竊疑以爲性有三層之異 有人與物皆同之性〔中庸二十二章章句 人物之性亦我之性〕有人與物不同而人則皆同之性〔孟子告子篇集註 以理言之 則仁義禮智之稟 豈物之所得而全哉 大學序文 天降生民 則旣莫不與之以仁義禮智之性〕有人人皆不同之性〔論語子曰性相近也〕性非有是三層而件件不同也 人之所從而見者 有是三層耳 就人物上除了氣 獨以理言 則渾淪一體 不可以一理稱之一德名之 而天地萬物之理 仁義禮智之德 無一不具於其中矣 此人與物皆同之性也〕"《南塘集》〈上師門〉)

370 〔詳說〕贊 猶助也:朱子가 말씀하였다. "〈贊은〉 裁成하고 輔相[1]하는 것이다.〔裁成輔相〕"

··· 巨 클 거 細 가늘 세 粗 거칠 추 毫 터럭 호 髮 터럭 발 助 도울 조

爲三也라 此는 自誠而明者³⁷¹之事也라

'天下의 至誠'은 聖人의 德의 성실함이 천하에 더할 수 없음을 이른다. '그 性을 다한다'는 것은 德이 성실하지 않음이 없기 때문에 人欲의 사사로움이 없어 자신에게 있는 天命을 살피고 행하여 크고 작음과 精하고 거칢이 털끝만큼도 다하지 않음이 없는 것이다. 사람과 물건의 性이 또한 나의 性인데, 다만 부여받은 바의 形氣가 똑같지 않기 때문에 다름이 있을 뿐이다. '능히 다한다'는 것은 앎이 밝지 않음이 없고 대처함이 마땅하지 않음이 없음을 이른다. '贊'은 助와 같다. '天地와 더불어 참예한다'는 것은 天地와 더불어 함께 서서 셋이 됨을 이른다. 이는 誠으로 말미암아 밝아지는 자(聖人)의 일이다.

章下註ㅣ右는 第二十二章이라 言天道也라

이상은 제22章이다. 天道를 말씀하였다.

| 致曲章 |

23. 其次는 致曲이니 曲能有誠이니 誠則形하고 形則著하고 著則明하고 明則動하고 動則變하고 變則化니 唯天下至誠이야 爲能化니라

그 다음은 曲(한쪽)을 지극히 해야 하니, 曲을 하면 능히 성실함이 있다. 성실하면 나타나고, 나타나면 더욱 드러나고, 더욱 드러나면 밝아지고, 밝아지면 감동시키고, 감동시키면 變하고, 變하면 化하니, 오직 天下에 지극히 성실한 분이어야 능히 化할 수 있다.

譯註 1. 裁成하고 輔相:《周易》〈泰卦 象〉에 "天地가 사귐이 泰卦이니, 군주가 보고서 천지의 道를 財成하며 천지의 마땅함을 輔相하여 백성을 佐佑한다.〔天地交 泰 后以 財(裁)成天地之道 輔相天地之宜 以左右民〕"라고 보인다. 財는 裁와 통하는바, 朱子는 "裁成은 지나침을 억제하는 것이고, 輔相은 부족함을 보충하는 것이다." 하였다.

371 譯註 自誠而明者:天道를 따르는 聖人을 가리킨다. 誠은 성실히 행하는 것이고 明은 밝게 아는 것인바, 聖人은 태어나면서부터 성실하여 잘못하는 것이 없고 오히려 커가면서 알기 때문에 誠으로 말미암아 밝아진다고 한 것이다. 반면, 賢人 이하는 배워서 善惡을 알아 택한 뒤에 善을 행할 수 있으므로 '明으로 말미암아 성실해진다.〔自明而誠〕'라고 한 것이다.

··· 致 지극할 치 曲 부분 곡 形 나타날 형 變 변할 변

按說│ '致曲 曲能有誠'에 대하여, 官本諺解에는 "曲으로 致ᄒᆞᄂᆞ니 曲ᄒᆞ면 能히 誠홈이 인ᄂᆞ니"로 해석하였고, 栗谷諺解에는 "曲을 致홀디니 曲애 能히 誠호미 잇ᄂᆞ니"로, 艮齋諺解에는 "曲을 致홀찌니 曲ᄒᆞ면 能히 誠이 잇ᄂᆞ니"로 되어 있는바, 艮齋의 諺解를 따라 번역하였음을 밝혀둔다.

章句│ 其次는 通大賢以下凡誠有未至者而言也라 致는 推致也요 曲은 一偏也[372]라 形者는 積中而發外요 著則又加顯矣요 明則又有光輝發越之盛也라 動者는 誠能動物이요 變者는 物從而變이요 化則有不知其所以然者[373]라 蓋人之性이 無不同이

---

372 〔詳說〕曲 一偏也:〈一偏〉은 一端과 一事와 같고, '偏倚'의 '偏'은 아니다.〔猶一端也 一事也 非偏倚之偏〕〔自箴〕曲은 屈曲이고 委曲함이다. 曲은 마땅히 '曲禮 三千'의 曲과 같이 읽어야 하니, 萬事萬物에 대하여 모두 마음을 다해서 그 至善을 구하는 것이다. 《周易》〈繫辭傳〉에 "萬物을 곡진히 이루어 빠뜨리지 않는다." 하였다. 사람이 萬事에 委曲함을 다함이 天道가 萬物을 곡진히 이룸과 같으니, '한 물건도 放過함이 없다.'고 말함과 같다. 生知·安行의 聖人은 사람을 교화함에 있어서 단비가 식물을 변화하듯이 하므로 능히 사람과 물건의 性을 다하여 天地를 돕고, 그 다음은 禮가 아니면 보지 말고 禮가 아니면 듣지 말고 말하지 말고 動하지 말아서 萬事의 曲折을 따라 마음을 다하고 뜻을 지극히 하는 것이니, 이것을 '致曲'이라 한다. 致曲 또한 능히 성실함이 있으니, 마음속에 성실함이 있으면 외면에 나타난다. 그러므로 몸을 성실히 하는 자는 능히 남을 감동시킬 수 있으니, 남이 이미 감동하면 변화하지 않는 자가 있지 않다. 또한 스스로 자기 性을 다하여 사람과 물건의 性을 다할 수 있으니, 生知·安行의 聖人과 그 功이 똑같아진다. '그 功이 똑같아진다.'는 것은 그 지극히 성실함이 됨이 똑같기 때문이다.〔曲者 屈曲也 委曲也 曲 當讀之如曲禮三千之曲 謂於萬事萬物 皆盡心以求其至善也 易曰 曲成萬物而不遺 人之致曲於萬事 如天道之曲成萬物 猶言一物無放過也 生知安行之聖 其於化人也 若時雨化之 故能盡人物之性 以贊天地 其次非禮勿視 非禮勿聽勿言勿動 隨萬事之曲折 盡心致意 斯之謂致曲也 致曲亦能有誠 誠於中則 形於外 故誠身者 能動物 物之旣動 未有不變化者 亦可以自盡其性 以盡人物之性 與生知安行者 其功同也 其功同者 以其爲至誠同也〕

373 〔詳說〕明則又有光輝發越之盛也……化則有不知其所以然者:新安陳氏가 말하였다. "形·著·明이 바로 한 종류이니 모두 誠의 전체가 大用에 드러난 것이고, 動·變·化가 바로 한 종류이니 化는 動·變의 묘함이다.〔形著明是一類 皆誠之全體呈露於大用者也 動變化是一類 化者 動變之妙〕○ 東陽許氏(許謙)가 말하였다. "形·著·明은 자기 몸(자기)에 나아가 말한 것이고, 動·變·化는 物(남)에게 나아가 말한 것이다.〔形著明就己上說 動變化就物上說〕"
〔記疑〕小註에서 朱子가 논한 顔子와 孟子의 한 단락은 결단코 未定說인데, 잘못 실은 것이다. 이러한 종류는 마땅히 자세히 선택하여야 한다. 예를 들어 '誠者自成'을 《語類》에서 왕왕 곧바로 誠을 가리켜 理라 하였으니, 이 또한 《章句》와 똑같지 않은바, 독자들이 자세히 살펴야 할 것이다.〔小註 朱子所論顔孟一段 決是未定之說 而誤載之 此類宜審擇 如誠者自成 語類 往往直指誠爲理 是亦與章句不同 讀者詳之〕
　　譯註 1. 朱子가……단락:小註에 "孟子는 '밝아지면 동함'은 하였으나 아직 變하지는 못하였고, 顔子는 '動하면 變함'은 하였으나 아직 化하지는 못하였다.〔孟子明則動矣 未變也 顔子動則變矣 未化也〕"라고 한 내용을 가리킨 것이다.

··· 輝 빛 휘 發 필 발 越 흩어질 월

나 而氣則有異라 故로 惟聖人이 能擧其性之全體而盡之요 其次則必自其善端發
見(현)之偏而悉推致之하여 以各造其極也라 曲無不致면 則德無不實하여 而形著
動變之功이 自不能已니 積而至於能化[374]하면 則其至誠之妙 亦不異於聖人矣[375]
리라

'그 다음'이란 大賢 이하로 무릇 성실함에 지극하지 못함이 있는 자를 통틀어 말한 것이다.
'致'는 미루어 지극히 함이요, '曲'은 한쪽이다. '形'은 속에 쌓여 밖에 나타남이요, '著'는
또 더 드러남이요, '明'은 또 光輝(광채)의 發越(발산)이 盛함이 있는 것이다. '動'은 성실
함이 남을 감동시킴이요, '變'은 남이 따라 변하는 것이요, '化'는 그 所以然을 모름이 있는
것이다. 사람의 性은 똑같지 않음이 없으나 氣는 다름이 있다. 그러므로 오직 聖人만이 능
히 그 性의 全體를 들어 다할 수 있고, 그 다음은 반드시 善한 단서가 發見되는 한쪽으로부
터 모두 미루어 지극히 하여 각각 그 지극함에 나아가야 한다. 한쪽이 지극하지 않음이 없으
면 德이 성실하지 않음이 없어 形·著·動·變의 功效가 저절로 그치지 않을 것이니, 이것
이 쌓여 능히 化함에 이르면 至誠의 妙함이 또한 聖人과 다르지 않을 것이다.

章下註 | 右는 第二十三章이라 言人道也라

이상은 제23章이다. 人道를 말씀하였다.

| 至誠之道章 |

24. 至誠之道는 可以前知니 國家將興에 必有禎祥하고 國家將亡에 必
有妖孽하며 見(현)乎蓍龜하며 動乎四體라 禍福將至에 善을 必先知之하

---

374 〔詳說〕積而至於能化:〈能化를〉摘出하여 한 번에 두 '化'자를 해석해서 중점을 돌렸다.〔摘出而一釋兩
化字 以歸重焉〕
375 〔詳說〕則其至誠之妙 亦不異於聖人矣:살펴보건대 윗장은 至誠을 앞에 놓고, 여기서는 至誠을 뒤에
놓았으니, 그 높고 낮은 분수를 알 수 있다. 모름지기 註 가운데의 '亦'자를 보아야 한다. 성실함이 있는
것은 시작하는 일이고 至誠은 지극한 공부이니, 人道를 말미암아 天道에 이르는 것이다.〔按上章以至誠
冠之 此則以至誠殿之 其高下之分數可見 須看註中亦字 蓋有誠者 始事也 至誠者 極功也 由人道以至
於天道者也〕

··· 端 단서 단 悉 다 실 造 나아갈 조 禎 상서로울 정 妖 요망할 요 孽 재앙 얼 蓍 시초점 시 龜 거북 귀

며 不善을 必先知之하나니 故로 至誠은 如神이니라

至誠의 道는 〈일이 닥쳐오기 전에〉 미리 알 수 있으니, 국가가 장차 일어나려 할 적에는 반드시 상서로운 조짐이 있고 국가가 장차 망하려 할 적에는 반드시 妖怪스러운 일이 있으며, 시초점과 거북점에 나타나며 四體에 動한다. 이 때문에 禍나 福이 장차 이를 적에 좋을 것(福)을 반드시 먼저 알며 좋지 못할 것(禍)을 반드시 먼저 안다. 그러므로 至誠은 神과 같은 것이다.

> 按説 | '動乎四體'에 대하여, 朱子는 '사람의 動作과 威儀의 사이에 나타나는 것'이라 하였으나, 鄭玄은
>
> > 四體는 거북의 네 발을 이르니, 봄에는 뒤의 왼쪽발로 점을 치고 여름에는 앞의 왼쪽발로 점을 치고 가을에는 앞의 오른쪽발로 점을 치고 겨울에는 뒤의 오른쪽발로 점을 친다.〔四體 謂龜之四足 春占後左 夏占前左 秋占前右 冬占後右〕
>
> 하였다. 이 경우 原文은 "見(현)乎蓍龜하여 動乎四體라"로 懸吐해야 할 것이다. 茶山은 《自箴》에서 이 節을 다음과 같이 설명하였다.
>
> > 성실하면 밝아지기 때문에 愼獨하는 사람은 그 앞이 신령스럽고 밝아서 무릇 禎祥과 妖孼을 衆人들은 익숙히 보고 있으나 〈感知하지 못하는데〉이 사람만이 홀로 慧眼을 갖고서 보고, 시초와 거북점에 吉凶이 나타나 있음을 衆人들은 점치지 못하나 이 사람은 능히 백성들이 사용하기 전에 알고, 四體(動作)에 좋은 징조와 나쁜 징조가 있음을 衆人들은 살피지 못하나 이 사람은 때로 미리 헤아려 보고서 맞추는 것이니, 무릇 이와 같은 것은 성실하면 밝아지기 때문이다.〔誠則明 故愼獨之人 其知靈明 凡禎祥妖孼 衆人之所熟視 而此人獨具慧眼 蓍龜之有吉凶 衆人不能占 而此人能前民用 四體之有休咎 衆人不能察 而此人有時億中 凡如是者 誠則明之故也〕
>
> 艮齋는
>
> > 朱子는 '禎祥'과 '妖孼'을 '蓍龜'와 '四體'와 함께 말씀하였는데, 陳氏는 祥孼을 기미〔幾〕로 보아서 "'蓍龜'에 나타나기도 하고 '四體'에 動하기도 한다."라고 하였다.[376] 栗谷諺解는

---

376 譯註 陳氏는……하였다:《大全》의 小註에 "至誠의 道는 일이 그렇게 나타나기 전에 그 기미를 안다. 이

朱子의 해석을 따라 妖孽 아래에 '하며' 토를 사용하였고,[377] 官本諺解는 '하야' 토를 사용하여 陳氏의 해석과 똑같다.《章句》의 '凡此'의 '凡'은 禎祥 이하를 모두 들어 말한 것이다.〕

〔朱子以禎祥妖孽 與蓍龜四體言 而陳氏以祥孽爲幾 而曰 或見蓍龜 或動四體 栗解妖孽下用ᄒᆞ며 與朱子同 官本用ᄒᆞ야 與陳氏同【章句凡此之凡 並擧禎祥以下而言】〕

하였다. 여기서는 栗谷諺解를 따랐음을 밝혀둔다. 壺山은

善과 不善은 바로 禍와 福의 기미이다.〔善不善 是禍福之幾〕

하였다.

章句ㅣ 禎祥者는 福之兆요 妖孽者는 禍之萌[378]이라 蓍는 所以筮요 龜는 所以卜이라 四體는 謂動作威儀之間이니 如執玉高卑, 其容俯仰[379]之類라 凡此는 皆理之先見(현)者也라 然이나 唯誠之至極하여 而無一毫私僞留於心目之間者라야 乃能有以察其幾焉이라 神은 謂鬼神이라

'禎祥'은 福의 조짐이고, '妖孽'은 禍의 싹이다. '蓍'는 시초점을 치는 것이고, '龜'는 거북점을 치는 것이다. '四體'는 動作과 威儀의 사이를 이르니, 예컨대 玉을 잡기를 높게 하고 낮게 함에 그 얼굴을 숙이고 쳐드는 것과 같은 등속이다. 무릇 이러한 것은 모두 이치가 먼저 나타난 것이나 오직 성실함이 지극하여 一毫의 사사로움과 거짓이 마음과 눈의 사이에

또한 誠의 밝은 곳이니, 誠이 지극하지 않음이 없으면 밝음이 비추지 않음이 없는 것이다. '禎祥'과 '妖孽'은 모두 기미이니, 이것이 혹 蓍龜에 나타나며 혹 四體에 움직이니, 좋을 것인지 좋지 못할 것인지를 반드시 먼저 안다. 至誠의 사람은 이것을 먼저 아는 것이니, 능히 기미를 알기를 神明처럼 한다. 이를 이치로써 아는 것이니, 術數로 억측하여 아는 것이 아니다.〔至誠之道 可先事之未然而知其幾 蓋亦誠之明處 誠無不極而明無不照也 祥孽皆是幾 或見蓍龜 或動四體 善不善必先知之 至誠之人 先知之也 能知幾如神明 蓋以理知之 非如術數揣測之知也〕"라고 한 新安陳氏의 말을 가리킨 것이다.

377 譯註 栗谷諺解는……사용하였고: 栗谷諺解에는 "國家將興애 必有禎祥ᄒᆞ고 國家將亡애 必有妖孽ᄒᆞ며 見乎蓍龜ᄒᆞ며 動乎四體라"로 되어 있는바, 艮齋諺解도 이를 따랐다.

378 〔詳說〕禎祥者……禍之萌:《說文解字》에 말하였다. "衣服·歌謠·草木의 괴이함을 '妖'라 하고, 禽獸와 蟲蝗의 괴이함을 '孽'이라 한다.〔說文曰 衣服歌謠草木之怪 謂之妖 禽獸蟲蝗之怪 謂之孽〕 ○《大全》에 말하였다. "'兆朕'과 '萌芽'는 기미가 먼저 나타난 것이다.〔兆朕萌芽 幾之先見(현)者〕"

379 譯註 執玉高卑 其容俯仰:이 내용은《春秋左傳》定公 15年 條에 보인다. 邾나라 隱公이 魯나라로 조회를 왔는데, 子貢이 이것을 구경하였다. 隱公은 禮物인 玉을 잡아 올릴 적에 너무 높게 하여 얼굴을 너무 쳐들었고, 魯나라 定公은 玉을 받을 적에 너무 낮게 하여 얼굴을 너무 숙였다. 子貢은 이것을 보고 말하기를 "禮를 가지고 관찰해 보건대 두 나라 君主가 모두 死亡할 조짐이 있다.〔以禮觀之 二君者皆死亡焉〕" 하였는데, 그후 그의 豫見이 과연 적중하였다.

••• 兆 조짐조 萌 싹맹 筮 시초점서 卜 점복 俯 구부릴부 仰 우러를앙 僞 거짓위 留 머무를류 幾 기미기

머물러 있지 않은 자라야 비로소 그 幾微를 살필 수 있는 것이다. '神'은 鬼神을 이른다.

章下註 | 右는 第二十四章이라 言天道也라

이상은 제24章이다. 天道를 말씀하였다.

| 誠者自成章 (自道章) |

25-1. 誠者는 自成也요 而道는 自道也니라

誠은 스스로 이루어지는 것이고, 道는 스스로 행하여야 할 것이다.

按説 | 이 章(25章)에 대하여, 壺山은

살펴보건대 率性은 물건이 또한 능히 스스로 따르는 것인데, 여기서는 사람이 물건에 대처하는 것을 함께 말씀하였으니, 마땅히 修道之教와 함께 보아야 한다.〔按率性 是物亦能自率也 此則並以人之處物言 當通修道之教看〕○ 이 이상은 물건과 사람을 나누어 말씀하여 본문을 바르게 해석하였고, 이 아래는 또 아랫절의 '不誠' 이하의 뜻을 취하여 오로지 사람이 물건에 대처함을 위주하여 논하였다.〔此以上 分言物與人 以正釋本文 此下 又取下節不誠以下意 專主人之處物而論之〕

하였다.

章句 | 言 誠者는 物之所以自成이요 而道者는 人之所當自行也[380]라 誠은 以心言이

---

[380] 〔記疑〕誠者……人之所當自行也:아래는《語類》에 黃義剛이 癸丑年(1193년 朱子 64세) 이후 의심스런 항목을 기록한 내용이다. ○《語類》:黃義剛이 "誠은 스스로 이루어지는 것이고 道는 스스로 행하여야 하는 것이다.〔誠者自成也 而道自道也〕' 두 句는 語勢가 서로 비슷하나 선생(朱子)의 해석은 똑같지 않아, 위 句의 공부는 '誠'자에 있고, 아래 句의 공부는 '行'자에 있습니다."라고 물었다. 艮齋의 按:이 두 句에서 '誠은 스스로 이루어진다.'는 것은 중하고, '道는 스스로 행해야 한다.'는 것은 비교적 가볍다. 그러므로 下面에서는 다만 誠자를 설명하였는데 道가 이 가운데 들어 있다.〔《章句》에서 道 아래에 모두 亦자를 놓은 것[1]은 매우 정밀하고 상세하다.〕그러므로《章句》의 해석이 똑같지 않으니, 아마도 의심할 만

니 本也요 道는 以理言이니 用也[381]라

한 것이 없을 듯하다. ○《語類》:〈이에 朱子는〉 "또한 조금 똑같지 않다."라고 대답하였다. 艮齋의 按:誠은 心으로써 말하여 情意가 있고 道는 理로써 말하여 情意가 없으니, 위 句의 공부는 '誠'자에 있고 아래 句의 공부는 '行'자에 있다. 이 때문에 선생이 "조금 똑같지 않다."라고 말씀한 것이다. ○《語類》:〈朱子는〉 "'自成'을 만약 自道로만 해석하여도 된다." 하였다. 艮齋의 按:이미 '若'을 말씀하고 또 '亦'이라고 말씀하였으니, 그렇다면 올바른 해석이 아님을 알 수 있다.〔語類義剛癸丑以後錄疑目 ○ 問 誠者自成也 而道自道也兩句 語勢相似 而先生之解不同 上句工夫在誠字上 下句工夫在行字上 按此兩句 誠者自成重 而道自道較輕 故下面只說得誠字 而道在其中〔章句道下 皆著亦字 極精細〕故章句解不同 恐無可疑 ○ 曰 亦微不同 按誠以心言而有情意 道以理言而無情意 則上句工夫在誠字 下句工夫在行字 此先生所以云微 不同也 ○ 自成 若只做自道解亦得 按旣曰若 又曰亦 則非正解 可見也〕

　　譯註 1. 道 아래에……것:《章句》에 '道之在我者 亦無不行矣'와 '而道亦行於彼矣'를 가리킨다.
〔詳說〕〈經文의〉 '道也'의 '道'는 음이 '導'〔행할 도〕이다.〔道也之道 音導〕

[381] 〔記疑〕 誠……用也:《章句》의 '誠은 心으로써 말하였으니 本이고, 道는 理로써 말하였으니 用이다.'한 것을 가지고, 心이 理의 근본이 된다고 주장하는 증거로 삼는 자가 있는데, 諸公 중에 이것을 분명하게 밝힌 자가 있지 않다. 나는 한번 저들에게 묻고 싶다. "誠은 心이 스스로 이루어진 것인가? 아니면 원래 實理가 있어서 心이 이것을 체행하여 誠이 된 것인가? 만약 '心이 스스로 이룬 것이어서 굳이 性에 근본할 필요가 없다.'라고 한다면, 저 '心에 근본하고 心이 法·性을 만든다'는 釋氏의 말이 분명히 우리 학문의 宗祖일 것이요, '天에 근본하고 心은 性에 근본한다.'는 聖人의 말씀이 도리어 지리한 別傳이 될 것이다. 이것이 그대들의 마음에 편안한가? 편안하지 않은가? 편안하다면 그대들이 그렇게 하고, 편안하지 않다면 나를 가르쳐 달라." 대저 心의 本源을 논한다면, 반드시 먼저 이루어지는 바의 理가 있어 心이 스스로 이루어지는 것이요, 心의 妙用을 논한다면, 또 반드시 마땅히 행하여야 할 바의 理를 인하여 心이 스스로 행하는 것이다. 지금 '本源'과 '妙用'의 구분을 살피지 못하고는 '心이 근본이고 理가 用이다.'라는 문장을 얼핏 보고, 마침내 이것을 주장하여 학문의 宗旨와 性理의 定論으로 삼는다면, 나는 그 用心이 너무 거칠고 理를 살핌이 너무 소략할까 두렵노라.〔誠以心言 本也 道以理言 用也 有執以做心爲理本之左契 而諸公未有以明核之者 愚試問彼云 誠是心之自造耶 抑原有實理 而心體之而爲誠歟 如曰心之自造而不必本於性 則彼釋氏之本心而爲心造法性者 的是吾學之宗祖 而聖人之本天而爲心原於性者 卻爲支離之別傳矣 此於心安乎否乎 安則汝爲之 不安則命之矣 大抵論心之本源 則必先有所以成之理 而心能自成矣 論心之妙用 則又必因所當行之理 而心能自道矣 今不察本源妙用之分 而瞥看心本理用之文 遂執之以爲學問宗旨 性理定論 則吾恐其用心太麤而察理太疏矣〕

○ 이 節의 文義는 내가 丁未年(1907년) 9월 25일에, 다음날 지낼 先考의 祭祀를 가지고 생각해보니, 반드시 먼저 선조에게 祭祀 지내는 實理(진실한 理)가 있은 뒤에 祭祀의 實心(진실한 마음)이 있는 것이요, 禮를 거행할 때에 이르러서는 實心이 本이 되고 禮의 節文이 用이 되는 것이다. 이와 같이 辨析한다면 文義가 분명하게 될 것이다.〔此節文義 余於丁未九月二十五日 因明日將行禰祀而思之 必先有祭先之實理而後 有祭祀之實心 及乎行禮之時 實心爲本 而禮之節文爲用也 如是辨析 則文義分曉矣〕 ○ 誠은 心으로써 말하였는데, 보는 자들이 '스스로 이루어지는 것이다.〔所以自成〕'라는 것을 잘못 이해하여, 번번이 '이것은 理로써 말해야 한다.'라고 하니, 이는 잘못이다. 誠心은 자식이 스스로 그 몸을 이루는 것〔誠心者 子之所以自成其身〕이라고 말하는 것과 같으니, 어찌 '所以'라는 글자 때문에 心을 理라고 부를 수 있겠는가. 陶菴(李縡)은 "'至誠盡性'은 誠이고 '至誠如神'은 明이니 이것은 聖人의 '自誠明'하는 증험이며, '其次致曲'은 明이고 '誠者自成'은 誠이니 이것은 賢人의 '自明誠'하는 순서이다. 비록 天道와 人道가 사이사이에 뒤섞여 나오지만 그 차서는 井井함을 볼 수 있다."라고 하였다.〔〈答南宮道由〉〕 이 論이 매우 합당하다. 小註에 雲峰은 "誠자가 곧 性이다."라고 하였는데,[1) 三山齋(金履安)는 이 說을 잘못이라 하였다.〔誠以心言 而看者錯會所以自成 輒謂此當以理言 非也 如言誠心者子之所以自成其身 豈可以所以字而叫心做理乎 陶菴曰 至誠盡性 誠也 至誠如神 明也 此 聖人自誠明之驗也 其次致曲 明也 誠者自成 誠也

誠은 물건이 스스로 이루어지는 원인이요, 道는 사람이 마땅히 스스로 행하여야 할 것임을 말씀한 것이다. 誠은 心으로써 말하였으니 근본이요, 道는 理로써 말하였으니 用이다.

25-2. 誠者는 物之終始니 不誠이면 無物이라 是故로 君子는 誠之爲貴니라

誠은 物(사물)의 終과 始이니, 성실하지 않으면 사물이 없게 된다. 그러므로 君子는 성실히 함을 귀하게 여기는 것이다.

章句 | 天下之物이 皆實理之所爲[382]라 故로 必得是理然後에 有是物이니 所得之理 旣盡이면 則是物亦盡而無有矣[383]라 故로 人之心이 一有不實이면 則雖有所爲나 亦 如無有하니 而君子必以誠爲貴也라 蓋人之心이 能無不實이라야 乃爲有以自成이 요 而道之在我者 亦無不行矣리라

천하의 物(사물)은 모두 진실한 理가 하는 것이다.(진실한 理로 된 바이다.) 그러므로 반드시 이 理를 얻은 뒤에야 이 物이 있는 것이니, 얻은 바의 理가 이미 다하여 없어지면 이 物 또한 다하여 없어진다. 그러므로 사람의 마음이 한 번이라도 성실하지 못함이 있으면 비록 하는 바가 있더라도 또한 없는 것과 같으니, 君子가 반드시 성실히 함을 귀하게 여기는 것이다. 사람의 마음이 성실하지 않음이 없어야 비로소 스스로 이룸이 있고, 나에게 있는 道 역시 행해지지 않음이 없을 것이다.

此賢人自明誠之序也 雖天道人道間見錯出 而其序次井井可見【答南宮道由】此論甚當 小註 雲峰謂誠字卽
是性 三山齋以此說爲非】

　　譯註 1. 小註에……하였는데 : 小註에 "이 '誠'자는 바로 天命의 性이니 物이 스스로 이루어지게 하는
　　所以이고, 이 '道'자는 바로 率性의 道이니 사람이 마땅히 스스로 행해야 하는 것이다.〔此誠字 卽是
　　天命之性 是物之所以自成 此道字 是率性之道 是人之所當自行〕"라고 한 雲峰胡氏의 說을 가리킨 것
　　이다.

382 〔記疑〕 皆實理之所爲 : '皆實理之所爲'의 '爲'자를 잘 보지 못하면 理가 능히 작위한다는 혐의가 있게 된
　　다. 柳欘程(柳重敎)은 일찍이 "이것은 마치 '實理의 된배'라고 말한 것과 같다."라고 하였다. 나는 처음
　　에는 문리가 이와 같지 않은 듯하다고 의심하였는데, 뒤에 朱子가 말씀한 "大意가 '實理는 사물의 끝과
　　시작이 된다.'라고 말한 것과 같다."라는 말씀을 가지고 보니, 柳欘程의 설도 비난할 수 없었다.〔皆實理
　　之所爲爲字 不善看 則有理能作爲之嫌 柳欘程 嘗謂此如言實理의된배라 余始疑文理似不如此 後以朱
　　子言大意若曰實理爲物之終始云者觀之 柳說亦未可非之〕

383 〔詳說〕 所得之理旣盡 則是物亦盡而無有矣 :《大全》에 말하였다. "〈'理旣盡, 物亦盡'의〉 두 '盡'자는 〈'物
　　之終始'의〉 '終'자를 해석한 것이다.〔兩盡字釋終字〕"

··· 雖 비록 수

25-3. 誠者는 非自成己而已也라 所以成物也니 成己는 仁也요 成物은 知(智)也니 性之德也라 合內外之道也니 故로 時措之宜也니라

誠은 스스로 자신을 이룰 뿐만 아니라 남을 이루어 주니, 자신을 이룸은 仁이요 남을 이루어 줌은 智이다. 이는 性의 德이니, 內와 外를 합한 道이다. 그러므로 때로 둠에 (조처함에) 마땅한 것이다.

> 按說 | '成己仁也 成物智也'에 대하여, 朱子는
>
> 智가 仁의 앞에 있는 것은 배움을 좋아함으로 말한 것이니 德에 들어가는 지혜이고, 智가 仁의 뒤에 있는 것은 물건(남)을 이룸으로 말하였으니 德을 이루는 지혜이다.〔知(智)居仁先者 以好學言 入德之知(智)也 知居仁後者 以成物言 成德之知也〕《詳說》
>
> 하고, 또
>
> 子貢이 "배움을 싫어하지 않고 가르침을 게을리하지 않는다."라고 한 것[384]은 知를 위주한 것이고 子思의 말씀은 行을 위주한 것이니, 각각 그 중한 바에 나아가서 賓主의 구분이 있는 것이다.〔子貢言學不厭 教不倦 主於知 子思之言 主於行 各就其所重 而有賓主之分〕《詳說》
>
> 하였다. 顧氏(顧元常)는
>
> 나누어 말하면 '자신을 이룸〔成己〕'은 仁이고 '남을 이룸〔成物〕'은 智이며, 합하여 말하면 '性의 德이니, 內와 外를 합한 道이다.'라는 것이니, '合'은 겸하고 총괄하는 뜻이다.〔分言則曰成己仁也 成物知也 合言則曰性之德也 合內外之道也 合者兼總之意〕《詳說》
>
> 하였다.

---

384 譯註 子貢이……것:《孟子》〈公孫丑上〉 2章에 "옛적에 子貢이 孔子께 묻기를 '夫子는 聖人이십니다.' 하자, 孔子께서 '聖人은 내 능하지 못하지만 나는 배우기를 싫어하지 않고 가르치기를 게을리하지 않노라.' 하시니, 子貢이 말하기를 '배우기를 싫어하지 않음은 智요 가르치기를 게을리하지 않음은 仁이니, 仁하고 또 智하시니 夫子는 이미 聖人이십니다.' 하였다.〔昔者 子貢問於孔子曰 夫子聖矣乎 孔子曰 聖則吾不能 我學不厭而教不倦也 子貢曰 學不厭 智也 教不倦 仁也 仁且智 夫子既聖矣〕"라고 보인다.

••• 物 물건 물 措 둘 조 宜 마땅 의

章句 | 誠은 雖所以成己나 然旣有以自成이면 則自然及物하여 而道亦行於彼矣라 仁者는 體之存이요 知(智)者는 用之發이니 是皆吾性之固有而無內外之殊하니 旣得於己면 則見(현)於事者 以時措之而皆得其宜也라

誠은 비록 자신을 이루는 것이나 이미 스스로 이룸이 있으면 자연히 남에게 미쳐 道가 또한 저쪽에게 행해지는 것이다. 仁은 體가 보존되는 것이고 智는 用이 발하는 것이니, 이는 모두 나의 性에 固有한 것이어서 內·外의 분별이 없다. 이것을 이미 자신에게서 얻으면 일에 나타나는 것이 때에 따라 조처함에 모두 그 마땅함을 얻게 되는 것이다.

章下註 | 右는 第二十五章이라 言人道也라

이상은 제25章이다. 人道를 말씀하였다.

| 至誠無息章 |

26-1. 故로 至誠은 無息이니

그러므로 至誠은 쉼이 없으니,

> **按說** | 茶山은
>
> 至誠은 中和이고 無息은 庸이다. 篇 머리(1章 5節)에 "中和를 지극히 하면 天地가 제자리를 얻고 萬物이 길러진다." 하였고, 윗절(22章)에 "오직 天下의 지극히 성실한 분이어야 天地의 化育을 도울 수 있다." 하였으니, 中和가 지극히 성실함이 아니겠는가. "쉬지 않으면 오래 하고 오래 하면 징험이 나타나고 징험이 나타나면 悠遠하다." 하였으니, 쉬지 않음이 庸이 아니겠는가.〔至誠者 中和也 無息者 庸也 篇首曰 致中和 天地位焉 萬物育焉 上節曰 惟天下至誠 可以贊天地之化育 中和非至誠乎 不息則久 久則徵 徵則悠遠 無息非庸乎〕
>
> 하였다.

··· 彼 저피 殊 다를수 息 그칠식

章句 | 旣無虛假라 自無間斷이라

이미 虛假(거짓)가 없으므로 저절로 間斷함이 없는 것이다.

26-2. 不息則久하고 久則徵하고

쉬지 않으면 오래 하고 오래 하면 징험이 나타나고,

章句 | 久는 常於中也요 徵은 驗於外也라

'久'는 속에 항상함이요, '徵'은 밖에 징험이 나타남이다.

26-3. 徵則悠遠하고 悠遠則博厚하고 博厚則高明이니라

징험이 나타나면 悠遠(悠久함)하고, 悠遠하면 博厚(넓고 두터움)하고, 博厚하면 高明(高大하고 光明함)하다.

章句 | 此는 皆以其驗於外者言之니 鄭氏所謂至誠之德著於四方者 是也라 存諸中者 旣久면 則驗於外者 益悠遠而無窮矣라 悠遠故로 其積也廣博而深厚하고 博厚故로 其發也高大而光明이라

이는 모두 징험이 밖에 나타나는 것을 가지고 말씀한 것이니, 鄭氏(鄭玄)가 말한 '至誠의 德이 四方에 드러난다.'는 것이 이것이다. 속에 보존한 것이 이미 오래면 징험이 밖에 나타나는 것이 더욱 悠遠하여 다함이 없을 것이다. 悠遠하기 때문에 그 쌓임이 廣博하고 深厚하며, 博厚하기 때문에 그 發함이 高大하고 光明한 것이다.

••• 虛빌허 假거짓가 斷끊을단 徵징험할징 驗징험할험 悠오랜유 遠멀원 博넓을박 厚두터울후

26-4. 博厚는 所以載物也요 高明은 所以覆(부)物也요 悠久는 所以成物也니라

博厚는 물건을 실어 주는 것이요, 高明은 물건을 덮어 주는 것이요, 悠久는 물건을 이루어 주는 것이다.

> 章句 | 悠久는 卽悠遠이니 兼內外而言之也[385]라 本以悠遠致高厚하고 而高厚又悠久也니 此는 言聖人與天地同用이라
>
> '悠久'는 바로 悠遠이니, 內와 外를 겸하여 말한 것이다. 본래는 悠遠으로써 高明과 博厚를 이루고, 高明하고 博厚하면 또 悠久하게 되니, 이는 聖人이 天地와 더불어 用이 같음을 말씀한 것이다.

26-5. 博厚는 配地하고 高明은 配天하고 悠久는 無疆이니라

博厚는 땅을 배합하고, 高明은 하늘을 배합하고, 悠久는 다함이 없다.

> 按說 | '配地'에 대하여, 龜山楊氏(楊時)는
>
> > '配'는 합함이다.〔配 合也〕《詳說》
>
> 하였다. '悠久無疆'에 대하여, 新安陳氏(陳櫟)는
>
> > '悠久'는 바로 博厚와 高明의 悠久이고, '無疆'은 바로 天地의 無疆이다.〔悠久 卽博厚高明之悠久 無疆 卽天地之無疆〕《詳說》
>
> 하였다.
> '配地'의 配는 合致의 뜻으로 땅의 德에 부합함을 이르는바, 뒤의 配天도 이와 같다.

---

385 譯註 悠久……兼內外而言之也:壺山은 "이는 橫과 縱을 겸하여 말하였으나 수직의 뜻이 비교적 많으니, 이른바 이것이 '庸'이라는 것이다.〔此兼橫竪言 而竪意較多 是所謂庸也〕" 하였다. 橫은 空間을, 竪(縱)는 時間을 의미하는바, 悠久는 오랜 時間이므로, '수직의 뜻이 비교적 많다.' 하였으며, 庸 역시 늘상 변함없이 하는 것이므로 이렇게 말한 것이다.

··· 載 실을 재 覆 덮어줄 부 久 오랠 구 配 짝할 배 疆 지경 강

章句 | 此는 言聖人與天地同體[386]라

이는 聖人이 天地와 더불어 體가 같음을 말씀한 것이다.

26-6. 如此者는 不見(현)而章하며 不動而變하며 無爲而成이니라

이와 같은 자는 보여주지 않아도 드러나며, 動하지 않아도 변하며, 함이 없이도 이루어진다.

章句 | 見은 猶示也라 不見而章은 以配地而言也요 不動而變은 以配天而言也요 無爲而成은 以無疆而言也[387]라

'見'은 示와 같다. '보여주지 않아도 드러남'은 땅을 배합함으로써 말하였고, '動하지 않아도 변함'은 하늘을 배합함으로써 말하였고, '함이 없이도 이루어짐'은 無疆으로써 말한 것이다.

26-7. 天地之道는 可一言而盡也니 其爲物이 不貳라 則其生物이 不測이니라

天地의 道는 한마디 말로써 다할 수 있으니, 그 물건됨이 둘로 하지 않는다. 이 때문에 물건을 냄이 측량할 수 없는 것이다.

按説 | 茶山은

---

386 〔詳説〕同體 : 陳氏가 말하였다. "用이 같음은 功으로써 말하였고, 體가 같음은 德으로써 말하였다.〔同用 以功言 同體 以德言〕"

387 〔自箴〕不見而章……以無疆而言也 : 지극히 성실하여 쉼이 없는 것은 하늘이니, 聖人은 하늘을 배움이 이미 오래여서 그 德이 하늘을 닮음에 이르면 그 功化 또한 하늘을 닮는다. 그러므로 능히 보여주지 않아도 드러나며 동하지 않아도 변하며 함이 없이도 이루어지는 것이다. 篇 끝에 일곱 번 인용한 詩는 功化가 하늘을 닮음을 말한 것이다.〔至誠無息者 天也 聖人學天旣久 其德至於肖天 則其功化亦肖天 故能不見而章 不動而變 無爲而成也 篇末七引詩 亦言功化之肖天〕

··· 章 드러날 장 貳 둘 이 測 헤아릴 측

이 節은 中庸의 道가 天道에 근본하였기 때문에 능히 悠久함을 밝힌 것이다.〔此節 明中庸
之道本於天道 故能悠久〕

하였고, '可一言而盡也'에 대하여, 또

'一言'이란 誠 한 글자이다.【朱子가 말씀한 것이다.】不貳는 성실함이고 떳떳함이며, 不測은
측량할 수 없는 것이니, 天地가 不貳하기 때문에 그 물건을 냄이 측량할 수 없고, 聖人이 不
貳하기 때문에 그 事業이 광대한 것이다.〔一言者 誠一字也【朱子云】不貳者 誠也庸也 不
測者 無量也 天地以不貳之故 其生物無量 聖人以不貳之故 其事業廣大〕

하였다. 壺山은

'一言'은 한 글자〔誠〕이니, 이 一言은 마땅히 '九經章'의 두 '行之者一也'[388]와 참고하여
보아야 한다.〔一言 一字也 此一言 當與九經章兩行之者一也 參看〕

하였다.

章句ㅣ 此以下는 復以天地로 明至誠無息之功用이라 天地之道可一言而盡은 不過
曰誠而已니 不貳는 所以誠也라 誠故로 不息而生物之多하여 有莫知其所以然者라

이 이하는 다시 天地로써 至誠無息의 功用을 밝힌 것이다. 天地의 道가 한마디 말로써 다
할 수 있음은 誠에 불과할 뿐이니, 변치 않음은 誠하는 것이다. 誠하기 때문에 쉬지 아니하
여 물건을 냄이 많아서 그 所以然을 알지 못하는 것이다.

26-8. 天地之道는 博也厚也高也明也悠也久也니라

天地의 道는 廣博과 深厚, 高大와 光明, 悠遠과 오램이다.

章句ㅣ 言 天地之道 誠一不貳라 故로 能各極其盛하여 而有下文生物之功이라

天地의 道가 성실하고 한결같아 변치 않기 때문에 능히 각각 그 盛함을 지극히 하여 아랫글

---

388 譯註 九經章의 두 行之者一也 : 20章의 "知(智)仁勇三者 天下之達德也 所以行之者 一也"와 "凡爲天下
國家 有九經 所以行之者 一也"를 가리킨 것이다.

··· 盛 성할 성

의 물건을 내는 功이 있음을 말씀한 것이다.

26-9. 今夫天이 斯昭昭之多로되 及其無窮也하여는 日月星辰(신)이 繫焉
하며 萬物이 覆(부)焉이니라 今夫地 一撮(촬)土之多로되 及其廣厚하여는 載
華嶽而不重하며 振河海而不洩하며 萬物이 載焉이니라 今夫山이 一卷
石之多로되 及其廣大하여는 草木이 生之하며 禽獸 居之하며 寶藏이 興焉
이니라 今夫水 一勺之多로되 及其不測하여는 黿鼉(원타)蛟龍魚鼈이 生
焉하며 貨財 殖焉이니라

이제 하늘은 昭昭함이 많이 모인 것인데 그 無窮함에 미쳐서는 日·月과 星辰이 매여
있고 萬物이 덮여져 있다. 이제 땅은 한 구역의 흙이 많이 모인 것인데 그 廣厚함에 미
쳐서는 華嶽(華山)을 싣고서도 무겁게 여기지 않고 河海를 거두면서도 새지 않으며
만물이 실려 있다. 이제 山은 한 자잘한 돌이 많이 모인 것인데 그 廣大함에 미쳐서는
草木이 생장하고 禽獸가 살며 寶藏(寶物)이 나온다. 이제 물은 한 잔의 물이 많이 모
인 것인데 그 측량할 수 없음에 미쳐서는 黿鼉(큰 자라와 악어)와 蛟龍과 魚鼈(물고기
와 자라)이 자라며 貨財가 번식한다.

> 按説 | '一卷石之多'에 대하여, 朱子는 '卷'을 區(구역)로 해석하였으나 '卷'을 拳(주먹)으
> 로 보아 '一卷石'을 한 주먹만 한 돌로 풀이하는 것이 더욱 분명한 것으로 보인다. 壺山은
>
>   '寶藏'은 창고 가운데 보관할 만한 보물이다.〔寶藏 藏中可儲之寶也〕
>
> 하였다.

章句 | 昭昭는 猶耿耿이니 小明也니 此는 指其一處而言之요 及其無窮은 猶十二章
及其至也之意[389]니 蓋擧全體而言也라 振은 收也요 卷은 區也라 此四條는 皆以發

---

389 譯註 猶十二章及其至也之意:12章의 "夫婦之愚 可以與知焉 及其至也 雖聖人亦有所不知焉 夫婦
之不肖 可以能行焉 及其至也 雖聖人亦有所不能焉"을 가리킨 것이다.

••• 繫 맬 계 覆 덮을 부 撮 쥘 촬 嶽 큰산 악 振 거둘 진 洩 샐 설 卷 주먹 권(拳通) 禽 새 금 獸 짐승 수
藏 감출 장 勺 술잔 작 黿 큰자라 원 鼉 악어 타 蛟 교룡 교 鼈 자라 별 殖 번식할 식 耿 불빛반짝일 경
區 작을 구

26章 · 207

明由其不貳不息하여 以致盛大而能生物之意라 然이나 天地山川이 實非由積累而後大니 讀者不以辭害意 可也니라

'昭昭'는 耿耿이란 말과 같은바 조금 밝은 것이니, 이는 그 한 곳을 가리켜 말한 것이다. '及其無窮'은 12章의 '及其至也'의 뜻과 같으니, 이는 그 全體를 들어 말한 것이다. '振'은 거둠이요 '卷'은 區(區域)이다. 이 네 조항은 모두 변치 않고 쉬지 않음으로 말미암아 盛大함을 이루어서 능히 물건을 내는 뜻을 發明하였다. 그러나 天地와 山川이 실제로 많이 쌓음으로 말미암은 뒤에 커진 것은 아니니, 읽는 자들이 말로써 本意를 해치지 않아야 할 것이다.

26-10. 詩云 維天之命이 於(오)穆不已라하니 蓋曰天之所以爲天也요 於乎不顯가 文王之德之純이여하니 蓋曰文王之所以爲文也니 純亦不已니라

《詩經》에 이르기를 "하늘의 命이 아, 深遠하여 그치지 않는다." 하였으니, 이는 하늘이 하늘이 된 所以를 말한 것이요, "아, 드러나지 않겠는가. 文王의 德의 純一함이여." 하였으니, 이는 文王이 文이 되신 所以를 말한 것이니, 純一함이 또한 그치지 않는 것이다.

按說 | '蓋曰文王之所以爲文也 純亦不已'에 대하여, 官本諺解에는 '蓋曰文王之所以爲文也]니 純亦不已니라'로, 栗谷諺解는 '蓋曰文王之所以爲文也] 純亦不已니라'로 되어 있으며, 退溪는 《中庸釋義》에서 "文王이 써곰 文이로온 배 純ᄒ야 ᄯᅩ흔 마디 아니ᄒ신 주를 니ᄅᆞ니라"로 해석하였다. 壺山은 《詳說》에서

栗谷은 "아래(蓋曰文王)의 '曰'字를 '不已'에서 해석해야 한다." 하였고, 沙溪는 "〈'曰'자를〉 '文也'에서 해석해야 한다." 하였다. 살펴보건대 沙溪의 말씀이 더 나은 듯하니, '純亦不已'는 文王의 純一함이 바로 하늘의 그치지 않음이라고 말한 것이다. 이미 詩를 인용하여 해석하고 이 '純亦不已' 네 글자로 맺어서 주체를 聖人에게 돌리고 아랫장을 일으킨 것이다. 또 '爲天也'와 '爲文也'는 상하 文勢를 또한 다르게 볼 수 없으니, 諺解의 뜻 또한 그러한 듯하다.〔栗谷曰 下曰字 釋於不已 沙溪曰 釋於文也 按沙溪說似長 純亦不已 言文王之純 卽天之不已也 旣引詩而釋之 又以此四字結之 以歸主於聖人 以起下章耳 且

··· 積 쌓을 적 累 쌓을 루 於 감탄사 오 穆 심원할 목 已 그칠 이 純 순수할 순

爲天也 爲文也 上下文勢 恐亦不可異同看 諺解之意 蓋亦然耳〕

하였다. 艮齋는 沙溪의 말씀과 같이 '文王之所以爲文也니'로 懸吐하고 '文王의 써 文이 되신 바를 일음이니'로 해석하였는바, 이를 따랐음을 밝혀 둔다. 한편, 茶山은

이 節은 聖人의 道가 하늘에 근본함을 밝힌 것이다.〔此節 明聖人之道本於天〕

하였다.

章句 | 詩는 周頌維天之命篇이라 於는 歎辭라 穆은 深遠也라 不顯은 猶言豈不顯也라 純은 純一不雜也니 引此以明至誠無息之意[390]라 程子曰 天道不已어늘 文王이 純於天道亦不已하시니 純則無二無雜이요 不已則無間斷先後라

詩는 〈周頌 維天之命〉篇이다. '於'는 感歎辭이다. '穆'은 深遠함이다. '不顯'은 豈不顯(어찌 드러나지 않겠는가)이란 말과 같다. '純'은 純一하고 잡되지 않은 것이니, 이것을 인용하여 至誠無息의 뜻을 밝힌 것이다.

程子(伊川)가 말씀하였다. "天道가 그치지 않는데 文王이 天道에 純一하여 또한 그치지 않으셨으니, 순일하면 둘로 하지(변치) 않고 잡되지 않으며, 그치지 않으면 間斷과 先後가 없게 된다."

章下註 | 右는 第二十六章이라 言天道也라

이상은 제26章이다. 天道를 말씀하였다.

| 尊德性章 |

27-1. 大哉라 聖人之道여

위대하다, 聖人의 道여.

---

390 〔詳說〕引此以明至誠無息之意:黃氏가 말하였다. "'誠'은 바로 維天之命이고, '不息'은 바로 於穆不已이다.〔誠 便是維天之命 不息 便是於穆不已〕"

••• 頌 기릴 송

按說 | 雙峰饒氏(饒魯)는

　　道는 바로 性을 따름을 이른다.〔道卽率性之謂〕《詳說》

하였다.

章句 | 包下文兩節而言이라

아랫글의 두 節을 포함하여 말씀한 것이다.

27-2. 洋洋乎發育萬物하여 峻極于天이로다

洋洋하게 萬物을 發育하여 높음이 하늘에 다하였다.

章句 | 峻은 高大也라 此는 言道之極於至大而無外也[391]라

峻은 高大함이다. 이는 道가 지극히 큼을 다하여 밖이 없음을 말씀한 것이다.

27-3. 優優大哉라 禮儀三百이요 威儀三千이로다

優優히 크다. 禮儀가 3백이고, 威儀가 3천이다.

章句 | 優優는 充足有餘之意라 禮儀는 經禮也요 威儀는 曲禮也라 此는 言道之入於
至小而無間也[392]라

'優優'는 充足하여 남음이 있는 뜻이다. '禮儀'는 經禮(큰 禮)이고, '威儀'는 曲禮(자잘한
禮)이다. 이는 道가 지극히 작음에 들어가 틈이 없음을 말씀한 것이다.

---

391 〔詳說〕此 言道之極於至大而無外也：이 節은 道의 綱領을 말하였다.〔此節 言道之綱〕
392 〔詳說〕此 言道之入於至小而無間也：이 節은 道의 條目을 말하였다.〔此節 言道之目〕

··· 洋 큰바다 양　育 기를 육　峻 높을 준　優 넉넉할 우　儀 거동 의

27-4. 待其人而後에 行이니라

그 사람(훌륭한 사람)을 기다린 뒤에 행해진다.

章句ㅣ總結上兩節이라

위의 두 節을 모두 맺은 것이다.

27-5. 故로 曰 苟不至德이면 至道不凝焉이라하니라

그러므로 "만일 지극한 德이 아니면 지극한 道가 凝集되지 않는다."고 말한 것이다.

按說ㅣ朱子는

道는 德이 아니면 응집되지 못한다. 그러므로 아랫글에 마침내 德을 닦는 일을 말하였다.〔道非德不凝 故下文遂言修德事〕《詳說》

하였다. 茶山은

사람이 능히 道를 넓히고, 道가 사람을 넓히는 것이 아니다. 그러므로 "만일 지극한 德이 아니면 지극한 道가 응집되지 않는다."라고 한 것이다.〔人能弘道 非道弘人 故曰 苟不至德 至道不凝焉〕

하였다

章句ㅣ至德은 謂其人이요 至道는 指上兩節而言이라 凝은 聚也며 成也라

'至德'은 그 사람을 이르고, '至道'는 위의 두 節을 가리켜 말한 것이다. '凝'은 모임이며 이룸이다.

··· 待 기다릴 대 苟 만일 구 凝 모일 응 聚 모을 취

27-6. 故로 君子는 尊德性而道問學이니 致廣大而盡精微하며 極高明 而道中庸하며 溫故而知新하며 敦厚以崇禮니라

그러므로 君子는 德性을 높이고(공경하고) 問學(學問)을 말미암으니, 廣大함을 지 극히 하고 精微함을 다하며, 高明을 다하고 中庸을 따르며, 옛 것을 잊지 않고 새로운 것을 알며, 厚함을 도타이(돈독히) 하고 禮를 높이는 것이다.

按說 | '尊德性而道問學'에 대하여, 朱子는, 尊德性은 德性을 공경하여 높이는 것으로 存心하여 道體의 큼을 다하는 것이고, 道問學은 學問을 통하여 致知해서 道體의 세밀함 을 다하는 것이라 하였다. 이에 대해 壺山은 《詳說》에서 朱子의 말씀을 인용, '敦厚以'에 대해 자신의 의견을 다음과 같이 밝혔다.·

朱子는 "'厚'는 자질이 질박하고 진실한 것이고, '敦'은 그 근본을 북돋는 것이다." 하였다. 살 펴보건대 '敦厚以'의 '以'자는 또한 위의 네 '而'자의 뜻이다. 諺解에는 〈위에서〉 이미 而의 뜻으로 해석하고 또 以의 뜻으로 해석하였으니, 이는 아마도 小註의 雲峰의 說[393]과 《語 類》의 輔廣의 기록[394]으로 인하여 이렇게 되었는가보다. 그러나 《章句》에는 이러한 뜻이 없 다.〔朱子曰 厚是資質朴實 敦是培其本根 按敦厚以之以字 亦上四而字之義也 諺解 旣釋而義 而又釋以義 豈因小註雲峰說與語類廣錄而有此歟 雖然章句無此意〕

'尊德性而道問學'의 경우에는 諺解에 모두 '而'를 '하고'로 해석하여 접속사로 보았으나 '敦厚以崇禮'는 官本諺解에는 "厚를 敦ᄒ고 써 禮를 崇ᄒᄂ니라"로, 栗谷諺解에는 "敦厚ᄒ

---

393 譯註 雲峰의 說 :《大全》에 雲峰胡氏가 말하였다. "'尊德性' 이하에는 모두 '而'자가 있으니 存心과 致知 가 두 가지 일임을 알 수 있고, 마지막 句의 '敦厚 崇禮'에는 '而'라고 말하지 않고 '以'라고 말한 것은 어 째서인가? 내가 생각건대 '而'자를 놓으면 중점이 아랫부분에 있으니 存心을 하였으면 致知하지 않을 수 없음을 말하였고, '以'자를 놓으면 중점이 윗부분에 있으니, 存心이 아니면 致知할 수 없음을 말한 것 이다.〔尊德性以下 皆有而字 見得存心致知是兩事 未於敦厚崇禮 不曰而而曰以 何也 愚謂下而字則重在 下股 謂存心不可以不致知 下以字則重在上股 謂非存心無以致知也〕"

394 譯註 《語類》의……기록 :"'溫故而知新'과 '敦厚以崇禮'에 '而'와 '以'의 글자 뜻은 어떻습니까?" 하고 물 으니, 대답하시기를 "溫故를 하면 저절로 知新을 하니 '而'는 순한 말이고, 敦厚는 또 모름지기 崇禮를 하여야 되니, '以'는 뒤집어서 반대로 말한 것이다. 세상에는 진실로 天資가 純厚한데도 일찍이 禮를 배 우지 아니하여 禮를 알지 못하는 부류의 사람이 있다." 하셨다.〔問 溫故而知新 敦厚以崇禮 而與以字義 如何 曰 溫故自知新 而者 順詞也 敦厚者 又須當崇禮始得 以者 反說上去也 世固有一種人天資純厚而 不曾去學禮而不知禮者〕

··· 道 말미암을도 崇 높을숭

고 뻐 禮를 崇홀디니라" 하여, 두 諺解 모두 '敦厚以'의 '以'자를 '뻐(以)'로 해석하였다.

孔穎達은 疏에서

'君子尊德性'은 君子와 賢人이 이 聖人의 道德의 性을 존경하여 자연히 至誠해짐을 말한 것이고, '而道問學'은 賢人이 道를 행함은 學問을 따라야 함을 말하였으니, 학문을 부지런히 하여야 至誠에 이름을 말한 것이다.〔君子尊德性者 謂君子賢人尊敬此聖人道德之性 自然至誠也 而道問學者 言賢人行道 由於問學 謂勤學乃致至誠也〕

하여, 모두 다섯 句를 똑같이 보고 綱과 目으로 나누지 않았으나, 朱子는 綱과 目으로 나누어

'尊德性而道問學' 한 句는 綱領이고, 아래 네 句는 위의 절반은 모두 大綱의 工夫이고 아래 절반은 모두 세밀한 공부이다. '致廣大'·'極高明'·'溫故'·'敦厚'는 바로 尊德性이고, '盡精微'·'道中庸'·'知新'·'崇禮'는 바로 道問學이다. 君子의 배움은 능히 덕성을 높여서 그 큼을 온전히 하였으면, 모름지기 묻고 배움을 통하여 작음을 다해야 한다.〔尊德性而道問學一句 是綱領 下四句 上截皆是大綱工夫 下截皆是細密工夫 致廣大 極高明 溫故 敦厚 此是尊德性 盡精微 道中庸 知新 崇禮 此是道問學 君子之學 旣能尊德性以 全其大 便須道問學以盡於小〕《詳說》

하였다. 이에 근거하여 魯魯齋 金萬烋는 다음과 같이 〈尊德性道問學圖〉를 작성하였다.

한편 茶山은 다음과 같이 밝히고 있다.

'德性을 높인다'는 것은 지극히 성실함이요, '廣大'란 博厚함이고, '高明'이란 高明함이다.
윗장에서 "지극히 성실한 道가 天地에 배합할 수 있다."고 말하였으니, 글이 서로 조응된
다.……'中庸'은 한 편의 宗旨가 되는데, 이 節에 이르러서는 中庸이 흘러 節目 사이로 들어
간 것은 다만 高明을 지극히 하는 자가 지나치게 높은 병폐가 있을까 염려하여 급히 '中庸'
두 글자를 놓아서 사람들에게 보여주어 깨우친 것이요, 참으로 中庸을 節目으로 삼은 것이
아니다.〔尊德性者至誠也 廣大者博厚也 高明者高明也 上章云 至誠之道可配天地 文
相照也……中庸爲一篇宗旨 至於此節 流入於節目間者 只恐極高明者有過高之病
急下中庸二字 提掇警醒 非眞以中庸爲節目也〕

'道中庸'에 대하여, 孔穎達의 疏에는

道는 통달함이니, 또 中庸의 이치에 능히 통달하는 것이다.〔道 通也 又能通達於中庸之理也〕

라고 하였으나, 茶山은 《自箴》에서 朱子의 說에 찬동하여

道問學과 道中庸의 두 '道'자는 모두 朱子와 같이 보아야 하니, 道는 사람이 따르는 바이
다.〔道問學道中庸兩道字 皆當如此看 道者人所由也〕

하였다.

章句 | 尊者는 恭敬奉持之意요 德性者는 吾所受於天之正理[395]라 道는 由也[396]라

---

395 〔記疑〕尊者……吾所受於天之正理:'德性'은 《章句》와 〈尊德性齋銘〉[1]으로 보면 분명히 仁義의 正理이
고, '尊'은 《章句》와 〈尊德性齋銘〉의 말로 보면 분명히 心이 공경히 받드는 것이니, 德性은 本體로 말하
였고 尊은 工夫로 말하였다. 근래의 의논은 두 종류가 있으니, 하나는 心을 높이고 性을 내리는 것이며,
다른 하나는 心과 性을 함께 높이는 것이다. 心을 높이고 性을 내리면 상하의 위치가 바뀌어 말할 수 없
고, 心과 性을 함께 높이면 상하가 서로 대등한 體이니 또한 실행할 수 없다. 雲峰(胡炳文)은 未發之中
이 곧 德性이고 戒愼·恐懼가 곧 恭敬奉持의 뜻이라고 하였으니, 이것은 朱子의 뜻을 제대로 이해한 것
이다.〔德性 以章句與尊德性齋銘觀之 的是仁義之正理 尊 以章句與銘語觀之 的是心之欽承 德性以本體
言 尊以工夫言 近時議論有兩種 一則尊心降性 一則心性俱尊 尊心降性 則上下易位 不可言矣 心性俱尊
則上下敵體 亦不可行矣 雲峰以未發之中 卽德性 戒愼恐懼 卽恭敬奉持之意 此爲得朱子之旨矣〕
　　譯註 1. 〈尊德性齋銘〉: 朱子가 程允夫(程洵)에게 지어 준 銘文으로, 여기에 "위대하신 上帝가 이 下
　　民을 내리시니, 무엇을 주셨는가? 義와 仁이네. 義와 仁은 上帝의 법칙이니 이것을 공경히 받들더라
　　도 오히려 잘하지 못할까 두렵네.〔維皇上帝 降此下民 何以予之 曰義與仁 維義與仁 維帝之則 欽斯承
　　斯 猶懼弗克〕"라고 보인다.

溫은 猶燖溫之溫³⁹⁷이니 謂故學之矣요 復時習之也라 敦은 加厚也라 尊德性은 所以 存心而極乎道體之大³⁹⁸也요 道問學은 所以致知而盡乎道體之細³⁹⁹也니 二者는 修德凝道之大端也라 不以一毫私意自蔽⁴⁰⁰하고 不以一毫私欲自累⁴⁰¹하며 涵泳 乎其所已知하고 敦篤乎其所已能은 此皆存心之屬也요 析理則不使有毫釐之差 하고 處事則不使有過不及之謬⁴⁰²하며 理義則日知其所未知하고 節文則日謹其所 未謹은 此皆致知之屬也라 蓋非存心이면 無以致知⁴⁰³요 而存心者는 又不可以不 致知⁴⁰⁴라 故로 此五句는 大小相資하고 首尾相應⁴⁰⁵하여 聖賢所示入德之方이 莫詳 於此하니 學者宜盡心焉이니라

‘尊’은 恭敬하고 받들어 잡는 뜻이고, ‘德性’은 내가 하늘에게서 받은 바의 正理이다. ‘道’ 는 말미암음이다. ‘溫’은 燖溫(따뜻하게 데움)의 溫과 같으니, 예전에 이것을 배우고 다시 때때로 익힘을 이른다. ‘敦’은 더욱 도타이 함이다. ‘尊德性’은 存心(마음을 보존함)하여 道 體의 큼을 다하는 것이요, ‘道問學’은 致知(지식을 지극히 함)하여 道體의 세세함을 다하

---

396 〔詳說〕道 由也:〈由는〉'行也', '用也'와 같다. 이 두 '道'자는 마땅히 음을 '導'라 해야 하는데《章句》에 음을 달지 않았으니, 아마도 위의 '自道章'을 이어받고자¹⁾ 했는가 보다.〔猶行也 用也 此二道字 當音導 而章句不著 豈欲蒙於上自道章歟〕
   譯註 1. 自道章을 이어받고자:25章의 "誠者 自成也 而道 自道也"의 아래 음훈에 "'道也'의 道는 音이 導이다." 한 것을 가리킨다.
397 〔詳說〕溫 猶燖溫之溫:살펴보건대《論語》의 註¹⁾에 "溫은 찾고 演繹하는 것이다." 하였으니, 마땅히 참 고해 보아야 할 것이다.〔按論語註云 溫尋繹也 當參看〕
   譯註 1.《論語》의 註:〈爲政〉11章의 '溫故而知新'에 대한 註이다.
398 〔詳說〕極乎道體之大:朱子가 말씀하였다. "그 '發育萬物'과 '峻極于天'의 큼을 채우는 것이다.〔所以充 其發育峻極之大〕"
399 〔詳說〕盡乎道體之細:朱子가 말씀하였다. "그 3천·3백 가지의 작음을 다하는 것이다.〔所以盡其 三千三百之小〕"
400 〔詳說〕不以一毫私意自蔽:朱子가 말씀하였다. "'致廣大'는 마음과 가슴이 열려서 이 경계와 저 경계의 다름이 없음을 이른다.〔致廣大 謂心胸開闊 無此疆彼界之殊〕"
401 〔詳說〕不以一毫私欲自累:朱子가 말씀하였다. "'極高明'은 人欲이 자기 몸을 얽매임이 없음을 이르니, 조금이라도 人欲에 빠지면 곧 낮고 더럽게 된다.〔極高明 謂無人欲累己 纔汨於人欲 便卑汙矣〕"
402 〔詳說〕處事則不使有過不及之謬:朱子가 말씀하였다. "'道中庸'은 바로 배우는 일이다.〔道中庸 是學底事〕"
403 〔詳說〕蓋非存心 無以致知:중점이 存心에 있다.〔重在存心〕
404 〔詳說〕而存心者 又不可以不致知:중점이 致知에 있다.〔重在致知〕
405 〔詳說〕大小相資 首尾相應:살펴보건대 尊德性과 道問學은 하나만 없어도 안 되는데, 陸氏(陸象山) 의 학문은 다만 尊德性만 있고 道問學이 없으니, 이 때문에 그 학문의 폐해를 이루 말할 수 없는 것이 다.〔按尊德性, 道問學 闕一不可 而陸氏之學 只有尊德性而無道問學 所以其弊不可言也〕

··· 燖 데울 심 累 얽맬 루 涵 담글 함 泳 헤엄칠 영 析 나눌 석 釐 털끝 리 謬 그릇될 류(무) 資 도울 자

는 것이니, 이 두 가지는 德을 닦고 道를 모으는 큰 단서이다. 一毫의 私意(私心)로써 스스로 가리우지 않고(致廣大) 一毫의 私慾으로써 스스로 얽매이지 않으며(極高明), 이미 아는 바를 涵泳하고(溫故) 이미 능한 바를 돈독히 함(敦厚)은 이는 모두 存心의 등속이요, 이치를 분석함에는 털끝만한 차이가 있지 않게 하고(盡精微) 일을 처리함에는 過·不及의 잘못이 있지 않게 하며(道中庸), 義理는 날마다 알지 못하던 것을 알고(知新) 節文(禮)은 날마다 삼가지 못하던 것을 삼감(崇禮)은 이는 모두 致知의 등속이다. 存心이 아니면 致知할 수가 없고, 存心한 자는 또 致知를 하지 않으면 안 된다. 그러므로 이 다섯 句는 큰 것과 작은 것이 서로 자뢰하고 머리와 끝이 서로 응하여, 聖賢이 德에 들어가는 방법을 보여 준 것이 이보다 더 자세함이 없으니, 배우는 자가 마땅히 마음을 다하여야 할 것이다.

27-7. 是故로 居上不驕하며 爲下不倍(背)라 國有道에 其言이 足以興이요 國無道에 其默이 足以容이니 詩曰 旣明且哲하여 以保其身이라하니 其此之謂與인저

그러므로 윗자리에 거해서는 교만하지 않고, 아랫사람이 되어서는 배반하지 않는다. 〈이 때문에〉 나라에 道가 있을 때에는 그 말이 충분히 興起할 수 있고, 나라에 道가 없을 때에는 그 침묵이 충분히 몸을 용납할 수 있다. 《詩經》에 이르기를 "이미 밝고 또 밝아 그 몸을 보전한다." 하였으니, 이것을 말함일 것이다.

按說 | '居上不驕……其默足以容'에 대하여, 朱子는

'居上'으로부터 '以容'까지는 小大와 精粗를 일제히 이해하여 관통한 뒤에는 盛德의 효험이 자연 이와 같음을 말하였다. '不倍'는 윗사람에게 충성함을 이른다.(居上至以容 言小大精粗 一齊理會貫徹後 盛德之效 自然如此 不倍 謂忠於上)《詳說》

하였다.
'其言足以興'에 대하여, 朱子는 "興은 興起하여 지위에 있는 것이다.(興 謂興起在位也)" 하였고, 鄭玄은 "'興'은 일어나 지위에 있는 것이다.(興 謂起在位也)" 하였는데, 孔穎達의 疏에는

··· 驕 교만할 교 倍 등질 배(背同) 默 침묵할 묵 哲 밝을 철

이 한 節은 賢人이 至誠의 道와 中庸의 행실을 배워서 만약 나라에 道가 있을 때에 智謀를 다하면 그의 말이 그 나라를 흥성하게 할 수 있음을 밝힌 것이니, 興은 훌륭한 계책을 내고 思慮를 냄을 이른다.〔此一節 明賢人學至誠之道中庸之行 若國有道之時 盡竭知(智)謀 其言足以興成其國 興 謂發謀出慮〕

하여 '興'이 나라를 흥성하게 하는 것으로 보았다. 退溪는 '興'과 '容'이 모두 君子의 몸에 속하는 것으로 보았으나, 우리나라 일부 先賢들은 小註(《大全》)에 "'興'은 興賢·興能[406]의 興과 같다."는 朱子의 말씀이 있음으로 인해 '興起在位'를 '지위에 있는 자를 흥기시킴'으로, 또는 '賢者를 흥기시켜 지위에 있게 하는 것'으로 보았다. 華泉 李采는

《章句》의 '興起在位'는 小註의 興賢·興能으로 보면 마땅히 '그 지위에 있는 자를 흥기시키는 것'으로 보아야 하고, 退溪께서 "興과 容이 모두 君子의 몸에 속한다."고 말씀하신 것으로 보면 마땅히 '흥기하여 지위에 있는 것'으로 보아야 하니, 어느 說이 나은지 알지 못하겠다.〔章句曰興起在位 以小註興賢興能觀之 當看作興起其在位也 以退溪說興容皆屬君子之身觀之 當看作興起而在位也 未知何說爲長〕《華泉集》〈答兪曼倩〉

하였다. 鄭逑의 《寒岡集》에는 제자가

《章句》의 '興起在位'는 '政治에 도움을 주어 지위에 있는 사람을 흥기시키는 것입니까? 자신이 아래에서 흥기하여 爵位에 있는 것입니까?〔註曰興起在位 問裨益政治 興起在位之人乎 自下而興起在爵位乎〕

하고 물으니, 寒岡(鄭逑)은

뒤의 說은 자세하지 않다. 朱子는 "'興'은 興賢·興能의 興과 같다." 하셨다.〔後說之意未詳 朱子曰 興如興能興賢之興〕《寒岡集》〈答問〉

하였다. 위에서 보는 바와 같이 小註의 '興賢·興能의 興과 같다'는 朱子의 말씀으로 인해 해석에 혼란을 가져왔음을 알 수 있다. 그러나 寅軒(柳世鳴)은 이것을 명확하게 정리하였으므로 이를 소개한다.

---

406 譯註 興賢·興能:《周禮》〈地官司徒 鄕大夫〉에 "3년 만에 크게 그 덕행과 道藝를 시험하여 어질고 능한 자를 흥기(천거)한다.……이것을 일러 '백성들로 하여금 어진 자를 흥기하여 나아가 백성들의 官長이 되게 하고, 백성들로 하여금 능한 자를 흥기하여 들어와 조정 안의 행정을 다스리게 한다'라는 것이다.〔三年則大比考其德行道藝而興賢者能者……此謂使民興賢 出使長之 使民興能 入使治之〕"라고 보인다

어제 논했던 《中庸章句》의 '興起在位' 네 글자는 小註에 興賢·興能이란 말씀이 있음으로 인하여 '在位者를 흥기시키는 뜻으로 의심하였으나 다시 생각해보니, 크게 잘못되었습니다. 經文에서 말한 "나라에 道가 있을 때에는 그 말이 충분히 일으킬 수 있고 나라에 道가 없을 때에는 그 침묵이 충분히 몸을 보전할 수 있다."는 것은 孔子가 蘧伯玉을 칭찬하여 "나라에 道가 있을 때에는 버려지지 않고 나라에 道가 없을 때에는 거두어 감출 수 있다."는 것과 그 뜻이 참으로 같습니다. [407] '興'은 바로 버려지지 않는다는 뜻이니, 지금 이 '興起在位' 네 글자는 바로 자신이 흥기하여 지위에 있는 것입니다. 만일 '그 在位한 자를 흥기시키는 것'으로 보면 그 잘못이 큽니다. 小註의 '興賢·興能'의 興은, 단지 興起의 뜻임을 말한 것뿐이니, 朱子께서 後人들이 經文의 興자를 잘못 '나라를 일으킨다'는 興으로 볼까 염려하셨기 때문에 《章句》에서 특별히 해석하고 또 小註에서 이것은 興賢·興能의 興이라고 하신 것이니, 그 뜻이 분명합니다.〔昨日所論中庸章句興起在位四字 因小註有興賢興能之語 疑其爲興起在位者之意 更思之 大錯 經文所謂國有道其言足以興 國無道其默足以容 與孔子稱蘧伯玉邦有道可以不廢 邦無道可卷而懷之 其意正同 蓋興是不廢之意 今此興起在位四字 乃興起而在位之云也 如以爲興起其在位者看 則失經旨 其誤甚矣 小註興賢興能之興 是只言其興起之意 朱子恐後人讀經文興字 誤以爲興邦之興 故於章句特釋之 又以爲是興賢興能之興也 其意分曉〕《寓軒集》《與李景玉》)

하였다. 茶山 역시 자신이 흥기하여 지위에 있는 것으로 보았다.

章句 | 興은 謂興起在位也라 詩는 大雅烝民之篇이라

'興'은 興起하여 지위에 있음을 이른다. 詩는 〈大雅 烝民〉篇이다.

章下註 | 右는 第二十七章이라 言人道也[408]라

이상은 제27章이다. 人道를 말씀하였다.

---

407 譯註 孔子가……것 : 이 내용은 《論語》〈衛靈公〉 6章에 보인다.

408 〔詳說〕 右……言人道也 : 雙峰饒氏(饒魯)가 말하였다. "한 편 가운데 묻고 배우는 방도를 논함에 자세히 갖추어짐이 이 章보다 더한 것이 있지 않다.〔一篇中 論問學之道詳備 無有過於此章者〕"

••• 雅 바를 아 烝 무리 증

| 愚而好自用章 (自用章) |

28-1. 子曰 愚而好自用하며 **賤而好自專**하며 **生乎今之世**하여 **反古之道**면 **如此者**는 **烖(災)及其身者也**니라

孔子께서 말씀하셨다. "어리석으면서 자기 의견을 쓰기 좋아하며, 賤하면서 자기 마음대로 하기를 좋아하며, 지금 세상에 태어나서 옛 道를 회복하려고 하면, 이와 같은 자는 재앙이 그 몸에 미칠 자이다."

按說 | 아래 '雖有其位'의 節의 《大全》 小註에 朱子는

지위만 있고 德이 없으면서 禮樂을 지음은 이른바 '어리석으면서 자기 의견을 쓰기를 좋아한다.'는 것이고, 德만 있고 지위가 없으면서 禮樂을 지음은 이른바 '천하면서 자기 마음대로 하기를 좋아한다.'는 것이고, 周나라 시대에 살면서 夏나라와 殷나라의 禮를 쓰고자 함은 이른바 '지금 세상에 살면서 옛 道를 회복하려 한다.'는 것이니, 道는 바로 禮를 의논하고 제도를 만들고 文을 상고하는 일이다.〔有位無德而作禮樂 所謂愚而好自用 有德無位而作禮樂 所謂賤而好自專 居周世而欲行夏殷禮 所謂居今世反古道 道卽議禮制度考文之事〕

하였다. '賤而好自專'의 懸吐에 대하여, 艮齋는

"천하면서도 자기 마음대로 하기를 좋아한다.〔賤而好自專〕"의 구결에 官本諺解는 '이오'를 사용하였다. 그러나 朱子와【아래 '雖有其位'의 節 小註에 보인다.】陸三魚(陸隴其)는 모두 '自用'·'自專'·'反古'를 세 가지 평평한 말씀으로 여겼는데, 子思가 이것을 인용한 것은 도리어 중점이 '自專'에 있었다. 그러므로 뒤에 "天子가 아니면……"을 긴밀하게 이어받았다.【陸氏도 이러한 말이 있다.[409]】그렇다면 아마도 栗谷諺解의 '하며' 토를 따르는 것이 옳을 듯하다.〔賤而好自專口訣 官本用이오 然朱子【見下雖有其位節小註】陸三魚皆以自用自專反古 作三平說 而子思引之 卻側在自專上 故緊接非天子云云【陸氏亦有此語】然則恐當依栗解 作하며 爲是〕

---

409 譯註 陸氏도……있다: 陸隴其의 《四書講義困勉錄》에 "'愚自用'과 '賤自專' 두 句는 평평하게 말씀한 것인데, 子思가 인용한 뜻은 중점이 '自專'에 있으며, '生今反古' 句는 그 안에 愚와 賤을 겸하고 있으나 뜻은 중점이 賤者에 있다.〔愚自用賤自專兩句平說 而子思引言意 重在自專上 生今反古句 兼愚賤在內 而意亦重在賤者上〕" 하였다.

• • • 賤 천할천 專 오로지전 反 돌이킬반 烖 재앙 재(災古字)

하였고, '愚而好自用……反古之道'에 대하여, 또

愚·賤과 生今은 朱子의 小註와 栗谷諺解에 모두 세 가지 평평한 말씀으로 만들었으니, 아마도 마땅히 따라야 할 듯하다. 許氏(許謙)와 官本諺解는 愚·賤을 상대로 삼고 生今과 反古를 결론으로 여긴 것이다.[410] 또 '聽上之所爲'와 '必獲罪於上' 두 말은 모두 어리석은 사람(愚而好自用)으로 인식한 것이며 또한 아래에 있는 것(賤而好自專)으로 간주한 것이니, 잘못이다. 또 살펴보건대, '自用'과 '自專'은 반드시 모두 옛날의 道로써 하는 것은 아니고, 간혹 자기가 내세운 견해를 따라 실행하고자 하는 것도 또한 '自用'과 '自專'인 것이다.〔愚與賤與生今 朱子小註 栗谷諺解 俱作三平說 恐當從之 若許氏及官本諺解 以愚賤作對 生今反古作結 且聽上之所爲 必獲罪於上二語 皆認愚 亦作在下看 誤矣 又按自用自專 不必皆以古之道 或由己立見而欲行之者 亦自用與自專也〕

하였다.

章句 | 以上은 孔子之言이니 子思引之라 反은 復(복)也라

이상은 孔子의 말씀이니, 子思가 인용하신 것이다. '反'은 회복함이다.

28-2. 非天子면 不議禮하며 不制度하며 不考文이니라

天子가 아니면 禮를 의논하지 못하며 度(制度)를 만들지 못하며 文을 상고하지 못한다.

按說 | '非天子'에 대하여, 壺山은

---

410 譯註 許氏(許謙)와……것이다:《大全》에 陳氏가 말하기를 "어리석은 자는 德이 없고 賤한 자는 지위가 없으니, 마땅히 윗사람이 하는 바를 따라야 한다. 지금 세상에 살면서 옛 道를 회복하고자 하면 재앙이 반드시 그 몸에 미치니, 때가 할 수 없음을 탄식한 것이다. 自用과 自專은 모두 明哲保身하는 방도가 아니니, 이는 윗장 끝의 뜻을 이어서 이것을 인용한 것이다.〔愚者無德 賤者無位 當聽上之所爲 生今世而欲復古道 栽必及身 嘆時不可爲 自用自專 皆非明哲保身之道也 承上章末意而引此〕" 하였고, 또 《大全》에 東陽許氏가 말하기를 "'生乎今之世' 이하는 통틀어 말한 것이고, 위의 두 句(愚而好自用 賤而好自專)는 어리석고 천한 자가 禮樂을 지을 수 없다면 지금 세상에 살면서 마땅히 當代의 法을 준수해야 하니, 만약 옛 道를 회복하여 쓰려고 하면 이는 改作하는 것이어서, 반드시 윗사람에게 죄를 얻는다. 그러므로 '재앙이 그 몸에 미친다.' 한 것이다.〔生乎今之世以下 是通說 上二句 蓋愚賤者不可作禮樂 則居今之世 當遵守當代之法 若欲反用古之道 卽是改作矣 必獲罪於上 故曰栽及其身〕" 하였으므로 말한 것이다.

天子는 지위와 德을 겸한 자를 이른다.〔天子謂位德兼之者〕

하였다.

章句ㅣ此以下는 子思之言이라 禮는 親疎貴賤相接之體也라 度는 品制요 文은 書
名[411]이라

이 이하는 子思의 말씀이다. '禮'는 親疎와 貴賤이 서로 대하는 體이다. '度'는 品制(제한
이나 규정)이고, '文'은 글자의 명칭이다.

28-3. 今天下 車同軌하며 書同文하며 行同倫이니라

지금 天下가 수레는 수레바퀴(궤도)의 치수가 같으며, 글은 文字가 같으며, 행동은 차
례가 같다.

按說ㅣ朱子는 '非天子 不議禮' 이하는 子思의 말씀이라 하여 "今은 子思가 당시를 스스
로 말씀한 것이다." 하였으나, 鄭玄은 孔子의 말씀이 뒤(4節)의 '亦不敢作禮樂焉'까지 이어
지는 것으로 보아

今은 孔子가 자기 당시를 말씀한 것이다.〔今 孔子謂其時〕

하였는데, 茶山도 이 說을 지지하였다.

新安陳氏(陳櫟)는

'同軌'는 制度와 응하고, '同文'은 考文과 응하고, '同倫'은 議禮와 응한다.〔同軌應制度 同

---

[411] 〔詳說〕 文 書名:〈'書名'은〉六書 文字의 이름이다.〔六書文字之名〕 ○ 朱子가 말씀하였다. "書名은 글자
의 이름이니, 잘못되기가 쉽다. 이 때문에 매년 大行人의 관속들로 하여금 순행하여 바르고 바르지 못함
을 상고하게[1] 한 것이다.〔書名是字名 易得差 所以每歲使大行人之屬 巡行考過是正與不正〕"
　　譯註 1. 매년……상고하게:《周禮》〈秋官司寇 大行人〉에는 "王이 邦國의 諸侯를 安撫하는 방도는〈사
　　신을 보내어〉한 해에 두루 안부를 묻고, 3년에 두루 만나 보고, 5년에 두루 살펴보고, 7년에 象胥
　　(역관)을 모아 言語를 말해 주고 辭命을 맞추고, 9년에 瞽史를 모아 書名을 말해 주고 聲音을 듣는
　　다.〔王之所以撫邦國諸侯者 歲徧存 三歲徧覜 五歲徧省 七歲屬象胥 諭言語 協辭命 九歲屬瞽史 諭書
　　名 聽聲音〕"라고 보이는데, 朱子는 이 내용을 뭉뚱그려 매년 大行人의 관속들로 하여금 순행하여 살
　　펴보는 것으로 말씀한 것이다.

••• 疎 성글 소 軌 수레바퀴 궤 倫 차례 륜

文應考文 同倫應議禮〕《詳說》

하였다. 茶山은

수레가 軌를 함께함은 制度요,【깃발과 의복이 이 안에 들어있다.】책이 문자를 함께함은 考文
이요, 행실이 차례를 함께함은 議禮이다. 倫은 차례이다. 禮는 상하를 분별하는 것이니, 그
쓰임은 또한 그 차례를 바로잡음에 불과할 뿐이다.〔車同軌者 制度也【旗服在其中】書同文
者 考文也 行同倫者 議禮也 倫者序也 禮所以辨上下 則其用亦不過正其倫而已〕

하였다.

章句 │ 今은 子思自謂當時也라 軌는 轍迹之度요 倫은 次序之體라 三者皆同은 言天
下一統也라

'今'은 子思가 當時를 스스로 말씀한 것이다. '軌'는 수레바퀴 자국의 度數(치수)요, '倫'은
次序의 體(禮)이다. 세 가지가 모두 같음은 천하가 하나로 통일되었음을 말한 것이다.

28-4. 雖有其位나 苟無其德이면 不敢作禮樂焉이며 雖有其德이나 苟無其位면 亦不敢作禮樂焉이니라

비록 그(天子) 지위를 갖고 있으나 진실로 그(聖人) 德이 없으면 감히 禮와 樂을 짓지
못하며, 비록 그 德이 있으나 진실로 그 지위가 없으면 또한 감히 禮와 樂을 짓지 못한다.

按說 │ 이 章의 첫머리(1節)에 '子曰 愚而好自用'이 나오고, 다음 節(5節)에 다시 '子曰'
이 나오는데, 朱子는 孔子의 말씀을 2節의 '不制度 不考文'까지로 보고 '非天子'(3節)이하
부터는 子思의 말씀이라 하였으나, 茶山은 鄭玄의 說을 따라《自箴》에서

《禮記》에는 본래 1節의 '愚而好自用'부터 4節의 '不敢作禮樂'까지 모두 孔子의 말씀으
로 삼았으니, 지금 따른다.〔禮記本自愚而好自用 至不敢作禮樂 皆作孔子之言 今從之〕

하였는바, 이는《禮記》〈中庸〉에 보이는 鄭玄의 註를 가리킨 것이다. 茶山은 또 다음과 같
이 밝히고 있다.

··· 轍 수레바퀴자국 철 迹 자취 적

안에 있으면, 五典을 삼가고 五禮【吉·凶·軍·賓·嘉의 禮이다.】를 분별하는 것이 議禮이고, 수레와 복식에 차등을 두고 깃발과 圭에 구별을 두는 것이 制度이고, 外史에게 명하여 書名을 통달하는 것이 考文이다. 밖에 있으면, 五器의 圭璧을 받음과 五禮【公·侯·伯·子·男의 禮이다.】를 닦는 것이 議禮이고, 度量을 똑같게 하며 衣服을 바로잡는 것이【〈王制〉에 보임】制度이고, 瞽史에게 맡겨서 書名을 깨우치게 하는 것이【〈大行人〉에 보임】考文이니, 考文이란 書名을 諸侯의 나라에 상고하는 것이다.〔在內則勑五典 辨五禮【吉凶軍賓嘉之禮】是議禮也 車服有等 旗圭有別 是制度也 命外史達書名 是考文也 在外則受五器圭璧也 修五禮【公侯伯子男之禮】是議禮也 同度量 正衣服【見王制】是制度也 屬瞽史 諭書名【大行人】是考文也 考文者 考書名於諸侯之國〕

章句 | 鄭氏曰 言 作禮樂者는 必聖人在天子之位라

鄭氏(鄭玄)가 말하였다. "禮樂을 짓는 자는 반드시 聖人이 天子의 지위에 있어야(天子의 지위에 있는 聖人이어야) 함을 말씀한 것이다."

28-5. 子曰 吾說夏禮나 杞不足徵也요 吾學殷禮호니 有宋이 存焉이어니와 吾學周禮호니 今用之라 吾從周호리라

孔子께서 말씀하셨다. "내가 夏나라 禮를 말하나 〈그 후손인〉 杞나라가 충분히 증명해 주지 못하며, 내가 殷나라 禮를 배웠는데 〈그 후손인〉 宋나라가 있지만, 내가 周나라 禮를 배웠는데 지금 이것을 쓰고 있으니, 나는 周나라 禮를 따르겠다."

按說 | '杞不足徵也'에 대하여, 朱子는 '徵'을 증명하는 것으로 해석하였으나, 鄭玄은

'徵'은 明과 같다. 내가 능히 夏나라의 禮를 말할 수 있으나 다만 杞나라의 군주와 함께 이것을 밝힐 수 없는 것이다.〔徵 猶明也 吾能說夏禮 顧杞之君不足與明之也〕

하였다.
위의 孔子 말씀은《論語》〈八佾〉9章에도

··· 杞 나라이름 기 徵 징험험 징 殷 은나라 은

夏나라 禮를 내가 말할 수 있으나 杞나라가 증명해 주지 못하고 殷나라 禮를 내가 말할
수 있으나 宋나라가 증명해 주지 못하니, 이는 文獻(기록물과 賢者)이 부족하기 때문이
다.〔夏禮吾能言之 杞不足徵也 殷禮吾能言之 宋不足徵也 文獻不足故也〕

라고 보인다.

한편 章節에 있어 茶山은

夏禮와 殷禮의 글은 비록 위의 禮樂의 글을 이었으나 중시하는 바가 '徵'자에 있고 '禮'자
에 있지 않으니, 마땅히 따로 한 章이 되어서 아랫절의 起峰이 되어야 한다. 《大學》과 《中
庸》은 모두 글이 끊긴 곳에는 뜻이 연속되고 뜻이 끊긴 곳에는 문장이 연속되었다. 〈29章 1
節의〉 '王天下'로부터 〈29章 4節의〉 '百世以俟聖人而不惑 知人也'까지는 모두 마땅히
이 節과 합하여 하나가 되어야 한다.〔夏禮殷禮 雖承上禮樂之文 所重在徵字 不在禮字
當別爲一章 爲下節之起峰也 大學中庸 皆文斷處意續 意斷處文續 王天下至百世以
俟聖人而不惑知人也 皆當與此節合而爲一〕

라고 하여 여기에서부터 29章 4節의 '百世以俟聖人而不惑 知人也'까지를 한 章으로 보았
다. 이렇게 할 경우, 처음부터 끝까지 모두 孔子의 말씀이어서 한 章에 '子曰'이 두 번 나오
는 혐의가 없게 되는바, 近理하다고 생각한다.

章句 | 此는 又引孔子之言이라 杞는 夏之後라 徵은 證也[412]라 宋은 殷之後라 三代之
禮를 孔子皆嘗學之而能言其意[413]로되 但夏禮는 旣不可考證이요 殷禮는 雖存이나
又非當世之法[414]이요 惟周禮는 乃時王之制라 今日所用이니 孔子旣不得位면 則從
周而已시니라

---

412 〔自箴〕徵 證也:不足徵이란 저 나라에 보존된 것이 내가 들은 바와 배운 바를 증명하지 못함을 말한 것
이다.〔不足徵者 謂彼邦之所存 不足以證吾之所聞所學也〕

413 〔詳說〕學之而能言其意:〈經文의〉 說·學 두 글자는 互文이다.[1]〔說學二字 是互文也〕
　　譯註 1. 說·學……互文이다:'學之'의 之는 夏禮와 殷禮와 周禮를 가리킨 것으로, 孔子가 三代의 禮
　　를 모두 배우고 말씀하였으나, 이것을 중복하여 쓰지 않고 夏禮에는 '說'을 말씀하고 殷禮와 周禮에
　　는 '學'을 말씀하여 글을 축약했음을 이른다.

414 〔自箴〕但夏禮……又非當世之法:여기에서는 夏나라와 商나라의 禮를 孔子가 알고 계셨으나 杞나라와
宋나라에 도리어 전하는 바가 없으므로 孔子가 아시는 바를 증명하지 못한 것이다.〔此謂夏商之禮 孔子
知之 而杞宋反無所傳 故不足以證孔子所知也〕

••• 證 증거증

이는 또다시 孔子의 말씀을 인용한 것이다. 杞는 夏나라 후손의 나라이다. '徵'은 증명함이다. 宋은 殷나라 후손의 나라이다. 三代의 禮를 孔子가 모두 일찍이 배우시어 그 뜻을 말씀할 수 있었으나 다만 夏나라 禮는 이미 考證할 수 없고, 殷나라 禮는 비록 남아 있으나 또 當世의 法이 아니다. 오직 周나라 禮는 바로 時王(당시의 왕)의 제도여서 오늘날 쓰고 있으니, 孔子가 이미 지위를 얻지 못하셨으면 周나라 禮를 따르실 뿐이다.

章下註 | 右는 第二十八章이라 承上章爲下不倍而言이니 亦人道也라

이상은 제28章이다. 윗장(27章)의 '아랫사람이 되어서는 배반하지 않는다.'는 것을 이어서 말씀한 것이니, 이 또한 人道이다.

| 三重章 |

29-1. 王天下 有三重焉하니 其寡過矣乎인저

天下에 왕 노릇(통치)하는 이는(자는) 세 가지 重한 것이 있으니, 〈이것을 잘 행하면 사람들이〉 허물이 적을 것이다.

按說 | '三重'에 대하여, 朱子는 呂大臨의 說을 따라 28章 2節의 議禮·制度·考文의 세 가지로 보았으며, 茶山은 《自箴》에서

천하에 왕 노릇하는 자는 禮를 의논하여도 죄가 없고 制度를 만들어도 죄가 없고 문자를 상고하여도 죄가 없으니, 이것을 일러 '三重'이라 하고 이것을 일러 '허물이 적다.'라고 하는 것이다.〔王天下者 議禮而無罪 制度而無罪 考文而無罪 此之謂三重 此之謂寡過也〕

하여, '三重'의 해석은 朱子와 같으나 '寡過'는 통치하는 군주에 해당하는 것으로 보았다.
한편 鄭玄은

'三重'은 三王(夏의 禹王, 商의 湯王, 周의 文王·武王)의 禮이다.〔三重 三王之禮〕

하였으며, 淸代와 日本의 학자들은 三重을 德·位·時라고 하였다.

··· 寡 적을 과

이 節에 대하여, 官本諺解에는 "天下를 王홈이 세 重혼 거시 이시니" 하였고, 栗谷諺解에는 "天下의 王ᄒ기 세 重이 이시니"로 되어 있는데, 艮齋는 《記疑》에서 다음과 같이 밝히고 있다.

王天下는 天下에 왕 노릇 하는 道를 말한 것이 아니고, 바로 天下에 왕 노릇 하는 君子이다. '세 가지 重함이 있다.'는 것은 이 세 가지 일이 있다고 말한 것이 아니고, 바로 君子가 조심하여 體察해서 소유함을 말한 것이다. 그러므로 《章句》에 "오직 天子만이 행할 수 있다.〔惟天子得以行之〕"고 말한 것이다. 이제 官本諺解에서 해석한 것은 단지 범범하게 王道에 이 세 가지 일이 있는 것처럼 하였으니, 마땅히 바로잡아야 할 듯하다.〔王天下 不是說 王天下之道 乃王天下之君子也 有三重 非謂有此三事 乃謂君子小心體人而有之 故 章句言惟天子得以行之 今諺解所釋 似只泛作王道有此三事者然 恐當釐正〕

章句ㅣ 呂氏曰 三重은 謂議禮, 制度, 考文이니 惟天子得以行之면 則國不異政하고 家不殊俗하여 而人得寡過矣리라

呂氏(呂大臨)가 말하였다. "'三重'은 議禮·制度·考文을 이른다. 오직 天子만이 이것을 행할 수 있으니, 이렇게 하면 나라에는 정사가 다르지 않고 집에는 풍속이 다르지 않아서 사람들이 허물이 적게 될 것이다."

29-2. 上焉者는 雖善이나 無徵이니 無徵이라 不信이요 不信이라 民弗從이니라 下焉者는 雖善이나 不尊이니 不尊이라 不信이요 不信이라 民弗從이니라

위(夏·商 時代)의 것은 비록 좋더라도 증거할 만한 것이 없으니, 증명할 것이 없기 때문에 〈사람들이〉 믿지 못하고 믿지 못하기 때문에 백성들이 따르지 않는다. 〈聖人으로서〉 아래에 있는 자는 비록 잘 하더라도 지위가 높지 않으니, 지위가 높지 않기 때문에 〈사람들이〉 믿지 못하고 믿지 못하기 때문에 백성들이 따르지 않는다.

按說ㅣ '無徵 不信'에 대하여, 艮齋는

증거가 없고 지위가 높지 않으면 사람들에게 믿음을 받을 수 없으니, 사람들이 믿지 않음을

··· 殊 다를 수

말한 것이 아니다. 官本諺解와 栗谷諺解는 모두 '信티아니ᄒᆞ고'로 懸吐하였는데, 아마도 잘못인 듯하다.〔無徵不尊 則自不足以取信於人 非謂人不之信也 官解栗解皆云信티아 니ᄒᆞ고 恐誤〕

하여, '不信'을 '사람들에게 믿음을 받지 못하는 것'으로 해석하였다.

章句 | 上焉者는 謂時王以前이니 如夏商之禮雖善이나 而皆不可考요 下焉者는 謂 聖人在下니 如孔子雖善於禮나 而不在尊位也라

'上焉'이란 時王 이전을 이르니, 예컨대 夏나라와 商(殷)나라의 禮가 비록 좋으나 모두 상 고할 수 없고, '下焉'이란 聖人이 아래 자리에 있음을 이르니, 예컨대 孔子가 비록 禮를 잘 아셨으나 높은 지위에 있지 못함과 같은 것이다.

29-3. 故로 君子之道는 本諸身하여 徵諸庶民하며 考諸三王而不謬하며 建諸天地而不悖하며 質諸鬼神而無疑하며 百世以俟聖人而不惑이니라

이 때문에 君子의 道는 자기 몸에 근본하여 여러 백성들에게 징험하며 三王에게 상고 해도 틀리지 않으며, 天地의 道에 세워도 어그러지지 않으며, 鬼神(귀신의 이치)에게 質正하여도 의심이 없으며, 百世에 聖人을 기다려도 疑惑하지 않는 것이다.

按說 | '建諸天地而不悖'에 대하여, 朱子는

〈'天地'는〉 천지의 도이다.〔天地之道〕《詳說》

하고, '質諸鬼神而無疑'에 대하여,

〈'鬼神而無疑'는〉 다만 귀신의 이치에 부합하는 것이다.〔只是合鬼神之理〕《詳說》

하였다.
'本諸身' 이하 순서에 대하여 楊應秀의 〈中庸講說〉에 다음과 같이 말하였다.

묻기를 "'本諸身'과 '徵諸庶民'은 남과 자기를 가지고 상대하여 말하였고 '考諸三王'과 '百

··· 謬 그릇될 류 悖 어그러질 패 質 질정할 질 俟 기다릴 사 惑 미혹할 혹

世以俟聖人'은 지나간 것과 미래를 가지고 상대하여 말하였고 '建諸天地'와 '質諸鬼神'은 隱顯(숨은 것과 드러난 것)을 가지고 상대하여 말했으니, 그렇다면 '百世以俟聖人'은 그 순서가 마땅히 '考諸三王'의 아래에 있어야 하는데 지금 뒤에 있음은 어째서입니까? '百世以俟聖人'이 이미 死後의 일이면 마땅히 맨 마지막에 있어야 하고, 아랫글에 '知天 知人'을 말했으니, 그렇다면 '質諸鬼神'과 '以俟聖人' 또한 마땅히 天과 人을 가지고 상대하여 말해야 하므로 맨 뒤에 있어서 아랫글을 일으킨 듯하니, 어떨지 모르겠습니다." 하니, 다음과 같이 대답하였다. "'徵諸庶民'은 지금을 가지고 말하였고 '考諸三王'은 지나간 옛날을 가지고 말하였고 '建諸天地'는 上下를 가지고 말하였고 '質諸鬼神'은 幽顯(隱顯)을 가지고 말하였고 '百世以俟聖人'은 死後를 가지고 말하였으니, 그 말의 次序가 분명하지 않은가.〔問本諸身 徵諸庶民 以人己對言 考諸三王 百世以俟聖人 以已往方來對言 建諸天地 質諸鬼神 以隱顯對言 則百世以俟聖人 其序次當居考諸三王之下 而今居後 何也 蓋百世以俟聖人 旣是身後之事 則當居末後 而且下文方言知天知人 則質諸鬼神 以俟聖人 亦當以天人對言 而居後以起下文也 未知如何 曰徵諸庶民 以當今言 考諸三王 以往古言 建諸天地 以上下言 質諸鬼神 以幽顯言 百世以俟聖人 以身後言 其言之次序 不亦分明乎〕《白水集》〈中庸講說〉

諺解에는 모두 '徵諸庶民하며'로 懸吐하여 독립시켰으나, '徵諸庶民', '考諸三王而不謬'는 두 가지 일이 하나로 연결된 것으로 '徵諸庶民하고'로 懸吐하여 '考諸三王'과 연계시키는 것이 옳다고 생각된다.

章句ㅣ 此君子는 指王天下者而言이라 其道는 卽議禮制度考文之事也라 本諸身은 有其德也요 徵諸庶民은 驗其所信從也라 建은 立也니 立於此而參於彼也라 天地者는 道也요 鬼神者는 造化之迹也라 百世以俟聖人而不惑은 所謂聖人復起 不易吾言者也라

이 '君子'는 天下에 왕 노릇 하는 자를 가리켜 말한 것이다. 그 '道'는 바로 議禮·制度·考文의 일이다. '자기 몸에 근본함'은 그 德을 소유함이요, '여러 백성들에게 징험함'은 그 믿고 따르는 바를 징험하는 것이다. '建'은 세움이니, 여기에 세워서 저기에 참여하는 것이다. '天地'는 道요, '鬼神'은 造化의 자취이다. '百世에 聖人을 기다려도 의혹하지 않는다.'는 것은 〈孟子의〉 이른바 '聖人이 다시 나오셔도 내 말을 바꾸지 않을 것이다.' 라는 것이다.

29-4. 質諸鬼神而無疑는 知天也요 百世以俟聖人而不惑은 知人也니라

鬼神에게 질정하여도 의심이 없음은 하늘을 아는 것이요, 百世에 聖人을 기다려도 의혹되지 않음은 사람을 아는 것이다.

> 章句 | 知天, 知人은 知其理也[415]라
>
> 하늘을 알고 사람을 앎은 그 이치를 아는 것이다.

29-5. 是故로 君子는 動而世爲天下道니 行而世爲天下法하며 言而世爲天下則(칙)이라 遠之則有望하고 近之則不厭이니라

그러므로 君子는 動함에 대대로 天下의 道가 되는 것이니, 行함에 대대로 천하의 法度가 되며 말함에 대대로 천하의 準則이 된다. 이 때문에 멀리 있으면 우러러봄이 있고, 가까이 있으면 싫지 않다.

> 按說 | '行而世爲天下法'과 '言而世爲天下則'에 대하여, 《大全》에 三山潘氏(潘柄)가
>
> > 行은 이루어진 자취가 있으므로 본받을 수 있고, 말은 다만 그 이치가 이와 같다고 말할 뿐이요 근거할 만한 事迹이 아직 없으므로 사람들이 그것을 準則으로 삼는 것이다.〔行有成迹 故可效法 言只言其理如此 未有事迹可據 故人準則之〕
>
> 하였는데, 楊應秀는 〈中庸講說〉에서
>
> > 묻기를 "章句에 法은 法度이고 則(칙)은 準則이다.' 하였는데, 小註에 潘氏의 설은 法度와 準則을 言·行으로 나누어 소속시켰으니, 말에 法度를 바꾸어 놓고 行에 또한 準則을 바꾸어 놓아서는 안 됩니까?" 하니, 다음과 같이 대답하였다. "法度는 一定의 뜻이 있고 準則은 依據하는 뜻이 있으니, 行은 자취가 있어서 一定의 법이 될 수 있고 말은 法則이 있어서 의거하여 쓰임으로 삼을 수 있는 것이다. 法과 則을 言과 行에 나누어 소속시킴은 본래

---

415 〔詳說〕知天……知其理也:朱子가 말씀하였다. "비록 다만 두 句를 들었으나 그 실제는 위의 네 句의 뜻을 총괄하여 맺은 것이다.〔雖只擧二句 其實是總結上四句之義〕"

··· 厭 싫어할 염

바꿀 수 없는 것이다."〔問章句 法 法度也 則 準則也 小註潘說 分屬于言行 則於言其 不可換著法度 而於行亦不可換著準則邪 曰 法度有一(是)〔定〕之義 準則有依據之 義 行有跡而可爲一定之法 言有則而可據以爲用 法則之分屬言行 自不可易〕《白水 集》〈中庸講說〉

하였다.

'遠之則有望 近之則不厭'에 대하여, 陳氏는

멀리 있는 자는 그 德이 입혀짐을 기뻐하기 때문에 바라고 사모하는 뜻이 있고, 가까이 있는 자는 그 행함이 떳떳함을 익히기 때문에 싫어하는 마음이 없는 것이다.〔遠者悅其德之被 故有企慕之意 近者習其行之常 故無厭斁(역)之心〕《詳說》

하였다. 壺山은

〈'遠之'·'近之'의〉 두 '之'자는 굳이 집착하여 볼 필요가 없다.〔二之字不必泥看〕

하였다. '君子 動而世爲天下道'에 대하여, 茶山은

'世爲天下道'는 대대로 天下의 道가 됨을 말한 것이니, 아래 句도 또한 이러한 준례이 다.〔世爲天下道 言世世爲天下道也 下句亦此例〕

하고, 또

장차 仲尼를 말씀하려 하면서 먼저 君子를 말씀하였으니, 君子는 비록 범연히 말한 듯하나, 그 실제는 仲尼를 은은히 비춘 것이다. 그 정신이 仲尼에게 집중되어서 급한 폭포가 골짝으 로 달려감과 같다.〔將出仲尼 先言君子 君子雖若泛言 其實映仲尼也 其精神注仲尼 如 飛湍赴壑〕

하였다.

章句 ㅣ 動은 兼言行而言이요 道는 兼法則而言이라 法은 法度也요 則은 準則也라

'動'은 言·行을 겸하여 말하였고, '道'는 法·則을 겸하여 말하였다. '法'은 法度요, '則' 은 準則(標準)이다.

··· 準 법도 준

29-6. 詩曰 在彼無惡(오)하며 在此無射(역)이라 庶幾夙夜하여 以永終譽라하니 君子未有不如此而蚤(早)有譽於天下者也니라

《詩經》에 이르기를 "저기(本國, 夏·商의 후손의 나라)에 있어도 미워하는 사람이 없고 여기(우리 周나라)에 있어도 싫어하는 사람이 없다. 이 때문에 거의 일찍 일어나고 밤늦게 자서 名譽를 길이 마칠 수 있을 것이다." 하였으니, 君子가 이렇게 하지 않고서 일찍 천하에 명예를 둔 자는 있지 않다.

按說 | '在彼無惡 在此無射'에 대하여, 茶山은

'在彼無惡 在此無射'은 '집안에 있어도 원망함이 없고 나라에 있어도 원망함이 없다.'[416] 는 말과 같다.〔在彼無惡 在此無射 猶言在家無怨 在邦無怨〕

하였다.

章句 | 詩는 周頌振鷺之篇이라 射은 厭也라 所謂此者는 指本諸身以下六事而言이라

詩는 〈周頌 振鷺〉篇이다. '射'은 싫어함이다. 이른바 '이것'이란 '本諸身' 이하의 여섯 가지 일을 가리켜 말한 것이다.

章下註 | 右는 第二十九章이라 承上章居上不驕而言이니 亦人道也[417]라

---

416 〔譯註〕집안에……없다:《論語》〈顏淵〉 2章에 "仲弓이 仁을 묻자, 孔子께서 대답하시기를 '문을 나갔을 때에는 큰 손님을 뵈온 듯이 하고, 백성을 부릴 때에는 큰 祭祀를 받들 듯이 하며, 자신이 하고자 하지 않는 것을 남에게 베풀지 말아야 하니, 〈이렇게 하면〉 나라에 있어도 원망함이 없으며 집안에 있어도 원망함이 없다.' 하셨다.〔仲弓問仁 子曰 出門如見大賓 使民如承大祭 己所不欲 勿施於人 在邦無怨 在家無怨〕"라고 보이는바, 語順이 약간 바뀌었을 뿐이다.

417 〔詳說〕右……亦人道也:이 章(29章)은 글 가운데 舜·文王·武王·周公의 일을 총괄하여 수습하고 29章 4節의 '百世聖人'이란 句로 30章 1節의 仲尼를 일으켰다. 그러므로 아랫장 머리에 특별히 '仲尼' 두 글자를 게시하였으니, 이에 한 책의 重이 모두 여기로 돌아가서 여러 聖人을 집대성하였다. 앞 장 (20章)의 한 '誠'자가 여러 德(五達道와 三達德, 九經)을 총괄함과 같으니, 천하의 지극히 성실함이 仲尼보다 더한 분이 없으시다. 子思가 잘 전술함이 어찌 여기에 있지 않겠는가. 당시의 門人들이 잘 형용하지 못한 것을 〈子思가〉 일일이 摸寫하여 후인들에게 남겨주셨으니, 독자는 마땅히 깊이 살펴야 할 것이다.〔此章 總收書中舜文武周公之事 而以百世聖人句 引起仲尼 故下章之首 特以仲尼二字揭之 於是一書

••• 惡 미워할 오 射 싫을 역 庶 거의 서 幾 거의 기 夙 일찍 숙 譽 기릴 예 蚤 일찍 조 鷺 해오라기 로

이상은 제29章이다. 윗장의 '윗자리에 거해서는 교만하지 않는다.'는 것을 이어 말씀한 것이니, 이 또한 人道이다.

| 祖述堯舜章 (仲尼祖述憲章章) |

30-1. 仲尼는 祖述堯舜하시고 憲章文武하시며 上律天時하시고 下襲水土하시니라

仲尼는 堯·舜을 祖述(祖宗으로 삼아 傳述함)하시고 文王·武王을 憲章(법 받음)하시며, 위로는 天時를 따르시고 아래로는 水土(風土)를 인하셨다.

> **按說** | '上律天時, 下襲水土'에 대하여, 茶山은 《自箴》에서 다음과 같이 부연설명하였다.
>
> '律'은 법받음이고 따름이며, '襲'은 이음이고 인함이다. '위로 天時를 따른다'는 것은 봄에 낳고 가을에 죽여서 仁과 義가 모두 높은 것이요, '아래로 水土를 인한다'는 것은 산이 높고 못이 낮아서 涵育함이 일정한 방소가 없는 것이니, 굳이 아무 일 아무 일을 취하여 '律'이라 하고 '襲'이라 할 필요는 없다.〔律 法也率也 襲 承也因也 上律天時者 春生秋殺 仁義並隆也 下襲水土者 山高澤卑 涵育無方也 不必取某事某事 曰律曰襲〕

章句 | 祖述者는 遠宗其道요 憲章者는 近守其法이며 律天時者는 法其自然之運이요 襲水土者는 因其一定之理니 皆兼內外, 該本末而言也[418]라

'祖述'은 멀리 그 道를 높임이요 '憲章'은 가까이 그 法을 지킴이며, '天時를 따른다'는 것은 自然의 運行을 법받음이요 '水土를 인한다'는 것은 一定한 이치를 인함이니, 이는 모두 內와 外를 겸하고 本과 末을 포함하여 말씀한 것이다.

之重 都歸於此 以集群聖之大成 有如前章一誠字之總括諸德 而天下之至誠 莫如仲尼 子思之善述 豈不在玆歟 當時門人之所未能形容者 ——摸寫 以惠後人 讀者宜審察之也〕

418 〔詳說〕皆兼內外 該本末而言也 : 潛室陳氏(陳埴)가 말하였다. "세세한 道理는 근본이 되고 안이 되고, 거친 도리는 지엽이 되고 밖이 된다.〔細底道理爲本爲內 粗底道理爲末爲外〕"

··· 述 기술할술 律 따를률 襲 따를습 該 갖출해

30-2. 辟(譬)如天地之無不持載하며 無不覆幬(부도)하며 辟如四時之 錯行하며 如日月之代明이니라

비유하면 하늘과 땅이 실어주지 않음이 없고 덮어주지 않음이 없는 것과 같으며, 비유하면 四時가 번갈아 행함과 같으며, 日月(해와 달)이 교대로 밝음과 같다.

> **按說** | '四時之錯行, 日月之代明'에 대하여, 茶山은 《自箴》에서 다음과 같이 설명하였다.
>
> '四時가 번갈아 행한다.'는 것은 추위와 더위가 서로 교대함이고, '해와 달이 교대로 밝다.'는 것은 물(달)과 불(해)이 번갈아 빛남이다. 해와 달의 운행이 똑같이 한 하늘에 있어서 赤道와 白道가 서로 만나고, 春·夏·秋·冬과 弦·望·晦·朔에 운행하는 바의 느리고 빠름과 나아가고 물러감이 천차만별이나 서로 장애가 되지 않고 서로 저촉되지 않으니, 이것을 일러 '나란히 행해져 서로 어긋나지 않는다.'라고 하는 것이다.〔四時錯行者 寒暑相交也 日月代明者 水火迭耀也 日月之行 同在一天 而赤道白道互相交遇 春夏秋冬 弦望晦朔 其所行之遲疾進退 千差萬變而不相結碍 不相擊觸 此之謂並行而不相悖也〕

章句 | 錯은 猶迭也[419]라 此는 言聖人之德이라

'錯'은 迭(교대함)과 같다. 이는 聖人의 德을 말씀한 것이다.

30-3. 萬物이 竝育而不相害하며 道竝行而不相悖라 小德은 川流요 大 德은 敦化하나니 此天地之所以爲大也니라

萬物이 함께 길러져 서로 해치지 않으며, 道가 나란히 행해져 서로 어긋나지 않는다. 이 때문에 작은 德은 냇물의 흐름이요 큰 德은 造化를 도타이 하니, 이는 天地가 위대함이 되는 이유이다.

---

419 〔詳說〕錯 猶迭也 : 陳氏가 말하였다. "추위와 더위가 오고 가고, 해와 달이 떴다 지는 것이다.〔寒暑往來 日月升沈〕"

··· 持 가질 지 載 실을 재 覆 덮어줄 부 幬 덮어줄 도 錯 교대할 착 迭 교대할 질 竝 아우를 병 悖 어그러질 패 敦 도타울 돈

按說 | '萬物並育而不相害 道並行而不相悖'에 대하여, 茶山은

〈孔子의 門下에〉3천 제자가 가르침을 받았는데 70명의 제자가 교화를 받았다. 이것을 미루어 보면 天地 萬物이 모두 범위에 들어가니, 이것이 함께 길러져 서로 해치지 않는 것이다. 제자들이 혹은 德行으로, 혹은 政事로, 혹은 文學으로, 혹은 言語로 각기 그 특성을 따르고 각기 그 재질을 이루었으니, 이것이 나란히 행해져 서로 어긋나지 않는 것이다. 《周易》에 "大人은 天地와 그 德이 합하고 日月과 그 밝음이 합한다." 하였다.〔三千受教 七十承化 推此以往 天地萬物皆入範圍 是並育而不相害也 或以德行 或以政事 或以文學 或以言語 各因其性 各成其材 是並行而不相悖也 易曰 大人者 與天地合其德 與日月合其明〕

하고 '小德·大德'에 대하여,

小德은 弟子의 德이 작은 것이고 大德은 弟子의 德이 큰 것이다. 德이 작은 자는 그 성질을 순히 하고 그 형세를 따라 인도하니, 이른바 '川流'라는 것이요,【70제자와 같다.】德이 큰 자는 그 북돋움을 두터이하고 그 재주를 인하여 돈독히 하니, 이른바 '敦化'라는 것이다.【四科의 十哲[420]과 같은 따위이다.】〔小德者 弟子之德小者也 大德者 弟子之德大者也 德小者 順其性 因其勢而導之 所謂川流也【如七十弟子】德大者 厚其培 因其財而篤焉 所謂敦化也【如四科十哲之類】〕

하였다.

章句 | 悖는 猶背也라 天覆(부)地載에 萬物이 並育於其間而不相害하고 四時日月이 錯行代明而不相悖하니 所以不害不悖者는 小德之川流요 所以並育並行者는 大德之敦化니 小德者는 全體之分이요 大德者는 萬殊之本[421]이라 川流者는 如川之流하여 脈絡分明而往不息也요 敦化者는 敦厚其化하여 根本盛大而出無窮也라 此는

---

420 譯註 四科의 十哲:四科는 孔門 四科로 德行·言語·政事·文學을 이르며 十哲은 열 명의 훌륭한 弟子를 이른다. 《論語》〈先進〉에 "德行에는 顏淵·閔子騫·冉伯牛·仲弓이고, 言語에는 宰我·子貢이고, 政事에는 冉有·季路이고, 文學에는 子游·子夏였다."라고 보인다.

421 譯註 小德者……萬殊之本:大德은 全體의 큰 德으로 萬殊一本이고, 小德은 分派된 작은 德으로 一本萬殊를 가리킨다. 萬殊一本은 여러 가지 다른 것이 결국 한 뿌리에서 나온 것이고, 一本萬殊는 한 뿌리에서 여러 가지 다른 것이 나온 것이다.

··· 脈 맥락 맥 絡 맥락 락

言天地之道하여 以見(현)上文取譬之意也라

'悖'는 背와 같다. 하늘이 덮어주고 땅이 실어줌에 만물이 그 사이에서 함께 길러져 서로 해치지 않고, 四時와 日月이 번갈아 운행하고 교대로 밝아서 서로 어긋나지 않으니, 해치지 않고 어긋나지 않음은 小德의 川流이고, 함께 길러지고 함께 행해짐은 大德의 敦化이니, 小德은 全體가 나누어진 것이요 大德은 萬殊의 근본이다. 川流는 냇물의 흐름과 같아 脈絡이 분명하고 감이 쉬지 않는 것이요, 敦化는 그 造化를 敦厚히 하여 근본이 성대해서 나옴이 무궁한 것이다. 이는 天地의 道를 말씀하여 윗글에서 비유를 취한 뜻을 나타내신 것이다.

章下註 | 右는 第三十章⁴²²이라 言天道也⁴²³라

이상은 제30章이다. 天道를 말씀하였다.

---

422 〔自箴〕右 第三十章:이 節은 武·土·幬가 叶韻이고, 行·明이 叶韻이고, 害·悖·化·大가 叶韻이다.《中庸》에서 叶韻인 것이 여기에 그칠 뿐이 아니다.〔此節 武土幬叶韻 行明叶韻 害悖化大叶韻〔中庸叶韻處 不止於此〕〕

423 〔詳說〕右……言天道也:아래 '至聖'(31章), '至誠'(32章) 두 章도 마땅히 이 章 머리의 '仲尼'자를 이어 받아야 할 것이다. 앞의 여러 章의 仲尼의 말씀으로부터 마침내 이 세 章의 仲尼의 德이 되었고, 또 앞의 여러 章의 聖賢의 사업으로부터 합하여 이 세 章의 仲尼의 일이 되었고, 또 이 세 章의 天道로부터 요약하여《中庸》끝의 '天'자가 되어서 귀결되었다. 仲尼의 德이 이에 이르니, 이 때문에 堯·舜보다 나음이 되는 것이다. 小註에 新安陳氏가 "영달하여 위에 있는 聖人을 말하였다."¹⁾는 것은 옳지 못한 듯하다. 이 세 章과《論語》〈子張〉篇 끝에 있는 몇 章²⁾과《孟子》의 '浩然章' 끝에 있는 세 節³⁾을 아울러 통틀어서 참고한 뒤에야 夫子의 德을 비로소 다할 수 있을 것이다.〔下至聖至誠二章 亦當蒙此章首仲尼字 蓋自前諸章仲尼之言 而遂爲此三章仲尼之德 又自前諸章聖賢之業 而合爲此三章仲尼之事 又自此三章之天道 而約之爲篇末之天字 以歸宿焉 仲尼之德至此 此其所以爲賢於堯舜 小註 新安說達而在上之聖人者 恐未然耳 以此三章 並與論語子張篇末數章及孟子浩然章末三節而通考之 然後夫子之德 始可盡矣〕

　　譯註 1. 新安陳氏가……말하였다:31章의 小註에 新安陳氏가 말하기를 "이 章은 榮達하여 위에 있는 大聖人을 말한 것이니, 盛德의 全體와 大用이 지극하여 더할 수 없다고 이를 만하다. 여기에 해당될 수 있는 자는 오직 堯·舜일 것이다.〔此章言達而在上之大聖人 其盛德之全體大用如此 可謂極至而無以加矣 可以當此者 其惟堯舜乎〕"라고 하였다.

　　譯註 2.《論語》〈子張〉……章:〈子張〉23章에 子貢이 말하기를 "궁궐의 담장에 비유하면 나(賜)의 담장은 어깨에 미쳐 집안의 좋은 것들을 들여다 볼 수 있지만, 夫子의 담장은 여러 길이어서 그 문을 얻어 들어가지 못하면 宗廟의 아름다움과 百官의 많음을 볼 수 없다.〔譬之宮牆 賜之牆也及肩 窺見室家之好 夫子之牆數仞 不得其門而入 不見宗廟之美百官之富〕" 하였고, 24章에 子貢이 말하기를 "仲尼는 훼방할 수 없으니, 他人의 어진 자는 丘陵과 같아 오히려 넘을 수 있지만 仲尼는 해와 달과 같아 넘을 수가 없다. 사람들이 비록 스스로 끊고자 하나 어찌 해와 달에게 손상이 되겠는가. 다만 자신의 분수를 알지 못함을 보일 뿐이다.〔仲尼不可毁也 他人之賢者 丘陵也 猶可踰也 仲尼日月也 無得而踰焉 人雖欲自絶 其何傷於日月乎 多見其不知量也〕" 하였고, 25章에 子貢이 말하기를 "夫子를 따를

| 至聖章 |

31-1. 唯天下至聖이야 爲能聰明睿知(智) 足以有臨也니 寬裕溫柔 足以有容也며 發强剛毅 足以有執也며 齊(재)莊中正이 足以有敬也며 文理密察이 足以有別也니라

오직 천하의 지극한 聖人이어야 聰明睿智가 족히 임할 수 있으니, 寬裕溫柔가 족히 용납함이 있으며, 發强剛毅가 족히 잡음(지킴)이 있으며, 齋莊中正이 족히 공경함이 있으며, 文理密察이 족히 분별함이 있는 것이다.

> **按說 |** '聰明睿知(智) 足以有臨也'에 대하여, 註疏에는 모두 並列구조로 보았으나, 朱子는 聰明睿知는 生而知之의 聖人이고, 그 아래 네 가지는 仁·義·禮·智의 네 가지 德이라 하였다. 이것은 앞 27章의 '尊德性而道問學'을 綱으로 삼은 것과 비슷한바, 참으로 高見이라고 생각된다. '聰明睿知는 生而知之의 聖人을 가리킨 것으로 全體에 해당하여 아래의 寬裕溫柔 등의 네 가지 德이 상대가 되지 못하기 때문이다. 俗儒들의 凡眼으로는 覷破하지 못할 것이다.
>
> 壺山은 《詳說》에서 다음과 같이 밝히고 있다.
>
> 여기의 '聖'자는 책 가운데 7개의 '聖'자와 27개의 '君子'자를 통합하여 거두었고, 아울러

수 없음은 마치 하늘을 사다리로 오를 수 없는 것과 같다. 夫子께서 邦家(나라)를 얻으신다면 이른바 '세우면 이에 서고 인도하면 이에 따라가고 편안하게 해주면 이에 따라오고 고무시키면 이에 和하여, 그 살아 계시면 영광스럽게 여기고 죽으면 슬퍼한다.'는 것이니, 어떻게 따를 수 있겠는가.〔夫子之不可及也 猶天之不可階而升也 夫子之得邦家者 所謂立之斯立 道(導)之斯行 綏之斯來 動之斯和 其生也榮 其死也哀 如之何其可及也〕"한 것을 가리킨다.

譯註 3. 浩然章……세 節:《孟子》〈公孫丑上〉2章에 "宰我가 말하기를 '내가 夫子를 관찰하건대 堯·舜보다 훨씬 나으시다.' 하였다.〔宰我曰 以予觀於夫子 賢於堯舜 遠矣〕" 하였고, "子貢이 말하기를 '禮를 보면 그 나라의 政事를 알고 音樂을 들으면 그 君主의 德을 알 수 있으니, 百世의 뒤에서 百世의 王들을 차등해 보건대 능히 이것을 도피할 자가 없는데, 生民이 있은 이래로 夫子와 같은 분은 계시지 않았다.' 하였다.〔子貢曰 見其禮而知其政 聞其樂而知其德 由百世之後 等百世之王 莫之能違也 自生民以來 未有夫子也〕" 하였고, "有若이 말하기를 '어찌 다만 백성(사람) 뿐이겠는가. 기린이 달리는 짐승에 있어서와, 봉황새가 나는 새에 있어서와, 泰山이 언덕과 개밋둑에 있어서와, 河海가 길바닥에 고인 물에 있어서와 똑같다. 聖人이 일반 백성에 있어서도 이와 같으시니, 그 종류 중에서 빼어나며 그 무리 중에서 우뚝 솟아났으나 生民이 있은 이래로 孔子보다 더 훌륭한 분은 계시지 않았다.' 하였다.〔有若曰 豈惟民哉 麒麟之於走獸 鳳凰之於飛鳥 泰山之於丘垤 河海之於行潦 類也 聖人之於民 亦類也 出於其類 拔乎其萃 自生民以來 未有盛於孔子也〕"한 것을 가리킨다.

··· 睿 슬기로울 예 寬 너그러울 관 裕 넉넉할 유 毅 굳셀 의 齊 공경 재

아랫장의 '聖'자와 마지막 章의 7개의 '君子'자를 포함하였다.〔此聖字 總收書中七聖字及

二十七君子字 並包下章聖字與末章七君子字〕

한편 茶山은《自箴》에서 다음과 같이 밝히고 있다.

> '오직 天下의 至聖'은 孔子요 '오직 天下의 至誠' 또한 孔子이다. '仲尼祖述'(30章 1節) 이
> 하로 '肫肫其仁'(32章 2節)까지는 모두 孔子를 찬미한 말씀인데, 고금의 諸家 중에 분명한
> 가르침이 있지 않으니, 어찌 한스럽지 않겠는가. 윗글(30章 3節)에 "萬物이 함께 길러지고
> 小德은 川流이고 大德은 敦化이다."라고 한 것은 모두 孔子를 찬미한 것인데, 朱子가 이것
> 을 天道에 소속시켰으므로 이 '至聖'과 '至誠' 두 節까지 모두 孔子에게 소속시키지 않은
> 것이다. 그러나 '聲名이 넘쳐난다'는 한 단락(30章 4節)은 仲尼가 아니고 누구이겠는가.〔惟
> 天下至聖 孔子也 惟天下至誠 亦孔子也 仲尼祖述以下 至肫肫其仁 皆贊美孔子之言
> 而古今諸家未有明指 豈不恨哉 上文云 萬物並育 小德川流 大德敦化 皆所以贊孔子
> 而朱子屬之天道 故並此至聖至誠二節 不屬之孔子也 然聲名洋溢一段 非仲尼而誰也〕

章句 | 聰明睿知는 生知之質이라 臨은 謂居上而臨下也라 其下四者는 乃仁義禮智
之德[424]이라 文은 文章也요 理는 條理也요 密은 詳細也요 察은 明辨也라

'聰明睿智'는 生而知之의 자질이다. '臨'은 위에 있으면서 아래에 임함을 이른다. 그 아래
네 가지는 바로 仁 · 義 · 禮 · 智의 德이다. '文'은 文章이요, '理'는 條理요, '密'은 상세함
이요, '察'은 밝게 분변함이다.

31-2. 溥博淵泉하여 而時出之니라

溥博하고 淵泉하여 때로 발현된다.

按說 | '溥博淵泉 而時出之'에 대하여, 朱子는 위의 다섯 가지 德이 마음속에 充積되어

---

424 〔詳說〕其下四者 乃仁義禮智之德:新安陳氏가 말하였다. "태어나면서부터 아는 이 仁 · 義 · 禮 · 智의 體
가 있기 때문에 '有臨' · '有容' · '有執' · '有敬' · '有別'의 用에 나타나는 것이다.〔有此生知仁義禮智之體 故
見於有臨有容有執有敬有別之用也〕"

··· 臨 임할 임 溥 넓을 부 淵 깊을 연

때로 밝게 나타나는 것으로 해석하였으나, 鄭玄은

> 아랫사람을 임함이 두루하고 思慮가 深重하여 때에 맞지 않으면 政教를 내지 않는다.[言其
> 臨下普遍 思慮深重 非得其時 不出政教]

하여 '時出之'를 政教를 때에 맞게 내리는 것으로 해석하였다.

章句 | 溥博은 周徧而廣闊也요 淵泉은 靜深而有本也라 出은 發見(현)也라 言 五者
之德[425]이 充積於中하여 而以時發見於外也라

'溥博'은 두루하고 넓음이요, '淵泉'은 고요하고 깊어 근본이 있는 것이다. '出'은 發現함이
다. 다섯 가지의 德이 안에 充積되어 때로 밖에 발현됨을 말씀한 것이다.

31-3. 溥博은 如天하고 淵泉은 如淵하니 見(현)而民莫不敬하며 言而民莫不信하며 行而民莫不說(열)이니라

溥博은 하늘과 같고 淵泉은 깊은 못과 같으니, 이 때문에 나타남에 백성들이 공경하지
않는 이가 없으며, 말함에 백성들이 믿지 않는 이가 없으며, 행함에 백성들이 기뻐하지
않는 이가 없다.

> 按說 | '見而民莫不敬'에 대하여, 壺山은 《詳說》에서 현재 諺解에 '見홈애 民이 공경티
> 아니리 업스며' 한 것을 지적하고, 세 句를 병렬로 할 것이 아니라 '見而民莫不敬이니'로 懸
> 吐하여 아래 두 句를 여기에 예속시켜야 함을 강조하였다.
>
> 살펴보건대 '民莫不敬'의 구두는 마땅히 앞장의 '道問學'(27章 6節), '動而世爲天下道'
> (29章 3節), '有臨也'(31章 1節) 세 곳의 준례를 따라야 할 것인데 諺解에는 그렇지 않으
> 니, 마땅히 다시 헤아려 보아야 할 듯하다.[按民莫不敬之讀 當依前章道問學 天下道 有
> 臨也三處之例 而諺解不然 恐合更商]

---

425 譯註 五者之德:다섯 가지의 德은 聰明睿智의 聖, 寬裕溫柔의 仁, 發强剛毅의 義, 齊莊中正의 禮, 文理
密察의 智를 가리킨 것이다.

··· 徧 두루 편(변) 闊 넓을 활 靜 고요할 정 充 채울 충 積 쌓을 적 說 기쁠 열

27章에는 "尊德性而道問學이니(德性을 尊ㅎ고 問學을 道ㅎㄴ니)"로, 29章에는 "動而世爲天下道ㅣ니(動홈애 世로 天下엣 道ㅣ 되ㄴ니)"로, 31章에는 "足以有臨也ㅣ니(足히 써 臨홈이 인ㄴ니)"로 되어 있는바, 壺山의 說이 一理가 있어 보인다.

> 章句ㅣ 言其充積極其盛而發見當其可也라
>
> 充積함이 그 盛함을 지극히 하고 발현됨이 그 옳음에 합당함을 말씀한 것이다.

31-4. 是以로 聲名이 洋溢乎中國하여 施(이)及蠻貊하여 舟車所至와 人力所通과 天之所覆(부)와 地之所載와 日月所照와 霜露所隊(墜)에 凡有血氣者 莫不尊親하나니 故로 曰配天이니라

이 때문에 名聲이 中國에 넘쳐 蠻貊에 뻗쳐서 배와 수레가 이르는 바(곳)와 人力이 통하는 바와 하늘이 덮어주는 바와 땅이 실어주는 바와 해와 달이 비추는 바와 서리와 이슬이 내리는 바에, 모든 血氣를 가지고 있는 자들이 존경하고 親愛하지 않는 이가 없는 것이다. 그러므로 하늘을 배합한다고 말한 것이다.

> 按說ㅣ '莫不尊親'에 대하여, 壺山은
>
> 살펴보건대 '尊之'와 '親之'는 이른바 '그 살아계실 적에 영광스럽게 여긴다.〔其生也榮〕[426]는 것이다. 이 節에서 仲尼의 德을 찬양함이 지극하다고 이를 만하나 오히려 수직으로 말한 한 가지 일이 부족하니, 이는 橫을 인하여 수직에 미루고자 한 것이다. 한번 수직으로 말하여 지금에 이르러서 비교해 보면, 堯·舜이 여기에 당할 수 있겠는가, 아니면 오직 仲尼가 여기에 당할 수 있겠는가? 당시에 堯·舜의 聲教는 四海에 이르렀을 뿐인데, 후세에 仲尼의 聲教로 말하면 마침내 海外에 두루하고 億世가 또 뒤에 있다.〔按尊之親之 所謂其生

---

426 譯註 其生也榮:《論語》〈子張〉 25章에 "夫子께서 邦家(나라)를 얻으신다면 이른바 '세우면 이에 서고 인도하면 이에 따라가고 편안하게 해주면 이에 따라오고 고무시키면 이에 和하여, 그 살아 계시면 영광스럽게 여기고 죽으면 슬퍼한다.'는 것이니, 어떻게 따를 수 있겠는가.〔夫子之得邦家者 所謂立之斯立 道(導)之斯行 綏之斯來 動之斯和 其生也榮 其死也哀 如之何其可及也〕"라고 한 子貢의 말이 보인다.

··· 洋 넘칠양 溢 넘칠일 施 뻗칠이 蠻 오랑캐만 貊 오랑캐맥 覆 덮을부 照 비출조 隊 떨어질추

31章 · 239

也榮也 此節贊仲尼之德 可謂極矣 而猶欠竪說一事 蓋欲因橫而推於竪也 嘗試竪說
至于今而較量 則堯舜可以當此乎 抑惟仲尼足以當此乎 當時堯舜之聲教 訖于四海而
已 若後世仲尼之聲教 則乃徧于海外 而億世又在後矣〕

하였다. 명성이 中國에 넘쳐 蠻貊까지 뻗침은 空間으로 말한 것인데 이것을 橫으로 말했다
하고, 상고시대부터 후세에 이름은 時間으로 말한 것인데 이것을 수직으로 말했다 한 것
이다.

章句 │ 舟車所至以下는 蓋極言之라 配天은 言其德之所及이 廣大如天也라

'舟車所至' 이하는 이것을 지극히 말씀한 것이다. '하늘을 배합한다'는 것은 그 德의 미치는
바가 廣大하여 하늘과 같음을 말한 것이다.

章下註 │ 右는 第三十一章이라 承上章而言小德之川流[427]하니 亦天道也라

이상은 제31章이다. 윗장을 이어 小德의 川流를 말씀하였으니, 이 또한 天道이다.

│ 至誠章 │

32-1. 唯天下至誠이야 爲能經綸天下之大經하며 立天下之大本하며 知
天地之化育이니 夫焉有所倚리오

오직 天下에 지극히 성실한 분이어야 天下의 大經을 經綸하며 天下의 大本을 세우
며 天地의 化育을 알 수 있으니, 어찌 〈딴 물건에〉 의지할 것이 있겠는가.

按說 │ '經綸天下之大經 立天下之大本'에 대하여, 朱子는

---

427 〔詳說〕承上章而言小德之川流:新安陳氏가 말하였다. "다섯 가지의 덕을 작다고 말한 것이 아니다. 이
다섯 가지로 분별하여 말하고 또 發用으로 말하였으니, 아랫장의 渾淪으로 말하여 本體에 순수한 것과
비교하면 이는 小德의 川流가 되고, 아랫장은 大德의 敦化가 되는 것이다.〔非謂五者之德爲小也 蓋以此
五者 分別而言 又以發用言 比下章之渾淪言之而純乎本體者 則此爲小德之川流 而下章爲大德之敦化〕"

••• 經 다스릴 경 綸 다스릴 륜

'經綸'은 用이고 '근본을 세움'은 體이니, '大本'은 바로 中이고 '大經'은 바로 庸이다. 大經을 經綸하고 大本을 세움은 이 中庸의 道를 다하는 것이다.〔經綸是用 立本是體 大本卽中也 大經卽庸也 經綸大經, 立大本 卽是盡此中庸之道〕《詳說》

하였다. 茶山은

'지극히 성실함'은 홀로를 삼감〔愼獨〕이요, '天下의 大本을 세움'은 中和를 지극히 함이요, '天地의 化育을 앎'은 天地가 자리를 편안히 하고 萬物이 길러지는 것이요, '어찌 치우치는 바가 있겠는가'는 중립하여 치우치지 않는 것이니, 이 또한 仲尼를 이른다.【毛大可가 이르기를 "中庸의 德을 다한 자는 다른 사람이 아니고 바로 仲尼이다." 하였다.】〔至誠者 愼獨也 立天下之大本者 致中和也 知天地之化育者 天地位而萬物育也 夫焉有所倚者 中立而不倚也 此亦謂仲尼【毛云 盡中庸之爲德者 匪他人 仲尼是也】〕

하였다.

章句 | 經綸은 皆治絲之事니 經者는 理其緒而分之[428]요 綸者는 比其類而合之也[429]라 經은 常也라 大經者는 五品之人倫이요 大本者는 所性之全體也라 惟聖人之德이 極誠無妄[430]이라 故로 於人倫에 各盡其當然之實하여 而皆可以爲天下後世法하니 所謂經綸之也라 其於所性之全體에 無一毫人欲之僞以雜之하여 而天下之道千變萬化가 皆由此出하니 所謂立之也라 其於天地之化育에 則亦其極誠無妄者

---

428 〔詳說〕 經者 理其緒而分之:雙峰饒氏가 말하였다. "군주는 군주 노릇하고 신하는 신하 노릇하는 것[1]과 같은 것이다.〔如君君臣臣〕"

  譯註 1. 군주는……것:《論語》〈顏淵〉 11章에 "齊 景公이 孔子에게 政事를 묻자, 孔子께서 대답하셨다. '군주는 군주 노릇하고 신하는 신하 노릇하며, 아버지는 아버지 노릇하고 자식은 자식 노릇하는 것입니다.'〔齊景公問政於孔子 孔子對曰 君君臣臣父父子子〕"라고 보인다.

429 〔詳說〕 綸者 比其類而合之也:雙峰饒氏가 말하였다. "군주는 신하에게 仁하고, 신하는 그 군주를 공경하는 것과 같다.〔如君仁於臣 臣敬其君〕"

430 〔記疑〕 惟聖人之德 極誠無妄:聖人의 德은 곧 三達德이고, 지극히 성실하여 망령됨이 없음은 곧 이른바 '행하는 것은 하나이다.'라는 것이니, 인륜에 각각 그 당연의 실상을 다한다면 五達道를 다할 수 있는 것이다.《南塘集》에 '三達德을 性이라 하였으니, 그렇다면 聖人의 性은 지극히 성실하여 망령됨이 없다고 말해도 될 수 있는가?〔聖人之德 卽三達德也 極誠無妄 卽所謂行之者一也 於人倫 各盡其當然之實 則能盡五達道也 南塘集 以三達德爲性 則言聖人之性 極誠無妄 亦得否〕
  〔詳說〕 여기의 '誠' 자는《中庸》가운데 21개의 '誠' 자를 총괄하여 거두었다.〔此誠字 總收書中二十一誠字〕

••• 比 나란히할 비 僞 거짓 위

有默契焉이요 非但聞見之知而已라 此皆至誠無妄自然之功用이니 夫豈有所倚著(착)於物而後能哉리오

'經'과 '綸'은 모두 실을 다스리는 일이니, 經은 그 실마리를 다스려 나누는 것이고, 綸은 그 類를 나란히 하여 합하는 것이다. '經'은 떳떳함이다. '大經'은 五品(다섯 가지)의 人倫이고, '大本'은 本性에 간직하고 있는 全體이다. 오직 聖人의 德이 지극히 성실하고 망령됨이 없다. 그러므로 人倫에 있어 각각 당연함의 실제를 다해서 모두 天下와 後世의 법이 될 만하니, 이른바 '經綸한다'는 것이다. 本性의 全體에 있어 한 털끝만한 人慾의 거짓도 섞임이 없어서 天下의 道에 온갖 變化가 모두 이로 말미암아 나오니, 이른바 '세운다[立]'는 것이다. 天地의 化育에 있어 또한 그 至誠無妄(지극히 성실하고 망령됨이 없음)함이 묵묵히 합함이 있고, 단지 듣고 보아 알 뿐만이 아니다. 이는 모두 至誠無妄한 자연의 功用이니, 어찌 딴 물건에 의지한 뒤에야 능하겠는가.

32-2. 肫肫其仁이며 淵淵其淵이며 浩浩其天이니라

肫肫한 그 仁이며, 淵淵한 그 못이며, 浩浩한 그 하늘이다.

章句 | 肫肫은 懇至貌니 以經綸而言也[431]요 淵淵은 靜深貌니 以立本而言也요 浩浩는 廣大貌니 以知化而言也라 其淵其天이면 則非特如之而已[432]니라

'肫肫'은 간곡하고 지극한 모양이니 經綸으로써 말한 것이고, '淵淵'은 고요하고 깊은 모양이니 근본을 세움으로써 말한 것이고, '浩浩'는 넓고 큰 모양이니 化育을 앎으로써 말한 것이다. 그 못이고 그 하늘이면 단지 그와 같을 뿐만이 아닌 것이다.

---

431 〔詳說〕肫肫……以經綸而言也: 살펴보건대 '肫肫其仁'은 聖人의 한 몸이 모두 仁이란 말과 같다.〔按肫肫其仁 猶言聖人一身 都是仁也〕

432 〔譯註〕其淵其天 則非特如之而已: '特'은 但과 같은바, 앞장의 "溥博은 하늘과 같고 淵泉은 깊은 못과 같다."고 한 말을 받아 그보다 더함을 말한 것으로, 潛室陳氏(陳埴)는 "하늘과 같고 못과 같음은 오히려 두 가지 물건이요, 그 하늘이고 그 못이면 바로 聖人이 곧 하늘과 못인 것이다.〔如天如淵 猶是二物 其天其淵 卽聖人便是天淵〕" 하였다.

••• 默 침묵 묵 契 합할 계 肫 정성스러울 순(준) 浩 클 호 懇 정성 간 貌 모양 모 特 다만 특

32-3. 苟不固聰明聖知(智)達天德者면 其孰能知之리오

만일 진실로 聰明하고 聖智하여 하늘의 德을 통달한 자가 아니면 그 누가 이것을 알겠는가.

章句 | 固는 猶實也라 鄭氏曰 唯聖人이야 能知聖人也[433]라

'固'는 實(진실)과 같다. 鄭氏(鄭玄)가 말하였다. "오직 聖人만이 聖人을 알 수 있다."

章下註 | 右는 第三十二章이라 承上章而言大德之敦化하니 亦天道也라 前章엔 言至聖之德하고 此章엔 言至誠之道라 然이나 至誠之道는 非至聖이면 不能知요 至聖之德은 非至誠이면 不能爲니 則亦非二物矣라 此篇에 言聖人天道之極致가 至此而無以加矣니라

이상은 제32章이다. 윗장을 이어 大德의 敦化를 말씀하였으니, 또한 天道이다. 앞장에서는 至聖의 德을 말씀하였고, 이 章에서는 至誠의 道를 말씀하였다. 그러나 至誠의 道는 至聖이 아니면 능히 알지 못하고, 至聖의 德은 至誠이 아니면 능히 하지 못하니, 그렇다면 또한 두 가지 일이 아니다. 이 篇에서 聖人의 天道의 極致를 말씀한 것이 이에 이르러 더할수가 없다.

| 衣錦章 |

33-1. 詩曰 衣錦尙絅이라하니 惡(오)其文之著也라 故로 君子之道는 闇然而日章하고 小人之道는 的然而日亡하나니 君子之道는 淡而不厭하며 簡而文하며 溫而理니 知遠之近하며 知風之自하며 知微之顯이면 可與入德矣리라

---

433 〔箋〕唯聖人 能知聖人也 : '聰明하고 聖智하여 天德을 통달한다.'는 것은 聖人이 능히 聖人을 앎을 이른다.〔聰明聖知達天德者 謂聖人能知聖人也〕

··· 固 진실로고 錦 비단금 尙 더할상 絅 홑옷 경 闇 어둘 암 章 밝을 장 的 선명할 적 淡 담박할 담
厭 싫어할 염

《詩經》에 이르기를 "비단옷을 입고 홑옷을 덧입는다." 하였으니, 그 문채가 너무 드러남을 싫어해서이다. 그러므로 君子의 道는 은은하나 날로 드러나고, 小人의 道는 선명하나 날로 없어지는 것이다. 君子의 道는 담박하나 싫지 않으며 간략하나 문채가 나며 온화하나 조리가 있으니, 멂이 가까운 데로부터 시작함을 알며 바람이 부터 일어남을 알며 은미함이 드러남을 안다면 더불어 德에 들어갈 수 있을 것이다.

按說 | 葉氏는

위의 세 章은 孔子가 하늘의 德을 체행함을 지극히 말씀하였으니 中庸의 道가 지극하고 극진한 것이요, 子思는 또 배우는 자가 高遠에 치달릴까 염려하였으므로 여기서는 다시 下學의 친근하고 절실한 것으로부터 말씀해서 점차 나아가 위로 高妙하여 비견하고 의논할 수 없는 자리에까지 이른 것이다.〔上三章 極言孔子體天之德 中庸之道 至矣盡矣 子思又慮學者馳騖於高遠 故此復自下學親切者言之 以漸進於上達高妙不可擬議之地〕《詳說》

하였다. 茶山은 《自箴》에서 다음과 같이 말씀하였다.

'비단옷을 입고 홑옷을 덧입음'은 성실함이고 홀로를 삼가는 것이다. 君子는 홀로를 삼가기 때문에 은은하면서도 날로 드러나고, 小人은 사람을 속이기 때문에 선명하나 날로 없어지는 것이다. '溫'은 엄하거나 혹독하지 않음이고 '理'는 文理이고 條理이니, 君子는 굳이 엄하거나 혹독하지 않아도 자연 文理와 條理가 있게 된다.〔衣錦尙絅者 誠也 愼獨也 君子愼獨 故闇然而日章 小人欺人 故的然而日亡 溫者 不嚴酷也 理者 文理也 條理也 君子不必嚴酷 而自然有文理條理〕

章句 | 前章엔 言 聖人之德이 極其盛矣요 此는 復自下學立心之始言之[434]하고 而下文에 又推之하여 以至其極也라 詩는 國風衛碩人, 鄭之丰에 皆作衣錦褧衣[435]하

---

434 譯註 復自下學立心之始言之: 下學은 下學人事를 축약한 것으로 아래로 사람의 道理를 배우는 初學者를 이르며, 立心은 立志와 같은 뜻이다.

435 〔詳說〕鄭之丰 皆作衣錦褧衣: 《詩經》〈鄭風 丰〉에 "衣錦褧衣"라 하고 "尙錦褧裳"이라 하였으니, 여기에서 인용한 한 句는 이 詩의 두 句를 가감한 것뿐이다.〔丰云 衣錦褧衣 尙錦褧裳 此所引一句 蓋隰栝此詩二句者耳〕

··· 衛 호위할 위 碩 클 석 丰 예쁠 봉 褧 홑옷 경

니 褧은 絅同하니 禪衣也라 尙은 加也라 古之學者는 爲己[436]故로 其立心如此라 尙絅故로 闇然하고 衣錦故로 有日章之實이라 淡簡溫은 絅之襲於外也요 不厭而文且理焉은 錦之美在中也[437]라 小人은 反是하니 則暴(폭)於外而無實以繼之라 是以로 的然而日亡也라 遠之近은 見(현)於彼者 由於此也요 風之自는 著乎外者 本乎內也요 微之顯은 有諸內者 形諸外也라 有爲己之心하고 而又知此三者면 則知所謹而可入德矣라 故로 下文에 引詩하여 言謹獨之事하시니라

앞장에서는 聖人의 德이 그 盛함을 다함을 말씀하였고, 여기서는 다시 下學(初學)이 마음을 세우는 시초로부터 말씀하였으며, 아랫글에 또 이것을 미루어 그 지극함을 다하였다. 詩는 國風의 〈衛風 碩人〉과 〈鄭風 丰〉에 모두 '衣錦褧衣'로 되어 있으니, 褧은 絅과 같은바, 홑옷이다. '尙'은 더함이다. 옛날의 學者들은 자신을 위한 學問을 하였으므로 그 마음을 세움이 이와 같았다. 겉에 홑옷을 덧입었기 때문에 은은하고, 속에 비단옷을 입었기 때문에 날로 드러나는 실제가 있는 것이다. 담박하고 간략하고 온화함은 홑옷을 겉에 덧입은 것이요, 싫지 않고 문채나고 또 조리가 있음은 비단옷의 아름다움이 속에 있는 것이다. 小人은 이와 반대이니, 밖에 드러나나 실제로써 계속하지 못한다. 이 때문에 선명하나 날로 없어지는 것이다. '遠之近'은 저기에 나타남이 여기에서 말미암는 것이요, '風之自'는 밖에 드러남이 안에서 근본하는 것이요, '微之顯'은 안에 간직한 것이 밖에 드러나는 것이다. 자신을 위하려는 마음이 있고 또 이 세 가지를 알면, 삼갈 바를 알아 德에 들어갈 수 있다. 그러므로 아랫글에 《詩經》을 인용하여 謹獨(愼獨)의 일을 말씀하셨다.

33-2. 詩云 潛雖伏矣나 亦孔之昭라하니 故로 君子는 內省不疚라사 無惡(오)於志하나니 君子之所不可及者는 其唯人之所不見乎인저

《詩經》에 이르기를 "잠긴 것(물고기)이 비록 엎드려 있으나 또한 심히 밝다." 하였다. 그

---

436 譯註 古之學者 爲己:爲己는 자신의 마음과 행실을 닦기 위한 學問을 하는 것으로, 《論語》〈憲問〉25章에 "옛날에 배우는 자들은 자신을 위하였는데 지금의 배우는 자들은 남을 위한다.〔古之學者爲己 今之學者爲人〕"라고 보인다.

437 〔詳說〕淡簡溫……錦之美在中也:新安陳氏가 말하였다. "보통 사람의 情은 淡泊하여 재미가 없으면 쉽게 싫증내고, 간략하면 文采가 없고, 溫厚하고 渾淪하면 條理가 없다.〔常情 淡泊無味則易厭 簡略則無文采 溫厚渾淪則無條理〕"

••• 褧 홑옷선 襲 옷껴입을습 暴 드러날폭 潛 잠길잠 孔 심할공 疚 병들구

러므로 君子는 안으로 살펴보아 瑕疵(하자)가 없어야 마음에 미움(부끄러움)이 없게 되니, 君子의 미칠 수 없는 점은 사람들이 보지 않는 바에 있을 것이다.

按說 | '內省不疚'의 懸吐에 대하여, 官本諺解에는 '內省不疚ㅎ야'로 되어 있는데, 艮齋는

'內省不疚'의 口訣은 陳氏의 註와 《備旨》, 《四書味根錄》 등 여러 說[438]을 의거해보면 마땅히 '이라ㅅ' 토를 사용해야 한다.[內省不疚口訣 據陳註及備旨味根諸說 當用이라ㅅ]

하였다. 茶山은

'잠긴 것이 비록 엎드려 있으나 또한 심히 밝다.'는 것은 은미함이 나타난 것이다. 天道가 은미하나 나타나기 때문에 君子가 그 홀로를 삼가는 것이요, 그 홀로를 삼가기 때문에 안으로 살펴보아 하자가 없는 것이다.[潛雖伏矣 亦孔之昭者 微之顯也 天道微而顯 故君子愼其獨 愼其獨 故內省不疚]

하였다.

章句 | 詩는 小雅正月之篇이라 承上文하여 言莫見(현)乎隱, 莫顯乎微也[439]라 疚는 病也라 無惡於志는 猶言無愧於心이니 此는 君子謹獨之事也라

詩는 〈小雅 正月〉篇이다. 윗글을 이어 隱(숨겨진 곳)보다 드러남이 없고 微(드러나지 않은

---

438 譯註 陳氏의······說:《大全》에 三山陳氏(陳孔碩)가 "숨고 엎드려 있는 사이에도 이치가 매우 밝으니, 君子가 안으로 이것을 살펴보는 곳에 모름지기 一毫의 疾病(하자)이 없어야 비로소 마음에 부끄러움이 없게 된다.[隱伏之間 理甚昭明 君子內省此處 須無一毫疾病 方無愧於心]" 하였고, 《備旨》에 "한 생각이 처음 싹틀 적에 이것이 天理인가 人欲인가를 살펴서 存天理·遏人欲의 공부를 加하니, 이 뜻이 下學의 초기부터 이미 확립되고 정해져서 마음에 하자가 없어야 비로소 부끄러움이 없게 된다.[一念初萌 省其天理人欲 以加存遏 此志自下學之初 已立定 惟不疚 方爲無惡]" 하였고, 《四書味根錄》에 "한 생각이 처음 싹틀 적에 이것이 天理인가 人欲인가를 살펴서 모름지기 存天理·遏人欲의 공부를 加하여 살펴보고 또 살펴보아 人欲을 모두 제거하여야 비로소 마음에 하자가 없어서 初心에 질정해 보아 부끄러운 바가 없게 되니, 이에 비로소 처음 먹었던 뜻에 싫어함이 없게 된다. '志'자는 '內'자를 따라 보아야 하니, 밖에 하자가 없음은 남에게 부끄러움이 없음에 불과하며, 안에 하자가 없어야 비로소 뜻에 부끄러움이 없게 된다.[一念初萌 省其爲天理爲人欲 便加存遏之功 省之又省 使人欲盡去 方始不疚 而質之初心 無所愧怍 方始無惡於志 志字從內字看出 外不疚 不過無惡於人 內不疚 方是無惡於志]" 하였다.

439 譯註 言莫見乎隱, 莫顯乎微也:1章에 "莫見乎隱 莫顯乎微 故君子愼其獨也"라고 한 말을 원용하였다.
〔詳說〕三山陳氏가 말하였다. "伏은 바로 머릿장의 隱과 微이고, '昭'는 바로 머릿장의 見과 顯이다.[伏卽首章隱微 昭卽首章見(현)顯]"

··· 雅 바를 아 愧 부끄러울 괴

일)보다 나타남이 없음을 말씀하였다. '疚'는 病(하자)이다. '마음에 미움이 없다'는 것은 마음에 부끄러움이 없다는 말과 같으니, 이는 君子가 愼獨하는 일이다.

33-3. 詩云 相在爾室혼대 尙不愧于屋漏라하니 故로 君子는 不動而敬하며 不言而信이니라

《詩經》에 이르기를 "네가 〈홀로〉 방안에 있음을 살펴보니, 오히려 방 귀퉁이에도 부끄럽지 않다." 하였다. 그러므로 君子는 動하지 않아도 공경하며, 말하지 않아도 믿는 것이다.

按說 | 茶山은

'네가 방안에 있음을 살펴봄'은 홀로를 삼가는 것이다. 天道가 動하지 않으나 君子가 그 공경을 풀지 않음은 이것이 그 보지 않는 바에 경계하고 삼감이요, 天道가 말하지 않으나 君子가 그 信을 무너뜨리지 않음은 이것이 그 듣지 않는 바에 恐懼하는 것이다.【이것은 본래 雲峰 胡氏(胡炳文)의 說이다.】〔相在爾室者 愼獨也 天道不動 而君子不弛其敬 此戒愼乎其所不睹也 天道不言 而君子不壞其信 此恐懼乎其所不聞也【此本胡雲峰之說】〕

하였다.

章句 | 詩는 大雅抑之篇이라 相은 視也라 屋漏는 室西北隅也라 承上文하여 又言 君子之戒謹恐懼 無時不然하여 不待言動而後敬信하니 則其爲己之功이 益加密矣라 故로 下文에 引詩하여 幷言其效하시니라

詩는 〈大雅 抑〉篇이다. '相'은 살펴봄이다. '屋漏'는 방의 서북쪽 귀퉁이이다. 윗글을 이어 또 君子의 戒愼하고 恐懼함이 때마다 그렇지 않음이 없어서 말하고 행동하기를 기다릴 필요 없이 공경하고 믿음을 말씀하였으니, 자신을 위하는 공부가 더더욱 치밀하다. 그러므로 아랫글에 《詩經》을 인용하고 아울러 그 효험을 말씀한 것이다.

··· 相 볼상 漏 귀퉁이루 隅 모퉁이우 密 빽빽할밀

33-4. 詩曰 奏假(格)無言하여 時靡有爭이라하니 是故로 君子는 不賞而民勸하며 不怒而民威於鈇鉞이니라

《詩經》에 이르기를 "〈神明의 앞에〉 나아가 感格할(감동시킬) 적에 말이 없어 이에 다투는 이가 있지 않다." 하였다. 이 때문에 君子는 賞을 주지 않아도 백성들이 권면하며, 怒하지 않아도 백성들이 작도와 도끼보다 더 두려워하는 것이다.

按説 | '奏假無言'에 대하여, 茶山은

'奏'는 《詩經》에 虪(모두 종)으로 되어 있는데, 毛傳에 "虪은 總이다." 하였다. 輻輳와 流湊의 글자가 모두 奏를 따르는데 奏 또한 총괄함이니, '奏假無言'이란 萬民이 모두 無言의 교화에 감동함을 이른다. 일곱 번 인용한 詩 가운데 위의 세 詩는 스스로 닦음이요, 아래의 세 詩는 백성들이 교화됨이요, 끝의 하나는 하늘의 일이다.〔奏詩作虪 毛傳曰 虪者總也 輻輳流湊 字皆從奏 奏亦總也 奏假無言者 謂萬民總格于無言之化也 七引詩 上三 自修也 下三 民化也 末一 天載也〕

하였다.

章句 | 詩는 商頌烈祖之篇이라 奏는 進也라 承上文而遂及其效하여 言 進而感格於神明之際에 極其誠敬하여 無有言說而人自化之也라 威는 畏也라 鈇는 莝斫刀也요 鉞은 斧也라

詩는 〈商頌 烈祖〉篇이다. '奏'는 나아감이다. 윗글을 이어 마침내 그 효험을 언급해서, 나아가 神明을 感格(感動)할 즈음에 정성과 공경을 지극히 하여 말함이 없어도 사람들이 스스로 敎化됨을 말씀한 것이다. '威'는 두려워함이다. '鈇'는 여물을 써는 작도이고, '鉞'은 도끼이다.

··· 奏 나아갈주 假 이를격 靡 없을미 勸 권할권 鈇 작도부 鉞 도끼월 莝 여물좌 斫 작도작 斧 도끼부

33-5. 詩曰 不顯惟德을 百辟其刑之라하니 是故로 君子는 篤恭而天下 平이니라

《詩經》에 이르기를 "드러나지 않는 德을 百辟(여러 諸侯)들이 법받는다." 하였다. 이 때문에 君子는 공손함을 돈독히 함에 天下가 평해지는 것이다.

> **章句** | 詩는 周頌烈文之篇이라 不顯은 說見(현)二十六章하니 此는 借引以爲幽深玄 遠之意[440]라 承上文하여 言 天子有不顯之德하여 而諸侯法之면 則其德愈深而效 愈遠矣라 篤은 厚也니 篤恭은 言不顯其敬也라 篤恭而天下平은 乃聖人至德淵微 自然之應이니 中庸之極功也라
>
> 詩는 〈周頌 烈文〉篇이다. '不顯'은 해설이 26章에 보이니, 여기서는 이것을 빌려 인용해서 幽深하고 玄遠한 뜻으로 삼은 것이다. 윗글을 이어서 天子가 드러나지 않는 德이 있어 諸 侯들이 이것을 법받으면 그 德이 더욱 깊어 효험이 더욱 遠大함을 말씀하였다. '篤'은 두터 움이니, '篤恭'은 드러나지 않는 공경을 이른다. '공손함을 돈독히 함에 天下가 평해짐'은 바로 聖人의 지극한 德이 깊고 은미하여 자연히 나타나는 效應이니, 中庸의 지극한 功效 이다.

33-6. 詩云 予懷明德의 不大聲以色이라하여늘 子曰 聲色之於以化民에 末也라하시니라 詩云 德輶如毛라하나 毛猶有倫하니 上天之載 無聲無臭 아 至矣니라

《詩經》에 이르기를 "나는 밝은 德이 음성과 얼굴빛을 크지 않게(대단찮게) 여김을 생 각한다." 하였는데, 孔子께서 말씀하시기를 "음성과 얼굴빛은 백성을 교화시킴에 있어 지엽적인 것이다." 하셨다. 《詩經》에 이르기를 "德은 가볍기가 터럭과 같다." 하였는데, 터럭도 오히려 비교할 만한 것이 있으니, "上天의 일은 소리도 없고 냄새도 없다."는 표현

---

440 **譯註** 不顯……借引以爲幽深玄遠之意 : 《詩經》에서는 '不顯惟德'을 '이보다 더 드러날 수 없는 德'으로 해석하였으나 여기서는 '겉으로 드러나지 않는 德'으로 바꿔 사용하였음을 말한 것이다. 26章에서는 '不 顯가'로 토를 달아 '드러나지 않겠는가'로 해석하였는바, 이 또한 '이보다 더 드러날 수 없다'는 뜻이 된다.

••• 辟임금 벽 刑본받을 형 幽그윽할 유 愈더욱 유 懷생각할 회 輶가벼울 유 倫등급 륜 載일 재 臭냄새 취

이어야 지극하다 할 것이다.

按說 | '予懷明德 不大聲以色'에서 '大'는 重과 같고 '以'는 與[다못]와 같은바, '밝은 德은 마음을 중요시하고 외형인 음성과 얼굴빛을 중요시하지 않음을 생각한다.'는 뜻이다. 《大全》에는

옛날에는 '以'자와 '與'자를 통용하였다.[古以與字通用]《詳說》

하였고, 壺山은

《論語》의 '누구와 더불어 변역시키겠는가.[誰以易之]'[441] 와 똑같은 따위이다.[如論語誰以易之之類]

하였다. '無聲無臭'에 대하여, 朱子는

여기에 여덟 번 인용한 詩는 모두 말하지 않고 動하지 않고 드러나지 않고 크지(대단치) 않다는 글자를 사용하여, 곧바로 소리가 없고 냄새가 없으면 지극함을 말씀하였으니, 한 章 가운데가 모두 '德'자를 발명하였다. 그러나 이른바 '德'이라는 것은 실제로 형상이 없다. 그러므로 소리와 냄새가 없다는 것으로 끝마친 것이다.[此八引詩 都用不言不動不顯不大底字 直說到無聲臭則至矣 一章之中 皆是發明箇德字 然所謂德者 實無形狀 故以無聲臭終之]《詳說》

하였다.

茶山은

이 節은 두 가지 뜻이 있으니, 그 하나는 上天의 無聲無臭를 가지고 君子가 백성을 교화하는 바가 목소리와 얼굴빛에 있지 않고 至誠에 있음을 밝힌 것이요, 또 하나는 上天의 無聲無臭를 가지고 天道가 隱微하여 눈으로 볼 수 있는 바가 아니고 귀로 들을 수 있는 바가 아니고 오직 그 위에 〈하늘이〉 계신 듯하고 좌우에 계신 듯함을 밝혔다. 그러므로 "지극하다"고 한 것이다.[此節有二義 其一 以上天之無聲無臭 明君子之所以化民 不在聲色 而

---

441 譯註 誰以易之:《論語》〈微子〉9章에 "滔滔한 것이 天下가 모두 이러하니, 누구와 더불어 변역(개혁)시키겠는가? 또 그대가 사람을 피하는 선비를 따르기보다는 어찌 세상을 피하는 선비를 따르는 것만 하겠는가.[滔滔者天下皆是也 而誰以易之 且而與其從辟人之士也 豈若從辟世之士哉]"라고 보인다.

在乎至誠也 其一 以上天之無聲無臭 明天道隱微 非目之所能睹 非耳之所能聞 惟其戒愼恐懼 如在其上 如在其左右 故曰至矣〕

하고, 또

倫은 차례이고 조리이다.【脈理·腠理의 理와 같다.】털은 비록 지극히 작으나 오히려 형체가 있는 물건이므로 능히 倫理(條理)와 次序가 있어서 가리켜 셀 수 있는 것이다. 上天의 일로 말하면 전혀 形質이 없고 아울러 소리와 냄새가 없어서 그 은미함이 지극하다. 소리와 냄새는 形質보다 더 비어있기 때문에 無形을 지극히 말하면서 無聲無臭라 한 것이다.〔倫者 序也理也【如脈理腠理之理】毛雖至微 猶是有形之物 故能有倫理次序 可以指數 若上天之載 都無形質 並無聲臭 其微極矣 聲臭空於形質 故極言無形 而至謂之無聲無臭〕

하였다.

이 節은 詩를 세 번 인용하였는바, 鄭玄은 《禮記》《中庸》에서 '是故君子篤恭而天下平 詩云 予懷明德不大聲以色'까지를 한 節로, '子曰 聲色之於以化民 末也 詩云 德輶如毛'까지를 한 節로, '毛猶有倫 上天之載 無聲無臭 至矣'까지를 한 節로 삼았다. 官本諺解에는 "詩云 予懷明德의 不大聲以色이라 호야늘 子ㅣ曰 聲色之於以化民에 末也ㅣ라 호시니라 詩云 德輶如毛ㅣ라 호니 毛猶有倫이어니와 上天之載ㅣ無聲無臭△아 至矣니라"로 되어 있고, 栗谷諺解에는 "子曰 聲色之於以化民애 末也ㅣ라호시니"로 되어 있는바, 여기서는 艮齋의 諺解를 따랐음을 밝혀 둔다.

章句ㅣ詩는 大雅皇矣之篇이니 引之하여 以明上文所謂不顯之德者 正以其不大聲與色也라 又引孔子之言하여 以爲 聲色은 乃化民之末務어늘 今但言不大之而已면 則猶有聲色者存하니 是未足以形容不顯之妙라 不若烝民之詩所言德輶如毛하니 則庶乎可以形容矣로되 而又自以爲謂之毛면 則猶有可比者[442]하니 是亦未盡其妙라 不若文王之詩所言上天之事無聲無臭하니 然後에 乃爲不顯之至耳라 蓋聲臭는 有氣無形하여 在物에 最爲微妙로되 而猶曰無之라 故로 惟此可以形容不顯篤

---

442 〔詳說〕則猶有可比者:《大全》에 말하였다. "倫은 견줌이다.〔倫 比也〕"

••• 務 일 무

恭之妙니 非此德[443]之外에 又別有是三等[444]然後爲至也니라

詩는 〈大雅 皇矣〉篇이니, 이것을 인용하여 윗글의 이른바 '不顯之德'은 바로 그 음성과 얼굴빛을 대단찮게 여김을 밝힌 것이다. 또 孔子의 말씀을 인용하여 이르기를 "음성과 얼굴빛은 백성을 교화함에 있어 지엽적인 일인데, 이제 다만 대단찮게 여긴다고 말했을 뿐이니, 그렇다면 이것도 오히려 음성과 얼굴빛이 남아 있는 것이어서 不顯의 묘함을 형용하기에 충분하지 못하다. 〈烝民〉詩에 말한 '德은 가볍기가 터럭과 같다.'고 한 것만 못하니, 이렇게 말하면 거의 형용했다고 이를 만하다." 하였다. 또 스스로 이르기를 "터럭이라고 말하면 오히려 비교할 만한 것이 있으니, 이 또한 그 묘함을 다하지 못한 것이다. 〈文王〉詩에 말한 '上天의 일은 소리도 없고 냄새도 없다.'고 한 것만 못하니, 이렇게 표현한 뒤에야 不顯의 德을 지극히 형용한 것이 된다." 하였다.

소리와 냄새는 기운만 있고 형체가 없어서 물건에 있어 가장 미묘한 것인데도 오히려 없다고 말하였다. 그러므로 오직 이 말이 不顯, 篤恭의 묘함을 형용할 수 있는 것이니, 이 德 이외에 또 별도로 이 세 가지 등급이 있은 뒤에야 지극함이 되는 것은 아니다.

章下註 | 右는 第三十三章이라 子思因前章極致之言하여 反求其本하사 復自下學爲己謹獨之事로 推而言之하사 以馴致[445]乎篤恭而天下平之盛하시고 又贊其妙하사 至於無聲無臭而後已焉하시니 蓋擧一篇之要而約言之라 其反復丁寧示人之意 至深切矣시니 學者其可不盡心乎[446]아

---

443 〔詳說〕 此德:不顯篤恭이다.

444 〔譯註〕 又別有是三等:三等은 聲·色과 毛와 無聲無臭의 세 단계를 가리킨 것이다.

445 〔詳說〕 馴致:雲峰胡氏가 말하였다. "'極致'는 위로 통달하는 일이요, '馴致'는 아래로 배워서 위로 통달하는 일이다.〔極致者 上達之事也 馴致者 下學而上達之事也〕"

446 〔詳說〕 學者其可不盡心乎:黃氏가 말하였다. "《中庸》은 下學을 말한 곳이 적으나 明善과 誠身, 擇善과 固執, 尊德性과 道問學은 간절하고 요긴한 말 아님이 없으니, 程子께서 말씀한 '모두 진실한 학문'이란 것이 빈 말씀이 아니다. 어려서부터 익혔으나 지금 백발에도 분분한(분명하게 알지 못하는) 한탄[1]이 있으니, 아! 어찌 쉽게 말하겠는가.〔中庸說下學處少 然明善誠身 擇善固執 尊德性道問學 莫非切要之言 程子所謂皆實學者 非虛言矣 童而習之 今猶有白首紛如之歎 吁 豈易言哉〕"
　〔譯註 1. 백발에도……한탄:어려서부터 백발이 되도록 학문을 했지만 성취가 없음을 한탄한다는 것으로, 揚雄의 《法言》〈吾子〉에 "아이 때부터 학문을 익혔지만 늙어서도 분란하다.〔童而習之 白紛如也〕"라고 보인다.

··· 馴 길들일 순　贊 칭찬할 찬

이상은 제33章이다. 子思께서 앞 장에 있는 극치의 말씀으로 인하여 그 근본을 돌이켜 찾으시어, 다시 下學(初學)이 자신을 위한 학문을 하고 홀로를 삼가는 일로부터 미루어 말씀하시어 공손함을 돈독히 함에 천하가 평해지는 盛함을 馴致하고, 또 그 묘함을 칭찬하시어 소리도 없고 냄새도 없음에 이른 뒤에야 그만두셨으니, 이는 한 篇(책)의 요점을 들어 요약하여 말씀하신 것이다. 反復하고 丁寧하여 사람들에게 보여주신 뜻이 지극히 깊고 간절하니, 배우는 자가 마음을 다하지 않을 수 있겠는가.

|附錄. 中庸總圖 (魯魯齋 金萬休)|

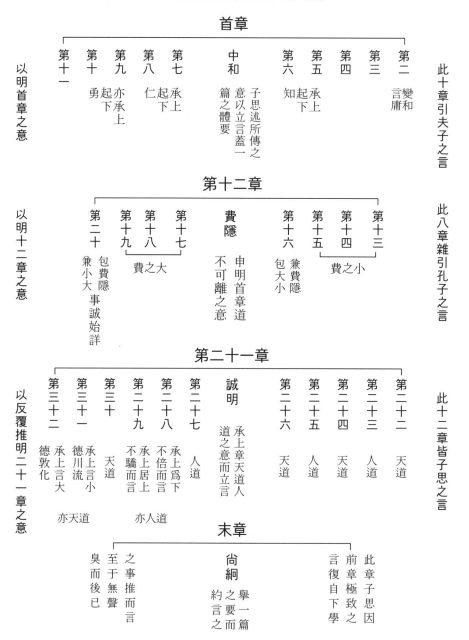

|附錄.《中庸章句》의 體系|

首章	性道敎章	一篇之體要 (首明道之本原出於天 次言存養省察之要 終言聖神功化之極)	
2章	君子中庸章	變和言庸	
3章	民鮮能章		十章引夫子之言 以釋首章之義
4章	知者過之章	明道之不明不行之由	
5章	道其不行章	由不明故不行. 承上起下	
6章	舜好問章	知(智)	
7章	人皆曰予智章	不智. 承上起下	
8章	擇乎中庸章	仁	
9章	天下國家可均章	中庸不可能. 承上起下	
10章	子路問强章	勇	
11章	索隱行怪章	不當强而强	
12章	費隱章	申明首章道不可離之意	
13章	道不遠人章		
14章	素其位章	費之小者	明十二章之意
15章	行遠自邇章		
16章	鬼神章	兼費隱 包大小	
17章	舜大孝章		
18章	其惟文王章	費之大者	
19章	達孝章		
20章	九經章	包費隱 兼小大	
21章	自誠明章	承上章夫子天道人道之意而立言	
22章	化育章	天道	
23章	致曲章	人道	
24章	至誠之道章	天道	
25章	誠者自成章	人道	反覆推明二十一章之意
26章	至誠無息章	天道	
27章	尊德性章		
28章	愚而好自用章	人道	
29章	三重章		
30章	祖述堯舜章		
31章	至聖章	天道	
32章	至誠章		
33章	衣錦章	舉一篇之要而約言之	

栗谷 中庸諺解

中庸栗谷先生諺解

天텬命명之지謂위性셩이오 率솔性셩을謂위道도ㅣ오 修슈道도ㅣ온謂위教교ㅣ니라

道도也야者쟈ᄂᆞᆫ 不블可가須슈臾유離리也야ㅣ니 可가離리면非비道도也야ㅣ라 是시故고로 君군子ᄌᆞᄂᆞᆫ 戒계慎신乎호其기所소不블睹도ᄒᆞ며 恐공懼구乎호其기所소不블聞문이니라

莫막見현乎호隱은이며 莫막顯현乎호微미니 故고로 君군子ᄌᆞᄂᆞᆫ 慎신其기獨독也야ㅣ니라

喜희怒노哀ᄋᆡ樂락之지未미發발을 謂위之지中듕이오 發발而이皆기中듕節졀을 謂위之지和화ㅣ니 喜희怒노哀ᄋᆡ樂락之지未미發발을 謂위之지中듕이오 中듕也야者쟈ᄂᆞᆫ 天텬下하之지大대本본也야ㅣ오 和화也야者쟈ᄂᆞᆫ 天텬下하之지達달道도也야ㅣ니라

致티中듕和화면 天텬地디位위焉언ᄒᆞ며 萬만物믈育육焉언이니라

右第一章

仲듕尼니曰왈 君군子ᄌᆞᄂᆞᆫ 中듕庸용이오 小쇼人인은 反반中듕庸용이니라 仲듕尼니ㅣ골ᄋᆞ샤ᄃᆡ 君군子ᄌᆞᄂᆞᆫ 中듕庸용

中庸諺解

栗谷 中庸諺解 · 257

용호고 小쇼人인은 中듕庸용의 反반호
ㄴ니라
君군子ᄌᆞ之지中듕庸용也야ᄂᆞᆫ君군子ᄌᆞ
而이時시中듕이오小쇼人인之지中듕庸용
也야ᄂᆞᆫ小쇼人인이而이無무忌긔憚탄也야
ㅣ니라 ○人인王왕庸슈本본作작小쇼
庸용을反반호미오小쇼人인이오忌긔
오時시로中듕호미오小쇼人인이오君군子ᄌᆞㅣ
君군子ᄌᆞ의中듕庸용호믄君군子ᄌᆞ
ᄃᆞᆫ이업소미니라

右第二章
子ᄌᆞ曰왈中듕庸용은其기至지矣의乎호
ㅣ뎌民민鮮션能능이久구矣의라
子ᄌᆞㅣᄀᆞ라샤ᄃᆡ中듕庸용은그지극호
며民민이能능히리젹건디오라니라

右第三章
子ᄌᆞ曰왈道도之지不블行ᄒᆡᆼ也야를我아
知디之지矣의로니知디者쟈ᄂᆞᆫ過과之지
愚우者쟈ᄂᆞᆫ不블及급也야ㅣ오道도之지
知디者쟈ᄂᆞᆫ過과之지而이賢현
不블明명也야를我아知디之지矣의로니賢현

者쟈ᄂᆞᆫ過과之지고不블肖쵸者쟈ᄂᆞᆫ不블
及급也야ㅣ니라
子ᄌᆞㅣᄀᆞ라샤ᄃᆡ道도의行ᄒᆡᆼ티몯
내아노니知디者쟈ᄂᆞᆫ過과고愚우者쟈ᄂᆞᆫ
티몯者쟈ᄂᆞᆫ及급디몯ᄒᆞᆯᄉᆡ오道도의明명
ᄒᆞ고不블肖쵸者쟈ᄂᆞᆫ及급디몯ᄒᆞᆯᄉᆡ
니라
人인莫막不블飮음食식也야ㅣ언鮮션能능
知디味미也야ㅣ니라
人인이飮음食식아니ᄒᆞ리업건마ᄂᆞᆫ能능
히마술알리젹그니라

右第四章
子ᄌᆞ曰왈道도其기不블行ᄒᆡᆼ矣의夫부ㅣ뎌
子ᄌᆞㅣᄀᆞ라샤ᄃᆡ道도ㅣ그行ᄒᆡᆼ티몯ᄒᆞ
ㄴ뎌

右第五章
子ᄌᆞ曰왈舜슌은其기大대知디也야與여
ㅣ신뎌舜슌이好호問문而이好호察찰邇이
言언ᄒᆞ시며隱은惡악而이揚양善션ᄒᆞ며執집

其기兩량端단을샤 用용其기中듕於어民민신
其기斯ᄉ以이爲위舜슌乎호ㅣ여신
舜슌이其기大대知디신뎌
子ᄌㅣㄱᆞᄅᆞ샤ᄃᆡ舜슌은그큰知디니신뎌
舜슌이問문을好호ᄒ시며그兩량
그中듕을民민의게ᄡᅳ시니그이버舜슌
을揚양ᄒ시며그兩량端단을執집ᄒ샤
察찰ᄒ기를好호ᄒ샤惡악을隱은ᄒ고善션
舜슌이問문을好호ᄒ야邇이言언을
이되미신뎌

右우第뎨六뉵章쟝

子ᄌㅣㄱᆞᄅᆞ샤ᄃᆡ人인이皆ᄀᆡ曰왈予여知디 驅구
而이不블能능期긔月월守슈也야ㅣ니
曰왈予여知디로ᄃᆡ擇ᄐᆡᆨ乎호中듕庸용而이
기而이莫막之지知디辟피也야ᄒ며人인이皆ᄀᆡ
듕而이陷함阱졍之지中듕
而이納납諸셔罟고擭확陷함阱졍

中庸諺解

右第七章

子ᄌㅣㄱᆞᄅᆞ샤ᄃᆡ回회之지爲위人인也야ㅣ 擇ᄐᆡᆨ
乎호中듕庸용ᄒ야得득一일善션이면則즉 拳권
拳권服복膺ᄋᆞᆼᄒ야而이弗불失실之지矣의
庸용의擇ᄐᆡᆨᄒ야好호善션을어드면擧거
拳권拳권히膺ᄋᆞᆼ의服복ᄒ야失실티아닛
ᄂᆞ니라

右第八章 中庸諺解

子ᄌㅣㄱᆞᄅᆞ샤ᄃᆡ回회의ᄉᆞ름이론디中듕
子ᄌㅣㄱᆞᄅᆞ샤ᄃᆡ天텬下하國국家가ㅣ
均균홀디며爵쟉祿록을可가히辭ᄉ홀디며
白ᄇᆡᆨ刃인을可가히蹈도홀디로ᄃᆡ中듕庸용은不블
可가히能능홀디니라

子ᄌㅣㄱᆞᄅᆞ샤ᄃᆡ天텬下하國국家가ㅣ
均균홀디며爵쟉祿록을可가히辭ᄉ홀디며
白ᄇᆡᆨ刃인을可가히蹈도홀디며中듕庸용은可가히能능
티몯ᄒᆞ리디어니라

右우第뎨九구章쟝

子ㅈ路로ㅣ問문强강

子ㅈ路로ㅣ强강을問문호대
子ㅈ曰왈南남方방之지强강與여아北북方방之지强강與여아抑억而이强강與여

子ㅈㅣ그러샤딕南남方방의强강가北북
方방의强강가抑억네의强강가
寬관柔유以이教교호고不블報보無무道도는南남方방之지强강也야ㅣ니君군子ㅈㅣ
居거之지라니

寬관柔유호야뻐教교호고道도업슨거슬報보티아니호믄
南남方방의强강이니君군子ㅈㅣ居거호느니라
衽임金금革혁을衽임호야死ㅅ而이不블厭염은北북
方방之지强강也야ㅣ니强강者쟈ㅣ
居거之지라니

故고로金금과革혁을衽임호야주거도厭염티
아니기는北북方방의强강이니强강혼
者쟈ㅣ居거호느니라
故고로君군子ㅈㅣ和화호며而이不블流류호느니라

强강재矯교ㅣ여
中등立립호며而이不블倚의의
强강재矯교ㅣ여
國국有유道도애不블變변塞식焉언호느니
强강재矯교ㅣ여
國국無무道도애至지死ㅅ不블變변호느니
强강

故고로君군子ㅈ는和화호며而이不블流류호느니
强강호다矯교ㅣ여中등立립
호야而이不블倚의호느니强강호다矯교ㅣ여
國국의道도ㅣ이신제塞식을變변
티아니호느니强강호다矯교ㅣ여
國국의道도ㅣ업슨제死ㅅ애至지토록變변
티아니호느니强강호다矯교ㅣ여

右우第뎨十십章쟝

子ㅈ曰왈素소隱은을行행怪괴홈을後후世세예述술
홈이有유호나吾오ㅣ弗블爲위之지矣의
라호노라
君군子ㅈ ㅣ그러샤딕道도를遵준호야行행호
물行행호딕半반塗도애而이行행
호다아닛노라
君군子ㅈㅣ遵준道도而이行행에라半반

塗도而이廢폐ᄒᆞᄂᆞ니吾오弗불能능已이矣
의로라
君군子ᄌᆞㅣ道도ᄅᆞᆯ遵준ᄒᆞ야行ᄒᆡᆼᄒᆞ다
가塗도애半반ᄒᆞ야셔廢폐ᄒᆞᄂᆞ니내能
능히마디몯ᄒᆞ노라
11-3 君군子ᄌᆞᄂᆞᆫ依의乎호中듕庸용ᄒᆞ야遯돈世
세不불見견知디而이不불悔회ᄒᆞᄂᆞ니唯유
聖셩者쟈ㅣ아能능之지니라
君군子ᄌᆞᄂᆞᆫ中듕庸용의依의ᄒᆞ야世세
ᄅᆞᆯ遯돈ᄒᆞ야知디호ᄆᆞᆯ보디몯ᄒᆞ야도悔
회티아니ᄒᆞᄂᆞ니오직聖셩ᄒᆞᆫ者쟈ㅣ아
能능ᄒᆞᆯ디니라

右第十一章

12-1 君군子ᄌᆞ之지道도ᄂᆞᆫ費비而이隱은이니라
君군子ᄌᆞ의道도ᄂᆞᆫ費비코隱은ᄒᆞ니라
12-2 夫부婦부之지愚우로可가以이與여知디
焉언이로디及급其기至지也야ᄒᆞ얀雖슈聖셩
人인이라도亦역有유所소不불知디焉언ᄒᆞ며
夫부婦부之지不불肖쵸로可가以이能능
行ᄒᆡᆼ焉언이로디及급其기至지也야ᄒᆞ얀雖슈

聖셩人인이라도亦역有유所소不불能능焉
언ᄒᆞ며天텬地디之지大대也야로도人인猶유
有유所소憾감이니故고君군子ᄌᆞㅣ語어大
대ᄒᆞᆫ댄天텬下하莫막能능載지焉언ᄒᆞ며語어
小쇼ᄒᆞᆫ댄天텬下하莫막能능破파焉언이니라
夫부婦부의愚우로可가히ᄡᅥ참예ᄒᆞ야
알거시로되그지극호매미처ᄂᆞᆫ비록聖
셩人인이라도ᄯᅩᄒᆞᆫ아디몯ᄒᆞᄂᆞᆫ배이시
며夫부婦부의不불肖쵸로可가히ᄡᅥ能
능히行ᄒᆡᆼᄒᆞᆯ거시로되그지극호매미처

ᄂᆞᆫ비록聖셩人인이라도ᄯᅩᄒᆞᆫ能능티몯
ᄒᆞᄂᆞᆫ배이시며天텬地디의크모로도人
인이오히려憾감ᄒᆞᄂᆞᆫ배이시니故고로
君군子ᄌᆞㅣ大대ᄅᆞᆯ語어ᄒᆞᆯ단댄天텬下
하ㅣ能능히載지티몯ᄒᆞ며小쇼ᄅᆞᆯ語어
ᄒᆞᆯ딘댄天텬下하ㅣ能능히破파티몯ᄒᆞ
ᄂᆞ니라
12-3 詩시云운鳶연飛비戾려天텬ᄒᆞ고魚어躍약
于우淵연이라ᄒᆞ니言언其기上샹下하察찰也
야ㅣ니라

詩예 닐오디 鳶연은 飛비호야 天텬의 戾려호고 魚어는 淵연의셔 躍약혼다 호니

上샹下하의 察찰호미 니르니라

君군子주의 道도는 夫부婦부의 端단을 造조호야 그 至지극호매 미처는 天텬地디예 察찰호느니라

婦부야 及급 其기至지也야ㅣ란 造조端단乎夫부婦부호야 及급其기至지也야 ㅣ 察찰乎天텬地디라

예 察찰호느니라

右우第뎨十십二이章쟝

子주ㅣ 골오샤디 道도ㅣ 人인의 遠원티 아니ㅣ 人인이 道도를 호미 人인의 遠원호면 可가히 써 道도ㅣ 되 몯홀 디니라

子주ㅣ 골오샤디 道도ㅣ 不블遠원人인이니 人인之지 爲위道도而이 遠원人인이면 不블可가以이

爲위道도而이 遠원人인면 可가히 써 道도ㅣ 되디 몯호

爲위道도라

인 어인이어나

子주ㅣ 골오샤디 忠튱恕셔ㅣ 道도의 遠원예 호미 遠원호며 업셔 忠튱恕셔ㅣ 違위道도ㅣ 不블遠원호니 施시諸져己긔 而이 不블願원을 亦역勿믈施시於어

人인이어나

忠튱恕셔ㅣ 道도의 違위호미 遠원티 아니ㅣ니 己긔예 施시호디 願원티 아니티 몯홀

君군子주의 道도ㅣ 四소ㅣ에 丘구ㅣ 未미能능

君군子주之지道도ㅣ 四亽에 丘구ㅣ 未미能능

ㅣ 일로 써 一일 焉언에 所소求구乎子주로 以이事亽父부 ㅣ로디 未미能능也야며 所소求구乎

臣신로 以이事亽君군이로디 以이 써 事亽 君군을 未미能능也야며 所소求구乎弟뎨

以이事亽兄형이로디 以이 써 事亽兄형며 未미能능也야며 所소求구乎朋붕友우

호며 一일 焉언에 子주로 以이事亽父부未미 能능也야며 所소求구乎子주로 未미能능也야며 所소求구乎兄형며 所소求구乎朋붕友우

詩시예 닐오디 伐벌柯가伐벌柯가ㅣ여 그 則측이 遠원티 아니ㅣ니라 執집柯가以이伐벌柯가호디 睨예而이視시之지야 猶유以이爲위遠원

脫예而이 視시之지야 執집柯가ㅣ 柯가로 뻐 視시홈이 遠원호 執집柯가ㅣ 뻐 伐벌柯가호

伐벌柯가ㅣ 柯가여 그 則측은 遠원티 아니 ㅣ니 柯가를 執집호야 뻐 柯가를 伐벌호디 睨예호야 視시호매 오히려 뻐 遠원타 호느니 故고로 君군子주는 人인으로 써 人인을 治티호다가 改기호 而이 止지티 몯호

故고로 君군子주는 以이人인治티人인

〔上段〕

君군子ᄌᆞᅵ 先션施시之지ᄅᆞᆯ 未미能ᄂᆡᆼ也야ᅵ니로
庸용德덕之지行ᄒᆡᆼᄒᆞ며 庸용言언之지謹근홀ᄯᅵ니
有유所소不블足죡이어든 不블敢감不블勉면ᄒᆞ며
有유餘여ᅵ어든 不블敢감盡진言언이니
君군子ᄌᆞᅵ 胡호不블慥조爾ᅀᅵ리오
言언顧고行ᄒᆡᆼᄒᆞ며 行ᄒᆡᆼ顧고言언이니

君군子ᄌᆞ의 道도ᅵ 네히로ᄃᆡ 丘구ᅵ 一일도
能능티 몯ᄒᆞ노니 子ᄌᆞ의게 求구ᄒᆞᄂᆞᆫ바로ᄡᅥ
君군을 섬기기를 能능티 몯ᄒᆞ며 弟뎨의게
求구ᄒᆞᄂᆞᆫ바로ᄡᅥ 兄형을 섬기기를 能능티
몯ᄒᆞ며 朋붕友우의게 求구ᄒᆞᄂᆞᆫ바로 몬져 施시
ᄒᆞ기를 能능티 몯ᄒᆞ노니 庸용德덕을 行ᄒᆡᆼᄒᆞ며
庸용言언을 謹근ᄒᆞ야 足죡디 몯ᄒᆞᆫ배 잇거든
敢감히 勉면티 아니티 아니ᄒᆞ며 餘여ᅵ 잇거든
敢감히 盡진티 아니ᄒᆞ야 言언이 行ᄒᆡᆼ을 顧고ᄒᆞ며
行ᄒᆡᆼ이 言언을 顧고ᄒᆞ면 君군子ᄌᆞᅵ 엇디 慥조
慥조티 아니ᄒᆞ리오

十三

〔下段〕

右우第뎨十십三삼章쟝

君군子ᄌᆞᅵ 素소其기位위而이行ᄒᆡᆼᄒᆞ고 不블
願원乎호其기外외ᅵ니라
君군子ᄌᆞᄂᆞᆫ 其기位위예 素소ᄒᆞ야 行ᄒᆡᆼᄒᆞ고 그
外외ᄅᆞᆯ 願원티 아니ᄒᆞᄂᆞ니라
素소富부貴귀ᄒᆞ얀 行ᄒᆡᆼ乎호富부貴귀ᄒᆞ며 素소貧
빈賤쳔ᄒᆞ얀 行ᄒᆡᆼ乎호貧빈賤쳔ᄒᆞ며 素소夷이狄
뎍ᄒᆞ얀 行ᄒᆡᆼ乎호夷이狄뎍ᄒᆞ며 素소患환難난
ᄒᆞ얀 行ᄒᆡᆼ乎호患환難난ᄒᆞᄂᆞ니 君군子ᄌᆞᄂᆞᆫ 無무
入입而이不블自ᄌᆞ得득焉언이니라
富부貴귀예 素소ᄒᆞ얀 富부貴귀예 行ᄒᆡᆼᄒᆞ며 貧빈
賤쳔의 素소ᄒᆞ얀 貧빈賤쳔의 行ᄒᆡᆼᄒᆞ며 夷이
狄뎍의 素소ᄒᆞ얀 夷이狄뎍의 行ᄒᆡᆼᄒᆞ며 患환
難난의 素소ᄒᆞ얀 患환難난의 行ᄒᆡᆼᄒᆞᄂᆞ니 君
군子ᄌᆞᄂᆞᆫ 入입ᄒᆞᆫ ᄃᆡ 自ᄌᆞ得득디 몯홀 ᄃᆡ 업ᄃᆞ니 君
군子ᄌᆞᅵ니라

在ᄌᆡ上샹位위ᄒᆞ야 不블陵릉下하ᄒᆞ며 在ᄌᆡ下하
位위ᄒᆞ야 不블援원上샹이오 正졍己긔而이不블
求구於어人인則즉無무怨원이니 上샹不블
怨원天텬ᄒᆞ며 下하不블尤우人인이니라

十四

上샹位위예이셔下하를陵릉티아니ᄒ
며下하位위예이셔上샹을援원티아니ᄒ
고己긔를正졍코人인의게求구티아니
ᄒ면怨원이업스면怨원이업슬디니上샹으로天텬
을怨원티아니ᄒ며下하로人인을尤우
티아니ᄒᄂ니라
故고로君군子ᄌᆞᄂᆞᆫ居거易이ᄒ야ᄡᅥ
小쇼人인은行ᄒᆡᆼ險험ᄒ야ᄡᅥ徼요幸ᄒᆡᆼ을求구ᄒᄂ니라

故고로君군子ᄌᆞᄂᆞᆫ易이예居거ᄒ야ᄡᅥ
命명을俟ᄉᆞ고小쇼人인은險험을行ᄒ야ᄡᅥ徼요幸ᄒᆡᆼ을求구ᄒᄂ니라

子ᄌᆞᅵ曰왈射샤ᅵ有유似ᄉᆞ乎호君군子ᄌᆞᄒ니
失실諸져正졍鵠곡이어든反반求구諸져
其기身신이니라

子ᄌᆞᅵ글ᄋᆞ샤ᄃᆡ射샤ᅵ君군子ᄌᆞᅵᆺ토
ᄆᆡ이시니正졍과鵠곡의失실ᄒ거든도
라그身신의求구ᄒ다ᄒ시니라

右第十四章

君군子ᄌᆞ之지道도ᅵ辟벽如여行ᄒᆡᆼ遠원
必필自ᄌᆞ邇이며辟벽如여登등高고必필
自ᄌᆞ卑비니

君군子ᄌᆞ의道도ᅵ辟벽컨댄遠원의行ᄒᆡᆼ
호매반ᄃ시邇이로브터홈ᄀᆞᆮᄐ며辟벽
컨댄高고의登등호매반ᄃ시卑비로
브터홈ᄀᆞᆮᄐᄂ니라

詩시曰왈妻쳐子ᄌᆞ好호合합이如여鼓고
瑟슬琴금ᄒ며兄형弟뎨既긔翕흡ᄒ야和화樂락
且챠耽담ᄒ며宜의爾이室실家가ᄒ며樂락
爾이妻쳐帑노ᅵ라ᄒᄂᆞᆯ

詩시예妻쳐子ᄌᆞ의好호合합호미瑟슬
을鼓고ᄒ고琴금을皷고홈ᄀᆞᆮ고兄형弟뎨既긔
이翕흡ᄒ야和화樂락ᄒ고ᄯᅩ耽담ᄒ며
爾이의室실家가를宜의ᄒ며爾이의妻쳐
帑노를樂락게ᄒ다ᄒᆞᆯᄃᆡ

子ᄌᆞᅵ曰왈父부母모ᅵ其기順슌矣의乎호
ᅵ신뎌라

子ᄌᆞᅵᆨᄅᆞ샤ᄃᆡ父부母모ᅵ그順슌ᄒᆞ
딘뎌ᄒ시니라

右第十五章

子ㅈ曰왈鬼귀神신之지爲위德덕이 其기
盛셩矣의乎호ㅣㄴ뎌

子ㅈㅣ ㄹ오샤디鬼귀神신의德덕이론
디그셩盛ㅎ며

視시之지而이弗블見견ㅎ며
聽텽之지而이弗블聞문ㅎ데로體톄物물而이不블可가遺유ㅣ니

視시ㅎ야見견티몯ㅎ며聽텽ㅎ야聞문
티몯ㅎ디物믈의體톄ㅎ야可가히遺유

使ㅅ天텬下하之지人인으로齊ㅣ明명ㅎ며盛셩服
ㅎ여곰天텬下하의人인으로ㅎ여곰齊지明명ㅎ며盛셩服
以이承ㅎ야承승ㅎ야承祭제祀ㅅㅎ고

洋洋양洋양乎호如여在ㅎ
如여在ㅈ在其기上샹ㅎ며如여在지其기左자

右우ㅣ니

明명ㅎ며盛셩服복을盛셩히ㅎ야承승ㅎ며
天텬下하의人인으로ㅎ여곰齊지明명ㅎ며祭제祀ㅅㅎ며
洋洋양洋양히ㅎ야그上샹의잇ㅅ듯ㅎ며그左자右우의잇ㅅ

詩시曰왈神신之지格격思ㅅㅣ不블可가
도ㅎ며그左자右우의잇ㅅ듯ㅎ니라

度탁思ㅅ인ㅣ쳐신可가히射역思ㅅ니아ㅣㅎ
詩시예ㄹ오디神신의格격호미可가히射역思ㅅ니

度탁度디몯ㅎ거시온ㅎ며可가히射역
夫부微미之지顯현이나誠셩之지可가히射역

微미의顯현호미니誠셩의可가히掩엄
夫부微미ㅎ며如여此ㅊ夫부ㅣ라

티몯ㅎ호미이ㅌ더誠셩의可가히掩엄호미如여此ㅊ夫부ㅣ라

右第十六章

子ㅈ曰왈舜슌은 其기大대孝효也야與여ㅣ뎌

子ㅈㅣ ㄹ오샤디舜슌은그큰孝효ㅣ신

德덕為위聖셩人인이시고尊존富부有유四ㅅ海海之지內ㄴ며天
德덕이聖셩人인이되시고富부ㅣ四ㅅ海內

子ㅈㅣ고ㄹ샤디舜슌은그큰孝효ㅣ신
려德덕이聖셩人인이되시고富부ㅣ四ㅅ海해

宗종廟묘饗향之지ㅎ시며子ㅈ孫손保보
天텬下하子ㅈㅣ되시고富부尊존ㅎ미

之지라며
안ㅎ두샤宗종廟묘ㅣ饗향ㅎ시며子ㅈ

故고大대德덕은必필得득其기位위
孫손이保보ㅎ니라

故고로大대德덕은必필得득其기位위ㅎ며必

必필得득其기祿록ᄒᆞ며 必필得득其기名명ᄒᆞ며

ᄆᆞᆯ을어드며반ᄃᆞ시그名명ᄒᆞ

머반ᄃᆞ시그祿록을어드며반ᄃᆞ시그壽슈를어드ᄂᆞ니

故고로큰德덕은반ᄃᆞ시그位위ᄅᆞᆯ어드

라

故고天텬之지生ᄉᆡᆼ物믈을이

비之지고故고傾경者쟈ᄂᆞᆫ覆복之지ᄂᆞ니라

材ᄌᆡ而이篤독焉언ᄒᆞ나니

故고로天텬의物믈을을生ᄉᆡᆼᄒᆞ기반ᄃᆞ시

그材ᄌᆡᄅᆞᆯ因인ᄒᆞ야篤독히ᄒᆞᄂᆞ니故고로

栽ᄌᆡᄒᆞᄂᆞᆫ者쟈ᄂᆞᆯ培비ᄒᆞ고傾경ᄒᆞᄂᆞ니故고로

栽ᄌᆡ者쟈ᄂᆞᆫ培

中庸諺解　十九

詩시曰왈嘉가樂락君군子ᄌᆞ여

ᄌᆞ물覆복ᄒᆞᄂᆞᆫ者쟈ᄂᆞᆫ宜의民민宜의人이라受슈

詩시예ᄀᆞᆯ오ᄃᆡ嘉가樂락ᄒᆞᆫ君군子ᄌᆞᅵ여憲헌憲헌

令령德덕이로다君군子ᄌᆞᆯ

令령德덕自ᄌᆞ天텬申신之지라ᄒᆞᆫ○憲헌當당作작顯현

祿록于우天텬ᄒᆞ노라保보佑우命명

고自ᄌᆞ天텬申신之지라ᄒᆞ니

詩시예ᄀᆞᆯ오ᄃᆡ嘉가樂락ᄒᆞᆫ君군子ᄌᆞᅵ

여顯현顯현令령德덕이로다民민

의宜의ᄒᆞ며人인의宜의ᄒᆞᆫ디라天텬쇠

祿록을受슈ᄒᆞ거놀保보ᄒᆞ며佑우ᄒᆞ며

命명ᄒᆞ시고天텬으로브터申신ᄒᆞ시다

ᄒᆞ니

故고大대德덕者쟈ᄂᆞᆫ必필受슈命명이라

故고로큰德덕안者쟈ᄂᆞᆫ반ᄃᆞ시命명을

受슈ᄒᆞᆯ디니라

右우第뎨十십七칠章장

中庸諺解　二十

子ᄌᆞᆯ日왈無무憂우者쟈ᄂᆞᆫ其기惟유文문

王왕乎호신뎌以이王왕季계為위父부ᄒᆞ시고

文문王왕이신뎌王왕季계로ᄡᅥ父부ㅣ

되시고武무王왕으로ᄡᅥ子ᄌᆞㅣ되시니

父부ㅣ作작ᄒᆞ야시ᄂᆞᆯ子ᄌᆞㅣ述슐ᄒᆞ시

니라

之지緒셔를子ᄌᆞㅣ述슐ᄒᆞ시니라

子ᄌᆞㅣᄀᆞ로샤ᄃᆡ시름업스니ᄂᆞᆫ그오직

武무王왕이신뎌

武무王왕이纘찬大대王왕王왕季계文문

王왕之지緒셔ᄅᆞᆯ纘찬ᄒᆞ샤壹일戎융衣의而이有유

天텬下하ᄒᆞ샤身신不블失실天텬下하之지

顯현名명ᄒᆞ시ᄂᆞ니

니라

天텬下하之지緒셔ᄅᆞᆯᄒᆞ샤

尊존為위天텬子ᄌᆞᄒᆞ시고

富부有유四ㅅ海ᄒᆡ之지內ᄂᆡᄅᆞᆯ두샤 宗종廟묘ㅣ
饗향之지ᄒᆞ시며 子ㅈ孫손이 保보之지ᄒᆞ니라

武무王왕이 末말애 命명을 受슈ᄒᆞ야시ᄂᆞᆯ 周쥬公공이

海ᄒᆡ히 天텬子ㅈㅣ 되시고 富부ᄂᆞᆫ 饗향ᄒᆞ미 四ㅅ

子ㅈ孫손이 안흐투샤 宗종廟묘ㅣ 饗향ᄒᆞ시며

호ᄆᆡ 天텬下하의 顯현ᄒᆞᆫ 名명을 일티 아니ᄒᆞ시며 尊존

武무王왕의 緖셔ᄅᆞᆯ 纘찬ᄒᆞ샤 文문王왕의 호매 天텬下하ᄅᆞᆯ 두샤 몸이

武무王왕이 大태王왕 王왕季계

이 成셩 文문武무之지 德덕ᄒᆞ샤 追튜王왕 大태王왕 王왕季계ᄅᆞᆯ 上샹 祀ᄉᆞ先션公공 二十一

此ㅣ 天텬子ㅈ之지 禮례니 斯ㅅ禮례也야ㅣ

야ㅣ 達달乎호 諸져侯후 大대夫부及급士ㅅ

ㅅ庶셔人인이니 父부ㅣ 大대夫부ㅣ오

為위士ㅅ면 葬장以이大대夫부코 子ㅈㅣ

為위士ㅅㅣ어 父부ㅣ 為위大대夫부ㅣ 되면

ㅅ士ㅅ코 祭졔以이士ㅅᄒ며 父부ㅣ

夫부면 葬장以이士ㅅ코 祭졔以이大대夫부

이ㅅ고 父부ㅣ

夫부ㅣ 葬장以이士ㅅ코 祭졔以이大대夫부ㅣ

니 期긔之지喪상은 達달乎호大대夫부ㅣ

고 三삼年년之지喪상은 達달乎호天텬子ㅈ

父부母모之지喪상은 無무貴귀賤쳔

一일也야ㅣ니라

葬장코 士ㅅ로ᄡᅥ 祭졔ᄒᆞ고 父부

ㅣ 되고 子ㅈㅣ 大대夫부ㅣ 되면 士ㅅ로

버 葬장ᄒᆞ고 祭졔ᄒᆞᄃᆞ니 期긔

ㅣ 윗 葬장홈은 大대夫부로ᄡᅥ

삼年년 윗喪상은 大대夫부의게

ᄒᆞ고 三삼年년 윗喪상은 天텬

父부母모의 喪상은 貴귀賤쳔이 업ᄉᆞ니가

지니라

右우第뎨十십八팔章장

子ㅈㅣ 曰왈 武무王왕 周쥬公공은 其긔 達달

孝효矣의乎호ㅣ신뎌

子(ᄌᆞ)ㅣ ᄀᆞᆯᄋᆞ샤ᄃᆡ 武(무)王(왕)과 周(쥬)公(공)은 그 達(달)ᄒᆞᆫ 孝(효)ㅣ신뎌

夫(부)孝(효)者(쟈)ᄂᆞᆫ 善(션)繼(계)人(인)之(지)志(지)ᄒᆞ며 善(션)述(슐)人(인)之(지)事(ᄉᆞ)者(쟈)也(야)ㅣ니라

孝(효)ᄂᆞᆫ 人(인)의 志(지)ᄅᆞᆯ 잘 繼(계)ᄒᆞ며 人(인)의 事(ᄉᆞ)ᄅᆞᆯ 잘 述(슐)ᄒᆞᄂᆞᆫ 者(쟈)ㅣ니라

春(츈)秋(츄)에 修(슈)其(기)祖(조)廟(묘)ᄒᆞ며 陳(딘)其(기)宗(종)器(긔)ᄒᆞ며 設(셜)其(기)裳(상)衣(의)ᄒᆞ며 薦(쳔)其(기)時(시)食(식)이니라

春(츈)秋(츄)애 그 祖(조)廟(묘)ᄅᆞᆯ 修(슈)ᄒᆞ며 그 宗(종)器(긔)ᄅᆞᆯ 陳(딘)ᄒᆞ며 그 裳(상)衣(의)ᄅᆞᆯ 設(셜)ᄒᆞ며 그 時(시)食(식)을 薦(쳔)ᄒᆞᄂᆞ니라

中庸詩解 二十三

宗(종)廟(묘)之(지)禮(례)ᄂᆞᆫ 所(소)以(이)序(셔)昭(쇼)穆(목)也(야)ㅣ오 序(셔)爵(쟉)은 所(소)以(이)辨(변)貴(귀)賤(쳔)也(야)ㅣ오 序(셔)事(ᄉᆞ)ᄂᆞᆫ 所(소)以(이)辨(변)賢(현)也(야)ㅣ오 旅(려)酬(슈)에 下(하)爲(위)上(샹)은 所(소)以(이)逮(톄)賤(쳔)也(야)ㅣ오 燕(연)毛(모)ᄂᆞᆫ 所(소)以(이)序(셔)齒(치)也(야)ㅣ니라

宗(종)廟(묘)의 禮(례)ᄂᆞᆫ 昭(쇼)穆(목)을 序(셔)ᄒᆞᄂᆞᆫ 배오 爵(쟉)을 序(셔)홈은 貴(귀)賤(쳔)

을 辨(변)ᄒᆞᄂᆞᆫ 배오 事(ᄉᆞ)ᄅᆞᆯ 序(셔)홈은 賢(현)을 辨(변)ᄒᆞᄂᆞᆫ 배오 旅(려)酬(슈)에 下(하)ㅣ 上(샹)을 爲(위)홈은 賤(쳔)에 逮(톄)ᄒᆞᄂᆞᆫ 배오 燕(연)毛(모)로 ᄒᆞ모ᄆᆞᆫ 齒(치)ᄅᆞᆯ 序(셔)ᄒᆞᄂᆞᆫ 배니라

踐(쳔)其(기)位(위)ᄒᆞ야 行(ᄒᆡᆼ)其(기)禮(례)ᄒᆞ며 奏(주)其(기)樂(악)ᄒᆞ며 敬(경)其(기)所(소)尊(존)ᄒᆞ며 愛(ᄋᆡ)其(기)所(소)親(친)ᄒᆞ며 事(ᄉᆞ)死(ᄉᆞ)如(여)事(ᄉᆞ)生(ᄉᆡᆼ)ᄒᆞ며 事(ᄉᆞ)亡(망)如(여)事(ᄉᆞ)存(존)이 孝(효)之(지)至(지)也(야)ㅣ니라

그 位(위)ᄅᆞᆯ 踐(쳔)ᄒᆞ야 그 禮(례)예 ᄅᆞᆯ 行(ᄒᆡᆼ)ᄒᆞ며 그 樂(악)을 奏(주)ᄒᆞ며 그 尊(존)ᄒᆞ신 바ᄅᆞᆯ 敬(경)ᄒᆞ며 그 親(친)ᄒᆞ신 바ᄅᆞᆯ 愛(ᄋᆡ)ᄒᆞ며 死(ᄉᆞ)ᄅᆞᆯ 事(ᄉᆞ)호ᄃᆡ 生(ᄉᆡᆼ)을 事(ᄉᆞ)홈ᄀᆞ티 ᄒᆞ며 亡(망)을 事(ᄉᆞ)호ᄃᆡ 存(존)을 事(ᄉᆞ)홈ᄀᆞ티 홈이 孝(효)의 至(지)홈이니라

中庸諺解 二十四

郊(교)社(샤)之(지)禮(례)ᄂᆞᆫ 所(소)以(이)事(ᄉᆞ)上(샹)帝(뎨)也(야)ㅣ오 宗(종)廟(묘)之(지)禮(례)ᄂᆞᆫ 所(소)以(이)祀(ᄉᆞ)乎(호)其(기)先(션)也(야)ㅣ니 明(명)乎(호)郊(교)社(샤)之(지)禮(례)와 禘(톄)嘗(상)之(지)義(의)면

郊(교)社(샤)의 禮(례)ᄂᆞᆫ 上(샹)帝(뎨)ᄅᆞᆯ 事(ᄉᆞ)ᄒᆞᄂᆞᆫ 배오 宗(종)廟(묘)의 禮(례)ᄂᆞᆫ 그 先(션)을 祀(ᄉᆞ)ᄒᆞᄂᆞᆫ 배니 郊(교)社(샤)의 禮(례)와 禘(톄)嘗(상)의 義(의)

머니

治티國구이 其기如여示시諸져 掌쟝乎호

郊교社샤의 禮례예는 써 上샹帝뎨를 事사호는배오 宗종廟묘의 禮례는 그 先선을 祀ᄉᆞ호는배니 郊교社샤의 禮례와

太태祖샹의 義의와 禘뎨嘗샹의 禮례明명호면 國구을 治티호면

호기 그 掌쟝을 봄ᄀᆞ톤뎌

右第十九章

哀ᄋᆡ公공이 問문政정호신대

[中庸諺解] 二十五

子ᄌᆞ曰왈文문武무之지政정이 布포在저

方방策책의 퍼이시니 그 人인이 存존혼 則즉 그 政정

息식이니

子ᄌᆞㅣ ᄀᆞ르샤디 文문武무의 政정이 方방策책의 퍼이시니 그 人인이 存존호면 그 政정이 擧거호고 그 人인이 亡망호면 그 政정이 息식호ᄂᆞ니이다

그 政정이 息식호ᄂᆞ니

人인道도는 敏민政정호고 地디道도는 敏민호니 者쟈는 蒲포盧로也야ㅣ라

樹슈인호ᄂᆞ니 夫부政정也야者쟈는 蒲포盧로也야

야이니다

人인의 道도는 政정애 敏민호고 地디道도는 樹슈애 敏민호니 政정은 蒲포盧로ㅣ라

道도는 樹슈ㅣ오 敏민호니

故고로 爲위政정이 在지人인호니 取췌人인以이

身신을 修슈호디 以이道도ㅣ오 修슈道도以이

이 仁인이니

故고로 政정을 호기 人인의게 이시니 人인

故고로 政정을 取췌호디 身신으로써 호디 道도로써 호고 道도를 修슈호디

을 修슈호디 道도로써 호디 修슈

[中庸諺解] 二十六

仁인者쟈는 人인也야니 親친親친을 爲위大대호고 義의者쟈는 宜의也야니 尊존賢현을 爲위大대호니

仁인은 人인이니 親친親친을 親친홈이 크고 賢현을 尊존호미

호디 仁인으로써 ᄒᆞ니이다

親친親친之지殺새와 尊존賢현之지等등은 禮례의 生성也야ㅣ니라

義의는 宜의ㅣ니 親친親친을 親친호며 賢현을 尊존호미 크고

親친親친의 殺새와 尊존賢현을 尊

在재下하位위不불獲획乎호上샹民민不불可가得득而治티矣의

在재下하位위호야 上샹의 得득디 못호면 民민을 可가히 得득디 못ᄒᆞ야 治티ᄒᆞ리라

20-6

故고로君군子ᄌᆞ눈 不블可가以이不블修슈

身신이니思ᄉᆞ修슈身신인댄不블可가以이不블

事ᄉᆞ親친이오思ᄉᆞ事ᄉᆞ親친인댄不블可가

以이不블知디人인이오思ᄉᆞ知디人인인댄不블

可가以이不블知디天텬이니라

故고로君군子ᄌᆞ눈可가히뻐身신을修슈티아니티아

니티몯ᄒᆞᆯ디니身신을修슈홈을思ᄉᆞ홀

딘댄可가히뻐親친을事ᄉᆞ티아니티아니티몯ᄒᆞᆯ

디오親친을事ᄉᆞ홈을思ᄉᆞ홀딘댄可가히뻐人인을知디

티아니티몯ᄒᆞᆯ디오人인을知디홈을思ᄉᆞ홀

딘댄可가히뻐天텬을知디티아니티몯ᄒᆞᆯ디니라

中庸諺解　二十六

20-7

天텬下하의達달道도ㅣ五오애所소以이

行ᄒᆡᆼ之지者쟈ㅣ三삼이니曰왈君군臣신

也야와父부子ᄌᆞ也야와夫부婦부也야와

昆곤弟뎨也야와朋붕友우之지交교也야ㅣ

五오者쟈ᄂᆞᆫ天텬下하의達달道도也야ㅣ

오知디仁인勇용三삼者쟈ᄂᆞᆫ天텬下하의

達달德덕也야ㅣ니所소以이行ᄒᆡᆼ之지者쟈ᄂᆞᆫ

中庸諺解　二十七

20-8

一일也야ㅣ니라

天텬下하의達달道도ㅣ다ᄉᆞᆺ새뻐行ᄒᆡᆼ

ᄒᆞᄂᆞᆫ배세히니곧은君군臣신과父부

子ᄌᆞ와夫부婦부며와昆곤弟뎨며와朋붕友우

의交교也다ᄉᆞᆺ者쟈ᄂᆞᆫ天텬下하의達달道도

ㅣ오知디와仁인과勇용세ᄒᆞ의達달德덕이니뻐行ᄒᆡᆼᄒᆞᄂᆞᆫ배

天텬下하의達달德덕이니뻐行ᄒᆡᆼᄒᆞᄂᆞᆫ

ㅣ니ᄒᆞᆫ가지라

中庸諺解　二十八

或혹生ᄉᆡᆼ而이知디之지ᄒᆞ며或혹學ᄒᆞᆨ而이

知디之지ᄒᆞ고或혹困곤而이知디之지ᄒᆞᄂᆞ니

及급其기知디之지一일也야ㅣ니라或혹安안

而이行ᄒᆡᆼ之지ᄒᆞ며或혹利리而이行ᄒᆡᆼ之지

ᄒᆞ고或혹勉면强강而이行ᄒᆡᆼ之지ᄒᆞᄂᆞ니及급

其기成셩功공一일也야ㅣ니라

或혹生ᄉᆡᆼ ᄒᆞᆫ고知디ᄒᆞ며或혹學ᄒᆞᆨᄒᆞ야

知디ᄒᆞ고或혹困곤ᄒᆞ야知디ᄒᆞᄂᆞ니그

知디홈에미처ᄂᆞᆫ호가지오或혹安안

ᄒᆞ야行ᄒᆡᆼᄒᆞ며或혹利리ᄒᆞ야行ᄒᆡᆼᄒᆞ고或혹

勉면强강ᄒᆞ야行ᄒᆡᆼᄒᆞᄂᆞ니그功공을

成셩호매미처ᄂᆞᆫ호가지니이다

子曰好學은 近乎知호고 力行은 近乎仁호고 知恥는 近乎勇이니라

知斯三者면 則知所以修身이오 知所以修身이면 則知所以治人이오 知所以治人이면 則知所以治天下

中庸諺解 二十九

下國家矣라 凡為天下國家ㅣ 有九ㅣ니 經에 曰修身也와 尊賢也와 親親也와 敬大臣也와 體群臣也와 子庶民也와

修身則道立고 尊賢則不惑고 親親則諸父昆弟不怨고 敬大臣則不眩고 體群臣則士之報禮重고 子庶民則百姓勸고 來百工則財用足고 柔遠人則四方歸之고 懷諸侯則天下畏之니라

中庸諺解 三十

庶民과 來百工과 柔遠人과 懷諸侯니라

修身則道立고 尊賢則不惑호며 親親則諸父昆弟不怨호며 敬大臣則不眩호고 體群臣則士之報禮重호고 子庶民則百姓勸호고 來百工則財用足호고 柔遠人則四方歸之호고 懷諸侯則天下畏之니라

中庸諺解

天ᄒᆞ면 諸져父부ㅣ며 昆곤弟뎨ㅣ 怨원
티아니ᄒᆞ고 大대臣신을 敬경ᄒᆞ면 眩현
티아니ᄒᆞ고 羣군臣신을 體톄ᄒᆞ면 士ᄉ
의 禮례로 報보ᄒᆞ미 重듕ᄒᆞ고 庶셔民민
을 子ᄌᆞᄒᆞ면 百빅姓셩이 勸권ᄒᆞ고 百빅
工공을 來ᄅᆡ人인ᄒᆞ면 財ᄌᆡ用용이 足죡ᄒᆞ고
遠원人인을 柔유ᄒᆞ면 四ᄉᆞ方방이 歸귀
ᄒᆞ고 諸져侯후를 懷회ᄒᆞ면 天텬下하ㅣ
畏외ᄒᆞᄂᆞ니이다

齊지明명盛셩服복ᄒᆞ야 非비禮례어든 不블動동
所소以이 修슈身신也야ㅣ오 去거讒참遠원
色ᄉᆡᆨᄒᆞ며 賤쳔貨화ᄒᆞ고 而이貴귀德덕은 所소
以이 勸권賢현也야ㅣ오 尊존其기位위ᄒᆞ며 重듕
其기祿록ᄒᆞ며 同동其기好호惡오ᄂᆞᆫ 所소
以이 勸권親친親친也야ㅣ오 官관盛셩任임
使ᄉᆞᄂᆞᆫ 所소以이 勸권大대臣신也야ㅣ오
使ᄉᆞᄂᆞᆫ 所소以이 勸권大대臣신也야ㅣ오 忠튱
信신重듕祿록은 所소以이 勸권士ᄉᆞ也야ㅣ오
時시使ᄉᆞ薄박斂렴은 所소以이 勸권百빅
姓셩也야ㅣ오 日일省셩月월試시ᄒᆞ야 既긔
稟름稱칭事ᄉᆞᄂᆞᆫ 所소以이 勸권百빅工
ᄒᆞ며 月월로 試시ᄒᆞ야 既긔稟름을 이事ᄉᆞ

— 三十一

공也야ㅣ오 送숑往왕迎영來ᄅᆡᄒᆞ며 嘉가善션
而이矜긍不블能능은 所소以이 柔유遠원
人인也야ㅣ오 繼계絕졀世세ᄒᆞ며 擧거廢폐國국
ᄒᆞ며 治티亂란持디危위ᄒᆞ며 朝됴聘빙以이
時시ᄒᆞ며 厚후往왕而이薄박來ᄅᆡᄂᆞᆫ 所소以이
懷회諸져侯후也야ㅣ니

齊지ᄒᆞ며 明명ᄒᆞ며 盛셩服복을 盛셩히
禮례아니어든 動동티아니ᄒᆞ며 讒참을
遠원ᄒᆞ며 諸져ᄂᆞᆫ 貨화를 賤쳔히ᄒᆞ고
을 修슈ᄒᆞᄂᆞᆫ 배라 讒참을 遠원ᄒᆞ며
을 貴귀히ᄒᆞ니 ᄎᆞ로 賢현을 勸권ᄒᆞᄂᆞᆫ
오 그 好호惡오를 ᄒᆞᆫ가지로 ᄒᆞ모로
히ᄒᆞ며 그 祿록을 重듕히ᄒᆞ며 그
盛셩ᄒᆞ며 觀친을 勸권ᄒᆞᄂᆞᆫ 배오 官관이
觀친을 勸권ᄒᆞᄂᆞᆫ 홈을 勸권ᄒᆞᄂᆞᆫ 배오
信신을 重듕히ᄒᆞ며 士ᄉᆞ를 任임케ᄒᆞ
盛셩ᄒᆞ야 勸권ᄒᆞ야 使ᄉᆞ를 任임케 ᄒᆞ
時시로 使ᄉᆞ를 勸권ᄒᆞᄂᆞᆫ 배오 忠튱
信신을 重듕히ᄒᆞ모로 士ᄉᆞ를 勸권ᄒᆞ고 祿록
을 重듕히ᄒᆞ며 欲렴을 薄박히 ᄒᆞ
百빅姓셩을 勸권ᄒᆞᄂᆞᆫ 배오 日일로 省셩
ᄒᆞ며 月월로 試시ᄒᆞ야 既긔稟름을 이事ᄉᆞ

— 三十二

20-14

애호ᄒᆞ샤 호모버 百빅工공을 勸권ᄒᆞᄂᆞᆫ
배오 往왕을 送송ᄒᆞ며 来ᄅᆡᄅᆞᆯ 迎영ᄒᆞ며
善션을 嘉가ᄒᆞ고 不블能능을 矜긍ᄒᆞᆫ
배라 遠원人인을 柔유ᄒᆞᆫ 배오 絶졀ᄒᆞᆫ 世세
ᄅᆞᆯ 繼계ᄒᆞ며 廢폐ᄒᆞᆫ 國국을 擧거ᄒᆞ며
亂란을 治티ᄒᆞ며 危위ᄅᆞᆯ 持디ᄒᆞ며 朝됴
聘빙을 時시로ᄡᅥ 호며 往왕ᄒᆞᆷ을 厚후ᄒᆞ고
来ᄅᆡᄅᆞᆯ 薄박게ᄒᆞ며 諸져侯후ᄅᆞᆯ
懷회ᄒᆞᄂᆞᆫ 배니이다

凣범爲위天텬下하 國국家가ㅣ 有유九구

〔中庸諺解〕　二十三

20-15

經경이니 所소以이 行ᄒᆞᆼ之지者쟈ㅣ 一일也야ㅣ
니이다
물읫 天텬下하ㅣ며 國국家가ㅣ 몰가아
喜희經경이이企ᄃᆡᄡᅥ 行ᄒᆞᆼᄒᆞᄂᆞᆫ 배ᄒᆞ나히
니이다

凣범事ᄉᆞㅣ 豫예則즉立립ᄒᆞ고 不블豫예則즉
廢폐ᄒᆞᄂᆞ니 言언이 前젼定뎡則즉 不블跲겁ᄒᆞ며
事ᄉᆞㅣ 前젼定뎡則즉 不블困곤ᄒᆞ며 行ᄒᆞᆼ이 前젼
定뎡則즉 不블疚구ᄒᆞ며 道도ㅣ 前젼定뎡則즉
不블窮궁이니라

中庸諺解

20-16

물읫 일이 豫예ᄒᆞ면 立립ᄒᆞ고 豫예티아
니면 廢폐ᄒᆞᄂᆞ니 言언이 前젼의 定뎡ᄒᆞ
면 跲디아니ᄒᆞ며 事ᄉᆞㅣ 前젼의 定뎡ᄒᆞ
면 困곤티아니ᄒᆞ며 行ᄒᆞᆼ이 前젼의 定뎡
ᄒᆞ면 疚구티아니ᄒᆞ며 道도ㅣ 前젼의
定뎡ᄒᆞ면 窮궁티아니ᄂᆞᆯᄃᆞ니이다

在ᄌᆡ下하位위ᄒᆞ야 不블獲획乎호上샹이면 民민
不블可가得득而이治티矣의리니 獲획乎호上샹이
有유道도ㅣ니 不블信신乎호
友우ㅣ면 不블獲획乎호上샹矣의오 信신乎호

〔中庸諺解〕　三十四

朋붕友우ㅣ 有유道도ㅣ니 不블順순乎호親친이면
親친이 不블信신乎호朋붕友우矣의오 順순乎호
親친이 有유道도ㅣ니 反반諸져身신ᄒᆞ야 不블誠셩
이면 不블順순乎호親친矣의오 誠셩
身신이 有유道도ㅣ니 不블明명乎호善션
이면 不블誠셩乎호身신矣의니라

下하位위예이셔 上샹의게 獲획디몯ᄒᆞ면
民민을 可가히 시러곰 治티티몯ᄒᆞ리
니 上샹의게 獲획호미道도ㅣ이시니 朋
友우의게 信신티몯ᄒᆞ면 上샹의게 獲획

희디 몯ᄒᆞᆯ디오 朋붕友우의게 信신호미

道도ㅣ 이시니 親친의게 順슌티 몯ᄒᆞ면

朋붕友우의게 信신홀 道도ㅣ 이시니 몸을

게 順슌호미 道도ㅣ 이시니 親친의게 順슌티 몯ᄒᆞ면

매 順슌ᄒᆞ면 誠셩티 몯ᄒᆞ면 親친의게 順슌티 몯ᄒᆞ며 道도ㅣ 이시니

善션의 明명티 몯ᄒᆞ면 身신을 誠셩호미

홀디오 身신을 誠셩호미 道도ㅣ 이시니

홀디니이다

誠셩者쟈ᄂᆞᆫ 天텬之지道도也야ㅣ오 誠셩者쟈

者쟈ᄂᆞᆫ 人인之지道도也야ㅣ니 誠셩者쟈

[中庸諺解] 不불勉면而이中듕ᄒᆞ며 不불思ᄉᆞ而이得득

誠셩者쟈ᄂᆞᆫ 天텬의 道도ㅣ오 誠셩ᄒᆞ

誠셩者쟈ᄂᆞᆫ 人인의 道도ㅣ니 誠셩ᄒᆞ者쟈ᄂᆞᆫ

執집之지者쟈也야ㅣ니라

야ㅣ오 誠셩之지者쟈ᄂᆞᆫ 擇ᄐᆡᆨ善션而이固고

勉면티 아니ᄒᆞ야도 中듕ᄒᆞ며 思ᄉᆞ티 아니ᄒᆞ야도 得득

聖셩人인이오 誠셩ᄒᆞᄂᆞᆫ 者쟈ᄂᆞᆫ 善션을

독ᄒᆞ야 從죵容용히 道도애 中듕ᄒᆞᄂᆞ니

擇ᄐᆡᆨᄒᆞ야 固고히 執집ᄒᆞᄂᆞᆫ 者쟈ㅣ니

다

博박學ᄒᆞ之지ᄒᆞ며 審심問문之지ᄒᆞ며 慎신思

之지ᄒᆞ며 明명辨변之지ᄒᆞ며 篤독行행

之지ᄒᆞ니라

너비 學ᄒᆞ며 ᄉᆞᆲ펴 問문ᄒᆞ며

ᄒᆞ며 ᄉᆞᆲ펴 볼기 辨변ᄒᆞ며 독실히 行행ᄒᆞᄂᆞ니

이다

有유弗불思ᄉᆞ어니와 思ᄉᆞ之지ᄒᆞ면 弗불得득

弗불措조也야ᄒᆞ며 有유弗불辨변이언뎡 辨변

之지ᄒᆞ면 弗불明명弗불措조也야ᄒᆞ며

弗불行행이언뎡 行행之지ᄒᆞ면 弗불篤독

弗불措조也야ᄒᆞ야 人인一일能능之지어든 己긔

百ᄇᆡᆨ之지ᄒᆞ며 人인十십能능之지어든 己긔千쳔

之지니라

學ᄒᆞ디 아닐디언뎡 學ᄒᆞ면 能능티

몯ᄒᆞ얀 措조티 아니ᄒᆞ며 問문티 아닐디

언뎡 問문ᄒᆞ면 能능티 몯ᄒᆞ얀 措조티 아니

[中庸諺解]

니며 思ᄉ티 아니ᄒᆞᆯ디언뎡 思ᄉᆞ를 ᄒᆞ딘댄 得

디 몯ᄒᆞ얀 措초ᄐᆡ 아니ᄒᆞ며 辨변ᄒᆞ며 辨변티 아닐

딘댄 明명ᄒᆞ며 明명티 몯ᄒᆞᆫ댄 措초ᄐᆡ

딘댄 篤독ᄒᆞ며 行ᄒᆡᆼᄒᆞ며 行ᄒᆡᆼ티 아니ᄒᆞ얀 措초 人인

이 一일을 能능ᄒᆞ거든 己긔ᄂᆞᆫ 百ᄇᆡᆨ을 ᄒᆞ며

人인이 十십을 能능ᄒᆞ거든 己긔ᄂᆞᆫ 千쳔을

ᄒᆞᆯ디니이다

果과히 이 道도롤 能능히 ᄒᆞ면 雖슈愚우ㅣ나 必필

明명ᄒᆞ며 雖슈柔유ㅣ나 必필強강이리라

中庸諺解 三十七

右第二十章

自ᄌᆞ誠셩明명을 謂위之지性셩이오 自ᄌᆞ明
明명으로브터 誠셩ᄒᆞᆫ 則즉을 敎교ㅣ라
誠셩으로브터 明명ᄒᆞᆫ 則즉을 性셩이라 ᄒᆞ고 明

誠셩ᄒᆞ면 明명ᄒᆞ고 明명ᄒᆞ면
라니 ᄒᆞᄂᆞ니 誠셩ᄒᆞ면

면 誠셩ᄒᆞ디니라

右第二十一章

唯유天텬下하ㅣ 至지誠셩이아 能능히 盡진
其기性셩ᄒᆞᆯᄂᆞ니 能능히 其기性셩을 盡진ᄒᆞ면 則즉 能능

히 人인의 性셩을 盡진ᄒᆞᄂᆞ니 能능히 人인의 性셩을 盡진ᄒᆞ면 則즉 能능

히 物물의 性셩을 盡진ᄒᆞ고 能능히 物물의 性셩을 盡진ᄒᆞ면 則즉 可가히

ᄡᅥ 天텬地디의 化화育육을 贊찬ᄒᆞ고 可가히 ᄡᅥ 天텬地디의 化화育육을 贊

찬ᄒᆞ면 則즉 可가히 ᄡᅥ 天텬地디로 더브러 參참ᄒᆞ리니

中庸諺解 十八

오직 天텬下하ㅣ 至지極극ᄒᆞᆫ 誠셩이아 能능

히 그 性셩을 盡진ᄒᆞᆯ디니 能능히 그 性셩을 盡진

ᄒᆞ면 곧 能능히 人인의 性셩을 盡진ᄒᆞ고 能능

히 人인의 性셩을 盡진ᄒᆞ면 可가히 能능

히 物물의 性셩을 盡진ᄒᆞ고 能능히 物물의 性셩을 盡진ᄒᆞ면

히어 天텬地디의 化화育육을 贊찬ᄒᆞᆯ디오 可가히

ᄒᆞ어 天텬地디의 化화育육을 贊찬ᄒᆞ면

可가히 ᄡᅥ 天텬地디로 더브러 參참ᄒᆞ디

니라

右第二十二章

其기次ᄎᆞᆫ致티曲곡이니曲곡이能능有유誠성이니誠성則즉形형ᄒᆞ고形형則즉著뎌ᄒᆞ고著뎌則즉明명ᄒᆞ고明명則즉動동ᄒᆞ고動동則즉變변ᄒᆞ고變변則즉化화ㅣ니唯유天텬下하至지誠성이아爲위能능化화ㅣ니라

右第二十三章

中庸諺解　三十九

至지誠성之지道도ㅣ오可가以이前젼知디니國국家가ㅣ將쟝興흥애必필有유禎정祥샹이잇고國국家가ㅣ將쟝亡망애必필有유妖요孽얼이며見현乎호蓍시龜귀ᄒᆞ며動동乎호四ᄉᆞ體톄라禍화福복將쟝至지예善션을必필先션知디ᄒᆞ며不블善션을必필先션知디ᄒᆞᄂᆞ니故고로至지誠성이如여神신이니라

右第二十四章

誠성者ᄌᆞᄂᆞᆫ自ᄌᆞ成성也야ㅣ오而道도ㅣ自ᄌᆞ道도也야ㅣ니라

誠성者ᄌᆞᄂᆞᆫ物믈之지終죵始시니不블誠성이면無무物믈이니是시故고君군子ᄌᆞᄂᆞᆫ誠성之지為위貴귀ㅣ니라

誠성은스스로成성홈이오道도ᄂᆞᆫ스스로道도ᄒᆞᄂᆞᆫ거시니라

誠성은物믈의終죵始시니誠성아니면物믈이업ᄂᆞᆫ디라是시故고君군子ᄌᆞᄂᆞᆫ誠성을貴귀히너기ᄂᆞ니라

中庸諺解　四十

物물이 업슬디라 이런故고로 君子ㅈ

誠셩눈 誠셩호믈 貴귀히 너기느니라

誠셩者쟈는 非비自自成셩已이而이已이니 所소以이成셩物믈을은 也야ㅣ라 仁인也야ㅣ오 成셩物믈을은 知디也야ㅣ니 性셩之지德덕也야ㅣ니 合합內내外외之지道도也야ㅣ니 故고로 時시措조之지 宜의也야

道도也야ㅣ니 故고로 時시措조之지 宜의也야ㅣ니라

誠셩者쟈는 ᄉᆞᄉᆞ로 己긔를 成셩ᄒ고마 말아니라 所소以이物믈을 成셩호미니 己긔를 成셩호믄 仁인이오 物믈을 成셩호믄 知디니 性셩의德덕이라 內내外외의道도ㅣ물 合합호미니 故고로 時시로 措조호매 宜의호니라

右우第뎨二二十십五오章쟝

故고로 至지誠셩은 無무息식이니

故고로 不블息식則즉久구ᄒ고 久구則즉徵딩ᄒ고

息식디아니면 久구ᄒ고 久구ᄒ면 徵딩

中庸諺解 四十一

微딩則즉悠유遠원ᄒ고 悠유遠원則즉博박厚후ᄒ고 博박厚후則즉高고明명ᄒᆞ니라

厚후ᄒ고 博박厚후悠유遠원則즉高고明명이니

博박厚후所소以이載ᄌ物믈也야ㅣ오 高고明명所소以이覆부物믈也야ㅣ오 悠유久구所소以이成셩物믈也야ㅣ니라

博박厚후ᄂᆞᆫ ᄡ배物믈을 載ᄌᆞᄒᆞᄂᆞᆫ배오 高고明명은 ᄡ배物믈을 覆부ᄒᆞᄂᆞᆫ배오 悠유

博박厚후는 配비地디ᄒ고 高고明명은 配비天텨ᄒ고 悠유久구는 無무疆강이니라

父구ᄂᆞᆫ 物믈을 成셩ᄒᆞᄂᆞᆫ배니라 博박厚후ᄂᆞᆫ 地디ᄅᆞᆯ 配비ᄒ고 高고明명은 天텨을 配비ᄒ고 悠유久구ᄂᆞᆫ 疆강이

中庸諺解 四十二

如여此ᄎ者쟈는 不블見현而이章쟝ᄒ며 不블動동而이變변ᄒ며 無무爲위而이成셩이니라

如여此ᄎ者쟈는 動동而이變변ᄒ며 無무爲위而이成셩이니

업스니라

이ᄆᆞ톤者쟈는 見현ᄐᆡ아녀셔 章쟝ᄒ며

中庸諺解

[26-7]

動동 티아녀셔 變변ᄒᆞ며 ᄒᆞ미업시셔 成성
성ᄒᆞᄂᆞ니라

天텬地디之지道도ㅣ可가一일言언而ᅀᅵ則즉
天텬地디의道도ㅣ可가히一일言언의

盡진也야ㅣ니其기生ᄉᆡᆼ物믈이不블測측이라
其기爲위物믈이不블貳ᅀᅵ이니

디라그物믈을生셩ᄒᆞ미測측디몯게ᄒᆞ
物믈을이룬디貳ᅀᅵ이티아닌

ᄂᆞ니라

[26-8]

天텬地디之지道도는博박也야厚후也야ㅣ니라
中庸前解 四十三 因

高고也야明명也야悠유也야久구也야ㅣ
니

高고也야明명也야悠유也야久구也야ㅣ

天텬地디之지道도는博박홈과厚후홈과
高고과明명홈과悠유홈과久구호미
니라

[26-9]

今금夫부天텬이斯ᄉ昭쇼昭쇼之지多다ㅣ
로ᄃᆡ及급其기無무窮궁也야애日월月월
星셩辰신繫계焉언ᄒᆞ며萬만物믈이覆부焉언
ᄒᆞᄂᆞ니라

今금夫부地디ㅣ一일撮촬土토之지多다
다ㅣ로及급其기廣광厚후애載재華화嶽악

[하단]

악兩량이不블重듕ᄒᆞ며振진河하海ᄒᆡ兩량而ᅀᅵ不블

洩셜ᄒᆞ며萬만物믈이載재焉언ᄒᆞᄂᆞ니今금夫부
山산이一일卷권石셕之지多다ㅣ로ᄃᆡ及급
其기廣광大대애草초木목生ᄉᆡᆼ之지ᄒᆞ며禽금獸슈
居거之지ᄒᆞ며寶보藏장이興흥焉언ᄒᆞ고

今금夫부水슈ㅣ一일勺쟉之지多다ㅣ로ᄃᆡ
及급其기不블測측애黿원鼉타蛟교龍룡
魚어鱉별生ᄉᆡᆼ焉언ᄒᆞ며貨화財ᄌᆡ殖식焉언ᄒᆞᄂᆞ니
라

이제天텬이이昭쇼昭쇼호미한거시로
中庸前解 四十一 因

되그無무窮궁호매及급ᄒᆞ얀日월月월
과星셩辰신이繫계ᄒᆞ며萬만物믈을이더
피여잇고이제地디ㅣ혼줌土토ㅣ한거
시로ᄃᆡ그廣광厚후호매華화
嶽악을載재ᄒᆞ야도重듕티아니ᄒᆞ며河하
海ᄒᆡ를振진ᄒᆞ야도洩셜티아니ᄒᆞ며
萬만物믈을이실며그廣광
卷권石셕이한거시로ᄃᆡ그山산이ᄒᆞ
매及급ᄒᆞ얀草초木목이生ᄉᆡᆼᄒᆞ며禽금
獸슈ㅣ居거ᄒᆞ며寶보藏장이興흥ᄒᆞ고

이제 水슈ㅣ호 勺쟉이 한 거시로딕 그 測

며 蛟교ㅣ며 龍룡이며 魚어ㅣ며 鼈별이
生성ᄒᆞ며 貨화財쟤ㅣ
殖식ᄒᆞᄂᆞ니라

詩시云운維유天텬之지命명이
不블已이니라ᄒᆞ니 蓋개曰왈天텬之지
所소以이
ᄒᆞ야 為위天텬也야ㅣ오 於오乎호
不블顯현가 文문

文문王왕之지德덕之지純슌ㅣ
이 為위天텬之지德덕之지所소以이
ᄒᆞ야 為위文문
文문王왕之지所소以이 為위文문也야ㅣ
純슌亦역不블已이니라

中庸諺解

純슌亦역不블已이니라

文문王왕之지德덕의 純슌
이며 ㅣ

顯현ᄐᆞ아니ᄒᆞ랴 文문王왕의 德덕의 純슌
ᄒᆞ며

天텬이 된 바를 닐오미오 於오乎호
ㅣ라

穆목ᄒᆞ야 已이티 아니타ᄒᆞ니 天텬의 뻐
오마니라

詩시예 닐오딕 天텬의 命명이 於오ㅣ라

右第二十六章

大대哉ᄌᆡ라 聖셩人인之지 道도ㅣ여

오마니라

된신배純슌코 또 호ㄹ이 ㅣ

순ᄒᆞ시미여ᄒᆞ니 文문王왕의 뻐 文문이

그다 聖셩人인의 道도ㅣ여

中庸諺解

洋양洋양乎호 天텬
이로

極극于우天텬이로다

洋양洋양히 萬만物믈을 發발育육ᄒᆞ야 峻쥰

峻쥰乎호히 萬만物믈을 發발育육ᄒᆞ야
極극ᄒᆞ야 天텬의 極극ᄒᆞ얏도다

優우優우大대哉ᄌᆡ라 禮례儀의三삼
千쳔이로

優우優우히 크다 禮례儀의ㅣ 三삼百ᄇᆡᆨ이며
威위儀의ㅣ 三삼千쳔이로다

威위儀의三삼千쳔이로다 禮례儀의의
ㅣ三삼百ᄇᆡᆨ이오
威위儀의의 ㅣ三삼百ᄇᆡᆨ

待ᄃᆡ其기人인而이後후에 行ᄒᆡᆼᄒᆞᄂᆞ니

그 人인을 기드린 而이後후에 行ᄒᆡᆼᄒᆞᄂᆞ니

故고로 曰왈 苟구ㅣ 不블至지德덕이면
至지道도ㅣ
不블凝응ᄒᆞ리라

故고로 曰왈 진실로 至지德덕곳 아니
면 至지道도

故고君군子ᄌᆞ는 尊존德덕性셩而이
道도問문學ᄒᆞᆨ이오 致티廣광大대而이
盡진精졍微미ᄒᆞ며 極극高고明명而이
道도中듕庸용ᄒᆞ며 溫온故고而이
知디新신ᄒᆞ며 敦돈厚후以이
崇숭禮례ᄒᆞᄂᆞ니

故고로 君군子ᄌᆞᄂᆞᆫ 德덕性셩을 尊존ᄒᆞ

고問문學ᄒᆞᆨ을道도호디니廣광大대를
致티ᄒᆞ고精졍微미를盡진ᄒᆞ며高고明명
을極극高고明명ᄒᆞ며中듕庸용을道도ᄒᆞ며故고
로溫온故고ᄒᆞ고新신을知디ᄒᆞ며敦돈厚후
ᄒᆞ고以이崇슝禮례를호디니

是시故고로居거上샹ᄒᆞ야不블驕교ᄒᆞ며爲위下하
ᄒᆞ야不블倍ᄇᆡᄒᆞ야國국이有유道도애其기言언이足죡
히以이興흥國국이며國국이無무道도애其기黙묵
이足죡히以이容용이니詩시예曰왈既긔明명且챠
哲텰이라야以이保보其기身신이라ᄒᆞ니其기此차
之지謂위與여ᄂᆞ며

<small>中庸章解　四十七</small>

保보ᄒᆞ다ᄒᆞ니그이룰닐오민뎌
右우第뎨二十七章

子ᄌㅣ曰왈愚우而이이好호自ᄌ用용ᄒᆞ며賤쳔

而이好호自ᄌ專뎐ᄒᆞ며生ᄉᆡᆼ乎호今금之지
世셰ᄒᆞ야反반古고之지道도ㅣ면如여此차者쟈
ᄂᆞᆫ烖ᄌᆡ及급其기身신者쟈也야ㅣ니라

子ᄌㅣ ᄀᆞᆯ오샤ᄃᆡ愚우코스스로用용ᄒᆞ며賤쳔코스스로專뎐케
ᄒᆞ며今금世셰예生ᄉᆡᆼᄒᆞ야녜ㅅ道도룰反반ᄒᆞ면이런者쟈ᄂᆞᆫ裁ᄌᆡ
그身신의밋ᄂᆞᆫ者쟈ㅣ니라

非비天텬子ᄌㅣ어든不블議의禮례ᄒᆞ며不블制제
度도ᄒᆞ며不블考고文문이니라

<small>中庸章解　四十八</small>

天텬子ᄌㅣ아니면禮례를議의티몯ᄒᆞ
며度도룰制제티몯ᄒᆞ며文문을考고티
몯ᄒᆞᄂᆞ니라

今금天텬下하ㅣ車거ㅣ同동軌궤ᄒᆞ며書셔ㅣ同동
文문ᄒᆞ며行ᄒᆡᆼ이同동倫륜이니라

이제天텬下하ㅣ車거ㅣ軌궤ㅣ同동ᄒᆞ
며書셔ㅣ文문이同동ᄒᆞ며行ᄒᆡᆼ이倫륜이
同동ᄒᆞ니라

雖슈有유其기位위나苟구無무其기德덕
이면不블敢감作작禮례樂악焉언ᄒᆞ며雖슈有유

[28-5 / 29-1]

유其기德덕이 苟구無무其기位위면 亦역

不블敢감作작禮례樂악焉언이니

비록그位위를두나 진실로그德덕이 업며

비록그德덕을두나 진실로그位위 업

스면 敢감히 禮례樂악을 作작디 몯ᄒᆞᆯ디

니라

中庸諺解
四十九

子ᄌᆞ曰왈吾오說설夏하禮례호니 杞긔不블

足죡히 내夏하를 徵딩티 몯ᄒᆞᆯ디오 내殷

존焉언이라 ... 吾오學ᄒᆞᆨ周쥬禮례

宋송存존焉언이어 ... 吾오學ᄒᆞᆨ호周쥬禮례에

子ᄌᆞᆨ기로 足죡히 내夏하를 說설호리라와 내殷

은 禮례물 學ᄒᆞᆨ호니 宋송이제 이잇거니와 내

周쥬禮례물 學ᄒᆞᆨ호니

周쥬를 從죵호리라

右우第뎨二이十십八팔章쟝

王왕天텬下하 有유三삼重듕焉언ᄒᆞ니 其기

天텬下하의 王왕ᄒᆞ기세 重듕이이시니

[29-3 / 29-2]

그過과ᄒᆞ져글 딘뎌

上샹焉언者쟈ᄂᆞᆫ 雖슈善션無무徵딩이니

불徵딩이라 不블信신이오 不블信신라 民민이

不블從죵ᄒᆞᆷ며 下하焉언者쟈ᄂᆞᆫ 雖슈善션不블

尊존이니 不블尊존이라 不블信신이오 不블

信신라 民민이 不블從죵ᄒᆞᆫᄂᆞ니라

中庸諺解
五十

上샹焉언者쟈ᄂᆞᆫ 비록善션ᄒᆞ나 徵딩이업

스니 徵딩이업슨디라 信신티아니코 信

신티아니ᄂᆞᆫᄃᆞ라 民민이 從죵티아니ᄒᆞ

며 下하焉언者쟈ᄂᆞᆫ 비록善션ᄒᆞ나 尊존티

아니ᄒᆞ니 尊존티아니ᄒᆞᆫ디라 信신티아니

코信신티아니ᄂᆞᆫᄃᆞ라 民민이 從죵티아

닛ᄂᆞ니라

故고君군子ᄌᆞ之지道도ᄂᆞᆫ 本본諸져身신

야며 徵딩諸져庶셔民민ᄒᆞ고 考고諸져三삼王왕

而이不블謬뮤며 建건諸져天텬地디而이

不블悖패ᄒᆞ며 質질諸져鬼귀神신而이無무

疑의ᄒᆞ야 百ᄇᆡᆨ世셰以이俟ᄉᆞ聖셩人인而이

不블惑혹이라

故고로君군子ᄌᆞ의道도ᄂᆞᆫ 身신의本본

호야庶서民민의 徵딩호노니三삼王왕의

考고호매謬뉴티아니호며天텬地디예

建건호매悖패티아니호며鬼귀神신의

質질호매의심이업스며百빅世셰예

聖셩人인을俟스호매惑혹디아닐띠니

라

質질諸저鬼귀神신而이無무疑의는

天텬也야ㅣ오百빅世셰以이俟스聖셩人인

而이不블惑혹은知디人인也야ㅣ니라

鬼귀神신의質질호매의심이업소믄天

던을알오미오百빅世셰예뻐聖셩人인

을俟스호매惑혹디아니키노人인을알

中庸諺解　五十一

오미니라

是시故고君군子즈는動동而이世셰為위

天텬下하道도ㅣ니行형而이世셰為위天

下하法법이며言언而이世셰為위天텬下

之지則즉有유望망고近근之

遠원之지則즉不블厭염이니

이런故고로君군子즈는動동호매世셰

로天텬下하의道도ㅣ되느니行형호매

世셰로天텬下하의法법이되며言언호

매世셰로天텬下하의則즉이되느디라

遠원호니는望망흠이잇고近근호니는

厭염티아니ㅣ노니라

詩시曰왈在재彼피無무惡오호며在재

此차無무射역호야庶서幾긔夙夙

無무射역호야庶셔幾긔君군子즈

終죵譽여ㅣ라호니君군子즈ㅣ未미有유於어天

夜야호야以이永영終죵譽여ㅣ라

如여此차而이蚤조有유譽여於어天

下하者쟈也야ㅣ니라

詩시예골오디뎌긔이셔미워

호리업스며거의夙

射역호야리업서거의

스며이에이셔미워홈

中庸諺解　五十二

仲듕尼니는祖조述슐堯요舜슌호시고

章쟝文문은武무祖조述슐

下하襲습水슈土토호시니

仲듕尼니는堯요舜슌을祖조述슐호시

右우第뎨二十九장章

天텬下하君군子즈ㅣ이러티아니코일쪽이

러티아니코일쪽이러

호야리업서거의이

［30-2］

고文문은武무를憲헌章쟝호시며우호로
天텬時시를律律호시고아래로水슈土
토를襲습호시니라

辟벽如여天텬地디之지無무不블持디載
時시之지錯착行힝호며如여日일月월之
代디明명과ㅣ니

辟비컨댄天텬地디의持디載재아닐디
업스며覆부幬도아닐디업合고ㅣ며
辟비컨댄四소時시의錯착行힝호며如여日
일月월之지

［30-3］

트며日일月월의代디호야明명홈ㄱ트
니라

萬만物믈을並병育육而이不블相샹害해
호며道도並병行힝而이不블相샹悖패
德덕은川천流류코大대德덕은敦돈化화
나니

此太ㅣ天텬地디之지所소以이爲위大대
也야ㅣ라

萬만物믈을이並育육호야서르害해티아
니호며道도ㅣ並行힝호야서르悖패
아니호야져근德덕은川천이流류홋
也야ㅣ라

［31-1］

고큰德덕은化화를敦돈히호나니이天텬
던地디의버大대호배니라

　右第三十章

唯유天텬下하ㅣ至지聖셩이아爲위能능聰총
明명睿예知디ㅣ足쪽히써有유臨림也야ㅣ
니寬관裕유溫온柔유ㅣ足쪽히써有유容용
也야ㅣ며發발強강剛강毅의ㅣ足쪽히써有유
執집也야ㅣ며齊지莊장中듕正졍이足쪽히써
有유敬경也야ㅣ며文문理리密밀察찰이
足쪽히써有유別별也야ㅣ니라

으직天텬下하의지극호聖셩이아能능
히聰총明명호며睿예知디호미足쪽히
써臨림홈이이시며寬관裕유溫온柔유
호미이시며發발強강호며剛강毅의
며齊지莊장호며中듕호며正졍호미
足쪽히써敬경호며文문理리호며
足쪽히써別

溥보博박淵연泉천이아ᄒ而이時시出츌之지

溥보博박ᄒᆞ며淵연泉천ᄒᆞ야時시로出
溥보博박은如여天텬ᄒᆞ고淵연泉천은如여
淵연ᄒᆞ니見현而이民민이莫막不블敬경ᄒᆞ며言
언而이民민이莫막不블信신ᄒᆞ며
민莫막不블說열ᄒᆞᄂᆞ니

淵연ᄀᆞᆮ고淵연泉천이見현호매民민이
溥보博박호ᄆᆞᆫ天텬ᄀᆞᆮ고淵연泉천은見현호ᄆᆞᆫ
⊗中庸諺解⊗
니리업스며言언호매民민이信신ᄐᆞ아
니리업스며行ᄒᆡᆼᄒᆞ매民민이說열ᄐᆞ아
니리업스니라
聲셩名명이洋양溢일乎호中듕
國국ᄒᆞ야施시及급變만貊ᄆᆡᆨ이야
소至지人인力력所소通통과舟쥬車거所
是시以이施시ᄒᆞ며行ᄒᆡᆼᄒᆞ며
所소覆부와地디之지所소載ᄌᆡ와日일月월
所소照죠와霜상露로所소隊튜에凡범
有유血혈氣긔者쟈ㅣ莫막不블尊존親친
니ᄒᆞᄂᆞ니故고曰왈配비天텬이니라ᄒᆞ니라

五十五

일로ᄡᅥ聲셩名명이中듕國국의洋양溢일
ᄒᆞ야施시ᄒᆞ야變만貊ᄆᆡᆨ에미처
車거의至지ᄒᆞᄂᆞᆫ바와人인力력의通통
ᄒᆞᄂᆞᆫ바와天텬의力력의通통
지ᄒᆞᄂᆞᆫ바와日일月월의覆부ᄒᆞᄂᆞᆫ바와地디의載ᄌᆡ
상露로의隊튜ᄒᆞᄂᆞᆫ바와霜상
ᄃᆞᆺᄂᆞᆫ者쟈ㅣ導존ᄒᆞ며親친ᄐᆞ아니리업
ᄂᆞᆫ故고로ᄀᆞᆯ오ᄃᆡ天텬을配비ᄒᆞ다ᄒᆞ니
니라

⊗中庸諺解⊗
右우第뎨三삼十십一일章쟝

唯유天텬下하之지至지誠셩이아爲위能능經경
綸륜天텬下하之지大대經경ᄒᆞ며立닙天텬
下하之지大대本본ᄒᆞ며知디天텬地디之지
化화育육ᄂᆞ니夫부焉언有유所소倚의오
오직天텬下하의至지誠셩이아能능히
天텬下하의大대經경을經경綸륜ᄒᆞ며
天텬下하의大대本본을立닙ᄒᆞ며天텬
地디의化화育육을아ᄂᆞ니엇디倚의ᄒᆞᆫ
바ㅣ이시리오

肫쥰肫쥰其기仁인이며淵연淵연其기淵연
배이시리오
地디의化화育육을아ᄂᆞ니엇디倚의ᄒᆞᆫ

五十六

32-3

며이 浩호浩호其기天텬이로
肫쥰肫쥰호其기仁인이며淵연淵연호其기
淵연이며浩호浩호其기天텬이로다
苟구不블固고聰총明명聖셩知디達달天
텬德덕者쟈면이其기孰슉能능知디之지리오
야텬德덕을達달호者쟈ㅣ아니면그
진실로實德덕을達달호者쟈ㅣ아니
뉘能능히알리오

右第三十二章

詩시曰왈衣의錦금尚샹絅경이라호니惡오其기

33-1

中庸章集

詩시曰왈……
기文문之지著뎌也야ㅣ니故고君군子ᄌᆞ老
道도는闇암然연而이日일章쟝호고小쇼
入인之지道도는的뎍然연而이日일亡망
知디遠원之지近근호며知디風풍之지自ᄌᆞ
知디微미之지顯현호면可가與여入입德덕
厭염호며簡간而이文문호며溫온而이理리니不블
美미矣의라
詩시예골오디錦금을衣의호고絅경을
尚샹호다호니그文문의著뎌호믈惡오

33-2

詩시云운潛줌雖슈伏복矣의나亦역孔공
之지昭쇼ㅣ니故고君군子ᄌᆞ
더브러德덕의入입호리니라
호며微미의顯현호믈알면可가히
호니遠원의近근호며風풍의自ᄌᆞ
호며簡간호디文문호며溫온호디理리
호며遠원호디날로章샹호고小쇼人인의道도
然연호디날로章샹호고小쇼人인의道도
호미니故고로君군子ᄌᆞ의道도는闇암

中庸諺解

33-3

不블疚구ㅣ야無무惡오於어志지니
之지所소不블可가及급者쟈ᄂᆞᆫ其기唯유
人인之지所소不블見견乎호인뎌
詩시예골오디潛줌호야비록伏복호나
ᄯᅩ孔공히昭쇼호다호니故고로君
君군子ᄌᆞᄂᆞᆫ안ᄒᆞ로省셩호야疚구ᄐᆞᆯ아니
호야志지예惡오ᄒᆞ미업ᄂᆞ니君군子ᄌᆞ
의可가히밋디몯홀바ᄂᆞᆫ그오직人인
의見견티아닌뎌
詩시云운相샹在ᄌᆡ爾이室실ᄒᆞᆯ디호니尚샹不블

中庸諺解

愧(괴)于屋(옥)漏(루)ㅣ니라 故(고)로君(군)子(조)는
不(블)動(동)而(이)敬(경)하며 不(블)言(언)而(이)信(신)하는니

篤(독)其(기)刑(형)之(지)라
詩(시)예굘오딕恭(공)而(이)天(텬)下(하)平(평)이니 故(고)로君(군)子(조)는
詩(시)예굘오딕顯(현)티아니난德(덕)을百(빅)

威(위)於(어)鈇(부)鉞(월)이니
詩(시)예굘오딕奏(주)하야假(가)하리잇디아니타
이업소매時(시)예爭(쟁)하리잇디아니타
하니이런故(고)로君(군)子(조)는怒(노)티아
녀셔民(민)이勸(권)하니
녀서民(민)이이런故(고)로君(군)子(조)는賞(샹)티아

威(위)於(어)鈇(부)鉞(월)이니

中庸諺解
五十九

詩(시)예닐오딕屋(옥)漏(루)의의室(실)애이신제를
본딕거의屋(옥)漏(루)의도愧(괴)티아니신제라愧(괴)
하니故(고)로君(군)子(조)는動(동)티아니하야셔도
敬(경)하며言(언)티아니하야셔信(신)하는니

有(유)爭(쟁)이라 故(고)로民(민)勸(권)하며
詩(시)曰(왈)奏(주)假(가)無(무)言(언)하야 是(시)故(고)君(군)子(조)는不(블)怒(노)
하니라

中庸諺解
五十九

愧(괴)于屋(옥)漏(루)ㅣ니라 故(고)로君(군)
不(블)動(동)而(이)敬(경)하며 不(블)言(언)而(이)信(신)하는

辟(벽)이그刑(형)하나니이런故(고)로君(군)
君(군)子(조)는恭(공)을篤(독)히호매天(텬)下(하)
ㅣ平(평)하ᄂᆞ니라

詩(시)云(운)予(여)懷(회)明(명)德(덕)의
聲(셩)以(이)色(ᄉᆡᆨ)야ᄒᆞ놀라子(조)曰(왈)聲(셩)色(ᄉᆡᆨ)이
之(지)於(어)以(이)化(화)民(민)에

詩(시)云(운)德(덕)이ᄒᆞᄃᆞ上(샹)天(텬)之(지)載(ᄌᆡ)
無(무)聲(셩)無(무)臭(ᄎᆔ)
猶(유)有(유)倫(륜)하ᄂᆞ와如(여)毛(모)ㅣ라毛(모)ᄂᆞ

詩(시)예닐오딕明(명)하ᄒᆞᆫ

中庸諺解
六十

中庸栗谷先生諺解
右第三十三章
호디아지귀하니라
천天(텬)의載(ᄌᆡ)ㅣ聲(셩)업스며臭(ᄎᆔ)업다

다못色(ᄉᆡᆨ)을大(대)게아니하ᄒᆞ몰懷(회)하ᄂᆞ
라하야놀子(조)ㅣ말이샤디聲(셩)色(ᄉᆡᆨ)이
民(민)을化(화)호매末(말)이라하시니詩(시)
예닐오딕德(덕)이가비야오미毛(모)ᄀᆞᆺ다
하니毛(모)ᄂᆞ오히려倫(륜)이잇거니와上(샹)

栗谷이 정하신 四書諺解의 跋文 栗谷所定四書諺解跋

위 四書諺解는 栗谷 선생이 자세히 정하신 것이다. 經書에 諺解가 있음은 매우 오래되었으나 諸家들이 서로 異同이 있었는데, 退溪 선생이 이것을 모아 《釋義》를 만듦에 이르러 비로소 정해졌으나 아직도 크게 구비하지 못하였다. 萬曆 丙子年(1576)에 宣祖가 眉巖 柳希春의 말씀을 따라 선생에게 명해서 四書五經의 諺解를 자세히 정하게 하였다. 이보다 앞서 선생이 정하신 《大學》吐釋이 있었고 명령을 받게 되자 《中庸》·《論語》·《孟子》가 차례로 이어져 이루어졌으나 經書에는 미치지 못해서 임금께 올리는 것을 결행하지 못하니, 士林들이 이것을 恨으로 여긴다. 지금 현행 官本諺解는 아마도 그 뒤에 나온 듯한데 또 여러 번 바뀌었으니, 선생이 정하신 것이 혹 採錄하여 들어간 것이 있으나 元本은 세상에 전해지지 않는다. 오직 한 두 謄本이 선생의 後孫과 門生의 집안에 있고, 《中庸》은 선생이 손수 쓰신 것이 아직 남아 있으나 지금 여러 편을 상고해보면 凡例가 서로 矛盾되는 것이 없지 않으며 혹 解釋은 있으나 토가 없는 것이 있으니, 당시에 미처 정돈하지 못해서 그러한듯하다. 그러나 한 토와 한 解釋의 사이에 뜻이 정확하고 확실하니, 그 後學을 개발함에 있어서 대체로 官本이 따를 수 있는 바가 아니다. 沙溪 김 선생(金長生)은 평소 제자들을 가르칠 적에 항상 이 解釋을 근거하셨고 畸庵 鄭公(鄭弘溟)은 번번이 정밀함을 감탄하였으며 이 책이 세상에 널리 유포되지 못할 것을 한탄하였고 南溪 朴文純公(朴世采)가 대략 정리한 것이 있어서 간행하고자 하였으나 결행하지 못하였다. 지난해 陶菴 이 선생(李縡)이 선생(栗谷)의 後孫인 李鎭五로 하여금 官本을 따라 한 질을 쓰게 하였으니, 나도 또한 일찍이 교정하는 일에 함께 참여하였다. 戊辰年(1748) 겨울에 李鎭五가 海州 石潭에서 寒泉으로 와서 陶菴 선생을 곡하고 이어서 나를 訪問하여 말하기를 "이 책이 세상에 전해져야 함이 오래되었으나 지금까지 성취되지 못하였다. 이 선생이 일찍이 이에 대해서 연연하셨으나 지금 돌아가셔서 끝났으니, 끝내 후세에 전해지지 못한단 말인가."라고 하였다. 나는 그 말을 듣고는 감탄하고 私費로 도모해서 校書館의 활자를 얻어서 약간 본을 인쇄하였다. 일이 이미 끝나자 그 顚末을 아래 부분에 간략히 쓰노라

崇禎 세 번째 되는 己巳年(1749) 봄에 後學 南陽 洪啟禧는 삼가 쓰다

右四書諺解 栗谷先生之所詳定也 經書之有諺解 厥惟久矣 而諸家互有同異 至退溪李先生合成釋義 而乃定 猶未大備 萬曆丙子 宣廟因眉巖柳公希春言 命先生詳定四書五經諺解 先是先生有所定大學 吐釋 及承命 中庸語孟以次續成 而未及於經 不果進御 士林恨之 卽今見行官本諺解 蓋出於其後 而

又妻經竄易 先生所定 或有採入 而元本則不行焉 惟一二謄本 在先生後孫及門生家 中庸則手筆猶
存 今攷諸編 凡例不無抵捂 或有有釋而無吐 恐當時有未及整頓而然也 然一吐一釋之閒 旨義精確
其於開發後學 類非官本之所可及 沙溪金先生平日訓誨 常據此解 畸翁鄭公輒稱精密 歎不得廣布
南溪朴文純公 略有修整 欲刊行而未能 頃年陶菴李先生 使先生後孫鎭五 倣官本 淨寫一袠 啓禧亦
嘗與聞於讐校之事 戊辰冬 鎭五自石潭哭李先生於泉上 仍訪余曰 此書之宜傳久矣 迄今未就 李先
生嘗惓惓於斯 而今焉已矣 其卒不傳乎 余爲之感歎 謀以私力 得芸館活字 印若干本 役旣訖 略書
顚末于下方云 崇禎三己巳春 後學南陽洪啓禧謹識

艮齋 中庸諺解

中庸을諺解기

天텬命명之지謂위性셩이오率솔性셩之지謂위道도ㅣ오
修슈道도之지謂위教교ㅣ니라
하늘히命명호신거슬이性셩이론性셩을率솔호미이론道
도ㅣ오道도修슈호미거슬이론教교ㅣ니라

道도也야者쟈ㅣ不블可가須슈臾유離리也야ㅣ니可가
離리면非비道도也야ㅣ라是시故고로君군子즈ㅣ는戒계愼신
호乎호其기所소不블睹도ㅣ며恐恐懼구乎호其기所소
不블睹도ㅣ며恐恐懼구乎호其기所소
不블睹도ㅣ며
道도ㅣ라可가히須슈臾유도離리치못홀꺼시니可가히離리홀꺼시면
道도ㅣ아니라是시故고로君군子즈ㅣ그不블睹도ㅣ바이도戒계愼신

莫막見현乎호隱은며莫막顯현乎호微미니故고君군
子즈ㅣ愼신其기獨독也야ㅣ니라
隱은만치見현홀꺼시섭스며微만치顯현홀꺼시섭스니故고
로君군子즈ㅣ그獨독에愼신호느니라

喜희怒노哀이樂락之지未미發발을謂위之지中듕이오
發발而시皆기中듕節졀을謂위之지和화ㅣ니中듕也야
者쟈는天텬下하之지大대本본也야ㅣ오和화也야者쟈

喜희怒노哀락이發발치아니홈을中듕이라시르고五發발호야다
節졀에中듕을和화ㅣ라시르니니中듕은天텬下하에大대本본이오
和화는天텬下하에達달道도ㅣ니라

致치中듕和화호면天텬地디位위호며萬만物물育휵
焉언니라
致치中듕和화호면天텬地디位위호며萬만物물이育휵호느니라
右우第뎨一일章쟝

仲듕尼니ㅣ曰왈君군子즈는中듕庸용이오
小쇼人신은反反中듕庸용이니라
仲듕尼니ㅣ론오샤ㅣ君군子즈는中듕庸용이오小쇼人신은反反

君군子즈之지中듕庸용也야는君군子즈而시時시中듕
이오小쇼人신之지中듕庸용也야는小쇼人신而시
無무忌긔憚탄也야ㅣ니라
君군子즈의中듕庸용은君군子즈ㅣ오時시로中듕홈이오小쇼人신의
中듕庸용은小쇼人신이소忌긔憚탄홈이라호시니
라

子즈曰왈中듕庸용은其기至지矣의乎호ㅣ져民민鮮션이
能능久구矣의라
子즈ㅣ曰왈中듕庸용은其기至지홈뎌의手호며民민鮮션
能능久구矣의라호시니
右우第뎨二이章쟝

4-1

子ㅣ 골ㅇ샤ㄷㅣ 中듕庸용은 그 지극ㅎ뎌 民민이 能능히 ㅎ노이

져근지 오라다 ㅎ시니라

右우 第뎨 三삼 章쟝

子ㅣ 골ㅇ샤ㄷㅣ 道도之지不블行ㅎ야를 我아知디之지矣의로니 知디者쟈는 過과之지호미오 愚우者쟈는 不블及급也야ㅣ며 道도之지不블明명也야를 我아知디之지矣의로니 賢현者쟈는 過과之지호미오 不블肖쵸者쟈는 不블及급也야ㅣ니라

賢현ㅎ者쟈는 過과ㅎ고 不블肖쵸ㅎ者쟈는 及급디 몯홈을 내

4-2

아노니 賢현者쟈는 過과ㅎ고 不블肖쵸者쟈는 及지 몯홀시니

人인莫막不블飲음食식也야언마ㄴ 鮮션能능知디味미也야ㅣ니

人인이 飲음食식아니ㅎ노니 섭건마ㄴ 能능히 味미를 知디ㅎ노이

라

5

子ㅣ골ㅇ샤ㄷㅣ 道도ㅣ 그 不블行ㅎ린뎌 夫부신뎌라

子ㅣ골ㅇ샤ㄷㅣ道도ㅣ그行치못ㅎ린뎌ㅎ시니라

右수第뎨四ㅅ章쟝

右수第뎨五오章쟝

6

子ㅣ골ㅇ샤ㄷㅣ 舜슌은 그 其기大대知디也야신뎌 舜슌이

好호問문而이好호察찰邇이言언ㅎ시며

執집其기兩량端단ㅎ샤 用용其기中듕於어

民민ㅎ시니 其기斯ㅅ以이爲위舜슌乎호신뎌

惡악을 隱은ㅎ시고 善션을 揚양ㅎ시며

兩량端단을 執집ㅎ샤 그 中듕을 民민의게 쓰시니 그 이써 舜슌

7

子ㅣ골ㅇ샤ㄷㅣ 人인이 皆기曰왈 予여知디라ㅎ되 驅구而이納납諸져

되시만뎌 ㅎ시니라

右수第뎨六뉵章쟝

子ㅣ골ㅇ샤ㄷㅣ 人인이 皆기曰왈 予여知디

8

져믈고 擭확陷함阱뎡之지中듕而이莫막之지知디辟벽也야ㅣ며 人인이 皆기曰왈 予여知디라ㅎ되 擇ᄐᆡᆨ乎호中듕庸용호ᄃᆡ 不블能능期긔月월守슈也야ㅣ니라

子ㅣ골ㅇ샤ㄷㅣ 人인이 다 골오ᄃᆡ 予여ㅣ知디라ㅎ되 驅구ㅎ야

擭확陷함阱뎡ㅅ中듕의 드리ᄃᆡ 辟벽홀줄을 아디몯ㅎ며 人인이 다골오ᄃᆡ 予여ㅣ知디라ㅎ되 中듕庸용을 擇ᄐᆡᆨㅎ야 能능히 期긔月월

도守슈치몯ㅎ다ㅎ시니라

右수第뎨七칠章쟝

子ㅣ골ㅇ샤ㄷㅣ 回회之지爲위人인也야ㅣ 擇ᄐᆡᆨ乎호中듕庸용

得득一일善션ㅎ면 則즉拳권拳권服복膺응而이弗블

失실之지矣의니라

右手第데八팔章장
子ㅣ골ㅇ샤ㄷ天텬下하國국家가을 可가均균也야ㅣ며 爵쟉
祿록을 可가辭ㅣ也야ㅣ며 白백刃인을 可가蹈도也야ㅣ로
ㄷ 中듕庸용은 不불可가能능也야ㅣ니라
子ㅣ골ㅇ샤ㄷ天텬下하國국家가을 可가히均균히 ㄷㆍ스리며 爵쟉祿록을
可가히 辭ㅇ ㄹㆍ며 白백刃인을 可가히 蹈도ㅎㆍ려니와 中듕庸용은

불失실之지矣의니라ㅎㆍ니
子ㅣ골ㅇ샤ㄷㅣ回회의ㅅ居ㆍ기ㅎㆍㅁ이 中듕庸용을 擇ㅌㆍㄱㅑ ㅡ善션
을 得득ㅎㆍ면 拳권拳권히 膺ㅇㆍㅇ의 服복ㅎㆍㅇㅑ 失실치아니ㅎㆍㄴㄷ ㅎㆍ시니
라

右手第데九구章쟝
子ㅣ路로ㅣ 問문强강ㅎㆍ야ㄴㄷ
子ㅣ路로ㅣ 强강을 問문ㅎㆍ야ㄴㄷ
子ㅣ골ㅇ샤ㄷ 南남方방의 强강가 北북方방之지强
강가 與여아 抑억而이 强강가 無무아
ㄴㄷㆍ로ㅅㅅ야ㄷㅣ南남方방의强강이냐 北북方방ㅅ强
의强강이냐 抑억호여 강할거시냐

右手第데九구章쟝
可가히能능치못ㅎㆍㄹ꺼시라ㅎㆍ시니라

寬관柔유以이敎교ㅁㅏㅇㅕ 不불報보無무道도ㄴ 南남方방
의强강也야ㅣ니 君군子ㅣ居거之지ㅣ니
ㆍ지 强강ㅎㆍㄹ거시니 敎교ㅁㅏㅇㅕ君군子ㅣ居거ㅎㆍ거ㄹ지라

矯교ㅣㅅ여ㅎㆍㄹ시
右手第데十십章쟝
一故고로君군子ㅣ는 和호ㅎㆍ되 流류치아니ㅎㆍㄴㄷ ㅎㆍ니 强강ㅎㆍㄷㅣ矯교ㅣ여
여ㅣ中듕立립ㅎㆍㅇㅑ 倚의치아니ㅎㆍㄴㄷ ㅎㆍ니 强강ㅎㆍㄷㅣ矯교ㅣ여國국이
道도ㅣ잇슴ㅇㆍㄴㅅ塞ㆍ을 變변치아니ㅎㆍㄴㄷ ㅎㆍ니 强강ㅎㆍㄷㅣ矯교ㅣ여國국이
ㅣ道도ㅣ업ㅅ슴ㆍ에 死ㅅ애至지ㅎㆍ여도 變변치아니ㅎㆍㄴㄷ ㅎㆍ니 强강ㅎㆍㄷ

寬관柔유ㅎㆍ야ㅆㅓ敎교ㅎㆍㄱㅗ道도ㅣ업ㅅ슴ㆍ을거ㄹ을報보치아니ㅎㆍㅁㆍㄴ南남方방
의强강이니君군子ㅣ居거ㅎㆍㄴㄷ ㅎㆍㄴㄷㅣ라
强강者쟈ㅣ나ㄴ죽살거ㄹ을 居거ㅎㆍㄷㅣ라
衽임金금革혁ㅎㆍㅇㅑ死ㅅ야ㄷ와이 不불厭염ㅁㆍㄴ北북方방之지
强강也야ㅣ니 而이强강者쟈居거之지ㅣㅁㆍㄴ北북方방의强강이니
金금革혁을 衽임ㅎㆍㅇㅑ 死ㅅㅗㅣ도와이 厭염치아니ㅎㆍㅁㆍㄴ北북方방의强강이
故고로君군子ㅣ는 和화ㅎㆍ되 不불流류ㅎㆍㄴㄷ ㅎㆍ니 强강ㅎㆍ矯교ㅣ
ㅣ며中듕立립ㅎㆍㅇㅑ 不불倚의ㅎㆍㄴㄷ ㅎㆍ니 强강ㅎㆍ矯교ㅣ國국
國국有유道도애 不불變변塞식焉언ㅎㆍㄴㄷ ㅎㆍ니 强강ㅎㆍ矯교ㅣ
國국無무道도애 至지死ㅅ不불變변ㅎㆍㄴㄷ

子ㅣ골ㅇ샤ㄷ索식隱은ㅎㆍ며 行ㅎㆍ기 怪괴ㅎㆍ기ㅁㆍㄹ
선이와 吾오弗불爲위之지矣의라ㅎㆍ리라ㅎㆍ시니
子ㅣ골ㅇ샤ㄷ 隱은을 索ㅎㆍ며 怪괴를 行ㅎㆍ을後후世셰예述슬호

11-2

...노이잇거니와 내 ㅎ지 아니ㅎ노라
君군子ㅣ 遵준道도ㅎ야 行ㅎ다가 半반塗도而이廢
폐ㅎㄴ니 吾오는 弗블能능已이矣의로라 能

11-3

君군子ㅣ 道도를 遵준ㅎ야 行ㅎ다가 半塗에 廢ㅎㄴ니 能
知지而이 不블悔회ㅎㄴ니 唯유聖셩者쟈ㅣ아 能히ㅎㄴ다ㅎ시
야도 悔회치아니ㅎㄴ니 오직 聖셩者ㅣ아 能히 ㅎㄴ다ㅎ시
君군子ㅣ노는 依의乎호中듕庸용ㅎ야 世셰를 遯둔ㅎ야 知홈을 見지ㅎ지 못ㅎ

12-1

니라

右우第뎨十십一일章쟝

君군子の 道도는 費비而이隱은ㅎ니라

12-2

夫부婦부의 愚우로도 可가히 뻐 與여 知지ㅎㄴ니로
되 及급其기至지也야ㅎ야는 雖슈聖셩人신이라
도 亦역有유所소不블知지焉언ㅎ며 夫부婦부의
不블肖쇼로도 可가히 뻐 能능히 行ㅎㄴ니로
되 及급其기至지也야ㅎ야는 雖슈聖셩人신이
라도 亦역有유所소不블能능焉언ㅎ며 天텬地디之지
大대也야에도 人신이 猶유有유所소憾감이라
故고로 君군子ㅣ

12-3

語어ㅣ大대인댄 天텬下하ㅣ 莫막能능히 載ㅣ치 못ㅎㄴ니오 語어ㅣ小
쇼인댄 天텬下하ㅣ 莫막能능히 破파치 못ㅎㄴ니라
夫부婦부의 愚우로도 可가히 뻐 與여 知지ㅎ
되 及급其기至지也야ㅎ야 비록 聖셩人신이라도 또 知지치 못ㅎ 바ㅣ 시
며 夫부婦부의 不블肖쇼로도 비록 聖셩人신이라도 또 能능히 行ㅎ 바ㅣ 시
며 天텬地디의 大대로도 人신이 오히려 憾감ㅎ 바ㅣ 잇ㄴ니 故고
로 君군子ㅣ 大대를 語어홀진댄 天텬下하ㅣ 能능히 載ㅣ치 못ㅎ 며 小쇼
를 語어홀진댄 天텬下하ㅣ 能능히 破파치 못ㅎㄴ니라
詩시云운 鳶연飛비戾려天텬이어늘 魚어躍약 于우淵연이라

12-4

詩시에 닐오ㅣ 鳶은 飛ㅎ야 天텬의 戾려ㅎ고 魚는 淵의 躍
ㅎ다ㅎ니 그 上上과 下의 察찰홈을 닐음이니라
君군子の 道도ㅣ 造조端단乎호夫부婦부니
及급其기至지也야ㅎ야는 察찰乎호天텬地디니라
君군子の 道도ㅣ 端단이 夫부婦부의 造조ㅎ야 그 지극홈애 及ㅎ얀
天텬地디예 察찰ㅎㄴ니라

右우第뎨十십二이章쟝

言언其기上上下하察찰也야라니

13-1

子ㅣ 曰왈 道도ㅣ 不블遠원人신ㅎ니 人신의 之지爲위道도而
이遠원人신이면 不블可가히 뻐 爲위道도라니
子ㅣ 골ㅇ샤ㅣ 道도ㅣ 人신의게 遠원치 아니ㅎ니 人신이 道도를 ㅎ야 人신을 遠
원ㅎ면 可가히 뻐 道도를 ㅎ

艮齋 中庸諺解 · 293

13-2

子ㅣ골으샤딕道ㅣ人에遠치아니ㅎ니人이道를ㅎ호딕
대人遠히ㅎ면可히ㅆ道를삼티못ㅎ리니라

詩시云운伐벌柯가伐벌柯가여其기則즉不블遠원이라ㅎ니
柯가를執집ㅎ야ㅆ柯가를伐벌호딕睨예ㅎ야視시ㅎ고
猶유以이爲위遠원ㅎ나니故고로君군子즈눈人신으로써
人신을治티ㅎ다가改커든止ㅎ나니라

13-3

忠튱恕서ㅣ道도에違위호미遠티아니ㅎ니
己긔예施시호디아니ㅎ몰亦역勿믈施시於어人인이니라

忠튱恕서ㅣ違위道도不블遠원ㅎ니施시諸져己긔而이
不블願원을亦역勿믈施시諸져人인이니라

13-4

君군子즈之지道도ㅣ四亽애丘구ㅣ未미能능云일이언
所소求구乎호子즈로써事亽父부를未미能능云며
所소求구乎호臣신으로써事亽君군을未미能능云며
所소求구乎호弟뎨로써事亽兄형을未미能능云며
所소求구乎호朋붕友우로先션施시之지를未미能능云也야ㅣ니라
庸용德덕之지行ㅎ며庸용言언을

14-1 (이어서)

之지謹근은有유所소不블足죡이어든不블敢감不블勉면ㅎ며
有유餘여ㅣ어든不블敢감盡진ㅎ야言언顧고行ㅎ며
行顧고言언이니君군子즈ㅣ胡호不블慥조慥조爾이리오

君군子즈의道도ㅣ四亽에丘구ㅣ一일도能능티못ㅎ노니
子즈의求구ㅎ논바로써父부를事亽호믈能능티못ㅎ며
臣신의君군을事亽ㅎ논바로써君군을事亽호믈能능티못ㅎ며
弟뎨의兄형을事亽ㅎ논바로써兄형을事亽호믈能능티못ㅎ며
朋붕友우의求구ㅎ논바로先션施시호믈能능티못ㅎ노라
庸용德덕을行ㅎ며庸용言언을謹근ㅎ야不블足죡ㅎ미
잇거든敢히勉면티아니티못ㅎ며有유餘여ㅣ어든敢

14-2 (이어서)

히盡진티못ㅎ야言언이行을顧고ㅎ며行이言언을顧고ㅎ면君군

子ㅣ엇지慥조慥조지아니ㅎ리오ㅎ시니라

右수눈第뎨十십三삼章쟝이라

其기外외라

君군子즈눈그位위예素소ㅎ야行ㅎ고그外외를願원티아니ㅎ노니라

君군子즈눈그位위예素소ㅎ야行ㅎ고그外외를願원티아니ㅎ나
니라

素소富부貴귀ㅎ야눈行ㅎ호乎호富부貴귀ㅎ며素소貧빈賤쳔ㅎ야눈
行ㅎ호乎호貧빈賤쳔ㅎ며素소夷이狄뎍ㅎ야눈
行ㅎ호乎호夷이狄뎍ㅎ며素소患환難난ㅎ야눈
行ㅎ호乎호患환難난ㅎ나니君군

子ᄂᆞᆫ 無入ᄒᆞ야 而不自得焉이라 自得지 아니홈이 업ᄉᆞ리니

富貴예 素ᄒᆞ얀 富貴예 行ᄒᆞ며 貧賤에 素ᄒᆞ얀 貧賤에 行ᄒᆞ며 夷狄에 素ᄒᆞ얀 夷狄에 行ᄒᆞ며 患難에 行ᄒᆞᄂᆞ니 君子ᄂᆞᆫ 素ᄒᆞ야 自得지 아니홈이 업서라

患難에 行ᄒᆞᄂᆞ니라

在上位ᄒᆞ야 不陵下ᄒᆞ며 在下位ᄒᆞ야 不援上이오 正己而不求於人이면 則無怨이니 上不怨天ᄒᆞ며 下不尤人이라

上位예 在ᄒᆞ야 下를 陵치 아니ᄒᆞ며 下位예 在ᄒᆞ야 上ᄋᆞᆯ 援치 아니ᄒᆞ고 己를 正ᄒᆞ고 人의게 求치 아니ᄒᆞ면 怨이 업ᄉᆞ리니 上ᄋᆞ로 天을 怨치 아니ᄒᆞ며 下로 人을 尤치 아니ᄒᆞᄂᆞ니라

故로 君子ᄂᆞᆫ 居易以俟命ᄒᆞ고 小人은 行險以徼幸이니라

故로 君子ᄂᆞᆫ 易예 居ᄒᆞ야 ᄡᅥ 命을 俟ᄒᆞ고 小人은 險의 行ᄒᆞ야 ᄡᅥ 徼幸ᄒᆞᄂᆞ니라

子曰 射�－有似乎君子ᄒᆞ니 失諸正鵠이오 反求諸其身이라 ᄒᆞ시니라

子ᅵ ᄀᆞᄅᆞ샤ᄃᆡ 射ᅵ 君子ᄀᆞ틈이 잇ᄉᆞ니 正鵠에 失ᄒᆞ면

子曰 射ᅵ 君子ᄀᆞ틈이 잇ᄉᆞ니 正鵠이 失

君子之道ᄂᆞᆫ 辟如行遠必自邇ᄒᆞ며 辟如登高必自卑니라

君子ᄋᆡ 道ᅵ 辟컨댄 遠의 行홈이 반ᄃᆞ시 邇로부터 홈ᄀᆞᆺ고 辟컨댄 高의 登홈이 반ᄃᆞ시 卑로부터 홈ᄀᆞᆺᄐᆞ니라

君子之道ᄂᆞᆫ 右ᄂᆞᆫ 第十四章이라

詩예 曰 妻子好合이 如鼓瑟琴ᄒᆞ며 兄弟旣翕ᄒᆞ야 和樂且耽이로다 宜爾室家ᄒᆞ며 樂爾妻帑ᅵ라 ᄒᆞᄂᆞ니라

詩예 ᄀᆞᆯ오ᄃᆡ 妻子의 好合홈이 瑟琴을 鼓홈 ᄀᆞᆺᄐᆞ며 兄弟ᅵ 이믜 翕ᄒᆞ야 和樂ᄒᆞ고 ᄯᅩ 耽ᄒᆞ도다 네 室家를 宜케 ᄒᆞ며 네 妻帑를 樂케 ᄒᆞ다 ᄒᆞᄂᆞᆯ

子曰 父母ᅵ 其順矣乎ᅵ저 ᄒᆞ시니라

子ᅵ ᄀᆞᄅᆞ샤ᄃᆡ 父母ᅵ 其 順ᄒᆞ시뎌 ᄒᆞ시니라

子曰 鬼神之爲德이 其盛矣乎ᅵ저

子ᅵ ᄀᆞᄅᆞ샤ᄃᆡ 鬼神의 德되미 그 盛ᄒᆞᆫ뎌

視之而弗見ᄒᆞ며 聽之而弗聞이로ᄃᆡ 體物而不可遺ᅵ니라

視ᄒᆞ야도 보지 몯ᄒᆞ며 聽ᄒᆞ야도 듣지 몯ᄒᆞᄃᆡ 物을 體ᄒᆞ야 可히 遺치 몯ᄒᆞᄂᆞ니

視호야도見치못호며聽호야도聞치못호디物의體
여在지其기左자右우호니
天下의人신으로호여곰齊지明명호며服복을盛셩히호야
써祭제를承승호야洋洋히호고上샹의신노둣호며그左
右우의잇노둣호니라

使스天텬下하의人신이齊지明명盛셩服복以이承승
여祭제祀소
詩시예曰오디神신의格격홈을可히度탁지못호디
矧신이可가射역思스호니

詩셰예曰오디神의格홈을可히度지못호께시온를
며可히射츌가호니
天부微미의之지顯현젼에誠념之지不블可가揜엄이如어
此太夫부ᄉᆞᆫ녀야호며
微의顯홈이니誠의可히揜치못홈애시니ᄀ튼더호시
니라

右우第데十십六륙章쟝
子ᄌᆞᆯ曰왈舜슌은其기大대孝효也야與여시며德덕為위
聖셩人신이시며尊존為위天텬子ᄌᆞ미시며富부有유四
ᄉᆞ海ᄒᆡ之지內니니宗죵廟묘로響향호시며子ᄌᆞ孫손

保보之지호시ᄂᆞ니라
子ᄌᆞ孫손이수保지호ᄅᆞ舜슌은그大대孝효ㅣ신더德덕이聖셩人이되시
고尊존이天텬子ᄌᆞㅣ되시고富부ㅣ四ᄉᆞ海ᄒᆡᆺ內ᄂᆡ를두샤宗죵廟묘를
饗향호시며子ᄌᆞ孫손을保보호시니라
故고로大대德덕은반ᄃᆞ시그位위를得득호며반ᄃᆞ시그祿록을得득
호며반ᄃᆞ시그名명을得득호며반ᄃᆞ시그壽슈를得득호ᄂᆞ니

라
故고로天텬之지生싱物믈이반ᄃᆞ시因인其기材ᄌᆡ之而이篤독
故고로大대德덕은반ᄃᆞ시그命명을受슈호ᄂᆞ니라

之지라
故고로栽ᄌᆡ지者쟈培ᄇᆡ지之지호고傾경者쟈復복
之지니
故고로天텬의物믈生싱홈이반ᄃᆞ시그材ᄌᆡ를因호야篤독호ᄂᆞ니
라
詩시예曰오디嘉가樂락호君군子ᄌᆞ여憲헌憲헌호令령德덕이로
다
宜의民민宜의人신이라自ᄌᆞ天텬申신之지라受슈祿록于우天텬호야保보
佑우命명之지라
詩셰예曰오디嘉가樂락호君군子ᄌᆞ여顯현顯현호令령德덕이로다
民세宜의호며人세宜의호지라祿록을天텬ᄉᆞ로부터申신호시다호니

故고立大대德덕者쟈는 必필受슈命명이니라
故로大대德덕인者ᄂᆞᆫ반ᄃᆞ시命을受호다ᄒᆞ시니라

右우第뎨十십七칠章장

子ᄌᆞ曰왈無무憂우者쟈ᄂᆞᆫ其기惟유文문王왕乎호신뎌
子ᄌᆞ曰왈근심업슨者ᄂᆞᆫ그오직文문王왕이신뎌

以이王왕季계爲위父부ᄒᆞ시고以이武무王왕으로爲위子ᄌᆞᄒᆞ시니
王왕季계로ᄡᅥ父부를삼으시고武무王왕으로ᄡᅥ子ᄌᆞ삼으시니

父부ㅣ作작ᄒᆞ시고子ᄌᆞㅣ述슐ᄒᆞ시니라
父부ᄂᆞᆫ作작ᄒᆞ신者ᄂᆡ오子ᄌᆞᄂᆞᆫ述슐ᄒᆞ신者ᄂᆡ니라

武무王왕이纘찬大대王왕王왕季계文문王왕之지緒셔ᄒᆞ샤

武무王왕이大대王왕과王왕季계와文문王왕의緒셔를纘찬ᄒᆞ샤
壹일戎융衣의예天텬下하를두샤 身신이不블
失실天텬下하之지顯현名명ᄒᆞ시고
尊존爲위天텬子ᄌᆞᄒᆞ시고富부有유四ᄉᆞ海ᄒᆡ之지內ᄂᆡᄒᆞ시니
宗종廟묘ㅣ饗향ᄒᆞ며

子ᄌᆞ孫손이保보ᄒᆞᄂᆞ니라
富부一四ᄉᆞ海ᄒᆡ內ᄂᆡ를두샤宗종
廟묘를饗향ᄒᆞ시며子ᄌᆞ孫손을保보ᄒᆞ시니라

武무王왕之지德덕이라
武무王왕이末말受슈命명이어시ᄂᆞᆯ周쥬公공이成셩文문
武무之지德덕ᄒᆞ샤追츄王왕大대王왕王왕季계ᄒᆞ시고上샹

祀ᄉᆞ先션公공以이天텬子ᄌᆞ之지禮례ᄒᆞ시니
斯ᄉᆞ禮례
也야ㅣ達달乎호諸져侯후大대夫부及급士ᄉᆞ庶셔
人신ᄒᆞ니라
父부爲위大대夫부ㅣ오子ᄌᆞ爲위士ᄉᆞ ㅣ어든
葬장以이大대夫부ᄒᆞ고祭졔以이士ᄉᆞᄒᆞ며
父부爲위士ᄉᆞ오子ᄌᆞ爲위大대夫부ㅣ어든
葬장以이士ᄉᆞᄒᆞ고祭졔以이大대
夫부ᄒᆞ며 期기之지喪상은達달乎호大대
夫부ᄒᆞ고 三삼年년之지喪상은達달乎호天텬子ᄌᆞᄒᆞ며
父부母모之지喪상은無무貴귀賤쳔히一일也야ㅣ니라

武무王왕이末말命명을受호야시ᄂᆞᆯ周쥬公공이文문武무의德덕을成셩
ᄒᆞ샤大대王왕과王왕季계를追츄王왕ᄒᆞ시고上샹으로先션公공을天텬

右우第뎨十십八팔章장

子ᄌᆞ曰왈武무王왕周쥬公공은其기達달孝효矣의夫부ㅣᆫ뎌

子ᄌᆞㅣ達달ᄒᆞ신孝효ㅣ샷다
子ᄌᆞᄂᆞᆫ曰왈武무王왕周쥬公공은其기達달孝효ᄒᆞ신뎌

子ᄌᆞ의禮례로ᄡᅥ祀ᄉᆞᄒᆞ시니라 이禮례는諸져侯후와大대夫부와士ᄉᆞ
와庶셔人신의게達달ᄒᆞ니父부ㅣ大대夫부ㅣ되야든葬
子ᄌᆞㅣ大대夫부ㅣ
고子ᄌᆞㅣ士ᄉᆞㅣ되야든葬장ᄒᆞ디大대夫부로ᄡᅥᄒᆞ고祭졔ᄒᆞ디士ᄉᆞ로ᄡᅥᄒᆞ며父부ㅣ士ᄉᆞㅣ되
야든葬장ᄒᆞ디士ᄉᆞ로ᄡᅥᄒᆞ고祭졔ᄒᆞ디大
夫부로ᄡᅥᄒᆞ며期기의喪상은大대夫부의達달ᄒᆞ고三삼年년의喪상은天텬
子ᄌᆞ에達달ᄒᆞᄂᆞ니父부母모의喪상은貴귀賤쳔업시ᄒᆞᆫ가지라ᄒᆞ시니

子ㅣ ᄀᆞᄅᆞ샤ᄃᆡ 武王과 周公은 그 達孝ㅣ신뎌

夫부孝효者쟈ᄂᆞᆫ 善션繼계人신之지志지ᄒᆞ며 善션히 人신의 志지를 繼계ᄒᆞ며 善션히 人신의 事ᄉᆞ를 述슐ᄒᆞᄂᆞᆫ者쟈ㅣ라

孝효ᄂᆞᆫ 善히 人의 志를 繼ᄒᆞ며 善히 人의 事ᄉᆞ를 述ᄒᆞᄂᆞᆫ者쟈ㅣ니라

春츈秋츄에 修슈其기祖조廟묘ᄒᆞ며 陳딘其기宗종器긔ᄒᆞ며
設셜其기裳샹衣의ᄒᆞ며 薦쳔其기時시食식이니라

春秋에 그 祖廟를 修ᄒᆞ며 그 宗器를 陳ᄒᆞ며 그 裳衣를 設ᄒᆞ며 그 時食을 薦ᄒᆞᄂᆞ니라

宗종廟묘之지禮례ᄂᆞᆫ 所쇼以이序셔昭소穆목也야ㅣ오

宗종廟묘의 禮례ᄂᆞᆫ ᄡᅥ 昭穆을 序ᄒᆞᄂᆞᆫ바ㅣ오

序셔爵쟉은 所쇼以이辨변貴귀賤쳔也야ㅣ오 旅려酬슈에 下하爲위上샹ᄂᆞᆫ
所쇼以이逮ᄐᆡ賤쳔也야ㅣ오 燕연毛모ᄂᆞᆫ 所쇼以이序셔齒치也야ㅣ니라

爵을 序홈은 ᄡᅥ 貴賤을 辨ᄒᆞᄂᆞᆫ바ㅣ오 事ᄉᆞ를 序홈은 ᄡᅥ 賢을 辨ᄒᆞᄂᆞᆫ바ㅣ오
旅酬에 下를 上을 삼음은 ᄡᅥ 賤의 逮ᄒᆞᄂᆞᆫ바ㅣ오 燕연애 毛모ᄂᆞᆫ ᄡᅥ 齒를 序ᄒᆞᄂᆞᆫ바ㅣ라

踐쳔其기位위ᄒᆞ야 行ᄒᆡᆼ其기禮례ᄒᆞ며 奏주其기樂악ᄒᆞ며 敬
愛ᄒᆞ고 其기所쇼尊존을 尊존ᄒᆞ며 愛ᄋᆡᄒᆞ고 其기所쇼親친을 親친ᄒᆞ며 事人死ᄉᆞ人如

郊교社샤의 禮례ᄂᆞᆫ ᄡᅥ 上샹帝뎨를 事ᄉᆞᄒᆞᄂᆞᆫ바ㅣ오 宗종廟묘의 禮례ᄂᆞᆫ 그
先션祀ᄉᆞ를 祀ᄉᆞᄒᆞᄂᆞᆫ바ㅣ니 郊교社샤의 禮례와 禘뎨嘗샹의 義의에 明ᄒᆞ면 國국

子ᄌᆞㅣ 曰왈文문武무之지政졍이 布포在ᄌᆡ方방策ᄎᆡᆨᄒᆞ니
其기人신이 存존則즉其기政졍이 擧거ᄒᆞ고 其기人신이 亡ᄒᆞ면 則즉

哀ᄋᆡ公공이 問문政졍ᄒᆞ신대

子ㅣ ᄀᆞᄅᆞ샤ᄃᆡ 文武의 政이 方方策ᄎᆡᆨ에 布ᄒᆞ야 在ᄒᆞ니

여事ᄉᆞ生ᄉᆡᆼᄒᆞ며 事ᄉᆞ亡망如여事ᄉᆞ存존이 孝효ᄂᆞᆫ之지至지

그 位위를 踐쳔ᄒᆞ야 그 禮례를 行ᄒᆞ며 그 樂을 奏ᄒᆞ며 그 尊ᄒᆞᄂᆞᆫ바를 敬ᄒᆞ며 그 親ᄒᆞᄂᆞᆫ바를 愛ᄒᆞ며 死를 事ᄒᆞᄆᆞ치
生을 事ᄒᆞᄆᆞ치ᄒᆞᄂᆞ며 亡을 事ᄒᆞᄆᆞ치 存을 事홈이 孝ᄂᆞᆫ之至라

郊교社샤之지禮례ᄂᆞᆫ 所쇼以이事ᄉᆞ上샹帝뎨也야ㅣ오 宗종廟묘之지禮례ᄂᆞᆫ
所쇼以이祀ᄉᆞ乎호其기先션也야ㅣ니 明명乎호郊교社샤之지禮례와 禘뎨嘗샹之지義의ᄒᆞ면
國국의 治치國국이 其기如여에 示시諸져掌샹乎호ᄒ신더라

그人이存존호면그政이擧호고그人이亡호면그政이
息호느니라

政젼也者는蒲포로盧로야니
人의道노政에敏호고地의道노樹애
敏호니政은蒲

故로爲위政졍이在저人신호니取취人신以이
身신호고修슈身신以이道도호고修슈
道도以이仁인이니라
故로政을홈이人의在호니人을取호디身으로써호
고身을修호디道로써호고道를修호디仁으로써홀
디니라

仁인者쟈는人신也야니親친親친爲위大대호고義의者
쟈는宜의也야니尊존賢현爲위大대호니親친親친之지
殺쇄와尊존賢현之지等등이禮례所소生싱也야니라
仁은人이니親을親홈이大되고義는宜니賢을尊홈
이大되니親을親호는殺와賢을尊호는等이禮의生

지니라

故로君군子즈ㅣ不불可가以이不불修슈身신이니思亽
修슈身신인댄不불可가以이不불事亽親친이오思亽
親친인댄不불可가以이不불知지人신이오思亽知지人인

三삼者쟈는天텬下하之지達달德덕也야니所소以이
行행之지者쟈는一일也야니라
天텬下하之지達달道도ㅣ五오애行행之지者쟈ㅣ三삼이니君군
臣신과父父子즈와夫부婦부와昆곤弟弟와朋붕友우의交교ㅣ
五오者쟈노天텬下하의達달德덕이니所소
達달道도ㅣ오知지와仁과勇용三者노天텬下하의達달行
호노밧者ㅣ一이니라

或혹生싱而이知지之지호며或혹學호而이知지之지
或혹困곤而이知지之지호디及급其기知지之지호야노
或혹安안而이行행之지호며或혹利리而이行
호며或혹勉면强강而이行행之지호디及급其기
힘므로지며或혹勉면强강而이行행호논지라

天텬下하之지達달道도ㅣ五오오所소以이行행之지
者쟈ㅣ三삼이니曰왈君군臣신也야父부子즈也야夫부
婦부也야昆곤弟弟也야朋붕友우之지交교也야五오
者쟈노天텬下하之지達달道도也야오知지仁인勇용

不불可가以이不불知지天텬이니
故로君군子즈ㅣ可가以이써身을修치아니치못꺼시니身
을修홈을思홀진댄可히써親을事치아니치못꺼시
오親事홈을思홀진댄可히써人을知치아니치못홀
꺼시오人知홈을思홀진댄可히써天을知치아니치

成德功(용)은 一일也아니

或生호야 知之호고 或學호야 知之호며 或困호야 知之호되 及其知之호얀 一일也니라 或安호야 行之호고 或勉强호야 行之호되 及其成功호얀 一일也니라

子曰好學호믄 近근乎知호고 力력行호믄 近근乎仁이오 知恥티호믄 近근乎勇용이니

知지斯人三삼者자면 則즉知지所소以이修슈身신이오

知지所소以이修슈身신이면 則즉知지所소以이治치人신이오 知지所소以이治치人신이면 則즉知지所소以이治치天텬下하國국家가ㅣ矣의리라

凡범爲위天텬下하國국家가ㅣ有유九子經경이니 曰왈修슈身신也아 尊존賢현也아 親친親친也아 敬大臣신也아 體톄群군臣신也아 子庶셔民민也아 來래百빅工공也아 柔유遠원人신也아 懷회諸제侯후也아니

修슈身신則즉道도立립호고 尊존賢현則즉不블惑혹호고 親친親친則즉諸제父부昆곤弟뎨不블怨원호고 敬大臣신則즉不블眩현호고 體톄群군臣신則즉士소之지報보禮례重듕호고 子庶셔民민則즉百빅姓셩이勸권호고 來래百빅工공則즉財지用용이足죡호고 柔유遠원人신則즉四소方방이歸귀之지호고 懷회諸제侯후則즉天텬下하ㅣ畏외之지니라

齊지明명盛셩服복호야 非비禮례不블動동은 所소以이修슈身신也아 去거讒참遠원色식호며 賤쳔貨화而이貴德이니라

修슈身신則즉道도立립호고 尊존賢현則즉不블惑혹호며 親친親친則즉諸제父부昆곤弟뎨不블怨원호며 體톄群군臣신則즉士소之지報보禮례重듕호며 子庶셔民민則즉百빅姓셩이勸권호며 來래百빅工공則즉財지用용이足죡호며 柔유遠원人신則즉...

懷회諸제侯후호면 則즉天텬下하ㅣ니 此츳天텬下하國국家가를 有유九子經경이시니 所소以이修슈身신과 尊존賢현과 親친親친과 敬大臣신과 體톄群군臣신과 子庶셔民민과 來래百빅工공과 柔유遠원人신과 懷회諸제侯후를 懷회홈이니라

身신을 修슈호면 道도ㅣ立립호고 賢현을 尊존호면 惑혹디아니호고 諸제父부昆곤弟뎨를 親친호면 怨원치아니호고 大臣신을 敬호면 眩현치아니호고 士소의 禮례를 報보홈이 重듕호고 庶셔民민을 子호면 百빅姓셩이 勸권호고 百빅工공을 來래호면 財지用용이 足죡호고 遠원人신을 柔유호면 四소方방이 歸귀호고 諸제侯후를 懷회호면 天텬下하ㅣ 畏외호나니라

齊지明명盛셩服복호야 非비禮례어든 動동치아니홈은 所소以이 修슈身신也아오 讒참을 去거호며 色식을 遠원호며 貨화를 賤쳔히호고 德을 貴히홈은 所소以이...

20-14 (우측 상단)

懷利德은所소以이勸권諸제侯후也야ㅣ오尊존其기位위
ㅎ며尊존其기位위ㅎ며親친親친也야ㅣ오祿록ㅎ며同동其기好호惡오ㅎㄴ所소以이勸권
親친親친也야ㅣ오繼계絕졀世세ㅎ며廢폐國국을舉거ㅎ며治치亂란持디危위ㅎ며朝됴聘빙以이時시ㅎ며厚후往왕往왕而이薄박
大대臣신也야ㅣ오忠튱信신重듕祿록은所소以이勸권
士ㅅ人인也야ㅣ오時시使ㅅ薄박斂렴은所소以이勸권百빅工공也야ㅣ오日일省셩月월試시ㅎ야旣긔廩름稱칭事ㅅ는所소以이勸
人인也야ㅣ오繼계絕졀世세ㅎ며送숑往왕迎영來ㅣ며
嘉가善션而이矜긍不블能능은所소以이勸권
親친親친也야ㅣ오官관盛셩任임使ㅅ는所소以이勸

20-15 (우측 상단 좌)

을迎영ㅎ며善션을嘉가ㅎ고不블能능을矜긍홈은所소以이柔유遠원人인을柔유ㅎ
ㄴ所소以이勸권百빅工공也야ㅣ오廢폐國국을舉거ㅎ며亂란을治치ㅎ고危위를持디ㅎ며朝됴外외聘빙을時시로ㅎ며往왕을厚후히ㅎ고來ㅣ來를
薄박히홈은所소以이諸제侯후를懷회ㅎㄴ배니라
凡범為위天텬下하國국家가ㅣ有유九구經경이오所소
以이行행之지者쟈ㅣ一일也야ㅣ라
凡범事ㅅㅣ豫예則즉立립ㅎ고不블豫예則즉廢폐ㅎㄴ
言언이前젼定뎡則즉不블跲겁ㅎ며事ㅅㅣ前젼定뎡則즉不

20-16 (좌측 상단)

朴來(懷)利는所소以이懷회諸제侯후也야ㅣ니
齊졔明명ㅎ며盛셩服복ㅎ야非비禮례어든動동치아니
홈은所소以이身신을修슈ㅎㄴ배오讒참을去거ㅎ고色ㅅ을遠원ㅎ며貨화
를賤쳔히ㅎ고德덕을貴귀히김은所소以이賢현을勸권ㅎㄴ배오
그位위를尊존히ㅎ며그祿록을重듕히ㅎ며그好호惡오를同동가지
로홈은所소以이親친親친을勸권ㅎㄴ배오官관이盛셩ㅎ야使ㅅ를
任임케홈은所소以이大대臣신을勸권ㅎㄴ배오忠튱信신ㅎ고祿록을重듕히
홈은所소以이士ㅅ를勸권ㅎㄴ배오時시로使ㅅㅎ야斂렴을薄박히홈은써
百빅姓셩을勸권ㅎㄴ배오日일로省셩ㅎ며月월로試시ㅎ야旣긔廩름이
事ㅅ에稱칭홈은써百빅工공을勸권ㅎㄴ배오往왕을送숑ㅎ고來ㅣ來를

20-14/20-15 (우측 하단)

者쟈ㅣ一일이니라
凡범為위天텬下하國국家가ㅣ有유九구經경이오所소
以이行행之지者쟈ㅣ一일也야ㅣ니
旨지믓天텬下하國국家가를ㅎ옴이九구經경이오써行행ㅎㄴ밧
凡범事ㅅ를豫예ㅎ면則즉立립ㅎ고不블豫예則즉廢폐ㅎㄴㄴ니言언
을先젼定뎡ㅎ면則즉不블跲겁ㅎ며事ㅅ를前젼定뎡則즉不
薄박히홈은써諸제侯후를懷회ㅎㄴ배니라
凡범為위天텬下하國국家가ㅣ有유九구經경이오所소
以이行행之지者쟈ㅣ一일也야ㅣ니
言언연前젼定뎡則즉不블跲겁ㅎ며事ㅅ를前젼定뎡則즉不

20-16 (좌측 하단)

不블困곤ㅎ며行행이前젼定뎡則즉不블疚구ㅎ며道도ㅣ前젼定
뎡則즉不블窮궁ㅎ리니
凡범事ㅅㅣ豫예ㅎ면則즉立립ㅎ고豫예치아니ㅎ면廢폐ㅎㄴ니言언이
前젼의定뎡ㅎ면跲겁지아니ㅎ며事ㅅㅣ前젼의定뎡ㅎ면困곤치아
니ㅎ며行행이前젼의定뎡ㅎ면疚구치아니ㅎ며道도ㅣ前젼의定
뎡ㅎ면窮궁치아니ㅎㄴ니라
在ᄌᆡ下하位위ㅎ야不블獲획乎호上샹이면民민不블可가
得득而이治치矣의리니獲획乎호上샹이有유道도ㅎ니不
信신乎호朋붕友우ㅣ면不블獲획乎호上샹矣의리라不블
信신乎호朋붕友우ㅣ有유道도ㅎ니不블順슌乎호親친ㅎ면

不불信신乎호明명붕友우矣의오順순乎호親친이有유
道도니오反반諸저身신不불誠성이면不불順순乎호親친이며
矣의오誠성身신호디有유道도니오不불明명乎호善선이면
不불誠성乎호身신矣의니라
下하位위예在재호야上上애不불獲획호면民민을可가히어더治티
못호야上上애獲획지못호고明명友우애信신티못호
면上上애獲획디못호리니朋붕友우애信신홈이道도ㅣ잇시니
順순티못호면明명友우애信신티못호고親친애順순홈이道도ㅣ잇
시니身신애反반호야誠성티못호면親친애順순티못호고身신을
誠성홈이道도ㅣ잇시니善선에明명치못호면身신에誠성치못호

리라

誠성伩者쟈는天텬之지道도也야ㅣ오誠성之지者쟈는人인
之지道도也야ㅣ니誠성者쟈는不불勉면而이中듕호며
不불思ᄉ而이得득호야從죵容용히中듕道도호ᄂᆞ니聖셩人인
也야ㅣ오誠성之지者쟈는擇퇴善선而이固고執집之
지者쟈也야ㅣ니
誠성호거ᄂᆞᆫ天텬의道도ㅣ오誠성호기者ᄂᆞᆫ人인의道도ㅣ니誠성호
者ᄂᆞᆫ勉면치아니호야中듕호며思ᄉ티아니호야셔得득호
야從죵容용히道도애中듕호ᄂᆞ니聖셩人인이오誠성호ᄂᆞᆫ者ᄂᆞᆫ善선을擇퇴

博박學학之지호며審심問문之지호며慎신思ᄉ之지호며明명
辨변之지호며篤독行행之지니라
有유弗불學학이언뎡學학之지호ᄃᆡ弗불能능弗불措
조也야ㅣ며有유弗불問문이언뎡問문之지호ᄃᆡ弗불知지
也야ㅣ며有유弗불思ᄉㅣ언뎡思ᄉ之지호ᄃᆡ弗불得득
弗불措조也야ㅣ며有유弗불辨변이언뎡辨변之지호ᄃᆡ弗불
明명弗불措조也야ㅣ며有유弗불行행이언뎡
行행之지호ᄃᆡ弗불篤독弗불措조也야ㅣ니人인一일

能능之지어든己긔百빅之지호며人인十십能능之지
어든己긔千쳔之지니라
學학지아니홈이잇실지언뎡學학홀진댄能능치못호거든
措조치아니호며問문치아니홈이잇실지언뎡問문홀진댄
知지치못호거든措조치아니호며思ᄉ티아니홈이잇실지
언뎡思ᄉ홀진댄得득지못호거든措조치아니호며
辨변치아니홈이잇실지언뎡辨변홀진댄明명치못호거든措조치
아니호며行행치아니홈이잇실지언뎡行행홀진댄篤독지못
호거든措조치아니호야人인은一일에能능히호거든己긔ᄂᆞᆫ千쳔을호ᄂᆞᆫ지라

明명ᄒᆞ면誠셩ᄒᆞᄂᆞ니라

右우第뎨二이十십一일章쟝

惟유天텬下하至지誠셩이ᅀᅡ爲위能능盡진其기性셩이니
能능히其기性셩을盡진ᄒᆞ면則즉能능히人신之지性셩을
能능히人신之지性셩을盡진ᄒᆞ면則즉能능히物물之지性셩을
能능히物물之지性셩을盡진ᄒᆞ면則즉可가以이贊찬天
地디之지化화育육이니可가以이贊찬天텬地디之지
化화育육ᄒᆞ면則즉可가以이與여天텬下의ᆢ則至지誠이ᅀᅡ能히
그性셩을盡ᄒᆞ고能히人의性을盡ᄒᆞ고能히

果과能능히此ᄎᆞ道도ㅣ矣의면雖슈愚우ㅣ必필明명ᄒᆞ며雖슈
柔유ㅣ必필强강ᄒᆞᆫ이라ᄒᆞ시니라
ᄎᆞᆫ연이道도를能능히ᄒᆞ면비록愚우ᄒᆞ나반ᄃᆞ시明명ᄒᆞ며비
록柔유ᄒᆞ나반ᄃᆞ시强강ᄒᆞ리라ᄒᆞ시니라

右우第뎨二이十십章쟝

自ᄌᆞ誠셩明명을謂위之지性셩이오自ᄌᆞ明명誠셩을謂
위之지敎교ㅣ니誠셩則즉明명ᄒᆞ고明명則즉誠셩ᄒᆞ
矣의오明명則즉誠셩ᄒᆞ
矣의
誠셩으로부터明명ᄒᆞᆷ이ᄅᆞᆯ닐온性셩이라블홈이라닐ᄋᆞᆯ수고明으로
부터誠셩ᄒᆞᆷ이ᄅᆞᆯ敎교ㅣ라블홈이라닐ᄋᆞ니誠셩ᄒᆞ면명ᄒᆞ고

ᄒᆞ고動동ᄒᆞ면變변ᄒᆞ고變변ᄒᆞ면化화ᄒᆞᄂᆞ니오직天下의至
誠셩이ᅀᅡ能히化화ᄒᆞᄂᆞ니라

右우第뎨二이十십三삼章쟝

至지誠셩之지道도ᄂᆞᆫ可가以이前젼知지니國국家가ㅣ
將쟝興흥애必필有유禎뎡祥샹ᄒᆞ고國국家가ㅣ將쟝亡망
애必필有유妖요孽얼ᄒᆞ야見현乎호蓍시龜구ᄒᆞ며動동乎호
四ᄉᆞ體톄라禍화福복將쟝至지예善션을必필先션
知지ᄒᆞ며不불善션을必필先션知지ᄒᆞᄂᆞ니故고로
至지誠셩은如여神신이니라
至지誠셩의道도ᄂᆞᆫ可히ᄡᅥ前의知ᄒᆞᄂᆞ니國國家ㅣ쟝ᄎᆞ興ᄒᆞ

을盡ᄒᆞ면能히物물의性셩을盡ᄒᆞ고能히
物의性셩을盡ᄒᆞ면可히ᄡᅥ天地의化育을贊ᄒᆞ고可히ᄡᅥ天地의化育
을贊ᄒᆞ면可히ᄡᅥ天地로더브러參ᄒᆞ리라

右우第뎨二이十십二이章쟝

其기次ᄎᆞᄂᆞᆫ致치曲곡이니曲곡이면能능有유誠셩이니誠셩則
즉形형ᄒᆞ고形형則즉著뎌ᄒᆞ고著뎌則즉明명ᄒᆞ고明명則즉
動동ᄒᆞ고動동則즉變변ᄒᆞ고變변則즉化화ᄒᆞᄂᆞ니
唯유天地의至지誠셩이ᅀᅡ爲위能능化화ㅣ니라
그次ᄎᆞᄂᆞᆫ致치曲곡이니曲곡ᄒᆞ면能히誠셩이잇ᄂᆞ니誠셩ᄒᆞ
면形형ᄒᆞ고形형ᄒᆞ면著뎌ᄒᆞ고著뎌ᄒᆞ면明명ᄒᆞ면動

라 ᄆᆡ반ᄃ시 禎祥이잇고 國家ㅣ쟝亡ᄒᆞ랴ᄆᆡ반ᄃ
시 妖孽이잇ᄉᆞ며 著龜예見ᄒᆞ며 四體예動ᄒᆞᄂᆞ니라
禍福이쟝次至ᄒᆞ욤애 善을반ᄃ시몬져知ᄒᆞ며 不善을
반ᄃ시몬져知ᄒᆞᄂᆞ니 故로至誠은神ᄀᆞᆺᄐᆞ니라

右우ᄂᆞᆫ第데二십四ᄉᆞ章쟝

誠信者ᄌᆞᄂᆞᆫ 自ᄌᆞ成ᄒᆞ也야ㅣ오 而이道도ᄂᆞᆫ 自ᄌᆞ道도也야ㅣ니
라 니

誠信者ᄌᆞᄂᆞᆫ 物믈을之지終죵委始시니 不블誠信이면 無무物믈
이니라 是시故고로君군子ᄌᆞᄂᆞᆫ 誠信之지ᄅᆞᆯ爲위貴귀ᄒᆞᄂᆞ니

誠信者ᄌᆞᄂᆞᆫ 스스로自ᄌᆞ成셩ᄒᆞᄂᆞᆫ거시오而이道도ᄂᆞᆫ 自ᄌᆞ道도也
야ㅣ니

誠信者ᄌᆞᄂᆞᆫ 非비自ᄌᆞ成成己긔而이已이也야ㅣ라所소
以이成信成물物也야ㅣ니所소以이成ᄒᆞᆫ物물
을 知지也야ㅣ니라 故고로君子ᄂᆞᆫ 誠信性信之지德덕이ᄂᆞᆫ 仁신也야ㅣ라外외
ᄂᆞᆫ 知지也야ㅣ니性셩之지德덕이니合합內ᄂᆡ外외
之지道도也야ㅣ니 故고로時시措조之지宜의也야ㅣ라外외오
誠信은스스로己긔ᄅᆞᆯ成ᄒᆞ리오仁이오物을成ᄒᆞᄂᆞᆫ
배니己긔ᄅᆞᆯ成홈은仁이오物을成홈은知ᄒᆞᄂᆞᆫ
라니內ᄂᆡ外외ᄅᆞᆯ合ᄒᆞᆫ道도ㅣ니故로時로措ᄒᆞᆷ애宜ᄒᆞ니라

右우ᄂᆞᆫ第데二십五오章쟝

故고로至지誠信셩은無무息식ᄒᆞ
ᄂᆞ니라

故고로至지誠信셩은息식이업ᄂᆞ니라

不블息식則즉久구ᄒᆞ고久구則즉徵딩ᄒᆞ고
徵딩則즉悠유遠원ᄒᆞ고悠유遠원則즉博박厚후ᄒᆞ고
厚후則즉高고明명ᄒᆞᄂᆞ니라

息식지아니ᄒᆞ면久구ᄒᆞ고久구ᄒᆞ면徵딩ᄒᆞ고
徵딩ᄒᆞ면悠유遠원ᄒᆞ고悠유遠원ᄒᆞ면博박厚후ᄒᆞ고博박厚후ᄒᆞ면高고明명
ᄒᆞᄂᆞ니라

博박厚후ᄂᆞᆫ所소以이載ᄌᆡ物믈也야ㅣ오高고明명은所
소以이覆부物믈也야ㅣ오悠유久구ᄂᆞᆫ所소以이成信物
이니라

블也야ㅣ니

博박厚후ᄂᆞᆫ所소以州物믈을載ᄒᆞᄂᆞᆫ배오高고明명은所州物믈을覆ᄒᆞᄂᆞᆫ
ᄯᅩ悠유久구ᄂᆞᆫ所소以州物믈을成ᄒᆞᄂᆞᆫ배니라

博박厚후ᄂᆞᆫ地디ᄅᆞᆯ配ᄒᆞ비地디며
博박厚후ᄂᆞᆫ地디ᄅᆞᆯ配ᄒᆞ고高고明명은天텬을配ᄒᆞ고悠유久구ᄂᆞᆫ疆이
업ᄂᆞ니라

如여此ᄎᆞ者ᄌᆞᄂᆞᆫ 不블見현而이章쟝ᄒᆞ며不블動동而이
變변ᄒᆞ며無무爲위而이成信ᄒᆞᄂᆞ니라

이ᄀᆞᆺ튼者ᄌᆞᄂᆞᆫ見치아니ᄒᆞ야서章ᄒᆞ며動치아니ᄒᆞ야서

、徵ᄒ며 本이 爲高ᄒ시며 無本이야ᄺᅥ 成ᄒᄂᆞ니라

天텬地디之지道도ㅣ 可가히 一일言언而이 盡진也야ㅣ니 其기爲위物믈이 不블貳ㅣ매 則즉其기生ᄉᆡᆼ物믈이 不블測

其기爲위物믈을 不블貳ㅣ니 則즉其기生ᄉᆡᆼ物믈이 不블測

天텬地디之지道도ㅣ 可가히 一일言언의 盡진홀ᄯᅵ니 그 物믈이 되욤이 貳ᅀᅵ티 몯ᄒᆞᄂᆞ니 그 物믈 되욤이 貳ᅀᅵ

측ᄒᆞᄂᆞ니

天텬地디의 道도ᄂᆞᆫ 博박과 厚후와 高고와 明명

천아 (畜) 니 지라 그 物믈을 生ᄉᆡᆼ홈이 測측디 몯ᄒᆞᄂᆞ니라

天텬地디디之지道도ㅣ 博박也박 厚후也후 高고也고 明명也明

天텬地디의 道도ᄂᆞᆫ 博박과 厚후와 高고와 明명과 悠유와 久구也야ㅣ니라

명也야 悠유也유久구也야ㅣ니

今금夫부天텬이 斯ᄉᆞ昭쇼昭쇼之지多다ㅣ니 及급其기

月월星셩辰신이 繫계ᄒᆞ며 萬만物믈이 覆부ᄒᆞᆫᄯᅵ오 이제地디ㅣ 一

撮土토之지多다ㅣ로ᄃᆡ 그 廣광厚후홈애 及급ᄒᆞ야 華화嶽악을 載ᄌᆡᄒ야

도 重듕티 아니ᄒ며 河하海ᄒᆡᄅᆞᆯ 振진ᄒᆞ야도 洩셜티 아니ᄒ며 萬만

物믈이 載ᄌᆡᄒᆞ니 이제山산이 一卷권石셕의 多다ㅣ로ᄃᆡ 그 廣광大

대ᄒᆞᆫᄃᆡ 及급ᄒᆞ야 草초木목이 生ᄉᆡᆼᄒ며 禽금獸슈ㅣ 居거ᄒ며 寶보藏장이 興

ᄒᆞ며 이제水슈ㅣ 一勺쟉의 多다ㅣ로ᄃᆡ 그 不블測측ᄒᆞᆫᄃᆡ

黿원鼉타蛟교龍룡魚어鱉별이 生ᄉᆡᆼᄒ며 貨화財ᄌᆡ 殖식ᄒᆞᄂᆞ니라

詩시예 닐오ᄃᆡ 天텬의 命명이 於오穆목고 已이티 아니ᄒ다

ᄒᆞ니 蓋개日 天텬의 ᄡᅥ 天텬이 된 바ᅟᅵᆫᄯᅵ오 已이티 아니ᄒ며

正초 아니라 顯현홈가 文문王왕의 德덕의 純슌홈

蓋개日 文문王왕의 ᄡᅥ 文문이 된 바ᅟᅵ니 純슌亦

개日 文문王왕之지所쇼以이爲위文문也야ㅣ니 純슌亦

亦역不블已이니라

詩시예 닐오ᄃᆡ 天텬의 命명이 於오穆목ᄒ야 已이

니 天텬의 ᄡᅥ 天텬이 된 바ᄅᆞᆯ 닐옴이라 穆목ᄒᆞ야 已이

ᄒ며 文문王왕의 德덕이 純슌ᄒᆞ시니ᄯᅡ ᄒᆞ니 文문王왕의

바ᄅᆞᆯ 일홈이니 純슌亦역己이티 아니ᄒ니ᄯᅡ ᄒᆞᆷ이니라

右우第뎨二이十십六륙章장이라

大대哉ᄌᆡ라 聖셩人인의 道도ㅣ여

洋양洋양乎호라 發발育육萬만物믈ᄒᆞ야 峻쥰極극于우天

洋洋히萬物을發育ᄒᆞ야峻히天에極ᄒᆞ얏도다

優우優우히大대ᄒᆞ다禮례儀의三삼百ᄇᆡᆨ이오威위儀의
三삼千쳔이라

優우優우히大대ᄒᆞ다禮례儀ㅣ三百이오威위儀ㅣ三千이로다

待ᄃᆡ其기人신而이後후에行ᄒᆞᄂᆞ니

그人이ᄇᆞ待ᄃᆡᄒᆞᆫ後에ᄒᆞ야行ᄒᆞᄂᆞ니

故고로曰왈苟구不블至지德덕이면至지道도ㅣ不블凝응焉언

故고로曰오ᄃᆡ진실로至德덕이아니면至지道도ㅣ凝응치아니ᄒᆞ니라

故고로君군子ᄌᆞ는尊존德덕性셩而이道도問문學ᄒᆞ며

致티廣광大대而이盡진精졍微미ᄒᆞ며極극高고明명而이
道도中듕庸용ᄒᆞᄂᆞ니廣광大를

시道도도中듕庸용을ᄒᆞ며溫온故고而이知지新신ᄒᆞ며敦돈厚후

故고로君군子ᄂᆞ德덕性셩을尊존ᄒᆞ고問문學ᄒᆞᄂᆞ니廣광大를
致티ᄒᆞ고精졍微미를盡진ᄒᆞ며高고明명을極극ᄒᆞ고
中듕庸용을道도ᄒᆞ며溫온ᄒᆞ고新신을知지ᄒᆞ며敦돈厚후ᄒᆞ고
以이崇숭禮례니

故고로溫온ᄒᆞ고新신을知지ᄒᆞ며敦돈厚후ᄒᆞ고禮례를崇숭ᄒᆞᄂᆞ니

시故고로居거上샹不블驕교ᄒᆞ며爲위下하不블倍ᄇᆡ니

是시故고로上샹ᄋᆡ居거ᄒᆞ야不블驕교ᄒᆞ며下하ㅣ되야不블倍ᄇᆡᄒᆞ야

國국有유道도에其기言언이足죡以이興흥이오國국無무
道도에其기黙묵이足죡以이容용이니詩시曰왈旣긔明명
且차哲쳘ᄒᆞ야以이保보其기身신이라ᄒᆞ니其기此ᄎᆞ之지謂위인뎌

國국이道도ㅣ잇ᄂᆞᆫ故고에ᄂᆞ그言언이足죡히ᄡᅥ興흥ᄒᆞ고國국이
道도ㅣ업ᄂᆞᆫ故고애그黙묵이足죡히ᄡᅥ容용ᄒᆞᄂᆞ니詩시예닐오ᄃᆡ
이믜明명ᄒᆞ고ᄯᅩ哲쳘ᄒᆞ야ᄡᅥ그身신을保보ᄒᆞᆫ다ᄒᆞ니그를
닐음인뎌

右는第데二이十십七칠章쟝이라

子ᄌᆞㅣ曰왈愚우而이好호自ᄌᆞ用용ᄒᆞ며賤쳔而이好호自
自ᄌᆞ尊존ᄒᆞ고好호自ᄌᆞ用용ᄒᆞ니ᄂᆞᆫ이며反반古고之지道도ㅣ니
如여此ᄎᆞ者쟈ᄂᆞ烖ᄌᆡ及급其기身신者쟈也야ㅣ니라

子ᄌᆞㅣ曰왈愚우호ᄃᆡ好호自ᄌᆞ用용ᄒᆞ며賤쳔호ᄃᆡ好호自ᄌᆞ
自ᄌᆞ尊존을好호ᄒᆞ니며今금之지世셰예生ᄉᆡᆼᄒᆞ야古고之지道도를
反반ᄒᆞ면如여此ᄎᆞᄒᆞᆫ者쟈ᄂᆞ烖ᄌᆡᄒᆞ그身신에及급ᄒᆞᄂᆞ니라

非비天텬子ㅣ어ᄃᆞᆫ不블議의禮례ᄒᆞ며不블制졔度도ᄒᆞ며不
天텬子ㅣ아니면禮례를議의치못ᄒᆞ며度도를制졔치못ᄒᆞ며文

28-3

今금 天텬下하ㅣ 車거ㅣ 同동軌궤케ᄒᆞ며 書셔ㅣ 同동文문ᄒᆞ며 行ᄒᆡᆼ이 同동倫륜ᄒᆞᄂᆞ니라

시졔 天텬下ㅣ 車ㅣ 軌ㅣ 同동ᄒᆞ며 書ㅣ 同동文ᄒᆞ며 行이 同동倫ᄒᆞᄂᆞ니라

倫륜ㅣ 同동ᄒᆞᄂᆞ니라

28-4

雖슈 有유 其기 位위나 苟구ㅣ 無무 其기 德덕이면 不블 敢감히 禮례樂악을 作작디 못ᄒᆞᄂᆞ니라

作작호ᄃᆡ 禮례樂악을 作작디 못ᄒᆞ며 雖슈 有유 其기 德덕이나 亦역 不블 敢감히 作작디 禮례樂악을

비록 그 位위ㅣ 잇시나 진실로 그 德덕이 업스면 敢감히 禮례樂악을

비록 그 德덕이 잇시나 진실로 그 位위ㅣ 업

28-5

스면 敢감히 禮례樂악을 作작디 못ᄒᆞᄂᆞ니라

子ㅣ 골ᄋᆞ샤ᄃᆡ 夏하禮례를 說셜호니 杞긔ㅣ 足죡히 徵징치 못ᄒᆞ고

야 외 吾오ㅣ 說셜호ᄃᆡ 夏하禮례나 杞긔 不블 足죡 徵징 也야

吾오ㅣ 學ᄒᆞ호 周쥬禮례를 ᄒᆞ니 今금 用용ᄒᆞᄂᆞ니

오 學ᄒᆞ호 周쥬禮례를 ᄒᆞ야 今금 用용 之지라 吾오ㅣ 從죵 周쥬ᄒᆞ시니라

29-1

子ㅣ 골ᄋᆞ샤ᄃᆡ 夏하禮례를 說셜호니 杞긔ㅣ 足죡히 徵징치 못ᄒᆞ

고 吾외 殷은禮례를 學ᄒᆞ호니 宋송이 잇ᄂᆞ니라 吾외 周쥬禮례를 學ᄒᆞ호

시졔 用용ᄒᆞᄂᆞ니 吾오ㅣ 周쥬ᄅᆞᆯ 從죵ᄒᆞ시니라

右우 第뎨 二이十십八팔章장이라

王왕天텬下하ㅣ 有유 三삼重듕焉언ᄒᆞ면

其기 寡과過과矣의乎호ㅣᆫ뎌

29-2

矣의乎호ㅣᆫ뎌

天텬下하의 王왕호시 三삼重듕을 두니 그 過과ㅣ 寡과ᄒᆞᆫ뎌

上샹焉언者쟈ᄂᆞᆫ 雖슈 善션ᄒᆞ나 無무徵징이니 徵징이 업슨則즉

上샹焉언者쟈ᄂᆞ 비록 善션ᄒᆞ나 徵징ㅣ 업스니 徵징이 업슨則즉 信신

티 못ᄒᆞ고 信신치 못ᄒᆞᆫ則즉 民민이 從죵치 아니ᄒᆞ고 下하

信신ᄒᆞ니 信신치 못ᄒᆞ면 民민이 從죵치 아니ᄒᆞᄂᆞ니라 信신

29-3

故고로 君군子ᄌᆞ의 道도ᄂᆞᆫ 本본 諸져身신ᄒᆞ야 徵징 諸져

庶셔民민ᄒᆞ며 考고 諸져 三삼王왕而이 不블 繆뮤ᄒᆞ며 建건

考고ᄒᆞ야 三삼王왕ᄒᆡ 考고ᄒᆞ며 三삼王왕에도 繆뮤치 아니

諸져 天텬地디而이니 不블 悖패ᄒᆞ며 質질 諸져鬼귀神신而이

시 無무 疑의호ᄆᆞ며 百빅世셰에 以이 俟ᄉᆞ聖셩人인이며 而이 不블

29-4

惑혹이니라

故고로 君군子ᄌᆞ의 道도ᄂᆞᆫ 身신에 本본ᄒᆞ야 庶셔民민에 徵징ᄒᆞ며 三삼王왕에

考고ᄒᆞ야도 繆뮤치 아니ᄒᆞ며 天텬地디에 建건ᄒᆞ야도 悖패치 아니ᄒᆞ니

며 鬼귀神신에 質질ᄒᆞ야도 疑의업스며 百빅世셰에 聖셩人인을 俟ᄉᆞ

ᄒᆞ야도 惑혹지 아니ᄒᆞᄂᆞ니라

質질 諸져鬼귀神신而이 無무 疑의ᄂᆞᆫ 知지 天텬也야ㅣ오

29-5

百ᄇᆡᆨ世셰以이俟ᄉᆞ聖셩人인而이不블惑혹ᄒᆞᄂᆞᆫ知지人
인也야ㅣ니라
鬼神에質ᄒᆞ야도疑ㅣ업슴은天을知ᄒᆞᆷ시오百世예
俟聖人을俟ᄒᆞ야도惑지아니홈은人을知ᄒᆞᆷ시니라
是시故고君군子ᄌᆞᄂᆞᆫ動동ᄒᆞ매而이世셰爲위天텬下하道
도ㅣ니行ᄒᆡᆼ而이世셰爲위天텬下하法법이며言언而이世
셰爲위天텬下하則측이라遠원之지則즉有유望망ᄒᆞ고近근
之지則즉不블厭엽이니라
이런故로君子ᄂᆞᆫ動홈애世로天下의道ㅣ되ᄂᆞ니行
홈애世로天下의法이되며言홈애世로天下의則이

29-6

되ᄂᆞᆫ지라멀리ᄒᆞᆫ이면望홈이잇고갓가이ᄒᆞᆫ이면厭
치아닛ᄂᆞ니라
詩시曰왈在ᄌᆡ彼피無무惡오ᄒᆞ며在ᄌᆡ此ᄎᆞ無무射역ᄒᆞ야
庶셔幾긔夙슉夜야ᄒᆞ야以이永영終죵譽예ᄒᆞ니라ᄒᆞ니君군子
ᄌᆞㅣ未미有유不블如여此ᄎᆞ而이蚤조有유譽예於어
天텬下하者쟈也야ㅣ니라
詩예ᄀᆞᆯ오ᄃᆡ彼예在홈애惡ᄒᆞ리업스며此예在홈애
射ᄒᆞ리업서거의夙夜ᄒᆞ야ᄡᅥ기리譽를終ᄒᆞ리라ᄒᆞ
니君子ㅣ이러치아니코일즉이天下의譽를둔者ㅣ
잇지아니ᄒᆞ니라

30-1

右우第뎨二이十십九구章쟝
仲듕尼니ᄂᆞᆫ祖조述슐堯요舜슌ᄒᆞ시고憲헌章쟝文문武
무ᄒᆞ시며上샹律률天텬時시ᄒᆞ시고下하襲습水슈土토ᄒᆞ시니라
仲尼ᄂᆞᆫ堯舜을祖述ᄒᆞ시고文武를憲章ᄒᆞ시며上으
로天時를律ᄒᆞ시고下로水土를襲ᄒᆞ시니라

30-2

辟비如여天텬地디之지無무不블持지載ᄌᆡᄒᆞ며無무不
블覆부幬도ᄒᆞ며辟비如여四ᄉᆞ時시之지錯착行ᄒᆡᆼᄒᆞ며如
여日일月월之지代ᄃᆡ明명이니라
辟컨댄天地의持載치아니홈이업스며覆幬치아니

30-3

홈이업슴ᄀᆞᆮᄐᆞ며辟컨댄四時의錯行홈ᄀᆞᆮᄐᆞ며日月
의代明홈ᄀᆞᆮᄐᆞ니라
萬만物믈並병育육而이不블相샹害해ᄒᆞ며道도並병行
ᄒᆡᆼ而이不블相샹悖패ᄒᆞ야小쇼德덕川쳔流류ᄒᆞ고大대德
덕敦돈化화ᄒᆞᄂᆞ니此ᄎᆞㅣ天텬地디之지所소以이爲위
大대也야ㅣ니라
萬物이ᄀᆞᆯ와育ᄒᆞ야서로害치아니ᄒᆞ며道ㅣᄀᆞᆯ와行
ᄒᆞ야서로悖치아니ᄒᆞ야小德은川의流홈이오大德
은化를敦ᄒᆞᄂᆞ니이天地의ᄡᅥ大ᄒᆞᆫ배니라
右우第뎨三삼十십章쟝

唯유天텬下하ㅣ至지聖셩이아 爲위能능聰총明명睿예知지

足죡히써有유臨림이니 寬관裕유溫온柔유ㅣ
足죡히써有유容용이며 發발強강剛강毅의
足죡히써有유執집이며 齊졔莊장中듕正졍이
足죡히써有유敬경이며 文문理리密밀察찰이
足죡히써有유別별이니라

오직 天텬下하의 至지聖셩이아 能능히 聰총明명睿예知지홈이 잇ᄂᆞ니 足죡히써 臨림홈이 이시며 寬관裕유溫온柔유홈이 이시니 足죡히써 容용홈이 이시며 發발強강剛강毅의홈이 이셔 執집홈이 이시며 齊졔莊장中듕正졍ᄒᆞ야 足죡히써 敬경홈이 이시며 文문理리密밀察찰홈이 足죡히써 別별홈이 이시니라

溥부博박淵연泉천야 而이時시出츌之지니라

溥부博박淵연泉천ᄒᆞ며

溥부博박은 如여天텬ᄒᆞ고 淵연泉천은 如여淵연이니

溥부博박淵연泉천ᄒᆞ야 時시로 出츌ᄒᆞᄂᆞ니라

溥부博박은 天텬又又고 淵연泉천은 如여淵연ᄒᆞ야 見현而이民민莫막不불敬경ᄒᆞ며 言언而이民민莫막不불信신ᄒᆞ며 行ᄒᆡᆼ而이民민莫막不불說열이니라

而이民민이 莫막不불敬경ᄒᆞ며 言언ᄒᆞ면 民민이 莫막不불信신ᄒᆞ고 行ᄒᆡᆼ홈애 民민이 莫막不불說열ᄒᆞᄂᆞ니라

本본行ᄒᆡᆼᄒᆞ면 而이民민이 莫막不불說열이라

而이民민이 見현홈애 民민이 敬경티아니ᄒᆞ리 업스며 言언호ᄆᆡ 民민이 信신티아니ᄒᆞ리 업스며 行ᄒᆡᆼ홈애

是시以이聲셩名명이 洋양溢일乎호中듕國국ᄒᆞ야 施시

是시以이 聲셩名명이 洋양溢일ᄒᆞ야 中듕國국애 施시ᄒᆞ며

民민이 說열티아니ᄒᆞ리 업ᄂᆞ니라

及급금蠻만貊맥이라 舟쥬車거所소至지와 人인力력所소
通통과 天텬之지所소覆부와 地디之지所소載ᄌᆡ와 日일
月월所소照죠와 霜상露로所소隊ᄐᆡ에 凡범有유血혈
氣긔者쟈ㅣ 莫막不불尊존親친이라 故고로 曰왈配ᄇᆡ
天텬이라ᄒᆞ니라

蠻만貊맥이 及급ᄒᆞ며 舟쥬車거의 至지ᄒᆞᄂᆞ바와 人인力력의 通통ᄒᆞᄂᆞ바와 天텬의 覆부ᄒᆞᄂᆞᆫ 바와 地디의 載ᄌᆡᄒᆞᄂᆞᆫ바와 日일月월의 照죠ᄒᆞᄂᆞᆫ바와 霜상露로의 隊ᄐᆡᄒᆞᄂᆞᆫ바의 무릇 血혈氣긔 인ᄂᆞᆫ者쟈ㅣ 尊존親친티아니ᄒᆞ리 업ᄂᆞ니 故고로 曰왈配ᄇᆡ天텬이라ᄒᆞᄂᆞ니라

右우第뎨三삼十십一일章쟝

唯유天텬下하ㅣ至지誠셩이아 爲위能능經경綸륜天텬下하
之지大대經경ᄒᆞ며 立닙天텬下하
之지大대本본ᄒᆞ며 知디天텬
地디之지化화育육이니 夫부焉언有유所소倚의리오

오직 天텬下하의 至지誠셩이아 能능히 天텬下하의 大대經경을 經경綸륜ᄒᆞ며 天텬下하의 大대本본을 立닙ᄒᆞ며 天텬地디의 化화育육을 知디ᄒᆞᄂᆞ니 夫부馬언 有유所소倚의리오

肫준肫준其기仁인이며 淵연淵연其기淵연이며 浩호浩호
其기天텬이니라

肫준肫준ᄒᆞᆫ 其기仁인이며 淵연淵연ᄒᆞᆫ 其기淵연이며 浩호浩호ᄒᆞᆫ

腍腍호 그仁이며 淵淵호 淵호 그이며 浩浩호 그天이로다

苟구不불固고聰총明명聖셩知디達달天뎐德덕者쟈ㅣ면

진실로본되 聰明聖知호야 天德을達호者ㅣ아니면

其기孰슉이能능히知디호쟈ㅣ리오

그뉘能히知호리오

右우第뎨三삼十십二이章쟝

詩시日왈 衣의錦금尙샹絅경이라 호니 惡오其기文문之지
著뎌也야ㅣ니 故고로君군子자之지道도는 闇암然연而이
日일章쟝호고 小쇼人인之지道도는 的뎍然연而이日일
亡망호니

君군子자之지道도는 淡담而이不불厭염호며
簡간而이文문호며 溫온而이理리니 知디遠원之지近근
며 知디風풍之지自자며 知디微미之지顯현이면 可가與여
入입德덕矣의리라

詩시日왈 衣의錦금을 尙샹호고 絅경을 衣의호다 호니 君군子자의道도는
闇암然호되 君군子자의道도는 簡간然호되 文문章호
고 小쇼人인의道도는 的뎍然호되

淡담호되 厭념치아니호며 簡간호되 文문호며 溫온호되 理리호니
遠원의近근호믈 知디호며 風풍의自자호믈 知디호며 微미의顯현
호믈 知디호면 可가히더부러 德덕에入입호리라

詩시云운 潛잠雖수伏복矣의나 亦역孔공之지昭쇼라
호니 故고로君군子자ㅣ 內내省셩호야 不블疚구ㅣ라 無무惡오
於어志지니 君군子자之지所소不블可가及급者쟈는 其기唯유人인
之지所소不블見견乎호인뎌

惡오其기襲습이니 故고로君군子자ㅣ 內내省셩호야 疚구치아니호며 志지
예惡오홀배업스니 君군子자의可가히及급지못홀
배見견치못호는데

詩시云운 相샹在지爾이室실홀제 尙샹不블愧괴于우屋옥
漏루ㅣ라 故고로君군子자는 不블動동호되 而이敬경호며 不...

不블言언而이信신이니

詩셰일오되 奏주假가無무言언애 時시靡미有유爭징이라
호니 是시故고로君군子자ㅣ不블賞샹而이民민勸권호며 不...

詩시日왈 奏주假가無무言언이라 時시靡미有유爭징호니

詩셰일오되 爾이室실에在지홀제를 相샹호되 屋옥漏루에愧괴
치아니타호니 故고로君군子자ㅣ 動동치아니호야도 敬경호며 言언
치아니호야도 信신호느니라

不블言언而이信신이니라

詩셰일오되 奏주假가에 言언이업스매 時시예爭징이有유치
아니타호니 是시故고로君군子자ㅣ 賞샹치아니호야도 民민이勸권호며 不

不블怒노而이民민威위於어鈇부鉞월이니라

詩시日왈 不블顯현惟유德덕을 百...

詩셰일오되 이예是시故고로民민威위호느니라

怒노치아니호야도 民민이鈇부鉞월에셔威위호느니라

詩셰일오되 顯현치아니타마는 故고로君군子자ㅣ 篤독恭공호야 天뎐
下하ㅣ平평호느니라

詩시日왈 予여懷회明명德덕이 不블大대聲셩以이色색이라
호니 子자ㅣ日왈 聲셩色색之지於어以이化화民민애 末말也야ㅣ라 호시니라

詩셰일오되 明명德덕을 懷회호되 聲셩과色색을 大대치아니타호니 子자ㅣ
일오샤되 聲셩과色색은 뻐民민을化화홈애 末말이라 호시니라

詩시日왈 德덕輶유如여毛모ㅣ라 호니 毛모猶유有유倫륜이어니와
上샹天뎐之지載재ㅣ 無무聲셩無무臭취라 호니 至지矣의니라

詩셰일오되 德덕이輶유호미毛모ㅣ라 호니 毛모ㅣ오히려倫륜이잇거
니와 上샹天뎐의載재ㅣ 聲셩이업스며 臭취ㅣ업다호니 至지호니라

詩시日왈不블顯현惟유德덕을百빅辟벽其기刑형之

지빼호니是시故고로君군子조눈篤독恭공而이天텬下하
平평이라호니

詩시예닐오되不블顯현치아니호德덕을百빅辟벽이그刑형호다호
시던故고로君군子조눈恭공을篤독히홈애天텬下하ㅣ平평호느니라

詩시云운予여懷회明명德덕의不블大대聲셩以이色식이라

詩시예닐오되予여ㅣ明명德덕의큰聲셩色식으로뻐아니홈을懷회혼다호
식이라子조ㅣ日왈聲셩色식之지於어以이化화民민

새닐오샤디德덕의輶유如여毛모ㅣ라호니

末말也야ㅣ니라詩시云운德덕輶유如여毛모호니

毛모猶유有유倫륜이라호니上샹天텬之지載재ㅣ

無무聲셩

無무臭취샤ㅣ至지矣의라

詩시예닐오되明명德덕의聲셩과다못色식을大대케아니홈을

懷회호노라호샤눌子조ㅣ골오샤디聲셩色식으로써民민을化화홈이

末말이라호시고詩시예닐오되德덕의輶유홈이毛모又다호
나毛모눈오히려倫륜이잇시니上샹天텬의載재ㅣ聲셩이업스며
臭취ㅣ업다홈이사야지극호니라

右우눈第뎨三삼十십三삼章쟝이라

中듕庸용諺언解ㅣ기

中庸諺解 뒤에 쓰다 題中庸諺解後

중국 사람들은 책을 읽을 적에 다만 句讀를 나눌 뿐이요 이른바 吐釋이라는 것이 없는데도 뜻이 절로 분명하다. 그러므로 言文이 일치하여 글짓기가 쉽다. 우리나라는 句에는 口訣이 있고 글자에는 우리말로 해석한 것이 있으니, 마땅히 글을 대하여 뜻을 찾고 붓을 잡아 글을 기록함에 심히 어렵지 않을듯하나 도리어 번거로워 어렵고 어려워 통하지 못한다.

아, 世宗朝에 우리 국어를 금하고 漢語를 익히자는 전교가 세상에 행해지지 못한 것이 애석하다. 經書諺解는 내 서로 이어오는 말을 따라서 退溪께서 정한 것이라고 여겼는데, 뒤에 다시 상고해 보니 절대로 그렇지 않았다. 그러다가 《梅山集》을 보니, 宣祖가 白沙(李恒福) 등 제공에게 명하여 諸家의 口訣을 모아 經書諺解를 만들었다고 하였다. 이윽고 《宋子大全》을 보니 諺解의 잘못된 부분이 매우 많음을 한탄하였고, 《巍巖集》에는 孟子諺解를 수정한 것이 있었으며, 최후에 栗翁이 정한 四書諺解를 얻어 보았다. 듣자하니 沙溪와 尤菴 두 문하에서는 매번 이 栗谷諺解를 좋다고 하였으나 때로는 한두 곳에 의심할 만한 곳이 있다고 하셨다 한다. 금년에 《中庸》을 읽을 적에 두 諺解(官本과 栗谷의 諺解)를 합쳐서 참고하여 자세히 보았는데 이중에 자신이 없는 것을 빼놓고 의심이 없는 것을 취하니, 또한 자못 재미가 있었다. 인하여 삼가 이와 같이 기록하고 간혹 누추한 나의 견해를 사용하여 참람하게 수정을 가하였으니, 약간에 불과하나 감히 스스로 옳다고 여기지 못하여 한 세상의 군자들에게 받들어 질정하여 시정해 주기를 바라노라. 이어서 《大學》과 《論語》, 《孟子》의 두 諺解를 함께 취하여 단점을 버리고 장점을 모아서 후학들에게 은혜롭게 하기를 원하는 바이다.

中國人讀書 但分句讀而已 無所謂吐釋 而義自曉白 故言文一致而屬辭易 我東則句有口訣 字有俚釋 宜其臨文求義 執筆記言 若不甚難 反被煩瑣而致其夏夏也 惜乎 世宗朝禁鄕言習漢語之敎 不行於世也 經書諺解 愚因相沿之說 認爲退翁所定 後復考之 殊不然 及見梅山集 說宣廟命白沙諸公聚諸家口訣 爲經書諺解 旣而見宋子大全 歎諺解誤處甚多 巍巖集有釐正孟子諺解 最後得栗翁所定四書諺解 大學補亡章 孟子萬章以下缺 朴玄石就爲補之 而聞沙尤兩門 每以是爲善 然時有一二可議處 今年讀中庸 合二解 參互看詳 闕其未信而取其無疑者 亦頗有味 因竊錄之如右 間用陋見 僭加更定 不過若干 然未敢自是 奉以質於幷世君子 而乞其是正 仍願其幷取大學語孟二解 而去短集長以惠後來云爾(《艮齋集》)

經書諺解口訣源委를 붙임 經書諺解口訣源委附

眞一齋 柳崇祖가 中宗朝에 大司成이 되었는데 성균관의 유생들을 가르칠 적에 諺解를 만들었는 바, 哲宗朝에 吏曹判書에 추증되었다.【《眞一齋集》에 보인다. ○ 李貞會가 말하기를 "七書諺解는 글자의 음이 각각 다르고 토씨도 각각 다르며 방언도 각각 다르니, 이것이 한사람의 손에서 나오지 않은 것이 분명한데, 지금 柳眞一齋가 지은 것이라고 하니, 의심할 만하다."하였다.】〔眞一齋柳公崇祖 中宗朝爲大司成 敎館學儒生 作諺解 哲宗朝贈吏判【見眞一齋集 ○ 李貞會言 七書諺解 字音各不同 詞吐各不同 方言各不同 其非出於一人之手 明矣 而今曰柳眞一所作 可訝】〕

寒岡(鄭逑)의 墓誌銘에, "寒岡선생이 經書諺解를 수정했다." 하였다.【眉叟 許穆의 《記言》에 보인다.】〔寒岡墓誌 言先生釐正經書諺解【見許氏記言】〕

尤菴이 명령을 받고 小學諺解를 교정하였다.【《宋子大全》에 보인다.】〔承命校正小學諺解【見宋子大全】〕

經書에 諺解가 있은 지가 오래되었으나 제가들이 서로 異同이 있었는데, 退溪선생이 합하여 만들어 뜻을 해석해서 비로소 정해졌으나 아직도 크게 완비하지 못하였다. 지금 통행본인 官本諺解는 아마도 그 뒤에 나온 듯한데 또 여러 번 수정하였다.【栗谷이 정한 《四書諺解跋文》에 보인다. ○ 金駿榮이 말하기를 "여러 번 수정했다는 이 말을 근거해보면 지금 통행본인 諺解는 柳公이 정한 것이 아님을 알 수 있다. 일찍이 嵋堂(李象秀)에게 들으니 말씀하기를, '四書諺解는 柳崇祖가 지었다고 하는데 내 생각에는 柳公이 일찍이 論定한 바가 있었으나 退翁이 이미 刪正을 하였고 그 뒤에 또 수정하는 가운데 들어갔는가 보다.' 했다." 하였다.】〔經書之有諺解 厥惟久矣 而諸家互有同異 至退溪先生合成釋義而乃定 猶未大備 卽今見行官本諺解 蓋出於其後 而又屢經竄易【見栗谷所定四書諺解跋 ○ 金駿榮言 據此屢經竄易之說 則今見行諺解 非柳公所定 可知也 嘗聞諸嵋堂李丈 曰 四書諺解 柳公崇祖所作 竊意柳公曾有所論定者 而退翁既已刪正 其後又入於竄易中耶】〕

世祖 때에 經書와 《小學》의 口訣을 정할 때에 《小學》은 光陵(世祖), 《詩經》은 河東君 鄭麟趾, 《書經》은 蓬原君 鄭昌孫, 《禮經》은 高靈君 申叔舟, 《論語》는 漢城府尹 李石亨, 《孟子》는 吏曹判書 成任, 《大學》은 中樞府同知事 洪應, 《中庸》은 刑曹判書 姜希孟이었다. 또 中樞府知事 丘從直과 同

知事 金禮蒙, 工曹參判 鄭自英, 吏曹參議 李永垠, 戶曹參議 金壽寧, 前右承旨 朴楗 등이 논란하고 교정하였는데, 매번 중요한 곳을 만나면 모두 성상께 여쭈어 결단을 받았다.【《太虛亭集》〈經書小學口訣跋〉에 보인다.】〔世祖時 定經書小學口訣 小學光陵 詩河東君鄭麟趾 書蓬原君鄭昌孫 禮高靈君申叔舟 論語漢城府尹李石亨 孟子吏曹判書成任 大學中樞府同知事洪應 中庸刑曹判書姜希孟 又中樞府知事丘從直 同知事金禮蒙 工曹參判鄭自英 吏曹參議李永垠 戶曹參議金壽寧 前右承旨朴楗 等 論難校正 每遇肯綮 悉稟睿斷【見崔太虛亭集 經書小學口訣跋】〕

太虛亭 崔恒의 비문에 다음과 같이 말하였다. "英陵(世宗)이 金汶·金鉤와 公(崔恒) 등에게 명하여 《小學》과 四書五經의 口訣을 정하게 하였는데, 나(徐居正)도 여기에 참여했다." 하였다.【徐居正의 《四佳集》에 보인다. ○ 金駿榮이 말하기를 "《太虛亭集》에 실려 있는 諸家의 口訣도 또한 마땅히 退翁이 合成할 때에 들어갔을 것이다." 하였다.】〔崔太虛亭【恒】碑曰 英陵命金汶金鉤及公等 定小學四書五經口訣 居正與焉【見徐四佳集 ○ 金駿榮言 太虛亭集所載諸家口訣 亦當入於退翁之合成矣】〕

宣祖 신축년(1601, 선조34)에 조정에서 局(관청)을 설치하고 周易口訣을 교정할 적에 先生(沙溪)이 특별히 소명을 받고 서울에 들어갔다.【《沙溪年譜》에 보인다.】〔宣祖辛丑 朝廷設局 校正周易口訣 先生特被召入京【見沙溪年譜】〕

簡易 崔岦이 杆城郡守가 되었을 적에 周易口訣 네 권을 올렸다.【本集에 보인다.】〔崔簡易岦 爲杆城郡守 上周易口訣四卷【見本集】〕

宣廟朝에 명하여 儒臣들을 뽑아서 經書諺解를 撰定하게 하였으나 임진왜란을 만나 중지하였다가 신축년에 이르러 또다시 전교하기를, "經書諺解를 왜란이 나기 전에 시작하였으나 끝마치지 못했으니, 지금 마땅히 經學에 밝고 儒學하는 선비들을 널리 뽑아 校正廳을 설치하여 속히 지어 올리라." 하였다. 이에 月沙(李廷龜) 등 제공이 이 선발에 응하여 南別宮에 局을 설치해서 일을 끝마쳐 간행하였다. 그러므로 이것을 官本諺解라 하니, 바로 지금 통행하는 것이다. 또 栗谷諺解가 있는데 중국의 句絶을 한결같이 따르고 또 音과 뜻을 해석한 것이 참으로 정확하여 어긋나지 않으니, 官本이 미칠 수 있는 것이 아니다. 三經에 미치지 못한 것이 애석하다. 官本의 해석 중에 잘못된 곳은 이루다 말할 수 없는데, 수백 년 이래로 잘못된 것을 그대로 이어받아 바로잡지 못하였다. 이에 蒙學의 後生들이 보고들은 것에 익숙하여 음과 뜻을 완전히 잃으니, 어찌 크게 민망하지 않겠는가.【《梅山集》에 보인다.】〔宣廟朝命選儒臣撰定經書諺解 値壬辰兵燹而罷 及辛丑 又教曰 經書諺解 亂前始而不卒 今宜博選經學儒雅之士 設爲校正廳 急速選進 李月沙諸公 遂應是選 設局於南別宮 而竢事印行 故謂之官本諺解 卽今見行者也 又有栗谷諺解 一遵中國句絶 且解釋音義 眞正不差 非官本之所可及也 惜乎 其不及於三經也 官本解錯處 殆不勝諭 數百年來 承訛襲謬 莫反之正 蒙學後生 習熟見聞 全失音釋 詎不悶絶哉【見梅山集】〕

眉巖(柳希春)이 지어올린 經書 가운데의 口訣이 정확하고 합당하니, 배우는 사대부의 집에서 지금까지 전하여 지킨다.【蘆沙 奇正鎭의 《蘆沙集》에 보인다.】〔柳眉巖所進經中口訣 的確停當 學士家至今傳守之【見奇蘆沙集】〕《艮齋集》)

跋文

　寒松 成百曉 선생께서는 이미 오래 전에 한국 최초로 七書(四書와 三經)의 集註를 懸吐完譯하신 바 있다. 그 후 선생은 다시 四書集註에 제 학설과 이에 대한 선생의 견해를 '按說'의 형태로 부가하는 작업을 《論語》부터 시작하셔서 이번에 《附按說 大學·中庸集註》를 발간함으로써 그 완성을 보게 되었다.

　이런 큰일에 학식이 얕고 재주도 변변찮은 자가 감히 跋文을 짓게 되니 惶悚한 마음 그지없으나, 한편으로는 약 20년 전 법조 선후배 몇몇이 선생을 찾아뵙고 가르침을 청함에 선생께서 "法曹人 일곱 사람이 모임을 결성하여 강학하고 이름을 '寡尤會'라 하였으니, 이는 夫子(孔子)의 '많이 듣고서 의심스러운 것을 제쳐놓고 그 나머지 자신이 있는 것을 삼가 말하면 허물이 적어진다'는 뜻을 취한 것이다.〔法家七人 結社講學 名之曰 寡尤 蓋取夫子多聞闕疑愼言其餘之意也〕"라는 《論語》〈爲政〉의 가르침을 주시며 우리 모임을 寡尤會로 이름 지어 주시고, 그 후 海東經史研究所가 발족하게 되었던 일을 떠올리지 않을 수 없다. 이에 그동안 들은 것 중에 겨우 알게 된 몇 말씀을 조심스럽게 옮겨 跋文에 대신하고자 한다.

　《論語》〈憲問〉에 "옛날에 배우는 자들은 자신을 위한 學問을 하였다.〔古之學者 爲己〕"라 하였고, 朱子 역시 《論語》를 集註하면서 程子의 말씀을 인용해 爲己之學을 강조하였다. 또한 《論語》가 제시하는 중심적인 사회적 행위 준칙의 하나인 "자기가 하고자 하지 않는 것을 남에게 베풀지 말라.〔己所不欲 勿施於人〕"는 孔子의 가르침은 〈顔淵〉편뿐만 아니라 여러 곳에서 찾아 볼 수 있다.

　이러한 가르침이 《大學》에서는 '絜矩之道'로 그 깊이가 더해졌고, 《中庸》에서는 '忠'과 '恕'로 압축되었다. 그리고 《孟子》〈盡心上〉에서는 "몸에 돌이켜보아 자신의 행위가 성실하면 즐거움이 이보다 더 클 수 없고, 恕를 힘써서 행하면 仁을 구함이 이보다 가까울 수 없다.〔反身而誠 樂莫大焉 强恕而行 求仁莫近焉〕" 하였으며, 또 "자기 몸을 바로잡으면 남이 바루어진다.〔正己而物正〕"는 것을 강조하였다.

《大學》의 絜矩之道는 자로 재는 도리를 말한 것이다. 寒松 선생의 말씀에 의하면 자신의 마음을 표준으로 삼아 남의 마음을 헤아려서 자신이 싫은 것은 남에게 베풀지 말고 자신이 좋은 것은 남에게 베푸는 것을 말한다고 한다. 또한《大學章句》10章은 모두 絜矩之道에 관한 것이라 할 수 있고, 이것이《大學》의 핵심적인 가르침이라고 말씀하신다. 朱子 역시 四書集註에서 자기를 미루어 남에게 미치는 推己以及人의 도리를 여러 차례 말씀하신 바 있다.

朱子에 의하면《中庸》에서 말하는 忠은 자기의 마음을 다하는 것[盡己之心爲忠]이고, 恕는 자기의 마음을 미루어 남에게 미치는 것[推己及人爲恕]이다. 寒松 선생께서는 忠恕 다음에 나오는 구절인 "자식에게 바라는 것으로써 부모를 섬김을 하지 못하며, 아우에게 바라는 것으로써 형을 섬김을 하지 못한다.[所求乎子 以事父 未能也 所求乎弟 以事兄 未能也]"와 "활쏘기는 군자의 자세와 같음이 있으니, 활을 쏘아 정곡을 잃으면 자신에게 돌이켜 찾는다.[射有似乎君子 失諸正鵠 反求諸其身]"라는 구절을《大學》의 絜矩之道와 연결하여 말씀하시곤 하였다.

이렇듯 聖賢의 가르침은《論語》에서《大學》,《中庸》을 거쳐《孟子》에 이르기까지 一以貫之하는 것이다. 이것이 末學의 눈에는 바로 들어오지 않는다. 오랜 옛날에 朱子의 集註가 이러한 역할을 하였으나, 오늘에 이르러 寒松 선생의 按說에 의해 이 모든 것이 一目瞭然해지니, 참으로 시대의 洪福이 아닐 수 없다.

부디 선생께서 더 건강하시고 만수를 누리셔서 우리나라의 올바른 학문이 길이 이어져 발전하기를 기원해 마지않는다.

2016년 歲在丙申 孟春에

法務法人(有限) 太平洋 業務執行代表辯護士 金成珍

편집후기

寒松 成百曉 선생님의 附按說 四書集註가 완간을 바라보게 되었다. 2013년《論語集註》, 2014년《孟子集註》, 그리고 2016년《大學·中庸集註》에 이르기까지 선생님 자신의 誓願을 이루고 후학들과의 약속을 지키시기 위해 밤낮 없이 작업을 해오셨다. 몇 년간의 勤苦를 옆에서 지켜보았다는 사실만으로도 감회를 형언하기 어려운데, 선생님 당신은 어떠하시겠는가. 아마도 어린 시절 부친께 회초리를 맞으며 글을 익히던 시절부터 月谷 黃璟淵·瑞巖 金熙鎭 두 선생님 문하에서 수학하던 시절들이 떠오르며 실로 형용하지 못할 감개가 있으실 것이다.

《附按說 大學·中庸集註》의 구성은 앞서 출간된 두 책의 내용과 대체로 같다. 按說에는 經文을 이해하는 데에 도움을 받을 수 있는 諸家說과 그에 대한 해설을 실었고, 각주에는 朱子의《集註》를 이해하는 데에 도움이 되는 내용들을 수록하였다. 또《附按說 孟子集註》와 마찬가지로 각 章마다 章名을 붙여주었는데,《大學》과《中庸》을 해설하는 문헌에서 章名을 사용한 경우가 있으므로 章名을 알아둘 필요가 있기 때문이다. 章名을 학습에 이용할 수도 있는바, 章名만 나열해놓은 뒤에 내용을 떠올려보는 것이 그 방법이다. 이렇게 하면《大學》과《中庸》의 전체 내용을 조망할 수 있을 것이다.

《論語按說》·《孟子按說》과 구분되는《大學·中庸按說》만의 특징도 몇 가지 있다. 이는《大學》·《中庸》의 성격에 기인한 것으로, 첫째는 按說과 각주의 양이 많아졌다는 점이고 둘째는 참고자료와 異說을 부록으로 보충하였다는 점이다.

《大學》과《中庸》에는 性理學의 주요 개념들이 게시되어 있고, 이에 대한 朱子의 註는 그 개념들이 朱子學적 定義가 된다. 朱子 이후의 성리학자는 이 정의를 기반으로 학문을 심화하였기 때문에《大學·中庸集註》는 성리학의 교과서와 같은 역할을 해왔다고 할 수 있다. 그래서《集註》에 대한 이해가 매우 중요한 것이다. 이러한 성격으로 인해《大學·中庸按說》은《論語·孟子按說》보다 按說과 각주의 양이 늘어나게 되었는데, 특히 朱

子의 註에 달려 있는 각주의 양이 앞의 두 책보다 현저히 많다.

또 참고자료로는 《大學》·《中庸》의 圖式을 수록하여 내용 전반 및 주요 개념어의 이해에 도움이 되도록 하였으며, 《大學》·《中庸》의 栗谷諺解와 艮齋의 《中庸諺解》를 수록하여 官本諺解와 비교 검토할 수 있게 하였다. 異說에 대한 것으로는 茶山 丁若鏞의 《大學公議》를 말미에 따로 抄錄하였는데, 이는 《大學公議》가 底本으로 삼고 있는 古本大學은 朱子의 改正本과 그 체제가 전혀 달라 나란히 놓고 논하기 어렵기 때문에 뒤에 따로 싣게 된 것이다.

《大學·中庸按說》의 편집에서 가장 두드러지는 특징은 인용문의 출처를 노출했다는 점이다. -按說에서는 인용문 뒤에 달아주었고 각주에서는 표제어 앞에 달아주었다.- 諸家의 說을 인용하되 그 출처를 艮齋 田愚의 《大學·中庸記疑》와 壺山 朴文鎬의 《大學·中庸詳說》에 한정하였으며, 이 내용이 《記疑》에서 인용한 것이면 〔記疑〕, 《詳說》에서 인용한 것이면 〔詳說〕이라고 표시하였다. 만약 선생님의 해설일 경우에는 〔譯註〕라고 표시하고 인용문으로 구성된 다른 각주와 차별을 드러내기 위하여 음영을 주어 구분하였다. 본문에 대한 해설이 아니라 각주에 인용된 《詳說》과 《記疑》에 대한 해설일 경우에는 '譯註1' '譯註2'와 같은 형식으로 표시하였는데, 이 역시 음영을 주었다.

이렇게 출처를 노출한 이유는, 諸家의 특정 說을 채록할 적에 채록자의 학문적 견해가 그 기준으로 작용하므로 채록자가 누구인지를 알 필요가 있기 때문이다. 洛論에 속하는 艮齋는 人物性同論이나 未發時聖凡同論을 지지하는 내용을 수록한 경우가 많고, 湖論에 속하는 壺山은 人物性異論이나 未發時聖凡異論에 정합적인 諸家의 說을 채록한 경우가 많다. 물론 두 분 모두 주자학의 지평에서 학문을 하였기 때문에 그 대체는 동일하다고 할 수 있으나, 세밀한 부분에 있어서는 차이가 있으므로 독자들이 직접 그 차이를 음미할 수 있기 위해서는 무엇이 艮齋의 인용이고 무엇이 壺山의 인용인지 밝힐 필요가 있는 것이다.

예컨대, 《大學》의 明德을 朱子는 "사람이 하늘에서 얻은 바로서 虛靈하고 어둡지 않아서 衆理를 갖추고 萬事에 응하는 것〔人之所得乎天而虛靈不昧 以具衆理而應萬事者〕"으로 정의하였는데, 이 정의의 해석과 관련하여 조선조의 성리학자들은 明德이 무엇을 지칭하는가에 대한 논쟁을 벌였다. 栗谷 李珥와 尤菴 宋時烈 등은 '虛靈不昧'·'具衆理'·'應萬事' 세 가지 말에 근거하여 明德을 心·性·情의 총칭으로 보았고, 農巖 金昌協

은 栗谷과 尤菴의 說을 발전시켜 '心을 위주로 말한 것'으로 보았다.-이는 栗谷의《聖學輯要》에 "明德은 다만 本心이다."라고 한 玉溪盧氏(盧孝孫)의 說을 채록한 것을 따른 것이다.- 明德을 心·性·情의 총칭으로 보는 이유는 虛靈不昧는 心이고 具衆理는 性이고 應萬事는 情이기 때문이다. 明德을 心으로 보는 입장은 朱子의 정의를 '具衆理 應萬事하는 주체(能)'를 가리켜 말한 것으로 해석하는 데에 근거한 것이다. 이것은 心과 性을 能과 所로 철저히 구분하고 心의 주체적 역량을 강조하는 견해라고 할 수 있다. 艮齋는 이 견해를 지지하였는데, 그의 性師心弟說은 無爲의 形而上者인 性과 有覺의 形而下者인 心을 철저히 구분하고, 心이 그 주체적 역량을 발휘하여 性을 철저히 좇아야 함을 주장하는 이론이기 때문이다. 또 明德을 性 혹은 理라고 주장하는 華西 李恒老와 蘆沙 奇正鎭 등을 의식하여 明德은 心이고 氣라고 역설하기도 하였다. 반면 壺山은 明德을 心·性·情의 총칭으로 보는 견해를 지지하면서도 朱子 註의 '人之所得乎天'을 性으로 보아 明德을 性善으로 인식하였는바, 그 이유는 純善한 明德이 心만을 가리키는 것일 수는 없다고 생각해서였다. 이는 朱子가《論語集註》〈學而〉 1장에서 "사람의 性은 누구나 善하나 깨달음에는 먼저하고 뒤에 함이 있으니, 뒤늦게 깨닫는 자는 반드시 먼저 깨달은 자의 하는 바를 본받아야 비로소 善을 밝혀 그 처음(性)을 회복할 수 있다.〔人性皆善 而覺有先後 後覺者必效先覺之所爲 乃可以明善而復其初也〕"라고 풀이한 것에 기인한다. 朱子學의 宗旨는 '明善而復其初'라고 할 수 있는데, '明善'의 善은 바로 太極이고 道이고 性이므로, 明明德의 明德이 단순히 心일 수는 없다는 것이다.

　　조선조 성리학자들의 心과 明德에 대한 해석이 이처럼 분분하여 상대방을 '認心爲理·認理爲氣'라 비판하였지만 한 가지 공통된 점이 있다고 할 수 있는데 그것은 心과 性, 氣와 理를 구분하지 못해서는 안 된다는 것이었다. 이 구분에 철저하지 못하면 心을 최고로 여기는 佛敎나 陽明學에 빠지게 될 거라고 생각했기 때문이다. 이러한 이해를 가지고서 艮齋와 壺山의 인용문을 읽어나간다면 보다 심도 있는 독서를 할 수 있을 것이다.

　　약술한 明德 외에도《大學》과《中庸》에는 性·道·敎, 未發의 中과 已發의 和 등 존재론적 개념부터 格物·致知·誠意·正心, 戒懼·愼獨, 致中和 등 공부론적 개념에 이르기까지 성리학의 핵심 개념이 담겨 있다. 조선조의 성리학자들은 바로 이 개념을 공유함으로써 서로 논쟁을 하고 학문을 진전시킬 수 있었다. 결국 조선조의 성리학을 이해하기 위해서는, 또 그 학문적 논쟁의 의미를 포착하기 위해서는 그들이 공유했던 개념들에 대한 철저한 이해가 선행되어야 한다.

내가 처음 한국고전번역원 연수부에 입학하여 선생님께 가르침을 받을 적에, 선생님께서는 내가 동양철학 전공자라는 이유로 특별히 성리학에 대해 많이 말씀해주셨는데 그 말씀은 모두 경서의 내용에 밀착한 것이었다. 물론 경서뿐만 아니라 주자학의 담론에 대해서도 해박한 지식을 가지고 많이 말씀해주셨는데, 언제나 결론은 "이런 것도 그 의미를 제대로 알기 위해서는 먼저 四書의 集註를 철저하게 이해해야 한다."는 것이었다. 그러면서 요즘 성리학 전공자들이 성리학 담론의 원천이 되는 경서와 《集註》에는 소홀하고 지엽적 논쟁에만 매달리는 것에 대하여 안타까워하시기도 하였다. 그러다가 《周易》을 배우게 되자, 乾卦 〈象傳〉의 '乾道變化 各正性命'과 〈繫辭傳 上〉의 '一陰一陽謂之道 繼之者善 成之者性'과 '形而上者謂之道 形而下者謂之器'에 대하여 다른 경서에 보이는 성리학 관련 句節과 연결하여 자세히 설명해주시곤 하였다. 선생님께서는 이번에 이러한 내용들을 《中庸按說》1장 부록에 〈性理學 理論의 展開〉라는 제목으로 약술하셨는데, 이는 性理學의 기본을 이해하는 要訣이라고 감히 말할 수 있을 것이다.

선생님 스스로는 항상 謙退하셔서 자신을 성리학자로 자처하지는 않으시지만, 곁에서 가르침을 받은 나로서는 선생님께서 그 어떤 성리학 연구자보다도 성리학에 대한 깊은 조예와 높은 식견, 그리고 큰 애정을 가지고 계심을 알 수 있었다. 그래서 선생님의 가르침을 따라 경서를 철저히 이해하는 것을 성리학 연구의 기본으로 삼으려 하였으나, 경서에 대한 깊은 이해라는 것이 과연 어떤 것인지조차 알기 어려웠다. 동양학을 전공하는 사람 중에 《大學》과 《中庸》을 읽어보지 않은 사람은 없을 것이다. 나 역시 연수부 시절에 四書를 배웠고 2회 이상 通讀하였으므로 어느 정도는 알고 있다고 생각하였다. 그러나 이번에 이 책의 교정에 참여함으로써 나의 이해가 얼마나 천박한 것이었는가를 알수 있었다. 예컨대 《中庸》1장의 '致中和'에 대한 朱子의 註에서 致中은 "自戒懼而約之以至於至靜之中 無所偏倚而其守不失"이라고 하고, 致和는 "自謹獨而精之 以至於應物之處 無少差謬而無適不然"이라고 하였는데, 여기에서 글자 하나하나가 모두 의미가 있음을 처음으로 알게 되었다. 致中은 未發 靜時의 存養 공부이기 때문에 戒懼·約·至靜이라는 말을 쓰고, 中에 있어서도 無所偏倚(未發의 中)라는 말로 형용한 것이다. 또 致

和는 已發 動時의 省察 공부이기 때문에 愼獨·精·應物이라는 말을 쓰고, 中에 있어서도 無過不及(已發의 中)의 의미에 해당하는 無少差謬라는 말을 쓴 것이다.

이처럼 전에는 의미를 몰라 가볍게 보고 지나쳐버렸던 것들을 이번 기회에 조금이나마 알게 된 것이 많다. 참으로 宗廟之美와 百官之富를 이제 겨우 조금 엿본 느낌이다. 《中庸》의 "人一能之 己百之 人十能之 己千之"라는 말이 참으로 가슴 깊이 와 닿는다. 자신이 困知의 자질이라 百千의 공부를 가하지 않으면 안 된다는 사실을 다시금 확인한 것이다. 더불어 이런 困知淺學이 百千의 노력을 계속할 수 있도록 학문의 길을 보여주신 선생님께 감사드린다.

2016년 5월
申相厚

성백효 成百曉

충남忠南 예산禮山 출생
가정에서 부친 월산공月山公으로부터 한문 수학
월곡月谷 황경연黃璟淵, 서암瑞巖 김희진金熙鎭 선생 사사
민족문화추진회 부설 국역연수원 연수부 수료
고려대학교 교육대학원 한문교육과 수료
한국고전번역원 명예교수(현)
전통문화연구회 부회장(현)
사단법인 해동경사연구소 소장(현)

번역서

『사서집주四書集註』, 『시경집전詩經集傳』
『서경집전書經集傳』, 『주역전의周易傳義』
『고문진보古文眞寶』, 『근사록집해近思錄集解』
『심경부주心經附註』, 『통감절요』
『당송팔대가문초唐宋八大家文抄 소식蘇軾』
『고봉집高峰集』, 『독곡집獨谷集』
『다산시문집茶山詩文集』, 『송자대전宋子大全』
『약천집藥泉集』, 『양천세고陽川世稿』
『여헌집旅軒集』, 『율곡전서栗谷全書』
『잠암선생일고潛庵先生逸稿』
『존재집存齋集』, 『퇴계전서退溪全書』
『부안설 논어집주附按說 論語集註』
『부안설 맹자집주附按說 孟子集註』

海東經史研究所 임원

해동경사연구소 www.haedong.org

현토신역 부 안설 중용집주

懸吐新譯 附 按說 中庸集註

1판 1쇄 인쇄 2016년 6월 20일
1판 1쇄 발행 2016년 6월 27일

지은이 성백효
편집인 김형석, 성창훈, 신상후, 윤은숙, 이상아
총괄기획 권희준
디자인 씨오디
인쇄 천일문화사

발행처 한국인문고전연구소 **발행인** 조옥임

출판등록 2012년 2월 1일 (제 406-2012-000027호)
주소 경기 파주시 미래로 562 (901-1304)
전화 02-323-3635 **팩스** 02-6442-3634 **이메일** books@huclassic.com

ISBN 978-89-97970-24-7 93140